Daolu Kance Sheji
道路勘测设计

朱 峰　董吉福　**主　编**
李 超　叶亚丽　胡 朋　**副主编**
　　　　　　李振江　**主　审**

人民交通出版社股份有限公司
北京

内 容 提 要

《道路勘测设计》是普通高等教育应用型本科创新教材,书中系统地阐述了道路路线勘测与设计的基本理论和方法。教材主要内容包括路线设计基础,道路平面、纵断面和横断面设计,道路选线与定线,道路交叉设计和排水设计等。

本书主要作为应用型本科院校土木工程专业、交通工程专业、工程管理专业学生的教材,也可作为高职院校相关专业的教材使用,还可供道路工程专业的工程技术人员参考。

图书在版编目(CIP)数据

道路勘测设计/朱峰,董吉福主编. —北京:人民交通出版社股份有限公司,2021.1
 ISBN 978-7-114-16942-7

Ⅰ.①道… Ⅱ.①朱…②董… Ⅲ.①道路测量—高等学校—教材②道路工程—设计—高等学校—教材 Ⅳ.①U412

中国版本图书馆 CIP 数据核字(2020)第 228393 号

书　　名:	道路勘测设计
著 作 者:	朱　峰　董吉福
责任编辑:	崔　建
责任校对:	孙国靖　扈　婕
责任印制:	张　凯
出版发行:	人民交通出版社股份有限公司
地　　址:	(100011)北京市朝阳区安定门外外馆斜街 3 号
网　　址:	http://www.ccpcl.com.cn
销售电话:	(010)59757973
总 经 销:	人民交通出版社股份有限公司发行部
经　　销:	各地新华书店
印　　刷:	中国电影出版社印刷厂
开　　本:	787×1092　1/16
印　　张:	25.5
字　　数:	638 千
版　　次:	2021 年 1 月　第 1 版
印　　次:	2021 年 1 月　第 1 次印刷
书　　号:	ISBN 978-7-114-16942-7
定　　价:	54.00 元

(有印刷、装订质量问题的图书由本公司负责调换)

  《道路勘测设计》教材主要是为高等院校土木工程专业应用型本科开设的道路勘测设计课程适应我国交通基础设施建设快速发展的需要,根据"立足交通、突出特色、强化素能"的教学方针,以及建设交通强国的要求而编写,致力于培养交通运输事业一线、具有成长力的工程师和管理者。本教材强调满足应用型本科人才培养和基于学习成果的教学体系的需求,以工程实际为背景,以工程技术为主线;注重"一个素养、三个能力"的培养,即着力提升学生的工程素养,重视培养学生的工程实践能力、工程设计能力和工程创新能力。

  本教材以现行的路线设计规范和技术标准为依据,参照公路路线设计细则进行编写,采用的主要规范和标准包括《公路路线设计规范》(JTG D20—2017)和《公路工程技术标准》(JTG B01—2014)等。

  本教材在编写过程中,从应用型本科教学的目标和要求出发,注意与工程实践紧密结合,每个主要知识单元都相应地设置了典型的工程案例。案例较为新颖而且求解过程完善,在学习中可以通过对案例的教学和演练,更为容易地理解和掌握路线设计的基本原理和方法,同时使学习也更富有自主性。每单元都配有习题和作业,可以起到巩固学习效果的作用。

  全书系统地阐述了路线勘测与设计的基本理论和方法,主要内容包括路线设计基础,道路的平面、纵断面和横断面设计,道路选线与定线,道路交叉设计和排水设计等。

  参加教材编写的人员都是从事本课程教学多年的一线专职教师,并由从事道路路线设计的资深高级工程师审核,对各单元知识点的把握准确到位,基本原理分析详细透彻,案例教学贴近实际工程。本教材第1~3单元由山东交通学院朱峰编写,第4、10单元由山东交通学院董吉福编写,第5、11单元由山东交通学院李超编写,第 6~8 单元由山东交通学院叶亚丽编写,第 9 单元由山东交通学院胡朋编写;由山东省交通规划设计院李振江总工程师主审。

由于编者水平有限,教材中难免存在一些错漏与不当之处,敬请读者批评指正。

编 者
2020 年 10 月

目录

单元1　绪论 1
　知识点1　交通运输系统的构成 1
　知识点2　我国道路发展史 2
　知识点3　我国道路发展规划 5
　知识点4　道路的分类、分级与技术标准 11
　知识点5　道路的基本组成 15
　知识点6　道路线形设计的控制要素 18
　习题 31

单元2　汽车行驶理论 32
　知识点1　汽车的构造及主要技术参数 32
　知识点2　汽车的牵引力及其行驶阻力 35
　知识点3　汽车的动力特性 43
　知识点4　汽车行驶的稳定性 47
　知识点5　汽车的制动性能 51
　知识点6　汽车的燃油经济性 53
　习题 54

单元3　道路平面设计 55
　知识点1　道路平面设计概述 55
　知识点2　直线 56
　知识点3　圆曲线 58
　知识点4　缓和曲线 64
　知识点5　平面线形设计 72
　知识点6　平面线形设计案例 78
　知识点7　行车视距 83
　知识点8　道路平面设计成果 91
　习题 95

单元 4　道路纵断面设计 …………………………………………………… 96
　　知识点 1　基本概念 ……………………………………………………… 96
　　知识点 2　纵坡设计 ……………………………………………………… 97
　　知识点 3　竖曲线 ……………………………………………………… 103
　　知识点 4　爬坡车道设计 ……………………………………………… 109
　　知识点 5　道路平、纵线形组合设计 ………………………………… 112
　　知识点 6　竖曲线设计案例 …………………………………………… 115
　　知识点 7　纵断面设计方法及纵断面图 ……………………………… 117
　　知识点 8　城市道路纵断面设计 ……………………………………… 125
　　习题 ……………………………………………………………………… 128

单元 5　道路横断面设计 ………………………………………………… 130
　　知识点 1　横断面组成及类型 ………………………………………… 130
　　知识点 2　车道宽度与曲线加宽 ……………………………………… 134
　　知识点 3　路肩、中间带与人行道 …………………………………… 139
　　知识点 4　道路路拱、边沟、边坡 …………………………………… 145
　　知识点 5　道路用地范围与建筑限界 ………………………………… 156
　　知识点 6　路基横断面设计及成果 …………………………………… 160
　　知识点 7　路基土石方数量计算及调配 ……………………………… 166
　　知识点 8　横断面设计案例 …………………………………………… 169
　　习题 ……………………………………………………………………… 174

单元 6　道路选线与定线 ………………………………………………… 175
　　知识点 1　概述 ………………………………………………………… 175
　　知识点 2　路线方案选择 ……………………………………………… 178
　　知识点 3　平原区选线 ………………………………………………… 183
　　知识点 4　山岭区选线 ………………………………………………… 186
　　知识点 5　丘陵区选线 ………………………………………………… 202
　　知识点 6　特殊地区选线 ……………………………………………… 205
　　知识点 7　定线 ………………………………………………………… 208
　　知识点 8　"3S"技术在道路选线中的应用 …………………………… 216
　　知识点 9　路线线形安全性评价 ……………………………………… 219
　　习题 ……………………………………………………………………… 224

单元 7　道路平面交叉设计 ……………………………………………… 225
　　知识点 1　概述 ………………………………………………………… 225
　　知识点 2　平面交叉口的交通组织 …………………………………… 230
　　知识点 3　交叉口平面与视距设计 …………………………………… 235
　　知识点 4　环形交叉设计 ……………………………………………… 239
　　知识点 5　平面交叉口的拓宽设计 …………………………………… 245
　　知识点 6　交叉口的立面设计及案例 ………………………………… 250

习题 ··· 260

单元 8　道路立体交叉设计 ·· 261
　　知识点 1　概述 ·· 261
　　知识点 2　道路与道路立体交叉分类 ··· 267
　　知识点 3　匝道设计 ·· 274
　　知识点 4　匝道端部设计 ·· 288
　　习题 ··· 295

单元 9　道路排水设计及道路公用设施设计 ····································· 296
　　知识点 1　道路排水系统组成与布设 ··· 296
　　知识点 2　公路排水设计计算与案例 ··· 304
　　知识点 3　城市道路的排水水力计算与案例 ·· 310
　　知识点 4　高速公路服务区布设 ·· 319
　　知识点 5　道路照明设计 ·· 324
　　知识点 6　人行天桥和人行地道 ·· 327
　　习题 ··· 328

单元 10　道路外业勘测 ·· 329
　　知识点 1　道路勘测设计的基本程序 ··· 329
　　知识点 2　道路初测和初步设计 ·· 331
　　知识点 3　道路定测和施工图设计 ·· 344
　　知识点 4　公路设计文件的组成和内容 ·· 376
　　习题 ··· 378

单元 11　路线 CAD ·· 379
　　知识点 1　路线 CAD 工作平台 ·· 379
　　知识点 2　路线 CAD 系统 ·· 383
　　知识点 3　路线三维可视化设计 ·· 389
　　知识点 4　设计案例 ·· 391
　　习题 ··· 396

参考文献 ··· 397

单元 1 绪论

本单元摘要：本单元主要介绍交通运输系统的构成及道路运输的特点与地位；我国道路发展的历史、现状及其规划；道路的分类、分级与技术标准；道路的基本组成及道路线形设计的控制要素等内容。

知识点 1 交通运输系统的构成

交通运输是国民经济的动脉，它把经济建设的各领域和各个地区有机地联系起来，担负着国家经济建设中原材料与产品的集散、城乡间物资交流运输的任务，并满足人们在物质文化生活上的各种需求，是联系工业与农业、城市与乡村、生产与消费的纽带，在国家的政治、经济、军事、文化建设中都发挥着极其重要的作用。交通运输是一个国家或地区繁荣的重要物质基础，要实现国民经济的高速发展与现代化，首先应实现交通运输的现代化。

一、综合运输系统的构成

综合运输系统是指各种运输方式在社会化的运输范围内和统一的运输过程中，按其技术经济特点组成分工协作、有机结合、连续贯通、合理布局的交通运输综合体。现代交通运输由铁路、公路、水路、航空及管道五种运输方式组成。这些方式的点、线、面交通运输共同构成了国家综合运输系统。

铁路运输适用于远程、大宗的客货运输，其特点是单车装载量大、运输能力强、速度快，而且受气候和自然条件影响较小，但是由于受到轨道的限制，铁路运输属于线状运输；水路运输在通航地区是一种非常有益的运输方式，特别适合于大宗货物的长途运输，包括内河及海洋（近海、远洋）运输，属于从港口到港口的点状运输，其特点是运量大、成本低，但行驶速度慢、受自然因素的制约大；航空运输适于旅客、紧急及贵重物资的快速运送，行程短、速度快、舒适性与安全性好，但运输成本高，属于机场到机场的点状运输；管道运输是使用封闭管道，利用重力或压力，针对流体、气体及散装粉状材料的专用运输方式，具有安全、连续和占用土地少的特点，属于线状运输；而公路运输机动灵活，适于人流及货物的各种批量和不同运距的运输，在中短途运输中效益突出。

二、道路运输的特点及其在国民经济中的地位

道路运输是指旅客或货物借助一定的运输工具(汽车、拖拉机、自行车、畜力车、人力车等)沿着道路方向实施的有目的的移动。习惯上所谓的道路运输主要是指汽车运输,与其他各种运输方式相比较,道路运输具有以下特点。

1. 机动灵活

能迅速集中和分散货物,做到直达交通,不需要中转,可以实现"门到门"的直接运输服务,从而可以节约时间,减少中转费用和货损。

2. 受交通设施的限制少

道路运输作为最广泛的一种运输方式,能延伸到山区、农村、厂矿,可承担其他运输方式的转运任务,在交通运输网中是联系其他各种运输方式的纽带,属于平面上的网状运输。

3. 适应性强

道路网面广、量大,运输工具种类繁多,既可实现时间上的随意性,又容易适应运量的大小。

4. 投资较少,资金周转快,社会效益高

从总体上看,道路建设原始投资较少,车辆购置费用较低,而道路运输给沿线带来的社会和经济效益却相当显著。

5. 运输费用偏高

相比铁路运输和水路运输,道路运输由于汽车燃料价格高、服务人员多、单位运量小,所以在长途运输中,其运输成本偏高。但随着高等级道路的迅速发展,汽车制造技术的不断改进,以及道路运输管理水平的日益提高,这些不足正得以逐步改善。

道路运输的这些突出特点,使其得以迅速发展。自20世纪70年代开始,经济发达的国家逐渐改变了过去以铁路运输为中心的局面,道路运输在各种运输方式中起到了主导作用,特别是由于现代高速公路快速发展,道路运输在经济建设中发挥着更加重要的作用,成为综合运输体系中最活跃的分子,并显示出了广阔的发展前景。

道路分为公路和城市道路。公路是指连接城市之间、城乡之间、乡村与乡村之间、厂矿之间,按照行业技术标准修建的道路;城市道路是指在城市范围内,供车辆交通运输及行人使用的道路,它作为城市的公共空间,是城市建设的基础,是城市交通、生产和生活的必要设施,是城市总平面布置的骨架。

知识点2 我国道路发展史

一、古　代

道路的发展史就是人类文明的进化史。我国是一个历史悠久的文明古国,相传公元前2000多年,黄帝轩辕氏用玉(坚石)做兵器,造舟车弓矢,传说中就有了早期可行驶牛、马车的

道路。周朝有"周道如砥,其直如矢"之说,并开始有战车、田车、乘车集的记载,还设有专管道路的"司空官"。据《周礼》所记,"京都王城面积九里见方,城内有经纬干道,外有环涂(环行路)和野涂(郊外道路)"。公元前316年(秦惠文王更元九年),"秦伐蜀,修金牛道于绝险之处,傍凿山岩而施板梁为阁",《战国策·秦策》中称之为栈道。公元前221年,秦始皇统一六国后,大修驰道,颁布"车同轨"法令,使道路建设得到一次较大的发展,秦直道作为中国古代历史上记载的第一条快速道路,修建于公元前212—210年。据《史记》记载:"自九原抵甘泉,堑山堙谷,千八百里"。

传统的丝绸之路长达6440km,东起我国古代都城长安(今西安),经过中亚、西亚,西至地中海,以罗马为终点。唐代初步形成了以城市为中心的四通八达的道路网。清代对道路交通的主要贡献是将道路系统地划分为"官马大路""大路"和"小路",从而构成了从京城到各省城、省城到地方重要城市以及重要城市到市镇的三级道路,当时仅"官马大路"就超过2000km。

二、近　代

我国近代的汽车道路始于19世纪末,1885年底开建的龙凭公路(从龙州至镇南关,镇南关即凭祥友谊关),全长55km,1896年竣工,是我国第一条可通车行驶的公路。之后,1913年又开始在湖南修建了长沙—湘潭公路,全长50.11km,历时9年,于1921年11月全线通车。自此,通行汽车的道路在我国开始逐渐发展起来。

从20世纪初到新中国成立的40年间,历经清末、北洋军阀、民国、抗日战争、解放战争的各个历史时期,由于当时社会极不稳定、经济落后,公路建设以军用为主,全国共修建了13万km公路。由于战争破坏及失养,到新中国成立前夕可通车的道路只有8.1万km。

三、现　代

新中国成立以后,为了迅速恢复和发展国民经济,巩固国防,国家对公路建设做出了很大努力,取得了显著成就。特别是改革开放以来,公路建设得以迅速发展。

1. 现代公路建设

根据第一次全国公路普查数据,1978年底公路通车里程88万km,至1994年底公路通车里程达到110万km,并实现了县县通公路,97%的乡及78%的村通了汽车。公路的技术标准也有明显提高,1994年底达到等级的公路84万km,截至1999年底公路总里程达133.6万km,其中高速公路通车里程为1.1万km。在此期间一大批科技成果得到推广应用,航测遥感,特别是计算机辅助设计技术已转化为生产力,基本上改变了过去公路建设的落后面貌。根据第二次全国公路普查结果,到2000年12月31日,我国公路总里程167.98万km,居世界第四位。至2019年底,我国公路总里程更是达到501.25万km,仅次于美国,名次也突飞猛进到世界第二位。

2. 高速公路建设

我国第一条高速公路——沪嘉高速公路,南起上海市区祁连山路,北至嘉定南门,主线长15.9km,加上两端的入城道路,全长20.5km,路基宽45m,双向四车道,设计时速为120km,1984年12月21日动工兴建,至1988年10月31日全线通车,总投资2.3亿元。它的建成使我国高速公路建设实现了"零"的突破。至2001年底,我国高速公路总通车里程1.9万km,超越加拿大,位居世界第二位(当时美国高速公路总里程8.8万km,加拿大1.6万km)。自此之后,我国道路建设进入一个稳定、高速发展时期,仅用不到30年的时间,就快速形成了以北京为中心,沟通全国各地的四通八达的高速路网。截至2019年底,我国大陆高速公路通车里程14.96万km,我国高速公路的通车里程已然稳居世界第一。

四、道路现状评价

新中国成立后,特别是改革开放以来,我国公路建设取得了巨大成就,但由于发展基础差,因此与国际上发达国家相比,差距仍然很大。而且道路运输与国内工农业建设的需求相比仍相当滞后,还难以满足新时代对公路运输的要求。归纳起来,还存在如下几方面的问题。

1. 公路数量少,通达深度不够

1)公路通车总里程少

资料显示,2019年底我国公路通车里程达501.25万km,但与美国公路通车里程的680万km相比,仍然存在相当大的差距,而且印度公路通车里程也已突破了590万km,与此同时,国土面积小、人口也较少的日本,公路通车里程也达到121万km。

虽然我国高速公路通车里程以14.96万km跃居世界首位,但是美国、加拿大的国土面积和我国差不多,但是人口数相差很大。根据近几年的资料显示,这两个国家的高速公路里程分别为10万多km和1.857万km;德国和法国虽然国土面积不足中国的十分之一,但是高速公路里程也分别达到1.30万km和1.19万km;日本尽管国土面积很小,但高速公路通车里程高达0.81万km。

2)公路密度偏低

公路密度指每100km²国土面积拥有的公路里程数。相对于我国辽阔的陆地资源来说,国内公路基础设施的总量仍显不足,密度偏低。根据近期资料显示,美国公路密度为71.89km/100km²,德国为180.34km/100km²,法国为173.02km/100km²,日本为324.87km/100km²,印度为197.70km/100km²,而我国目前公路密度仅为52.21km/100km²。图1.1为我国2015—2019年公路总里程及公路密度变化示意图。

图1.1 2015—2019年我国公路总里程及公路密度变化示意图

人口公路密度,即每万人所拥有的公路总里程数。美国为209.7km,德国为78.3km,法国为148.0km,日本为95.5km,印度为43.6km。而我国由于人口众多,每万人拥有公路里程数仅有35.8km。

2. 公路网等级低、高等级公路占比较小

图 1.2 为我国 2019 年底公路技术等级构成示意图。从图中可以看出,在我国的公路通车里程中,四级公路所占比例非常高,达 71.4%;而二级以上的公路有 67.20 万 km,只占公路总里程的 13.4%。另外,还有少量达不到技术标准的等外公路,约占公路总里程的 6.3%。当前最突出的问题是公路建设发展的速度仍然跟不上交通量增长的速度,满足不了经济发展的需要。因此,存在着车辆运行速度不高,在一些公路路段上和城区道路中经常发生车辆拥堵的现象。

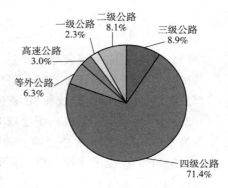

图 1.2 2019 年全国公路技术等级构成

3. 发展不够平衡

在我国人口稀少、经济欠发达、地形条件复杂或水文地质条件较差的地区,公路基础设施相对落后。尽管随着我国经济的发展与不断平衡,这种差别正在逐步缩小,但是这种区域经济不平衡带来的影响,仍会使得我国西部地区和山岭区现有的公路密度较低,且高等级公路相对较少。

4. 通行能力较低

结合图 1.2 中所给出的各级公路所占公路总里程比例可以看出,由于我国公路网的合理布局还未全面实现,当前路网中的道路技术等级的配置不尽合理,在数量逐步增大的高速公路主干线数据之后,缺乏一级、二级公路的有力支持,此外还有不少瓶颈路段尚待改善,才能充分发挥路网的整体效益。

5. 服务水平低

尽管我国的道路交通管理水平发展很快,但是道路的管理与使用中还存在着管理不到位、养护不及时的问题,道路交通运输得不到高水平的服务,车辆的运输管理和道路管理与发达国家相比,尚有一定的差距,使现有道路的功能还得不到充分发挥。

知识点 3　我国道路发展规划

一、现代公路建设

1. 公路发展目标

根据我国国民经济和社会发展的长远规划,我国公路在未来几十年内,将通过"三个发展阶段"实现交通运输现代化的奋斗目标。

第一阶段:近期使交通运输紧张的状况有明显缓解,对国民经济的制约状况有明显改善;
第二阶段:在 2020 年左右达到公路交通基本适应国民经济和社会发展的需要;
第三阶段:将在 21 世纪中叶基本实现公路交通运输现代化,达到中等发达国家水平。

2. 发展规划

1) 1981年国家干线公路网规划

1981年交通部等颁布了《国家公路网（试行方案）》，该方案规划了70条国道，包括12条首都放射线、28条南北纵线和30条东西横线，总规模大约10.8万km。

2) 1990年国道主干线系统规划

为发展我国公路、水路交通，1990年交通部制定了新一轮的交通发展长远规划（建设期1990—2020年），提出建设公路主骨架、水运主通道、港站主枢纽和交通支持系统（简称"三主一支持"）。

其中的公路主骨架即为"五纵七横"国道主干线系统，计划2020年建成总长3.5万km的国道主干线高速公路，由"五纵七横"共12条路线组成（表1.1）。资料显示，2007年底"五纵七横"基本建成，比规划提前了将近13年。

"五纵七横"国道主干线系统　　　　　　表1.1

布局	路线名称	主要经由城市	里程(km)
五纵	1. 同江—三亚	同江经哈尔滨、长春、沈阳、大连、烟台、青岛、连云港、上海、宁波、福州、深圳、广州、湛江、海口至三亚	5700
	2. 北京—福州	北京经天津、济南、徐州、合肥、南昌至福州	2420
	3. 北京—珠海	北京经石家庄、郑州、武汉、长沙、广州至珠海	2717
	4. 二连浩特—河口	二连浩特经集宁、大同、太原、西安、成都、内江、昆明至河口	3610
	5. 重庆—湛江	重庆经贵阳、南宁至湛江	1430
七横	1. 绥芬河—满洲里	绥芬河经哈尔滨至满洲里	1483
	2. 丹东—拉萨	丹东经沈阳、唐山、北京、呼和浩特、银川、兰州、西宁、格尔木至拉萨	4590
	3. 青岛—银川	青岛经济南、石家庄、太原至银川	1610
	4. 连云港—霍尔果斯	连云港经徐州、郑州、西安、兰州、乌鲁木齐至霍尔果斯	3980
	5. 上海—成都	上海经南京、合肥、武汉、重庆至成都	2770
	6. 上海—瑞丽	上海经杭州、南昌、长沙、贵阳、昆明至瑞丽	4900
	7. 衡阳—昆明	衡阳经南宁至昆明	1980

3) 2004年国家高速公路网规划

2004年经国务院审议通过了《国家高速公路网规划》，该规划确定的国家高速公路网采用放射线与纵、横网格相结合的布局形态，构成由中心城市向外放射，以及横连东西、纵贯南北的公路交通大通道。计划2025年实现包括7条首都放射线、9条南北纵向线和18条东西横向线，简称为"7918网"，总规模大约为8.5万km的高速公路。该路网覆盖10多亿人口，其直接服务范围，东部地区超过90%、中部地区达83%、西部地区近70%，覆盖地区的生产总值将占到全国总量的85%以上；实现东部地区平均30min、中部地区平均1h、西部地区平均2h抵达高速公路。国家高速公路网将连接全国所有的省会城市、83%的50万人以上的大型城市和74%的20万人以上的中型城市；连接全国所有重要的交通枢纽城市，其中包括铁路枢纽50个、航空枢纽67个、公路枢纽140多个和水路枢纽50个，形成较为完善的集疏运系统和综合运输大通道，客货运输的机动性将有显著提升。

该规划的首都放射线 7 条、南北纵向线 9 条和东西横向线 18 条具体见表 1.2。

"7918"国家高速公路网　　　　　　　　　　　表 1.2

首都放射线			南 北 纵 线			东 西 横 线		
序号	起讫点与编号	里程（km）	序号	起讫点与编号	里程（km）	序号	起讫点与编号	里程（km）
1	北京—哈尔滨（G1）	1280	1	鹤岗—大连（G11）	1390	1	绥芬河—满洲里（G10）	1520
2	北京—上海（G2）	1245	2	沈阳—海口（G15）	3710	2	珲春—乌兰浩特（G12）	885
3	北京—台北（G3）	2030	3	长春—深圳（G25）	3580	3	丹东—锡林浩特（G16）	960
4	北京—香港、澳门（G4）	2285	4	济南—广州（G35）	2110	4	荣成—乌海（G18）	1820
5	北京—昆明（G5）	2865	5	大庆—广州（G45）	3550	5	青岛—银川（G20）	1600
6	北京—拉萨（G6）	3710	6	二连浩特—广州（G55）	2685	6	青岛—兰州（G22）	1795
7	北京—乌鲁木齐（G7）	2540	7	包头—茂名（G65）	3130	7	连云港—霍尔果斯（G30）	4280
			8	兰州—海口（G75）	2570	8	南京—洛阳（G36）	712
			9	重庆—昆明（G85）	838	9	上海—西安（G40）	1490
						10	上海—成都（G42）	1960
						11	上海—重庆（G50）	1900
						12	杭州—瑞丽（G56）	3405
						13	上海—昆明（G60）	2370
						14	福州—银川（G70）	2485
						15	泉州—南宁（G72）	1635
						16	厦门—成都（G76）	2295
						17	汕头—昆明（G78）	1710
						18	广州—昆明（G80）	1610

此外，该规划方案中还有辽中环线、成渝环线、海南环线、珠三角环线、杭州湾环线共5条地区性环线、2段并行线以及30余段联络线。

4) 2013年国家高速公路网规划

2013年交通运输部推出了第四个国家公路网发展规划——《国家公路网规划（2013—2030年）》，该规划方案由普通国道和国家高速公路两个路网层次构成，规划中拟构建"两张网"。一方面是国家高速公路将在"7918"路网的基础上进行调整，在西部地区增设了两条南北通道——呼和浩特至北海（2696km）、银川至百色（2313km），把"7、9、18"变成了"7、11、18"，总规模约11.8万km；另一方面普通国道由12条首都放射线、47条南北纵线、60条东西横线和81条联络线构成，总规模约26.5万km；除此之外，规划还提出了远期展望计划1.8万km，主要发展西部地区，总规模约40万km。也就是说，到2030年，我国将基本实现"首都辐射省会、省际多路连通、地市高速通达、县县国道覆盖"的目标。

二、城市道路规划基础知识

由于我国城镇化进程的加快，城市人口急剧增加，伴随着城市经济的高速发展、居民收入和物质需求的提高，大量的汽车进入家庭，给城市交通带来了空前的压力。城市基础建设达不到人口、车辆及社会经济建设对城市交通的需求，在一些大城市普遍存在着乘车难、行车难、停车难的现象。为了使道路通行能力适应交通量的需求，城市道路规划的重要性就愈发突出。

城市道路规划是城市道路建设的前提和重要组成部分，它是根据城市总体规划及城市交通规划对各用地分区间的道路交通需求、景观需求、自然地形条件等，构建结构合理、主次分明、功能良好、连续通常、安全环保的城市道路网络。

1. 城市道路网的结构形式

城市道路网的结构形式是指一座城市中所有道路组合的轮廓或几何形状，它与城市的规模、城市中交通吸引点的分布以及城市所在地自然条件等密切相关。城市道路网的几何形状一旦形成，整个城市的运输系统、建筑布置、居民点以及街区规划也就确定了。从国内外城市形成与发展的实践中，可以把常用的城市道路网的主要形式归纳为4种图式：方格网式、环形放射式、自由式、混合式。

1) 方格网式路网

方格网式又称棋盘式，是最常见的一种道路系统。方格网式路网适用于地势平坦的中小城市和大城市的各分区，其几何图形多为规则的长方形，即每隔一定距离，分别设置同向平行和异向垂直的交通干道，在主干线之间再布置次要干道，从而将城市用地划分成整齐的方格形街区。这种路网形式在我国许多大城市的老城区非常普遍，如北京、西安、南京、洛阳、太原、石家庄等。图1.3所示为西安市城区路网结构图。

方格网式路网的优点是布局整齐，有利于建筑物的布置和方向识别，由于多条道路走向平行，使交通既分散又组织灵活（当其中的某条道路发生交通事故或改建施工时，车辆可绕道行驶，路程不会增加过多，交通组织简单），而且整个路网系统的通行能力大。方

图1.3　西安市城区路网结构图

格网式路网的缺点是对角线方向交通不便,道路的非直线系数较大。有的城市为了解决这一矛盾,在交通流量大的方向上增加对角线道路,加强了重要节点之间的交通联系,但却为此形成了三角形街区和复杂的多路交叉,给建筑布置和交叉口的交通组织带来困难。

方格网式路网在使用中应注意不宜机械地划分方格,应结合地形、交通现状与城区布局进行;新规划的方格式路网与原有路网形成夹角时,应减少或避免形成 K 形交叉口,以利于交通组织;方格式主干道的间距和信号灯的设置应适当,按照道路的功能和等级,既要保证交通安全,又要兼顾运行效率,可根据需要在主干道之间再布置次干道或生活性道路。

2)环形放射式路网

环形放射式路网由放射干道和环形干道组成。通常是旧城逐渐往外发展,由旧城中心向四周所引出的放射线形状的干道的放射式路网演变而来。为了便于各分区之间的联系,在城市发展过程中,逐步加设一个或多个环形干道,就形成了环形放射式路网。图 1.4 所示为成都市路网结构图。

环形放射式路网的优点是利用放射干线便于市中心与外围市区、郊区直接快速的交通联系,利用环线又将市区外围的相邻各区汇集起来,非直线系数小。缺点是交通组织不如方格网式灵活,而且容易使市中心区的机动车交通更加集中。为了分散市中心的交通压力,可布置两个以上的城市中心,也可以将某些放射干道分别截止于二环或三环上。如俄罗斯的莫斯科市(图 1.5),为解决好外地及卫星城市与首都莫斯科的快速直接联系,设置了下许多放射线;又运用多层环形干道将外部城镇有机的连接在一起。为了不让所有高等级公路直接进入市中心,影响市内道路的通畅,规划中有选择地使射线有的终止于四环,有的通到三环,只有少数可直达二环。

图 1.4　成都市路网结构图

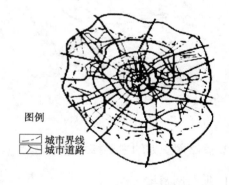

图 1.5　莫斯科市路网结构图

环形放射式路网中若只有放射式道路,则缺乏射线间的横向连接;反之,若路网只呈环状,则又不便于各层之间的联系。最好的做法是由放射干道和环形干道共同组成连接中心区、新发展区,以及与对外公路相贯通的放射环式干道系统。此类路网要结合城市的自然地形条件和对外交通现状,不要机械地追求圆形,可以结合道路现状做成多边形,甚至是半环形。另外,放射干道也不需要均匀地布设在每个方向上。

环形放射式路网适用于大城市和特大城市,如国外的巴黎、莫斯科、柏林、东京等,国内较典型的是成都,除此之外,沈阳、武汉等许多城市采用环形放射式路网也取得了不错的效果。图 1.6 为巴黎市路网结构俯瞰图。

图 1.6　巴黎市路网俯瞰图

3) 自由式路网

在山丘上或滨江(海)兴建的城市,由于城市的地形起伏,为了减小纵坡,道路常沿山麓或河岸布线,而形成自由式路网。如我国的重庆、青岛、南宁、九江、芜湖的道路系统都属于自由式。这种路网结构的优点是能充分结合地形,节约道路的工程造价;缺点是非直线系数较大,不规则街坊多,建筑用地也较为分散。图 1.7 为重庆市依江所布设的自由式路网结构图。

4) 混合式路网

混合式路网是由上述三种基本图式中的两种以上组合而成的道路系统。这类路网大多是受历史原因影响,逐段发展而渐渐形成的,有的是在旧市区方格式的基础上,再分期修建出放射干道和环形干道;也有的是在原城市中心区呈放射环式,而在新建区域或环内局部区域增加方格网式道路。

我国上海、北京、南京、合肥等城市的路网均属于混合式路网类型,图 1.8 为北京市道路系统示意图。

图 1.7　重庆市路网结构图

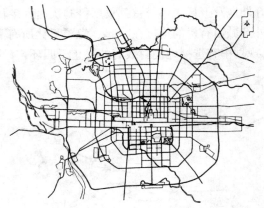

图 1.8　北京市道路系统示意图

2. 道路网规划的主要技术指标

1) 道路网密度

道路网密度是指城市道路总长度与城市用地总面积之比,即:

$$\delta_i = \frac{\sum L_i}{\sum F} \quad (1.1)$$

式中:δ_i——某类道路网密度,km/km²,i 分别为快速路、主干路、次干路和支路;

$\sum L_i$——某类道路的总长度,km;

$\sum F$——城市用地总面积,km²。

如图 1.9 所示,若道路网为均匀一致的方格时,设其间距分别为 l_1 和 l_2,则有:

$$\delta = \frac{1}{l_1} + \frac{1}{l_2} \quad (1.2)$$

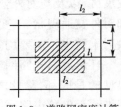

图 1.9　道路网密度计算

若道路网呈正方形,即 $l_1 = l_2$,则又有 $\delta = \dfrac{2}{l}$。

2)道路面积率

道路面积率可由下式计算:

$$r = \dfrac{\sum(L_i B_i)}{\sum F} \tag{1.3}$$

式中:r——道路面积率,%;
L_i——各类道路长度,m;
B_i——各类道路宽度,m;
$\sum F$——城市用地总面积,km²。

3)人均道路用地面积

人均道路用地面积可由下式计算:

$$\lambda = \dfrac{\sum(L_i B_i)}{N} \tag{1.4}$$

式中:λ——人均道路用地面积,m²/人;
L_i——各类道路长度,m;
B_i——各类道路宽度,m;
N——城市总人口数,人。

4)非直线系数

非直线系数可由下式计算:

$$\rho = \dfrac{L_\text{实}}{L_\text{空}} \tag{1.5}$$

式中:ρ——非直线系数;
$L_\text{实}$——道路起讫点的实际长度,m;
$L_\text{空}$——道路起讫点的空间直线距离,m。

如图 1.10a)所示,对于方格网式道路,非直线系数为:

$$\rho = \dfrac{a+b}{\sqrt{a^2+b^2}} \tag{1.6}$$

若图中的 $a = b$,则 $\rho = 1.41$。

对于放射式道路(图 1.10b),非直线系数为:

$$\rho = \dfrac{a+b}{\sqrt{a^2+b^2-2ab\cos\alpha}} \tag{1.7}$$

若图中的 $a = b$,$\alpha = 45°$,则 $\rho = 2.61$。

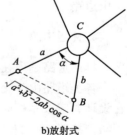

a)方格网式　　b)放射式

图 1.10　道路网非直线系数

知识点 4　道路的分类、分级与技术标准

一、道　路　分　类

道路是供各种车辆(无轨)和行人等通行的工程设施。按照用途和特点的不同,道路可分

为公路、城市道路、厂矿道路和林区道路等。

1. 公路

公路是指连接城市、乡村和工矿基地等,主要供汽车行驶,具备一定条件和设施的道路。根据其作用和使用性质不同,公路又可分为国家干线公路(国道)、省级干线公路(省道)、农村公路以及专用公路等。

国道是指在国家干线网中,具有全国性的政治、经济和国防意义,由国家统一规划,并经确定为国家级干线的公路。根据我国交通运输部2019年交通运输行业发展统计公报数值显示,2019年底我国拥有国道36.61万km。

省道是在省公路网中,具有全省性的政治、经济和国防意义,并经确定为省级干线的公路,由省负责建设、养护、改造。2019年底我国拥有省道37.48万km。

农村公路是保障农村社会经济发展最重要的交通基础设施。农村公路包括县道、乡道和村道三个层次。县道是具有全县性的政治、经济意义,并经确定为县级的公路;乡道是主要为乡镇生产、生活服务,并经确定为乡级的公路;农村公路是建在农村、农场,主要供行人及各种农业运输工具通行的道路。根据资料显示,2019年底我国拥有农村公路里程420.05万km,其中县道里程58.03万km,乡道里程119.82万km,村道里程242.20万km。

此外,专用公路是由城市、工矿、林区等部门投资修建,主要供相关部门使用的公路。

2. 城市道路

城市道路通达城市的各个区域,供城市内交通运输及行人使用,便于居民生活、工作及进行文化娱乐活动,并与市外道路连接,负担着对外交通、具备一定技术条件和设施的道路。2019年底我国城市运营线路总长度133.6万km。

3. 厂矿道路

厂矿道路是主要供工厂、矿山运输车辆通行的道路,通常分为厂外道路、厂内道路和露天矿山道路。

4. 林区道路

林区道路是建在林区,主要供各种林业运输工具通行的道路。

各类道路由于交通特性、使用任务及行业主管部门不同,分别制定了行业技术标准,因此在设计时应按其相应的标准和规范执行。而有些专用道路,如机场道路、港口道路、景区道路、国防公路等,在无专用技术标准时,可按公路行业技术标准设计。

二、道 路 分 级

1. 公路分级

我国现行的《公路工程技术标准》(JTG B01—2014)(以下简称《标准》)和《公路路线设计规范》(JTG D20—2017)(以下简称《规范》)将公路分为五个等级,即高速公路、一级公路、二级公路、三级公路和四级公路。截至2019年底,我国拥有等级公路469.87万km,等外公路尚余31.38万km。

(1)高速公路:为专供汽车分方向、分车道行驶,全部控制出入的多车道公路。高速公路的设计交通量宜在15000辆小客车(将各种汽车折合成小客车)/日以上。

当前,我国的高速公路多采用四车道、六车道或八车道。截至2019年底,我国拥有高速公路14.96万km,高速公路车道里程66.94万km。

高速公路为专供汽车分向、分车道行驶的干线公路。其他各级公路作为干线公路(主要指一级、二级公路)、集散公路(三级公路)、支线公路(四级公路),分四个等级。干线公路分为主要干线公路和次要干线公路,集散公路分为主要集散公路和次要集散公路。这样突出了交通使用功能,便于选用,也有利于与国际接轨。

(2)一级公路:为供汽车分方向、分车道行驶,可根据需要控制出入的多车道公路。一级公路的设计交通量宜在15000辆小客车/日以上。截至2019年底,我国拥有一级公路约11.5万km。

一级公路是连接高速公路或是某些大城市的城乡接合部、开发区经济带及人烟稀少地区的干线公路。它实际上是有两种不同的任务和功能:一种是具有干线功能,部分控制出入;另一种是可以采用平交的距离不长的连接线等。一级公路强调必须分向、分车道行驶,《规范》规定一级公路一般应设置中央分隔带。当受特殊条件限制时,必须设置分隔设施,而不允许用画线代替。

(3)二级公路:为供汽车行驶的双车道公路。二级公路的设计交通量宜为5000~15000辆小客车/日。截至2019年底,我国拥有二级公路约40.6万km。

二级公路为中等以上城市的干线公路或者是通往大工矿区、港口的公路。为保证汽车的行驶速度和交通安全,在混合交通量大的路段,可设置慢车道供非汽车交通行驶。

(4)三级公路:为供汽车、非汽车交通混合行驶的双车道公路。三级公路的设计交通量宜为2000~6000辆小客车/日。截至2019年底,我国拥有三级公路约44.6万km。

(5)四级公路:为供汽车、非汽车交通混合行驶的双车道或单车道公路。双车道四级公路设计交通量宜在2000辆小客车/日以下;单车道四级公路设计交通量宜在400辆小客车/日以下。截至2019年底,我国拥有四级公路约357.9万km。

三级、四级公路为"主要供汽车行驶的双车道公路",其主要技术指标按供汽车行驶的要求进行设计,但同时也允许拖拉机、畜力车、人力车等非汽车交通使用,其混合交通特征明显,设计速度一般应在40km/h以下。

2. 城市道路分级

按道路在道路网中的地位、交通功能以及对沿线的服务功能等,城市道路可分为快速路、主干路、次干路和支路四个等级,并应符合下列规定:

(1)快速路。快速路应设置中央分隔、全部控制出入,控制出入口的间距及形式应能够实现交通连续通行,具有单向双车道或以上的多车道,并设有配套的交通安全与管理设施的城市道路。快速路两侧不应设置吸引大量车流、人流的公共建筑物的出入口。

(2)主干路。主干路在城市道路网中起骨架作用,连接城市各主要分区,以交通性功能为主。

(3)次干路。次干路在城市道路网中主要起集散交通功能,兼具服务功能,次干路与主干路结合在一起组成干道网。

(4)支路。支路是连接次干路与居住区、工业区、交通设施等内部道路,解决局部地区交通，以服务功能为主的道路。

对于城市道路交通量达到饱和状态时的设计年限，《城市道路路线设计规范》(CJJ 193—2012)(以下简称《城规》)规定：快速路、主干路为 20 年；次干路为 15 年；支路宜为 10~15 年。

三、道路技术标准

1. 公路技术标准

公路技术标准是指一定数量的车辆在车道上以一定的设计速度行驶时，对路线和各项工程的设计要求。公路技术标准是法定的技术要求，进行公路设计时必须遵守。各级公路的具体标准是由各项技术指标来体现的，主要技术指标一般包括设计速度、行车道数及宽度、路基宽度、最大纵坡、平曲线最小半径、行车视距、桥梁设计荷载等。设计速度是技术标准中最重要的指标，对工程费用和运输效率的影响最大。路线在公路网中具有重要经济、国防意义者，交通量较大者，地形平坦者，规定较高的设计速度；反之，则规定较低的设计速度。

2. 公路技术等级的选用

确定一条公路的等级，应首先确定该公路的功能是干线公路，还是集散公路，即属于直达还是连接，以及是否需要控制出入等，然后根据预测交通量初拟公路等级，最后再结合地形、交通组成等，确定相应的设计速度和路基宽度。

1) 基本原则

公路技术等级选用应在论证确定公路功能的基础上，结合项目所在地区的综合运输体系、远景发展规划及设计交通量论证确定，并应遵循以下原则：

(1) 主要干线公路作为公路网中结构层次最高的主通道，应选用高速公路。

(2) 次要干线公路作为主要干线公路的补充，应选用二级及以上的公路。当设计交通量达到 15000 辆小客车/日时，宜选用一级及一级以上的公路；设计交通量达到 10000 辆小客车/日，且沿线纵横向干扰较大时，宜选用一级公路；设计交通量低于 10000 辆小客车/日时，可选用二级公路；当货车混入率较高时，宜间隔设置超车车道，减小纵向干扰。

(3) 主要集散公路连接干线公路与支线公路，宜选用一级公路、二级公路。设计交通量达到 15000 辆小客车/日时，可选用一级公路；设计交通量在 5000~15000 辆小客车/日时，可选用二级公路；设计交通量达到 10000 辆小客车/日，且沿线纵横向干扰较大时，宜选用一级公路；设计交通量低于 5000 辆小客车/日时，宜选用二级公路。

(4) 次要集散公路服务于县乡区域交通，宜选用二级公路、三级公路。设计交通量达到 5000 辆小客车/日时，宜选用二级公路；设计交通量低于 5000 辆小客车/日，宜选用三级公路。

(5) 支线公路宜选用三级公路、四级公路。当设计交通量达到 5000 辆小客车/日时，宜选用二级公路。

(6) 当既有公路不能满足功能需要时，应结合公路网发展规划，有计划地进行改建。

2) 各级公路设计交通量的预测

确定一条公路建设标准的主要因素是公路功能、路网规划和交通量。这里的交通量是设计年限末期的设计交通量。因此在确定公路技术等级以前，首先应做好可行性研究，掌握该公路各路段的近期交通量资料，并合理地预测远期交通量。认真分析该公路在整个公路网中所占的地位，即公路的使用任务和功能，从而正确地确定公路的标准，避免一条公路投入使用不久,因为交通量不适应而发生改建和重建。

各级公路设计交通量的预测应符合下列规定:

(1)高速公路和一级公路的设计交通量预测年限为 20 年;二级、三级公路的设计交通量预测年限为 15 年;四级公路可根据实际情况确定。

(2)设计交通量预测的起算年为该项目的计划建成通车年。

(3)设计交通量的预测应充分考虑走廊带范围内远期社会、经济的发展规划和综合运输体系的影响。

3)设计路段长度

公路建设是带状的建设项目,沿途的社会环境、经济环境和自然环境可能会有很大的差异,其地形、地物以及交通量也不会完全相同,甚至可能有很大的差别。因此,对于一条比较长的公路,可以根据沿途环境的差异和交通量的变化,分段采用不同的车道数或不同的公路等级。

一条公路可分段选用不同的公路等级,同一等级的公路也可分段选用不同的设计速度。但按不同设计速度设计的路段长度不宜太短,高速公路设计路段长度不宜小于 15km;一级、二级公路设计路段长度不宜小于 10km。要求在不同公路等级、不同设计速度的路段间必须加以过渡。

对于在《标准》发布以前已存在的各等级公路,仍然可以继续存在,发挥其应有的作用。对于某些需要改造的公路,根据需要与可能的原则,按照公路网发展规划,有计划地进行改善,提高通行能力及使用质量,以达到相应等级公路标准的规定。

公路分期修建必须遵照统筹规划、总体设计、分期实施的原则,使前期工程在后期仍能充分利用。高速公路整体式断面路段不得横向分幅分期修建。

知识点5　道路的基本组成

一、公路的组成

公路是一种构筑在地面上的、主要供车辆行驶的带状工程构造物,主要承受车辆荷载的反复作用和经受各种自然因素的长期影响。

公路的基本要求是:有一定的宽度、和缓的纵坡、平顺的线形;牢固可靠的人工构造物、稳定坚实的路基、平整耐用的路面,以及其他必要的防护工程和附属工程。

1. 线形组成

线形是公路中线在空间的立体几何形状,如图 1.11 所示。公路中线是一条平面上有弯曲、纵面上有起伏的立体线形。平面线形由直线、圆曲线和缓和曲线组成;纵面线形由纵坡线和竖曲线(凸形和凹形)组成。

2. 结构组成

公路的结构组成主要包括路基路面工程、排

图 1.11　公路线形

水工程(桥涵、渗水路堤、过水路面等)、防护工程(护坡、护面墙、挡土墙等)、特殊构造物、交通安全及沿线设施。

1)路基

路基是公路的重要组成部分,是按照路线的位置和一定的技术要求修筑的带状构造物,是行车道的基础。路基一般是用土或石料修筑而成的。路基的断面形式有路堤式、半填半挖式和路堑式(图1.12)。从填筑材料上分,路基通常可分为土路基、石路基和土石路基三种。

2)路面

路面是指用筑路材料铺在路基顶面上,供车辆直接在其表面行驶的层状构造物。路面是公路上最重要的建筑物,行车的安全性、舒适性与经济性均取决于路面的质量。

路面具有承受车辆重量、抵抗车轮磨耗和保持道路表面平整的作用。为此,要求路面有足够的力学强度和良好的稳定性,以及表面平整、低噪少尘和较好的抗滑能力。路面按其力学特征不同,分为刚性路面、柔性路面和半刚性路面。

作为层状构造物,路面按其所处的层位和作用不同,可分别设置面层和基层。路面结构如图1.13所示。面层可由一层或数层组成,高等级公路的面层又可做成上面层、中面层和下面层;基层也可做成上基层和下(底)基层。

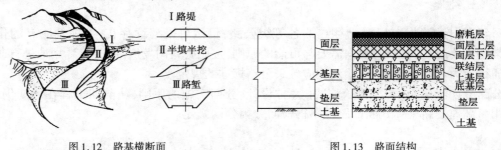

图1.12 路基横断面　　图1.13 路面结构

3)排水构造物

排水构造物主要包括桥梁、涵洞、边沟、截水沟、排水沟,以及渗水路基、过水路面,如图1.14所示。

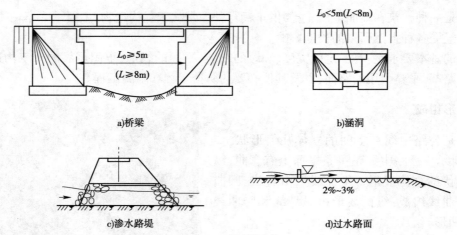

图1.14 排水构造物

设置排水构造物拦截、疏干或排除公路路基的地面水和地下水,可避免水对路基土体的浸湿、饱和与冲蚀作用,保证路基干燥、坚固和稳定,使路基具有足够的坚固性、稳定性和耐久性。

4)防护工程

防护工程是指防治路基病害,保证路基稳定,改善环境景观,保护生态平衡的重要设施。防护工程主要有挡土墙、护面墙和护坡等,如图1.15所示。

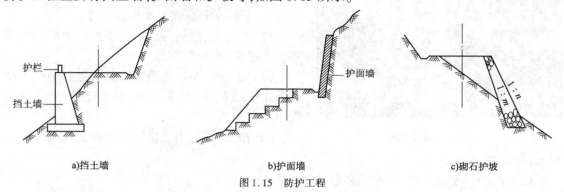

图1.15 防护工程

5)特殊构造物

特殊构造物主要有隧道、半山桥和防石廊,如图1.16所示。

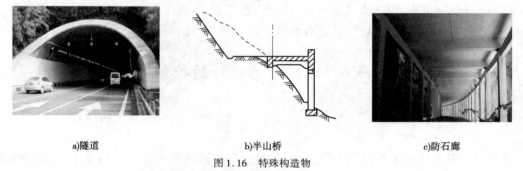

图1.16 特殊构造物

公路隧道是修筑在地层内部或水层以下,为改善线形、连通线路和增加安全而供汽车行驶的通道,还兼有管线和行人通道的作用。半山桥是在山区路基的悬出部分修筑桥梁,而另外部分路宽是由开挖山体而形成的。防石廊是在山区路段,为了防止上部山坡的土石落下危及车辆和行人而筑建的设施。

6)交通工程及沿线设施

交通工程及沿线设施包括交通安全设施、服务设施、管理设施和环境美化设施,各项设施应按统筹协调、总体设计的原则设置,并应结合交通量的增长与技术发展状况等逐步补充、完善。

其中,交通安全设施主要包括交通标志、标线、护栏、视线诱导设施、隔离栅、防落网、防炫设施、防风栅、防雪(沙)栅、积雪标杆等。

服务设施主要包括服务区、停车区和客运汽车停靠站。

管理设施主要包括监控、收费、通信、供配电、照明和管理养护等设施。

环境美化设施主要包括在道路边坡、中间带、路侧带、交叉区、停车场等道路用地范围内所进行的绿化。

二、城市道路的组成

城市道路(图1.17)包括道路两侧建筑红线之间的空间范围为道路用地,城市道路组成复

图 1.17 城市道路

杂,主要有以下组成部分:

(1)供各种车辆行驶的车行道,包括供汽车行驶的机动车道,供有轨电车行驶的有轨电车道,供自行车、三轮车等行驶的非机动车道。

(2)人行道,包括专供行人步行的地面通行带和地下通道、人行天桥。

(3)绿化带,布置在道路中央或道路两侧种植树木花草的地带,具有卫生、防护和美化环境的作用。

(4)排水系统,用以排除地面水的街沟、边沟、雨水口、窨井、雨水管等。

(5)交叉口、交通广场、停车场和公共汽车停靠站。

(6)沿街地上设施,如照明灯柱、架空电线杆、给水栓、邮筒、清洁箱、接线柱等。

(7)地下各种管线,如电缆、液化气管、暖气管、给水管、污水管等。

(8)交通管理设施,包括交通信号灯、各种交通标志、标线以及安全岛、护栏、隔离墩等。

(9)交通发达的现代化城市,还建有地铁、轻轨、高架道路等。

知识点 6　道路线形设计的控制要素

一、设 计 车 辆

道路上行驶的车辆主要是汽车,对于混合交通的道路还有一部分非机动车。汽车的物理特性及行驶于路上各种大小车辆的组成对于道路几何设计有决定意义,因此选择有代表性的车辆作为设计的依据(即设计车辆)是必要的。

1. 公路方面

公路幅组成、弯道加宽、交叉口的设计、纵坡、视距等都与设计车辆的外廓尺寸有着密切的关系。汽车的种类很多,根据外廓尺寸、载质量和动力性能的不同分成各种类型,而作为道路设计依据的汽车可分为 5 类,即:小客车、大型客车、铰接客车、载重汽车、铰接列车(图 1.18)。公路设计所采用的设计车辆外廓尺寸规定见表 1.3。

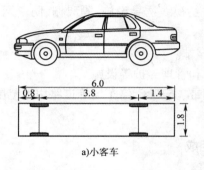

a)小客车

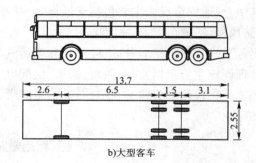

b)大型客车

图　1.18

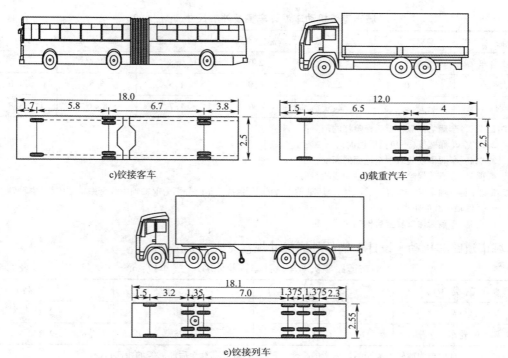

图1.18 设计车辆外廓尺寸示意图(尺寸单位:m)

公路设计车辆及外廓尺寸(单位:m)　　　　　表1.3

车辆类型	总 长	总 宽	总 高	前 悬	轴 距	后 悬
小客车	6	1.8	2	0.8	3.8	1.4
大型客车	13.7	2.55	4	2.6	6.5+1.5	3.1
铰接客车	18	2.5	3	1.7	5.8+6.7	3.8
载重汽车	12	2.5	4	1.5	6.5	4
铰接列车	18.1	2.55	4	1.5	3.3+11	2.3

注:铰接列车的轴距"3.3+11"中的"3.3"为第一轴至铰接点的距离,"11"为铰接点至最后轴的距离。

汽车外廓尺寸限界即对汽车的总高、总宽、总长的限制规定,这项规定适用于公路和城市道路运输用的汽车及汽车列车。

(1)车高——一般以载重汽车及半挂车的高度决定净空高度,以小客车的高度确定驾驶员的视线高度。

(2)车宽——世界各国大型客、货运输汽车的宽度大致相同,一般为2.5m。如果超过2.5m,会严重地降低通行能力。《标准》参照国际惯例以及我国的实际情况,确定了设计车辆的宽度为2.5m。

(3)车长——载重汽车的长度为不超过12.0m,是考虑车辆的宽度作了限制以后,为提高运输效率,车辆的长度有向长的方面发展的趋向而制定的。车辆前悬、轴距及后悬的尺寸是根据双后轴的载重汽车考虑的。

2. 城市道路方面

城市道路机动车设计车辆包括小客车、大型车和铰接车,其外廓尺寸规定见表1.4。

城市道路机动车设计车辆及外廓尺寸（单位:m）　　　　　表1.4

车辆类型	总 长	总 宽	总 高	前 悬	轴 距	后 悬
小客车	6.0	1.8	2.0	0.8	3.8	1.3
大型车	12.0	2.5	4.0	1.5	6.5	4.0
铰接车	18.0	2.5	4.0	1.7	5.8+6.7	3.8

注：1. 总长：车辆前保险杠至后保险杠的距离；
　　2. 总宽：车厢宽度（不包括后视镜）；
　　3. 总高：车厢顶或装载顶至地面的高度；
　　4. 前悬：车辆前保险杠至前轴轴中线的距离；
　　5. 轴距：双轴车时，为从前轴轴中线至后轴轴中线的距离；铰接车时分别为前轴轴中线至中轴轴中线、中轴轴中线至后轴轴中线的距离；
　　6. 后悬：车辆后保险杠至后轴轴中线的距离。

城市道路非机动车设计车辆的外廓尺寸规定见表1.5。

城市道路非机动车设计车辆及外廓尺寸（单位:m）　　　　　表1.5

车辆类型	总 长	总 宽	总 高
自行车	1.93	0.60	2.25
三轮车	3.40	1.25	2.25

注：1. 总长：自行车为前轮前缘至后轮后缘的距离；三轮车为前轮前缘至后厢后缘的距离；
　　2. 总宽：自行车为车把宽度；三轮车为车厢宽度；
　　3. 总高：自行车为骑车人骑在车上时，头顶至地面的高度；三轮车为载物顶至地面的高度。

二、设计速度

评价一条公路，首先要看它在客、货运输方面是否方便，这些是和运行速度和交通安全直接相关的。在行驶中，驾驶人员所选用的速度，除了他本身的驾驶技术和汽车的性能以外，还取决于以下四个基本条件：公路及其路侧的外部特征、气候、其他车辆的存在以及不论是法定的还是通过管制设施采取的速度限制。上述任何一种条件都能控制速度。实际运行中，当交通量与气候条件良好时，公路的外廓特征（包括公路本身的道路条件）基本上决定了驾驶人员采用的速度。

1. 设计速度

在公路设计时，设计速度是确定公路几何线形并能使其相互协调的基本要素。它是在气象条件良好，车辆行驶只受公路本身条件影响时，具有中等驾驶技术的人员能够安全、顺适驾驶车辆的速度，因此它与运行速度有密切关系。根据国内外观测研究表明，当设计速度高时，运行速度往往低于设计速度；而当设计速度低时，运行速度往往高于设计速度。

设计速度是公路设计时确定其几何线形时最为关键的参数。技术标准根据车辆动力性能和地形条件，确定了不同等级公路的设计速度指标，各级公路按地形条件的差别，设计速度从20km/h到120km/h不等。设计速度一经选定，公路的所有相关要素如曲线半径、视距、超高、纵坡、竖曲线半径等指标均要与其配合，以获得均衡设计。

2. 设计速度的拟定

（1）设计速度的最大值：根据汽车性能，参考国内外的经验，从节约能源和感官判断出发，当前最大值采用120km/h。

（2）设计速度的最低值：考虑我国实际的地形条件、土地利用情况和投资的可能性，当前最低值采用20km/h。这比有些国家的规定值可能略低一些（国外规定设计速度的最小值有48km/h、40km/h、30km/h等），但20km/h还是比较符合我国当前实际情况的。各级公路设计速度规定见表1.6。

各级公路设计速度　　　　　　　　　　　　　　　　表1.6

公路技术等级	高速公路			一级公路			二级公路		三级公路		四级公路
设计速度（km/h）	120	100	80	100	80	60	80	60	40	30	30	20

3. 设计速度的运用

1）公路设计速度的选用

公路设计速度应根据公路的功能与技术等级，结合地形、工程经济、预期的运行速度和沿线土地利用性质等因素综合论证确定，并应符合下列规定：

（1）高速公路设计速度不宜低于100km/h，受地形、地质等条件限制时，可选用80km/h。

（2）作为干线的一级公路，设计速度宜采用100km/h；受地形、地质等条件限制时，可采用80km/h。作为集散的一级公路，设计速度宜采用80km/h；受地形、地质等条件限制时，可采用60km/h。

（3）高速公路和作为干线的一级公路的特殊困难局部路段，且因新建工程可能诱发工程地质病害时，经论证，该局部路段的设计速度可采用60km/h，但长度不宜大于15km，或仅限于相邻两互通式立体交叉之间的路段。

（4）作为干线的二级公路，设计速度宜采用80km/h；受地形、地质等条件限制时，可采用60km/h。作为集散的二级公路，设计速度宜采用60km/h。受地形、地质等条件限制时，可采用40km/h。

（5）三级公路设计速度宜采用40km/h，受地形、地质等条件限制时，可采用30km/h。

（6）四级公路设计速度宜采用30km/h，受地形、地质等条件限制时，可采用20km/h。

2）城市道路设计速度的选用

与公路相比，城市道路也具有功能多样，组成复杂，行人交通量大，车辆多，类型杂，车速差异大，道路交叉点多等特点，平均行驶速度相较公路有较大幅度的降低。《城规》规定的各类各级道路设计车速见表1.7。

各级城市道路设计速度　　　　　　　　　　　　　　表1.7

道路等级	快速路			主干路			次干路			支路		
设计速度（km/h）	100	80	60	60	50	40	50	40	30	40	30	20

三、交 通 量

交通量是指单位时间内通过道路某断面的交通流量（即单位时间通过道路某断面的车辆数目），其具体数值由交通调查和交通预测确定。

交通调查、分析和交通预测是公路建设项目可行性研究阶段进行现状评价、综合分析建设项目的必要性和可行性的基础，也是确定公路建设项目的建设规模、技术等级、工程设施、经济效益评价及公路几何线形设计的主要依据。可见,交通调查、分析及交通量预测水平的高低,尤其是预测的水平、质量和可靠程度,将直接影响项目决策的科学性和工程技术设计的经济合理性。交通量的概念根据单位时间可分为日交通量(单向/双向,汽车/混合交通)、小时交通量和年累计交通量。

1. 设计小时交通量

1) 预测年度的年平均日交通量

公路交通量的普遍计量单位是年平均日交通量,是用全年总交通量除以365而获得。预测年度的年平均日交通量是指欲建公路到达交通预测年限时能达到的年平均日交通量(veh/日)。它在确定道路等级、论证道路的计划费用或结构设计方面有着重要的影响,但并不适用于道路几何设计。因为在一年中的每月、每日、每一小时交通量都会变化,在某些季节、某些时段可能会高出年平均日交通量数倍,不宜作为具体设计的依据。

预测年度的年平均日交通量(简称 AADT)根据道路使用任务及性质,根据历年交通观测资料推算求得。目前一般按年平均增长率累计计算确定:

$$AADT = N_1(1+\gamma)^{T-1} \tag{1.8}$$

式中:AADT——预测年度的年平均日交通量,veh/h;

N_1——起始年度平均日交通量,veh/日,包括现有交通量和道路建成后从其他道路吸引过来的交通量;

γ——年平均增长率,%;

T——远景设计年限。

2) 设计小时交通量

小时交通量(辆/h)是以小时为计算时段的交通量,它是确定道路车道数、车道宽度及评价服务水平的依据。大量的道路交通量统计实例表明,不论在一天之内,还是全年之中,每小时的交通量的变化是相当大的。如果用一年中最大的高峰小时交通量作为道路设计依据,会形成浪费;但如果采用日平均小时交通量作为设计依据,则不能满足实际需要,会造成交通拥堵。

为了让设计交通量的取值既能保证交通通畅,又能使得工程经济,可以借助一年中每小时的变化曲线来指导确定最合乎设计使用要求的小时交通量,具体方法如下:

将一年中所有每小时交通量按其与年平均日交通量的百分数的大小顺序排列起来并画成曲线,如图1.19所示。从图中可以看出在30～50位h交通量附近,曲线急剧变化,自此向右曲线明显变缓,而在它的左侧曲线坡度较陡。根据这一变化规律,设计小时交通量的合理取值,显然应选在第30～50位h的范围以内。如以第30位h交通量作为设计依据,意味着在一年之中将有29h超过设计值,将发生拥挤,占全年小时数的0.33%,也就是说能顺利通过的保证率达99.67%。目前世界许多国家,包括我国公路设计小时交通量均采用第30位h交通量,也可根据当地公路小时交通量的变化特征,采用年第20～40位h最为经济合理时位的交通量。

对于各种不同年份、不同地区的道路都能绘出相应的曲线。虽然各条曲线的弯曲程度和上下位置各有所差别,但曲线的基本图形都是相似的。在确定设计小时交通量时,应绘制各路线交通量变化图。有平时观测资料的公路,必须使用观测资料;没有观测资料的,可参考性质相似、交通情况相仿的其他道路观测资料进行推算。

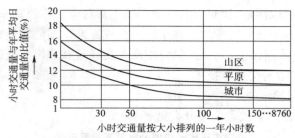

图 1.19 年平均日交通量与小时交通量关系曲线

另外,公路的设计小时交通量也可以利用预测年度的年平均日交通量和相关的其他参数计算获得。

(1)高速公路、一级公路的设计小时交通量(DDHV)应按式(1.9)计算:

$$DDHV = AADT \cdot D \cdot K \tag{1.9}$$

式中:DDHV——高速公路、一级公路的设计小时交通量,veh/h;

　　　AADT——预测年度的年平均日交通量,veh/日;

　　　D——方向不均匀系数,%,宜取50%~60%,亦可根据当地交通量观测资料确定;

　　　K——设计小时交通量系数,%,为选定时位的小时交通量与年平均日交通量的比值。

(2)二级公路、三级公路的设计小时交通量(DHV)应按式(1.10)计算:

$$DHV = AADT \times K \tag{1.10}$$

式中:DHV——二级公路、三级公路的设计小时交通量,veh/h;

　　　AADT——预测年度的年平均日交通量,veh/日;

　　　K——设计小时交通量系数,%,为选定时位的小时交通量与年平均日交通量的比值。新建公路的设计小时交通量系数可参照公路功能、交通量、地区气候、地形等条件相似的公路观测数据确定,缺乏观测数据地区可参照表1.8取值。改扩建公路的设计小时交通量系数宜结合既有公路的观测数据综合确定。

各地区的设计小时交通量系数　　　　　　表1.8

地区		华北 京、津、冀、晋、蒙	东北 辽、吉、黑	华东 沪、苏、浙、皖、闽、赣、鲁	中南 豫、湘、鄂、粤、桂、琼	西南 川、滇、黔、藏、渝	西北 陕、甘、青、宁、新
近郊	高速公路(%)	8.0	9.5	8.5	8.5	9.0	9.5
	一级公路(%)	9.5	11.0	10.0	10.0	10.5	11.0
	二级、三级公路(%)	11.5	13.5	12.0	12.5	13.0	13.5
城间	高速公路(%)	12.0	13.5	12.5	12.5	13.0	13.5
	一级公路(%)	13.5	15.0	14.0	14.0	14.5	15.0
	二级、三级公路(%)	15.5	17.5	16.0	16.5	17.0	17.5

2.代表车型与交通量换算

道路上行驶的车辆种类繁多,而且行车速度、行驶规律及占用道路空间的差异性较大。我国的城市道路和一般公路(即二级、三级、四级公路)都是混合交通,非机动车占较大比例。非机动车辆速度低,行驶规律性差,从而影响机动车辆正常行驶。在机动车和非机动车混合行驶的公路上,其交通量是将公路上行驶的各种车辆折合成标准车型的数量来表示,而在设置慢车道实行分道行驶的道路或路段上,其交通量应按汽车交通量和非汽车交通量分别加以计算。

1)公路汽车代表车型与交通量换算

(1)公路汽车代表车型。

按照《规范》规定,各汽车代表车型分类见表1.9。

公路汽车代表车型分类及其折算系数　　　　　　　表1.9

车型编号	汽车代表车型	折算系数	说　明
1	小客车	1.0	座位数≤19座的客车和载质量≤2t的货车
2	中型车	1.5	座位数>19座的客车和2t<载质量≤7t的货车
3	大型车	2.5	7t<载质量≤20t的货车
4	汽车列车	4.0	载质量>20t的货车

(2)公路车辆折算系数。

《规范》规定交通量换算应采用小客车为标准车型,以其折算系数为1.0,将其他各型汽车折合为小客车;而对于非汽车交通的交通量换算应符合下列规定:

①公路上行驶的拖拉机每辆折算为4辆小客车;

②被交支路车辆、路侧停车、畜力车、人力车、自行车等非机动车,街道化程度等影响因素按路侧干扰因素计,路侧干扰等级应符合表1.10的规定,路侧干扰将对道路通行能力产生一定的影响。

路　侧　干　扰　等　级　　　　　　　表1.10

序号	路侧干扰等级	典型状况描述
1	轻微干扰	公路条件符合标准、交通状况基本正常、各类路侧干扰因素很少
2	较轻干扰	公路设施两侧为农田、有少量自行车、行人出行或横穿公路
3	中等干扰	公路穿过村镇或路侧偶有停车,被交支路有少量车辆出入
4	严重干扰	公路交通流中有较多的非机动车混合行驶
5	非常严重干扰	路侧设有集市、摊位,交通管理或交通秩序很差

需要说明的是,表1.9中的车辆折算系数主要用于道路规划与技术等级划分,而在进行通行能力分析计算时,应针对路段和交叉口等不同的道路组成部分,考虑道路等级、交通量、设计速度等因素的影响,按表1.18和表1.21分别选用相应的车辆折算系数。

2)城市道路机动车道标准车型与交通量换算

城市道路机动车道设计采用小客车作为标准车型,各种车辆的换算系数应符合表1.11的规定。

城市道路车辆类型及其换算系数　　　　　　　表1.11

车辆类型	小客车	大型客车	大型货车	铰接车
换算系数	1.0	2.0	2.5	3.0

【例1-1】 某公路路段2019年调查统计的年平均日交通量(双向)为:小客车1300辆、中型车850辆、大型车350辆、拖挂车90辆。拟设计成二级公路,该设计路段项目可行性研究报

告中的计划设计期限 1 年,施工期 2 年,设计使用期内的交通量平均年增长率 $\gamma = 6.5\%$。试计算预测设计年限末年的年平均日交通量。

解:由题意得:

该设计路段为二级公路,故设计交通量预测年限为 15 年。

由于该路段的交通量统计年份为 2019 年,所以项目可行性研究报告中的计划通车年份为 2023 年,设计使用期末年为 2037 年。

(1) 预测设计年限起算年(2023 年)的年平均日交通量 N_1:

$$N_0 = 1300 \times 1.0 + 850 \times 1.5 + 350 \times 2.5 + 90 \times 4.0 = 3810(辆/日)$$

$$N_1 = N_0 \times (1+\gamma)^{2023-2019} = 3810 \times (1+6.5\%)^4 = 4901.44(辆/日)$$

(2) 预测设计年限末年(2037 年)的年平均日交通量 N_d:

$$N_d = N_1 \times (1+\gamma)^{n-1} = 4901.44 \times (1+6.5\%)^{15-1} = 11836.36(辆/日)$$

最终,取 $N_d = 11837$ 辆/日。

而且该预测交通量恰好处于 5000~15000 辆/日范围内,故适宜修建二级公路。

四、通 行 能 力

道路通行能力是在一定的道路和交通条件下,道路上某一路段适应车流的能力,以单位时间内通过的最大车辆数表示,单位时间通常以小时计。对于多车道道路,车辆数用一条车道的通过数表示,双车道公路用往返车道合计数表示,它是正常条件下道路交通的极限值。从规划设计角度,通行能力分为基本通行能力和设计通行能力两种。

1. 基本通行能力

基本通行能力是指在理想条件下,单位时间内一条车道或一条车道某一路段可以通过的小客车最大数,是计算各种通行能力的基础。所谓理想条件包括道路本身和交通两个方面,即道路本身应在车道宽、侧向净宽有足够的宽度及平、纵线形、视距良好;交通上只有小客车行驶,没有其他车型混入且不限制车速。现有道路即使是高速公路,基本上没有合乎理想条件的,可能通过的车辆数一般都低于基本通行能力。

基本通行能力的计算可采用"车头时距"或"车头间距"推求。车头时距是指连续两车通过车道或道路上同一地点的时间间隔,车头间距是指交通流中连续两车之间的距离。如以车头时距为例,则一条车道的通行能力按下式计算:

$$C = 3600/t \tag{1.11}$$

式中:t——连续车流平均车头间隔时间,s,可通过观测求得。

如以车头间距为例,则一条车道的通行能力按下式计算:

$$C = 1000V/l \tag{1.12}$$

式中:V——设计速度,km/h;

l——连续车流平均车头间隔距离,m,可通过观测求得。

2. 设计通行能力

1) 公路服务水平

服务水平是驾驶员感受公路交通流运行状况质量的指标,通常用平均行车速度、行驶时间、驾驶自由度和交通延误等指标表征。一般说来,道路上交通量少,行车自由度就大,反之,就会受到限制。为了说明公路交通负荷状况,以交通流状态为划分条件,定性地描述交通流从自由流、稳定流到交通流拥堵流的变化阶段,我国《规范》将公路服务水平划分为六级。高速公路、一级公路以车流密度作为划分服务水平的主要指标;二级、三级公路以延误率和平均运行速度作为主要指标;交叉口则用车辆延误来描述其服务水平。公路设计服务水平应根据公路功能、地形条件等合理选用,并不低于表1.12 的规定。

各级公路设计服务水平 表1.12

公路技术等级	高速公路	一级公路	二级公路	三级公路	四级公路
服务水平	三级	三级	四级	四级	—

注:1.一级公路用作集散公路时,设计服务水平可降低一级;
   2.公路的长隧道及特长隧道路段、非机动车及行人密集路段、互通式立体交叉分合流及交织区段,其路段设计服务水平也可降低一级。

各级服务水平的具体含义可以解释如下。

(1)一级服务水平:交通流处于完全自由流状态。交通量小,速度高,行车密度小,驾驶员能自由地按照自己的意愿选择所需速度,行驶车辆不受或基本不受交通流中其他车辆的影响。在交通流内驾驶的自由度很大,为驾驶员、乘客或行人提供的舒适度和方便性非常优越。较小交通事故或行车障碍的影响容易消除,在事故路段不会产生停滞排队现象,很快就能恢复到一级服务水平。

(2)二级服务水平:交通流状态处于相对自由流状态。驾驶员基本上可按照自己的意愿选择行驶速度,但是开始要注意到交通流内其他使用者,驾驶员身心舒适水平很高。较小交通事故或行车障碍的影响容易消除,在事故路段的运行服务情况比一级低些。

(3)三级服务水平:交通流状态处于稳定流的上半段,车辆间的相互影响变大,选择行驶速度受到其他车辆的影响,变换车道时驾驶员要格外小心。较小交通事故仍能消除,但事故发生路段的服务质量大大降低,严重阻塞后面而形成排队车流,驾驶员心情紧张。

(4)四级服务水平:交通流状态处于稳定流范围下限,但是车辆运行明显受到交通流内其他车辆的相互影响,速度和驾驶的自由度受到明显的限制。交通量稍有增加就会导致服务水平的明显降低,驾驶员身心舒适水平降低,即使较小交通事故也难以消除,会形成很长的排队车流。

(5)五级服务水平:为交通流拥堵流的上半段,其下是达到最大通行能力时的运行状态,对于交通流的任何干扰,例如车流从匝道驶入或车辆变更车道,都会在交通流中产生一个干扰波,交通流不能消除这种干扰,任何交通事故都会形成很长的排队车流、车流行驶灵活性极端受限,驾驶员身心舒适水平很差。

(6)六级服务水平:是拥堵流的下半段,是通常意义上的强制流或阻塞流。这一服务水平下,交通设施的交通需求超过了其允许的通过量,车流排队行驶,队列中的车辆出现停停走走现象,运行状态极不稳定,可能在不同交通流状态间发生突变。

各级公路服务水平分级与服务交通量应符合表1.13 ~ 表1.15 的规定。

2)设计通行能力

公路交通的运行状态保持在某一设计的服务水平时,单位时间内公路上某一路段可以通过的最大车辆数。设计通行能力是实际道路可能接受的通过能力,考虑了人为主观对道路的要求,按照道路运行质量要求及经济、安全、出入口交通条件等因素而确定作为设计依据的。设计通行能力由可能通行能力乘以与该路服务水平相应的交通量和基本通行能力之比(v/C)得到。

高速公路路段服务水平分级 表1.13

服务水平	v/C值	设计速度(km/h)		
		120 最大服务交通量 [pcu/(h·ln)]	100 最大服务交通量 [pcu/(h·ln)]	80 最大服务交通量 [pcu/(h·ln)]
一	$v/C \leq 0.35$	750	730	700
二	$0.35 < v/C \leq 0.55$	1200	1150	1100
三	$0.55 < v/C \leq 0.75$	1650	1600	1500
四	$0.75 < v/C \leq 0.90$	1980	1850	1800
五	$0.90 < v/C \leq 1.00$	2200	2100	2000
六	$v/C > 1.00$	0~2200	0~2100	0~2000

注:v/C是在基准条件下,最大服务交通量与基准通行能力之比。基准通行能力是五级服务水平条件下对应的最大小时交通量。ln代表车道。

一级公路路段服务水平分级 表1.14

服务水平	v/C值	设计速度(km/h)		
		100 最大服务交通量 [pcu/(h·ln)]	80 最大服务交通量 [pcu/(h·ln)]	60 最大服务交通量 [pcu/(h·ln)]
一	$v/C \leq 0.3$	600	550	480
二	$0.3 < v/C \leq 0.5$	1000	900	800
三	$0.5 < v/C \leq 0.7$	1400	1250	1100
四	$0.7 < v/C \leq 0.9$	1800	1600	1450
五	$0.9 < v/C \leq 1.0$	2000	1800	1600
六	$v/C > 1.0$	0~2000	0~1800	0~1600

注:ln代表车道。

二级、三级、四级公路路段服务水平分级 表1.15

服务水平	延误率(%)	设计速度(km/h)									
		80				60				≤40		
		速度(km/h)	v/C 禁止超车区(%)			速度(km/h)	v/C 禁止超车区(%)			速度(km/h)	v/C 禁止超车区(%)	
			<30	30~70	≥70		<30	30~70	≥70		<30	30~70	≥70
一	≤35	≥76	0.15	0.13	0.12	≥58	0.15	0.13	0.11	≥48	0.14	0.12	0.10
二	≤50	≥72	0.27	0.24	0.22	≥56	0.26	0.22	0.20		0.25	0.19	0.15
三	≤65	≥67	0.40	0.34	0.31	≥54	0.38	0.32	0.28		0.37	0.25	0.20
四	≤80	≥58	0.64	0.60	0.57	≥48	0.58	0.48	0.43		0.54	0.42	0.35

续上表

服务水平	延误率(%)	设计速度(km/h)										
		80				60				≤40		
		速度(km/h)	v/C			速度(km/h)	v/C			速度(km/h)	v/C		
			禁止超车区(%)				禁止超车区(%)				禁止超车区(%)		
			<30	30~70	≥70		<30	30~70	≥70		<30	30~70	≥70
五	≤90	≥48	1.00	1.00	1.00	≥40	1.00	1.00	1.00		1.00	1.00	1.00
六	>90	<48	—	—	—	<40	—	—	—		—	—	—

注:延误率为车头时距小于或等于5s的车辆数占总交通量的百分比。

v/C 是在理想条件下,各级服务水平最大服务交通量与基本通行能力之比。基本通行能力是四级服务水平上半部的最大交通量。v/C 值小说明最大服务交通量小,车流运行条件好,相对应的服务水平就高;反之,当 v/C 值大,服务交通量也大,车流运行条件差,对应的服务水平就低。当设计小时交通量超过设计通行能力时,道路将发生拥堵。

(1)高速公路、一级公路路段的通行能力。

高速公路、一级公路一条车道的设计服务水平下的最大服务交通量应分别符合表1.16、表1.17 的规定。

高速公路一条车道设计服务水平下的最大服务交通量　　　　表1.16

设计速度(km/h)	120	100	80
二级服务水平的最大服务交通量[pcu/(h·ln)]	1200	1150	1100
三级服务水平的最大服务交通量[pcu/(h·ln)]	1650	1600	1500

注:ln 代表车道。

一级公路一条车道设计服务水平下的最大服务交通量　　　　表1.17

设计速度(km/h)	100	80	60
三级服务水平的最大服务交通量[pcu/(h·ln)]	1400	1250	1100
四级服务水平的最大服务交通量[pcu/(h·ln)]	1800	1600	1450

注:ln 代表车道。

高速公路、一级公路路段的设计通行能力计算公式分别如下:

$$C_d = MSF_i \times f_{HV} \times f_p \times f_f \tag{1.13}$$

式中:C_d——设计通行能力,veh/(h·ln);

MSF_i——设计服务水平下的最大服务交通量,pcu/(h·ln);

f_{HV}——交通组成修正系数,按式(1.14)计算;

$$f_{HV} = \frac{1}{1 + \sum P_i(E_i - 1)} \tag{1.14}$$

式中:P_i——车型 i 的交通量占总交通量的百分比;

E_i——车型 i 的车辆折算系数,按表1.18 选取;

f_p——驾驶员总体特征修正系数,通过调查确定,通常为0.95~1.00;

f_f——路侧干扰修正系数,高速公路取1.0,一级公路路侧干扰等级可按表1.10 确定,路侧干扰修正系数可按表1.19 选用。

高速公路、一级公路路段车辆折算系数 表1.18

汽车代表车型	交通量[pcu/(h·ln)]	设计速度(km/h)		
		120	100	≤80
中型车	≤800	1.5	1.5	2.0
	800~1200	2.0	2.5	3.0
	1200~1600	2.5	3.0	4.0
	>1600	1.5	2.0	2.5
大型车	≤800	2.0	2.5	3.0
	800~1200	3.5	4.0	5.0
	1200~1600	4.5	5.0	6.0
	>1600	2.5	3.0	4.0
汽车列车	≤800	3.0	4.0	5.0
	800~1200	4.5	5.0	7.0
	1200~1600	6.0	7.0	9.0
	>1600	3.5	4.5	6.0

路侧干扰修正系数 表1.19

路侧干扰等级	1	2	3	4	5
修正系数	0.98	0.95	0.90	0.85	0.80

（2）二级公路、三级公路路段的通行能力。

二级公路、三级公路设计服务水平下的最大服务交通量应按表1.20选用。

二级公路、三级公路设计服务水平下的最大服务交通量 表1.20

公路技术等级	设计速度(km/h)	基准通行能力(pcu/h)	不准超车区的比例(%)	v/C	最大服务交通量(pcu/h)
二级公路	80	2800	<30	0.64	1800
	60	1400	30~70	0.48	650
	40	1300	>70	0.35	450
三级公路	40	1300	<30	0.54	700
	30	1200	>70	0.35	400

注：表内未列出的二级、三级公路其他不准超车区比例的情况，设计服务水平下的最大服务交通量，应按表1.15选取 v/C 计算确定。

二级公路、三级公路的设计通行能力应按公式（1.15）计算：

$$C_d = \text{MSF}_i \times f_{HV} \times f_p \times f_W \times f_f \quad (1.15)$$

式中：C_d——设计通行能力，veh/h；

MSF_i——设计服务水平下的最大服务交通量，pcu/h；

f_{HV}——交通组成修正系数，按式（1.16）计算，式中车辆折算系数 E_i 按表1.21取值；

$$f_{HV} = \frac{1}{1 + \sum P_i(E_i - 1)} \quad (1.16)$$

f_p——方向分布修正系数,按表 1.22 取值;

f_W——车道宽度、路肩宽度修正系数,按表 1.23 取值;

f_f——路侧干扰修正系数,按表 1.24 取值,路侧干扰等级可按表 1.24 确定。

双车道公路路段内的车辆折算系数　　　　　表 1.21

汽车代表车型	交通量(veh/h)	设计速度(km/h)		
		80	60	40
中型车	≤400	2.0	2.0	2.5
	400~900	2.0	2.5	3.0
	900~1400	2.0	2.5	3.0
	≥1400	2.0	2.0	2.5
大型车	≤400	2.5	2.5	3.0
	400~900	2.5	3.0	4.0
	900~1400	3.5	5.0	7.0
	≥1400	2.5	3.5	3.5
汽车列车	≤400	2.5	2.5	3.0
	400~900	3.0	3.5	5.0
	900~1400	4.0	5.0	6.0
	≥1400	3.5	4.5	5.5

方向分布修正系数　　　　　表 1.22

方向分布(%)	50/50	55/45	60/40	65/35	70/30
修正系数	1.00	0.97	0.94	0.91	0.88

车道宽度、路肩宽度修正系数　　　　　表 1.23

车道宽度(m)	3.0	3.25	3.5	3.75			
路肩宽度(m)	0	0.5	1.0	1.5	2.5	3.5	≥4.5
修正系数	0.52	0.56	0.84	1.00	1.16	1.32	1.48

路侧干扰修正系数　　　　　表 1.24

路侧干扰等级	1	2	3	4	5
修正系数	0.95	0.85	0.75	0.65	0.55

(3)互通式立体交叉的通行能力。

互通式立体交叉匝道、分合流区和交织区的通行能力应分别进行计算确定。

互通式立体交叉设置收费站时,其匝道通行能力应根据该收费站的通行能力确定;不设收费站时,应根据匝道与被交公路连接处的平面交叉的通行能力确定。互通式立体交叉分合流区的通行能力应根据设计速度、主线外侧两车道流量、匝道流量、变速车道长度等因素确定。互通式立体交叉交织区的通行能力应根据设计速度、车道数、交织区构型、交织流量比和交织段长度等因素确定。

习 题

1.1　简述现代综合运输系统的构成和各种运输方式的特点。
1.2　说明道路运输在综合运输系统中的地位与作用。
1.3　简述我国高速公路网规划的演变历程。
1.4　简述城市道路网的结构形式及其适用特点。
1.5　公路技术等级选用的基本原则是什么？
1.6　公路的基本组成有哪些？
1.7　道路勘测设计的控制要素有哪些？
1.8　公路设计速度是怎样定义的？公路设计速度的选定需要考虑哪些因素的影响？
1.9　交通量、通行能力及服务水平三者的关系是怎样的？
1.10　我国公路服务水平是如何划分的？划分依据是什么？

单元 2　汽车行驶理论

本单元摘要：本单元主要介绍汽车的构造及主要技术参数；汽车的牵引力及其行驶阻力；汽车的动力特性；汽车行驶的稳定性；汽车的制动性能；汽车的燃油经济性等。

道路是主要供汽车行驶的带状构造物，其设计必须以满足汽车的行驶性能和行驶要求作为前提。汽车行驶理论是一门在分析汽车行驶基本规律的基础上，研究汽车行驶原理、使用性能和行驶特性的基础学科。

汽车行驶对道路的基本要求是安全、迅速、经济与舒适，这需要通过人、车、路和环境等各个环节加以保障。

(1) 安全是指保证汽车行驶的稳定性，在汽车行驶过程中避免发生翻车、倒溜、侧滑等危险的行车现象。

(2) 迅速是指应保证汽车在道路上有较高的行驶速度，这需要道路拥有顺畅的线形、合理的车道数与车道宽度，以及良好的路面行车质量。

(3) 经济是指在道路运营过程中做到运输成本低，同时运输生产率高，这需要道路具备路线短捷、平曲线舒展、纵坡和缓、视野开阔、路面密实平整等条件。

(4) 舒适是从视觉上、生理上和心理上各方面保证乘车的舒适感。这需要行车过程中视觉上要做到线形美观、赏心悦目、自然环境与景观相协调；生理上达到行车平稳、不颠簸、离心力小等；心理上能实现轻松、有安全感、心情愉快等要求。

因此，汽车运动的基本规律及对公路的要求是指导公路设计、保证公路的使用品质和服务质量的依据，也是道路线形设计的理论基础。

知识点1　汽车的构造及主要技术参数

一、汽车的一般构造

汽车一般是由发动机、底盘、车身和电气设备四个基本部分组成的，如图2.1所示。

发动机是汽车的心脏，为汽车提供行驶的动力；底盘是汽车的主体，主要由传动系、行驶系、转向系和制动系四大部分组成。

底盘支承着汽车发动机及其各个组件，并构成汽车的整体造型，汽车动力的传递是由传动系实现的。传动系首先将发动机曲轴上产生的扭矩通过传动系传递给驱动轮,再利用车辆与地面之间的作用产生牵引力,推动汽车行驶。

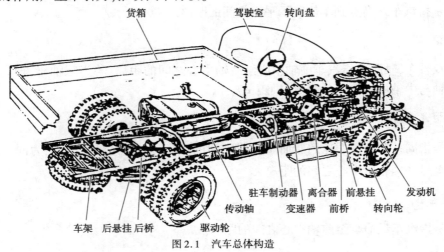

图 2.1　汽车总体构造

二、汽车的主要技术参数

1. 整车装备质量

整车装备质量又称为空车质量,是指汽车完全装备好的质量,包括汽车全部设备(主体设备和辅助设备),并加足润滑油、燃料、随车工具、备胎等所有装置的质量。汽车的装备质量是影响汽车油耗的一个重要参数。

2. 最大总质量

最大总质量是汽车满载时的总质量。
客车:汽车总质量 = 整车装备质量 + 驾驶员及乘员质量 + 行李质量 + 附件质量;
货车:汽车总质量 = 整车装备质量 + 驾驶员及助手质量 + 行李质量。

3. 最大装载质量

最大装载质量是在汽车自身各零部件所允许的范围内,能保证汽车在道路上稳定行驶的汽车最大装载量。最大装载质量等于最大总质量与整车装备质量之差。

4. 轴载质量

轴载质量是指汽车静止状态下,各单轴所支承的荷载质量,可分为空载和满载两种情况。

5. 车长 L

车长是指在汽车长度方向上两极端点之间的距离。

6. 车宽 B

车宽是指在汽车宽度方向上两极端点之间的距离。

7. 车高 H

车高是指汽车最高点到车辆支承平面之间的距离。

8. 轴距

对于双轴车,轴距是指汽车前轴中心至后轴中心之间的距离;若为三轴车,轴距则为前轴中心至后轴与中轴中心之间的距离(轴距 = $L_1 + L_2/2$)。

9. 轮距 A_1、A_2

轮距是指同一车桥左右轮胎胎面中心线之间的距离 A_1;若为双轮组,则为同一车桥一端轮胎中心至另一端轮胎中心之间的距离 A_2。

10. 前悬 S_1

前悬是指汽车最前端至前轴中心之间的距离。

11. 后悬 S_2

后悬是指汽车最后端至后轴中心之间的距离。

12. 最小离地间隙

最小离地间隙是指汽车满载时,汽车最低点至地面的距离(规定最低点位于图 2.2 中 $0.8b$ 区域内)。

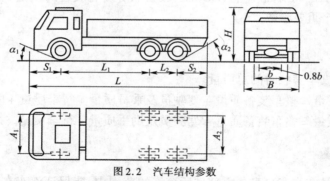

图 2.2 汽车结构参数

L-车长;B-车宽;H-车高;L_1、L_2-轴距;A_1、A_2-轮距;S_1-前悬;S_2-后悬;α_1-接近角;α_2-离去角

13. 接近角 α_1

接近角是指汽车前端突出点向前轮所引的切线与地面的夹角。

14. 离去角 α_2

离去角是指汽车后端突出点向后轮所引的切线与地面的夹角。

15. 最小转弯半径

最小转弯半径是指汽车外转向轮(转向盘转到极限位置)的中心平面在车辆支撑平面上的轨迹圆半径。

16. 最高车速

最高车速是指汽车在平坦公路上行驶能达到的最高速度。

17. 最大爬坡度

最大爬坡度是指汽车满载时的最大爬能力，以纵坡度来表示。

各汽车结构参数如图 2.2 所示。

知识点 2　汽车的牵引力及其行驶阻力

一、汽车的牵引力

汽车在道路上行驶时，需要不断克服自身所受的各种行驶阻力，因此汽车必须具备足够的驱动力——牵引力。汽车行驶的驱动力来自它的内燃发动机，燃料和空气在发动机的燃烧室内燃烧，通过活塞、曲轴等构件将热能转变为机械能，产生有效功率 N_e，驱使曲轴达到一定转速 n_e，并产生相应的扭矩 M_e，再将扭矩 M_e 通过汽车传动系统传至驱动轮，形成牵引力，从而推动汽车正常行驶（图 2.3）。

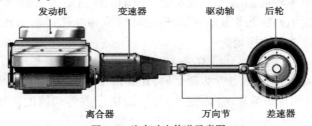

图 2.3　汽车动力传递示意图

传统情况下，载重汽车动力传递线路一般为：发动机曲轴→离合器→变速器→传动轴（万向节和驱动轴）→主传动器及车轴→驱动轮。

1. 发动机曲轴扭矩 M_e

由功率基本计算公式得：

$$N_e = M_e \times \frac{\omega}{1000}$$

$$\omega = \frac{2\pi n_e}{60}$$

将 ω 代入上式可得：

$$N_e = M_e \times \frac{n_e}{9549} \qquad (2.1)$$

式中：N_e——发动机有效功率，kW；

M_e——发动机曲轴扭矩，N·m；

n_e——发动机曲轴转速，r/min；

ω——发动机曲轴转动角速度，rad/s。

式(2.1)为发动机功率 N_e、扭矩 M_e 和转速 n_e 间的关系式，它表征汽车发动机的特性。如

将 N_e、M_e 以及单位燃料消耗量 q_e 与 n_e 之间的函数关系以曲线表示,则此曲线称为发动机特性曲线。汽车加速踏板的开度不同,发动机的特性曲线亦不相同,发动机加速踏板踩到底部时的特性曲线称为发动机的外特性曲线。

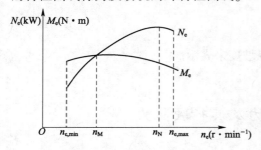

图 2.4 某汽油发动机外特性曲线

图 2.4 所示为某一汽车发动机的外特性曲线,图中 $n_{e,min}$ 为发动机的最小稳定工作转速。通过外特性曲线可以看出,随着汽车曲轴转速的不断提升,发动机的扭矩以及功率都在逐渐增大。当发动机扭矩达到最大值 $M_{e,max}$ 时,如果再进一步提高曲轴转速,则发动机扭矩将会下降,而发动机功率仍在继续增大,直至曲轴转速升至 n_N,其功率到达最大值 $N_{e,max}$。若再继续提高曲轴转速,则由于发动机气缸充气恶化和机械损失加剧等原因,致使发动机所送出的功率反而逐渐降低。因此,发动机设计制造时限制其最大转速 $n_{e,max}$ 一般不超过最大功率转速 n_N 的 10% ~ 25%。

2. 驱动轮扭矩 M_k

发动机曲轴的扭矩 M_e 经过一系列变速与传动后,传递到汽车的驱动轮,使驱动轮产生扭矩 M_k,在其作用下汽车车轮向前滚动。当发动机曲轴上的扭矩 M_e 经过离合器传到变速器,在变速器中,扭矩随所用挡位的变速比 i_k(发动机曲轴转速与变速器输出转速之比)和机械效率 η_k 而变,因此传到传动轴上的扭矩为:

$$M_n = M_e \cdot i_k \cdot \eta_k \tag{2.2}$$

这一扭矩再由传动轴被传到主传动器上后,还要因主动传动器的主传动比 i_0(主传动器输入和输出的转速之比)和机械效率 η_0 而变。因此,最后经主传动器的半轴而传到汽车驱动轮上的扭矩值为:

$$M_k = M_n \cdot i_0 \cdot \eta_0 = M_e \cdot i_0 \cdot \eta_0 \cdot i_k \cdot \eta_k$$

令 $\eta_T = \eta_0 \cdot \eta_k$,则 η_T 称为传动系的机械效率。对于载重汽车一般为 0.80 ~ 0.85,对于小客车多为 0.85 ~ 0.95,则驱动轮上的扭矩最终可表示为:

$$M_k = M_e \cdot i_0 \cdot i_k \cdot \eta_T \tag{2.3}$$

此时,驱动轮上的转速 n_k 为:

$$n_k = \frac{n_e}{i_0 i_k}$$

相应的车速 v 可以表示为:

$$v = 2\pi \cdot r_k \frac{n_e}{i_0 i_k} \frac{60}{1000} = 0.377 \frac{n_e r_k}{i_0 i_k} \tag{2.4}$$

式中:v——汽车行驶速度,km/h;

n_e——发动机曲轴转速,r/min;

r_k——车轮工作半径,m。即计入轮胎弹性变形后的车轮半径,它与内胎气压、外胎构造、路面的刚性与平整度以及作用在车轮上的荷载有关。该值一般取 0.93 ~ 0.96r_0,r_0 为未变形前轮胎的自由半径。常见车型未变形车轮直径见表 2.1。

常见车型后轮未变形车轮直径 表 2.1

车型	解放 CA-10B	东风 EQ-140	黄河 JN-150	跃进 NJ-130	上海 SH-760A
直径(mm)	1018 ±5	1018 ±5	1018 ±8	940 ±8	755 ±5

由推导过程及公式表达可以看出,汽车行驶的驱动力经由变速器和主传动器的两次变速传递,到达驱动轮的速度降低了,但是扭矩却相应地增大了。

3. 牵引力 F_t

汽车车轮有驱动轮与从动轮之分,从动轮上没有扭矩作用,驱动轮上接受发动机曲轴传来的扭矩 M_k,在扭矩 M_k 的作用下车轮产生滚动;同时驱动轮上的力又经车架传到从动轮的轮轴上,也因此而形成向前的运动。一般的载重汽车和客车多为前轮从动、后轮驱动,但某些特殊用途汽车(越野车及牵引车)的前后轮可以均作为驱动轮。

图 2.5 所示为汽车行驶时驱动轮的受力状况,在驱动轮上作用着扭矩 M_k、行驶的总阻力 R,同时驱动轮上所承受的汽车重力为 G、路面对车轮的垂直反力为 G_i 和水平反力为 F。为计算方便,可用一对力偶 F_t 和 F_k 来代替 M_k,F_k 作用于路面与轮缘上,与路面水平反力 F 平衡;F_t 作用于驱动轮轮轴上,克服行驶阻力 R,推动汽车行驶。这里的 F_t 即为汽车的牵引力,故有:

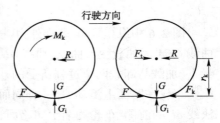

图 2.5 驱动轮受力分析图

$$F_t = \frac{M_k}{r_k} = \frac{M_e i_0 i_k \eta_T}{r_k} \qquad (2.5)$$

式中:F_t——汽车牵引力,N;
 M_k——驱动轮扭矩,N·m;
 r_k——车轮工作半径,m。

由式(2.4)可以推得 $i_k = 0.377 \frac{n_e r_k}{i_0 V}$,

将其代入式(2.5)得:

$$F_t = 0.377 \frac{n_e}{V} M_e \eta_T \qquad (2.6)$$

结合式(2.1),最终推导出驱动力 F_t 与功率 N_e 之间的关系式为:

$$F_t = 3600 \frac{N_e}{V} \eta_T \qquad (2.7)$$

从上面推导结果可以看出,如果要求汽车具有较大的牵引力,在功率或扭矩不变的前提下,可以通过减速来实现,即通过调整转速比来获得所需要的汽车牵引力。在实际操作中,一般通过换挡就可做到。当由高挡位换至低挡位时,随着汽车的行驶速度降低,牵引力将有所增大。

二、汽车的行驶阻力

汽车运动时需要不断克服运动中所遇到的各种阻力,这些阻力主要包括滚动阻力 F_f、坡度阻力 F_i、空气阻力 F_w 和惯性的阻力 F_j。在这些阻力中,只要是汽车行驶,滚动阻力 F_f 和空气阻力 F_w 始终存在;而坡度阻力 F_i 和惯性的阻力 F_j 则是产生在特定的行车状态下,其方向和大小都是可变的。

1. 滚动阻力

汽车的轮胎具有弹性,所以当车轮向前滚动时,轮胎会反复产生变形,这种变形属弹塑性体的变形,变形特性如图2.6所示。

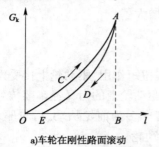
a)车轮在刚性路面滚动

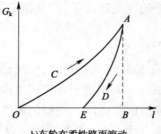
b)车轮在柔性路面滚动

图2.6 弹塑性体的变形曲线

图2.6中纵坐标G_k表示外力,横坐标l表示轮胎变形量。带有箭头的线段表示变形曲线,曲线OCA为加载变形曲线,曲线ADE为卸载变形曲线。由图中可以看出,在相同的轮胎变形量下,加载与卸载两个过程所受的外力并不相同,加载时的受力要大于卸载时的受力。

车轮在路面上滚动,是一种周而复始的加载与卸载过程。如图2.7所示,按行车方向,在法线ab的前侧,车轮逐渐滚向路面,这就是加载(压缩)过程,此时变形曲线对应于图2.6中的OCA曲线;在法线ab后侧的车轮逐渐离开路面,这是卸载(恢复)过程,此时变形曲线相当于图2.6中的ADE曲线。

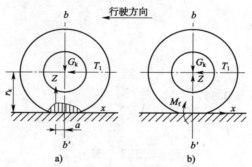

图2.7 车轮在路面上滚动时的受力情况

车轮滚动过程中在法线ab的前后都会产生变形,而且在法线ab的前后对称点上具有相同的变形量,但由于法线的前方为压缩区,后方为恢复区,所以它们的受力大小不一样,在压缩区的受力较大。因此,在车轮与路面的接触面上,法向单位压力相对于法线ab而言是不对称的,其分布如图2.7a)所示。如果用Z表示法向单位压力的合力(即车轮法向反作用力),则力Z就与车轮负荷G_k大小相等,方向相反,但法向反作用力Z的作用点向车轮法线前方移了一个距离a,因而形成了滚动阻力矩M_f,该值大小可表示为:

$$M_f = G_k \cdot a \tag{2.8}$$

若将法向反作用力Z平移至车轮法线ab上,则车轮在路面上的受力状况可表示成图2.7b),即车辆行驶过程中产生滚动阻力矩M_f。为使车轮等速滚动,就必须在车轮中心加一推力T_1,它与地面切向反作用力构成一对力偶来克服滚动阻力矩。由平衡条件得:

$$M_f = T_1 \cdot r_k \tag{2.9}$$

所以有:

$$T_1 = G_k \cdot a/r_k$$

令$f = a/r_k$,则:

$$T_1 = G_k \cdot f \text{ 或 } f = T_1/G_k$$

f 称为滚动阻力系数,其含义可以理解成:为了使车轮滚动,所需推力与车轮负荷的比值,也即车辆行驶时单位车重所需要的推力。

因为以上推导是针对单个车轮的,而整个车辆克服滚动阻力矩所需要的推力之和应为:

$$T = \sum T_1 = \sum G_k \cdot f = G_a \cdot f \tag{2.10}$$

汽车在行驶时,为克服滚动阻力矩所需的推力对汽车而言是一种行驶阻力,称为滚动阻力 F_f,即:

$$F_f = G_a \cdot f \tag{2.11}$$

式中:G_a——汽车总重。

上述滚动阻力大小的分析是基于路面呈水平状态的,当汽车在坡度角为 α 的公路上行驶时(图 2.8),其车轮负荷变为 $G_a \cdot \cos\alpha$,这时的滚动阻力应表示为:

$$F_f = G_a \cdot \cos\alpha \cdot f \tag{2.12}$$

滚动阻力与路面种类、行驶速度以及轮胎的性质等因素有关。不同的路表状况,其滚动阻力系数相差很大。当车速、轮胎类型和压力一定时,不同路面类型的见表 2.2。滚动阻力系数 f 值受行驶速度的影响如图 2.9 所示。

各种路面滚动阻力系数 f 表 2.2

路面类型	水泥混凝土及沥青混凝土路面	表面平整的黑色碎石路面	碎石路面	干燥平整的土路	潮湿不平的土路
f	0.01~0.02	0.02~0.025	0.03~0.05	0.04~0.05	0.07~0.15

汽车轮胎的性质包括轮胎的气压、材料和结构等。轮胎的变形越小,滚动阻力系数也小,轮胎的材料及结构直接影响轮胎的变形和刚度,对滚动阻力系数影响也很大(图 2.10)。对轮胎的胎面橡胶材料、花纹形式、轮胎内部结构和胎压进行合理选择,有利于减小滚动阻力系数,这也是提高汽车燃料经济性的重要措施之一。

图 2.8 汽车在坡道行驶时的滚动阻力

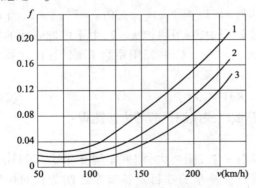

图 2.9 滚动阻力系数与行驶速度的关系
1-胎压为 0.15MPa;2-胎压为 0.25MPa;3-胎压为 0.35MPa

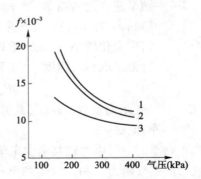

图 2.10 滚动阻力系数与轮胎气压的关系
1-斜交胎;2-带束斜交胎;3-子午线轮胎

2. 坡度阻力

汽车在坡道上行驶时,汽车重力在平行路面方向上的分力,称为坡度阻力。其值为:

$$F_i = G_a \cdot \sin\alpha \tag{2.13}$$

式中：F_i——坡度阻力，N；

　　　α——道路纵向坡度角。

需要说明的是，坡度阻力 F_i 产生在纵坡度不为零的路段上，而且有正负之分：汽车上坡行驶为"＋"，说明 F_i 与汽车行进方向相反，是阻碍汽车行驶的力；汽车下坡行驶为"－"，说明这种情况下 F_i 与汽车行驶方向一致。

道路纵坡的大小习惯上用坡度 i 来表示，坡度是纵坡的垂直高度与其水平长度之比的百分比。所以有：

$$i = h/s = \tan\alpha \tag{2.14}$$

由于道路纵坡的坡度角 α 一般不会大于 $10°$，故可用 $\tan\alpha$ 近似代替 $\sin\alpha$，即可将坡度阻力表示为：

$$F_i = G_a \cdot \tan\alpha = G_a \cdot i \tag{2.15}$$

3. 空气阻力

汽车在空气中运动，空气本身也是流动的，综合两者形成相对运动，从而构成空气质点对汽车行驶产生阻力，称之为空气阻力。空气阻力可分为压力阻力和摩擦阻力，而压力阻力又分成压差阻力、干扰阻力、冷却系阻力和诱导阻力。

为了简化计算，采用集中作用的空气阻力 F_w 来代替分布在整个汽车各部位上的空气阻力。汽车空气阻力 F_w 的作用点位于汽车纵向对称面内，可用试验方法来确定。

由空气动力学的研究和试验得知，空气阻力可用下式计算

$$F_w = C\rho A v_H^n \tag{2.16}$$

式中：F_w——空气阻力，N；

　　　C——流线型系数；

　　　ρ——空气密度，kg/m^3，一般 $\rho = 1.2258 N \cdot s^2/m^4$；

　　　A——汽车迎风面面积，m^2；

　　　v_H——汽车与空气相对速度，m/s；

　　　n——随车速变化的指数，当 $v_H < 1 m/s$ 时，$n = 1$；当 $1 < v_H < 330 m/s$ 时，$n = 2$；当 $v_H > 330 m/s$ 时，$n = 3$。在汽车正常行驶过程中，一般可取 $n = 2$；由于地球表面的空气密度变化较小，可视为常数，将上式的 C 与 ρ 的乘积用系数 K 取代；在计算中再近似地取相对速度 v_H 等于车速 $v(m/s)$，则有：

$$F_w = KAv^2 = KAV^2/13 \tag{2.17}$$

式中：K——空气阻力系数，kg/m^3，其值可由道路试验或风洞试验等方法测得；

　　　V——车速，km/h。

汽车列车的空气阻力较其牵引车单独行驶时的空气阻力大，但并不等于牵引车与挂车单独行驶时的空气阻力之和。汽车列车的空气阻力与挂车的数目及各节车之间的相对位置有关，处于列车中部的挂车空气阻力较小，最后一节挂车的空气阻力较大，在近似计算时，可取每节挂车的空气阻力为其牵引车的 20%，则对 n 节挂车的汽车列车，其空气阻力表示为：

$$F_w = (1 + 0.2n)KAV^2/13 \tag{2.18}$$

汽车的迎风面积，即汽车在纵轴的垂直面上的投影面积，可用投影法获得，也可用以下方法计算：

对于载重汽车和公共汽车，$A = BH$；对于小客车，$A = 0.78 B_1 H$。

其中，B 代表汽车轮距，m；H 代表汽车总高度，m；B_1 代表汽车的最大高度，m。

乘积 KF 称为汽车流线性系数，可用以评价汽车的整体流线性，一般汽车的空气阻力系数，迎风面积和流线性系数值见表 2.3；常见车型的流线型系数见表 2.4。

不同车型的空气阻力系数及正投影面积　　　　　　　　　　表 2.3

车　　型	$K(\text{kg/m}^3)$	$F(\text{m}^2)$	$KF(\text{kg/m})$
闭式车身小客车	0.20~0.35	1.6~2.8	0.3~0.9
敞式车身小客车	0.40~0.50	1.5~2.0	0.6~1.0
载重汽车	0.50~0.70	3.0~5.0	1.5~3.5
车厢式车身大客车	0.25~0.40	4.5~6.5	1.0~2.6

常见国产车型的流线型系数值　　　　　　　　　　表 2.4

车　　型	$KF(\text{kg/m})$	车　　型	$KF(\text{kg/m})$
北京 BJ-130	1.58	红星-621	1.05
长春 CC-130	1.60	格斯-69	1.70
上海 SH-130	1.52	格斯-63	2.40
解放 CA-10B	2.90	格斯-51	2.30
黄河 JN-150	3.10	吉斯-150	3.00
天津 TJ-620	0.91	吉斯-130	2.60
红旗 CA-774	0.56	吉斯-110	1.00
天津 TJ-740	0.53	伏尔加-21	0.60

注：表中的单位换算时，g 均取 10m/s^2。

4. 惯性阻力

汽车变速行驶时，需要克服其质量变速运动时所产生的平移惯性力和车上各回转部件变速时的惯性力矩，称其为惯性阻力 F_j。

汽车平移质量的惯性阻力为 F_j 可以表示为：

$$F_{j1} = \frac{G_a}{g} \cdot \frac{dv}{dt} \tag{2.19}$$

汽车上各回转部件（如飞轮、离合器、变速器、齿轮、传动轴、主传动器、车轮等）的转动惯量，以发动机飞轮及汽车车轮的数值为最大，因此，通常将其他部件的影响忽略不计。

如以 J_e、ΣJ_k 分别表示发动机飞轮和全部车轮的转动惯量，以 $d\omega_e/dt$、$d\omega_k/dt$ 分别表示发动机飞轮和车轮的角加速度，则飞轮的惯性力矩 M_{je} 和车轮的惯性力矩 M_{jk} 可以表示为：

$$M_{je} = J_e \cdot d\omega_e/dt \tag{2.20}$$

$$M_{jk} = \Sigma J_k \cdot d\omega_k/dt \tag{2.21}$$

将上述惯性力矩换算成作用在车轮上的力矩，并除以车轮工作半径 r_k，则得回转部件的惯性阻力 F_{j2} 为：

$$R_{j2} = \frac{J_e \cdot d\omega_e/dt \cdot i_0 \cdot i_k \cdot \eta_m}{r_k} + \frac{\Sigma J_k \cdot d\omega_k/dt}{r_k} \tag{2.22}$$

F_{j2} 与 F_{j1} 之和即为汽车的惯性阻力 F_j(N)。为简化计算,引入一个综合系数 δ,可得:

$$F_j = F_{j1} + F_{j2} = \delta \frac{G_a}{g} \cdot \frac{dv}{dt} \tag{2.23}$$

式中 δ 称为汽车回转质量换算系数。δ 主要与飞轮的转动惯量、车轮的转动惯量以及传动系的传动比有关,其值可用下式计算:

$$\delta = 1 + \delta_1 + \delta_2 i_k^2 \tag{2.24}$$

式中 δ_1 与 δ_2 为分别考虑汽车车轮和发动机飞轮的惯性影响而引用的两个系数。一般地,δ_1 取值为 0.03~0.05;δ_2 对于小客车取值为 0.05~0.07,对于载重汽车 δ_2 可取 0.04~0.05。

当汽车处于滑行或制动状态时,有:

$$\delta = 1 + \delta_1 \tag{2.25}$$

汽车车轮的回转质量换算系数 δ_1,通常还可按下面经验公式进行计算:对小客车,$\delta_1 = 0.05\ G_0/G_a$;对于载重车,$\delta_1 = 0.07 G_0/G$。

其中,G_0 代表汽车空车重力;G_a 代表汽车满载总重力。

按上式计算所得的各种国产车型的 δ_1 值见表 2.5。

几种国产汽车的 δ_1 值   表 2.5

车 型	空车重力 G_0(N)	总重力 G(N)	轮胎规格(数目)	δ_1
北京 BJ-130	18000	39950	6.5-16(6)	0.032
富康 988	11400	15150	185/60R14 81T(4)	0.038
捷达(都市先锋)	11000	15000	185/60R14T(4)	0.037
捷达(捷达王)	10300	14700	185/60R14T(4)	0.035
桑塔纳 2000(俊杰)	12200	15600	185/70SR13(4)	0.039
红旗(世纪星)	13600	17600	195/65R15V(4)	0.039
中华	14870	18870	205/55R16(4)	0.039
别克(GS 型)	15490	18740	P225/60R16(4)	0.041
帕萨特(豪华型)	14000	17750	195/65R15 91V/H(4)	0.039
东风 EQ-140	40800	92900	9.0-20(6)	0.030
黄河 JN-150	68000	150600	11.0-20(4)	0.032
解放 CA-10B	38000	80250	9.0-20(6)	0.032

注:轮胎规格项中,6.5-16 表示轮胎宽度为 6.5 英寸;"-"表示为低压胎;16 表示轮胎内径为 16 英寸。

三、汽车的行驶条件

1. 汽车行驶的必要条件

为了使汽车产生运动,汽车的牵引力必须与汽车运动时所遇到各项阻力之和平衡,即:

$$F_t = F_f + F_i + F_w + F_j \tag{2.26}$$

式中:F_t——汽车的牵引力,N,上坡取正值,下坡取负值;

F_w——空气阻力,N,加速取正值,减速取负值。

该式又称为汽车牵引平衡方程。即汽车的牵引力 F_t 必须等于各行驶阻力之和,才能保证车辆正常行驶,也即汽车行驶的必要条件(亦称驱动条件)。

将前面的相关公式代入可得:

$$\frac{M_e i_k i_0 \eta_m}{r_k} = G_a f + G_a i + \frac{KAV^2}{13} + \delta \frac{G_a}{g} a \tag{2.27}$$

需要特别说明的是,式(2.27)中的 i 和 a 自身符号有"+""−"之分,i 符号为"+""−"分别代表上、下坡,为 0 说明是平坡;a 符号为"+""−"分别代表加、减速,为 0 说明是匀速。

2. 汽车行驶的充分条件

由汽车驱动轮的受力分析(图 2.5)可知,汽车的牵引力与路面对车轮的水平反力大小、方向均相同,而路面对车轮的水平反力受轮胎与路面间附着条件的制约。若轮胎与路面间摩擦力很小,不能提供足够的水平反力,则轮胎将在路面上打滑,甚至空转。因此,汽车的牵引力必须小于等于轮胎与路面间的摩擦力(路面对轮胎水平反力的极限值),即:

$$F_t \leq G \cdot f_1 \tag{2.28}$$

式中:G——驱动轮荷重,N,对于全轮驱动的汽车,则为汽车总重;对于后轮驱动的汽车,一般小汽车取 $G = 0.5 \sim 0.65 G_a$;载重汽车取 $G = 0.65 \sim 0.8 G_a$;

f_1——轮胎与路面间的纵向摩阻系数,主要与路面的类型和状况有关。

式(2.28)即为汽车行驶的充分条件,也称附着条件。

联立式(2.26)和式(2.28),便得到汽车行驶的充分必要条件,称之为汽车运动的驱动与附着条件,即:

$$F_t = F_f + F_i + F_w + F_j \leq G \cdot f_1 \tag{2.29}$$

3. 道路摩擦系数

摩擦系数 f_1 与路面的粗糙程度、潮湿泥泞程度、轮胎花纹和气压、车速、荷载等因素有关。各类路面土 f_1 的平均值见表 2.6。

各类路面的纵向摩阻系数平均值　　　　　　　表 2.6

路面类型	路面状况			
	干燥	潮湿	泥泞	冰滑
水泥混凝土路面	0.7	0.5	—	—
沥青混凝土路面	0.6	0.4	—	—
过渡式及低级路面	0.5	0.3	0.2	0.1

知识点 3　汽车的动力特性

一、动力因数和动力特性图

1. 动力因数

分析汽车牵引平衡方程中的各个力,可以知道牵引力 F_t 和空气阻力 F_w 直接与汽车的构造及行驶速度有关,滚动阻力 F_f 和坡度阻力 F_i 取决于汽车所行驶的道路情况与坡度,而惯性

阻力 F_j 则取决于汽车的行驶状态。因此可将牵引平衡方程写为：

$$T_t - F_w = G_a f + G_a i + \delta \frac{G_a}{g} \frac{dv}{dt} \tag{2.30}$$

式中等号左边的 $F_t - F_w$ 称为汽车的后备牵引力，其值与汽车的构造和行驶速度有关；等号右边的各项阻力与道路状况和行驶状态有关，在通常行驶速度范围内，基本不受行驶速度的影响。

利用上式，虽可以对汽车的动力性能进行各种分析，但是由于在上述公式中，还含有汽车的构造参数（M_e、G_a、K 和 δ 等），这对于各种汽车是不相同的，故很难对不同的汽车进行动力性能比较。例如，具有相同牵引力的两种汽车，如果其在质量不同或者外形不一致时，则与汽车总重 G_a 成正比例的滚动阻力 F_f、坡度阻力 F_i 以及惯性阻力 F_j 也将有所不同，空气阻力 F_w 也存在差异。因此，在比较各种汽车的牵引性能时，应尽可能消去汽车的构造参数。将上式两侧除以汽车总重 G_a，就得到汽车单位重量的比量牵引平衡方程：

$$\frac{T_t - F_W}{G_a} = f + i + \frac{\delta}{g} \frac{dv}{dt} \tag{2.31}$$

令 $\frac{T_t - F_W}{G_a} = D$，则 D 被称作动力因数。其含义是某型汽车在海平面高度上，满载情况下，单位车重所具有的后备牵引力（也即单位车重所具有的牵引潜力）。当汽车做等速行驶时，$dv/dt = 0$，则有：

$$D = f + i = \psi \tag{2.32}$$

式中：ψ——道路阻力系数，$\psi = f \pm i$，它仅与道路路面状况和纵向坡度大小有关。

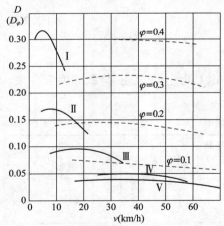

图 2.11 解放 CA-10B 汽车的动力特性图

2. 动力特性图

由于 F_t 和 G_a 只取决于汽车的结构特点，和道路条件无关，因此如已知汽车发动机的外特性曲线，则可绘出动力因数 D 与车速 V 间的关系曲线，称为动力特性图。图 2.11 为国产解放 CA-10B 汽车的动力特性图。

3. 海拔荷载系数

动力特性图是按海平面及汽车满载的情况下绘制的，对不同海拔、荷载下的动力因数应进行修正，其修正系数称为海拔荷载系数 λ，有：

$$\lambda = \xi \frac{G_a}{G_T} \tag{2.33}$$

式中：λ——海拔荷载系数；
　　　ξ——海拔系数；
　　　G_a——满载时的汽车重力，N；
　　　G_T——实际装载时的汽车重力，N。

考虑海拔荷载系数后，式(2.33)应改写为：

$$\lambda D = f + i + \frac{\delta}{g} \frac{dv}{dt} = \psi + \frac{\delta}{g} \frac{dv}{dt}$$

或

$$\lambda D = \frac{1}{\lambda}\left(\psi + \frac{\delta}{g}\frac{dv}{dt}\right) \qquad (2.34)$$

在以后的分析与讨论中,为简化计算均未考虑海拔荷载系数。而在实际应用时,动力因数值须乘以 λ 后再按计算式(2.34)计算。图 2.12 所示为解放 CA-10B 汽车的海拔系数图。

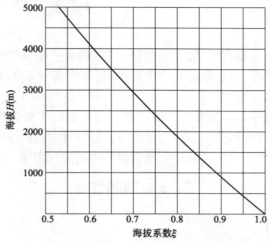

图 2.12　解放 CA-10B 汽车海拔系数图

二、车 速 特 性

1. 临界速度

对汽车某一挡位的动力特性曲线,动力因数 D 均有一定的使用范围,且都存在一个最大值 D_{max},如图 2.13 中的 d 点,与其对应的速度 V_k 称为该挡位的临界速度。

当汽车采用 $V_1 > V_k$ 的速度行驶时,如图 2.13 中 1 点,在 $d-1$ 的曲线范围内,V 与 D 成反比关系。当所遇道路阻力增加时,则汽车会相应地降低车速,而增大的 D 值即可用以克服道路阻力。若增加的阻力消失,则速度又逐渐提升到 V_1 行驶,动力因数 D 值将随之恢复到原有水平 D_1。这种行驶状况称为稳定行驶。

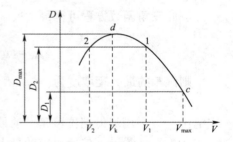

图 2.13　汽车某挡的动力特性图

当汽车采用 $V_2 < V_k$ 的速度行驶时,如图 2.13 中的 2 点,在 $2-d$ 曲线范围内,V 与 D 成正比关系。此时,若道路阻力增加,汽车相应地降低车速行驶,而 D 值反而随之减小,这样动力因数就变得更加不足,迫使汽车停车。这种行驶状况称为不稳定行驶。

由此可知,临界速度 V_k 是汽车稳定行驶的极限最小速度。因此,汽车行驶速度至少应采用大于一挡位的 V_k 值。

2. 道路条件一定时的最高车速

最高车速就是指在道路条件一定时,稳定行驶的汽车所能够达到的最大行驶速度。此时,加速度为零(即 $dv/dt = 0$),则 $D = \psi$ 直线与 $D = f(V)$ 曲线的交点(如图 2.13 中的 c 点)所对应的速度 V_c,即为在道路阻力为 ψ 时,汽车可能的最大行驶速度。

3. 最高速度

汽车的最高速度是指加速踏板踩到底部,汽车满载(不带挂车)在路面平整坚实的平直路段上,以直接挡稳定行驶时所能达到的最大速度。

4. 最小稳定速度

汽车的最小稳定速度是指汽车满载(不带挂车)在路面平整坚实的平直路段上,以最低挡位(1 挡)行驶时的临界速度,而且采用该速度行驶时,汽车传动系不发生颤动或敲击声,在突然踩下加速踏板时发动机不熄火。

汽车的最高速度和最小稳定速度是评价汽车动力性能的主要指标。两者的差值越大,表示汽车对公路阻力的适应性能越强。因此,在进行公路设计时,应全面了解行驶在道路上的主要车型的这两项指标,以便在设计时合理控制道路阻力的变化范围。

三、汽车的爬坡性能

1. 汽车的最大爬坡度

汽车的爬坡性能是指汽车克服坡度的能力,通常用汽车的最大爬坡度来评定,而汽车最大爬坡度是指汽车在坚实的路面上,用最低挡位稳定行驶时所能克服的最大坡度。

当汽车做上坡稳定行驶时,$dv/dt = 0$,则根据前述可知:

$$i = D - f \tag{2.35}$$

由于低挡位时,汽车的爬坡能力比较大,坡度角 α 也比较大,则此时 $\cos\alpha < 1$,$\sin\alpha \neq \tan\alpha = i$,则有:

$$D_{max} = f\cos\alpha + \sin\alpha \tag{2.36}$$

解此三角函数方程可得最大坡度角:

$$\alpha_{max} = \arcsin \frac{D_{max} - f\cos\sqrt{1 - D_{max}^2 + f^2}}{1 + f^2} \tag{2.37}$$

则汽车的最大爬坡度为:

$$i_{max} = \tan\alpha_{max} \tag{2.38}$$

式中:α_{max}——用最低挡位可爬升的最大坡度角,°;

D_{max}——最低挡位所对应的最大动力因数;

i_{max}——最大爬坡度,°。

2. 汽车的动力上坡

在实际行驶时,汽车通常在上坡之前加速,让汽车得到较高的车速,然后利用上坡时的减速惯性力来提升爬坡能力,这种用惯性力克服坡度的方法叫动力上坡。

假定汽车用一个挡位动力上坡,以速度 v_1 驶入坡段,并以速度 v_2 驶出坡段,则可能克服的坡度 i_1 和相应的坡长 S_1,可用下面方法求得,如图 2.14 所示。

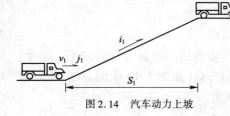

图 2.14 汽车动力上坡

根据速度 v_1 和 v_2，可在动力特性图上求得相应的动力因数值 D_1 和 D_2，则由公式可得相应的加速度：

$$j_1 = \frac{g}{\delta}(D_1 - \psi)$$

$$j_2 = \frac{g}{\delta}(D_2 - \psi)$$

为简化计算，假设汽车在整个坡道上行驶时为匀减速行驶，则可近似地取其平均值为 j_v，即：

$$\frac{dv}{dt} = j_v = \frac{j_1 + j_2}{2} = \frac{g}{\delta}\left(\frac{D_1 + D_2}{2} - \psi\right)$$

两边同时乘以 $vdt = ds$，得：

$$vdv = \frac{g}{\delta}\left(\frac{D_1 + D_2}{2} - \psi\right)ds$$

$$\frac{\delta}{g}\int_{v_1}^{v_2}vdv = \left(\frac{D_1 + D_2}{2} - \psi\right)\int_0^{s_1}ds$$

$$\frac{\delta(v_2^2 - v_1^2)}{2g} = \left(\frac{D_1 + D_2}{2} - \psi\right)S_1$$

$$\frac{\delta(V_2^2 - V_1^2)}{254} = \left(\frac{D_1 + D_2}{2} - f - i_1\right)S_1$$

$$i_1 = \frac{D_1 + D_2}{2} - f - \frac{\delta(V_2^2 - V_1^2)}{254 S_1} \tag{2.39}$$

$$S_1 = \frac{\delta(V_2^2 - V_1^2)}{254\left(\dfrac{D_1 + D_2}{2} - f - i_1\right)} \tag{2.40}$$

式中：i_1——汽车变速行驶时所能克服的坡度，%；
　　　S_1——汽车变速行驶时所能克服的坡长，m；
　　　v、V——分别为以 m/s 和 km/h 为单位计的速度值。

由式(2.39)和式(2.40)可知，汽车在坡道上变速行驶时，所能克服坡道的坡度与长度相关联的。当 i_1 值大时，则 S_1 值小；反之，i_1 值小时，S_1 值大。

知识点4　汽车行驶的稳定性

汽车行驶稳定性是指汽车在行驶过程中，在外部因素作用下，尚能保持或者很快自行恢复原行驶状态和方向，而不至于丧失控制，发生侧滑、倾覆等现象的能力。

汽车行驶稳定性根据方向的不同，可分为纵向稳定性和横向稳定性。根据丧失稳定方式的不同，可分为滑动稳定性和倾覆稳定性。分析和研究汽车行驶的稳定性，对于合理设计汽车结构尺寸、正确设计公路、确保行车安全都有十分重要的意义。

一、汽车行驶的纵向稳定性

汽车在行驶过程中，随着运动状态的改变，作用在前后车轮上的法向反作用力亦有相应的变化。汽车在某一运动状态下，若前轮的法向反作用力为零，则汽车将发生前轴车轮离地，而导致纵向倾覆。汽车在上坡行驶中,当由重力产生的下滑力大于车轮与路面间的附着力时,汽车将出现纵向倒溜。此两种情况均为汽车的纵向失稳。下面通过对汽车行驶中的受力分析来研究汽车行驶的纵向稳定性。

1. 纵向倾覆

如图 2.15 所示,后轴驱动的汽车,在坚实路面的直坡道上以较低速度等速行驶,当忽略了空气阻力、惯性阻力对车辆的影响后,在汽车行驶受力分析图中,若对后轮着地点 B 取矩,则可求得前轮的垂直反力 Z_1:

$$Z_1 L = G \cdot \cos\alpha \cdot L_2 - G \cdot \sin\alpha \cdot h$$

$$Z_1 = \frac{G \cdot \cos\alpha \cdot L_2 - G \cdot \sin\alpha \cdot h}{L} \tag{2.41}$$

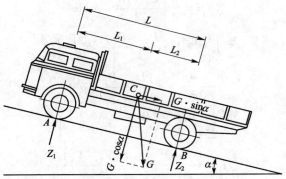

图 2.15 汽车在直坡道上的受力分析

当汽车前轮离地,也即法向作用力为零时,将导致汽车纵向倾覆。故在式(2.41)中,令 $Z_1=0$,即可得到汽车纵向倾覆稳定所对应的临界条件:

$$\tan\alpha_0 = \frac{L_2}{h} \tag{2.42}$$

当道路的坡度角 $\alpha \geq \alpha_0$ 时,将产生纵向倾覆。通过分析式(2.42)可知,汽车重心至后轴的距离 L_2 越大,汽车重心高度 h 越低,则汽车所能克服的纵向坡度越大,汽车的纵向稳定性也就越好。汽车纵向倾覆稳定性仅与汽车结构参数 L_2 和 h 有关,一般 L_2 和 h 的数值会在汽车设计中充分考虑,比值 $L_2/h \approx 1$,所以,汽车的纵向倾覆稳定条件比较容易得到保证。

2. 纵向倒溜

从驱动轮的牵引附着条件看,后驱动的汽车,驱动轮不发生滑移的临界状态为下滑力与最大附着力相等,即:

$$G \cdot \sin\alpha_\varphi = Z_2 f_1 \tag{2.43}$$

式中:α_φ——纵向滑移临界倾斜角,°;

f_1——纵向摩阻系数。

如图 2.15 所示,对前轮着地点 A 取矩,即可获得后轮垂直反力 Z_2:

$$Z_2 L = G \cdot \cos\alpha_\varphi \cdot L_1 - G \cdot \sin\alpha_\varphi \cdot h$$

$$Z_2 = \frac{G \cdot \cos\alpha_\varphi \cdot L_1 - G \cdot \sin\alpha_\varphi \cdot h}{L}$$

代入式(2.43)整理可得：

$$\tan\alpha_\varphi = \frac{L_1 f_1}{L - h f_1} \tag{2.44}$$

因分母中的 hf_1 比较小，忽略其影响，并设汽车总重 G = 前轴重 G_1 + 后轴重 G_2，可以得到：

$$\tan\alpha_\varphi \approx \frac{L_1}{L} \cdot f_1 \approx \frac{G_2}{G} \cdot f_1 \tag{2.45}$$

由式(2.45)可知，当道路的坡度角 $\alpha \geq \alpha_\varphi$ 时，由于驱动轮受附着条件的限制，所能产生的牵引力不足以克服 α_φ 的坡度，汽车将发生倒溜现象。对于载重汽车，一般 $G_2/G = 0.66 \sim 0.76$。由此可以反算出在不同道路条件下汽车不产生倒溜的道路纵坡度，它也是道路最大纵坡度设计指标制定的主要理论依据。

二、汽车行驶的横向稳定性

汽车行驶时，通常还受到侧向力的作用。在侧向力的影响下，当车轮的侧向反作用力达到附着力时，汽车将沿着侧向力的作用方向产生滑动；侧向力同时还将引起左右车轮法向反作用力的改变，当一侧车轮上得法向反作用力变成零时，汽车将发生侧向倾覆。

当汽车在曲线行驶时，侧向受力情况较为复杂，除重力分力外，还有离心力、惯性力等，它们对汽车行驶的横向稳定性影响较大，下面对此进行受力分析。

1. 汽车在曲线上行驶受到的横向作用力

如图 2.16 所示，汽车在平曲线上行驶时，受到的垂直于路面方向的竖向力总和 Y 为：

$$Y = G \cdot \cos\beta \pm F \cdot \sin\beta \tag{2.46}$$

式中：G——汽车总重，N；
F——汽车在曲线上行驶受到的离心力，N；
β——路面横向坡度角；
"+"——表示路面横坡倾斜方向指向圆心；
"-"——表示路面横坡倾斜方向指向圆心的外侧。

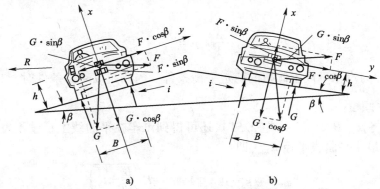

图 2.16 汽车在曲线上行驶的受力分析

汽车在平曲线上行驶时受到的平行于路面方向的横向力总和 X 为：

$$X = F \cdot \cos\beta \pm G \cdot \sin\beta \tag{2.47}$$

通常 β 很小，$\cos\beta \approx 1$，$\sin\beta \approx \tan\beta = i_h$，则有：

$$X = F \pm G \cdot i_h \tag{2.48}$$

式中：i_h——路面横坡；
"±"——表示路面横坡倾斜方向指向圆心外侧；
"－"——表示路面横坡倾斜方向指向圆心。

式(2.48)中的离心力 F 可用下式计算：

$$F = \frac{G}{g} \cdot \frac{v^2}{R} \tag{2.49}$$

式中：v——汽车在平曲线上行驶的速度，m/s；
　　　R——汽车转弯时轨迹半径，m。

将式(2.49)代入式(2.48)，即可得到汽车在平曲线上行驶时所受到的横向作用力 X：

$$X = \frac{G \cdot v^2}{gR} \pm Gi_h = G \cdot \left(\frac{v^2}{gR} \pm i_h\right) \tag{2.50}$$

式(2.50)仅仅反映了汽车在平曲线上行驶时所受横向力大小，却不能反映汽车转弯时横向稳定性的好坏。因为汽车的横向稳定性还与汽车受到的垂直于路面方向的竖向力有关，汽车横向稳定性的好坏决定于横向力与竖向力的比值 μ，称为横向力系数，即：

$$\mu = \frac{X}{Y}$$

由于 β 较小，计算时一般取 $Y = G \cdot \cos\beta \pm F \cdot \sin\beta \approx G$，故有：

$$\mu = \frac{X}{Y} \approx \frac{v^2}{gR} \pm i_h \tag{2.51}$$

2. 汽车在曲线上行驶的稳定性分析

1) 横向倾覆稳定性

由于横向力 X 的作用，汽车在曲线上行驶时会产生向弯道外侧方向的倾覆。当横向产生的倾覆力矩大于由法向反力产生的稳定力矩时，汽车将绕外侧车轮旋转而发生倾覆。

如图2.16所示，倾覆力矩和稳定力矩的极限平衡状态是：

$$X \cdot h = Y \cdot \frac{B}{2}$$

则

$$\frac{X}{Y} \approx \mu = \frac{B}{2h} \tag{2.52}$$

式(2.52)即为汽车不产生倾覆的稳定平衡条件。当满足 $\mu \leq \frac{B}{2h}$ 条件时，汽车在平曲线上行驶就不会发生倾覆。

相应地，如将 $\mu = B/2h$ 代入式(2.51)，还可得到汽车在平曲线上行驶不发生横向倾覆的最大车速 v_{max} 和最小平曲线半径 R_{min}，即：

$$v_{max} = \sqrt{gR(\mu \pm i_h)} = \sqrt{gR\left(\frac{B}{2h} \pm i_h\right)} \tag{2.53}$$

$$R_{min} = \frac{v^2}{g(\mu \pm i_h)} = \frac{v^2}{g\left(\frac{B}{2h} \pm i_h\right)} \tag{2.54}$$

2) 横向滑移稳定性

汽车在平曲线上行驶时，不但存在着使汽车向外侧滑移的横向力 X，而且同时也存在着阻止汽车向外侧滑移的横向反力 X'。横向反力 X' 受附着条件的限制,即横向反力 $X'_{max} = Y \cdot \varphi$,此横向反力的极限值称为横向附着力。当横向力 X 大于横向附着力 X'_{max} 时,汽车将发生横向滑移。因此,汽车不发生横向滑移的条件是:

$$X \leq X'_{max} = Y \cdot \varphi \tag{2.55}$$

式中:φ——轮胎与路面间的横向摩阻系数,与车速、路面种类和状态、轮胎类型等有关。一般干燥路面为 0.4~0.8;潮湿黑色路面高速行驶时为 0.25~0.40;路面结冰积雪时为 0.2~0.3;平滑的冰雪路面小于 0.20。

将式(2.55)变换形式后,可得到汽车在曲线上行驶时不产生横向滑移的条件,即:

$$\frac{X}{Y} = \mu \leq \varphi \tag{2.56}$$

相应地,将式(2.56)代入式(2.53)和式(2.54),即可得到汽车在横向滑移极限平衡状态时最大可能的车速和最小曲线半径分别为:

$$v_{max} = \sqrt{gR(\varphi \pm i)} \tag{2.57}$$

$$R_{min} = \frac{v^2}{g(\varphi \pm i)} \tag{2.58}$$

比较横向滑移的稳定条件式(2.56)和倾覆的稳定条件式(2.52)可知:汽车在平曲线上行驶时,倾覆是否发生取决于 $B/2h$ 值,滑移是否出现取决于 φ 值。在现代汽车设计中,一般轮距较宽,重心较低,通常情况下 $B/2h \approx 1$;而根据试验资料,一般的 $\varphi \leq 0.5$,故 $\varphi < B/2h$。因而在正常情况下,只要汽车行驶过程中不产生滑移,也就不会发生倾覆。

知识点 5 汽车的制动性能

汽车的制动性能是指汽车在行驶中强制降低行驶速度或在下坡时保持一定车速的能力。汽车制动性能的好坏,直接关系汽车行驶的安全。只有当汽车具有良好的制动性能时,才能保证行车安全,提高汽车的运输效率。

一、汽车的制动过程与制动力

汽车的制动过程就是人为地增加汽车的行驶阻力,使汽车的动能或位能(当汽车下坡行驶时)转化为其他形式的能(一般为热能)。车轮制动是利用制动器内的摩擦阻力矩来形成汽车运动方向相反的路面对车轮的切向摩擦阻力,简称为车轮制动力。

车轮上的制动力随制动摩擦阻力矩的增大而增大,但由于制动力 F_T 的发挥受到车轮与路面间的附着力(即反作用力)限制,在极限状态下,汽车的最大制动力取决于轮胎与路面间的附着力。其值等于车轮对地面的垂直荷载 Y 与轮胎和路面的纵向摩阻系数 f_1 的乘积,即:

$$F_{Tmax} = Y \cdot f_1 \approx G \cdot f_1 \tag{2.59}$$

式中:G——传到制动轮上的车重,现代汽车全部轮子均为制动轮,故 G 为汽车的总重;
f_1——轮胎与路面间的纵向摩阻系数,考虑到汽车轴间荷载的分配,制动减速度不宜过大等因素,在公路设计中,确定纵向摩阻系数 f_1 值时,一般采用路面状况为潮湿时的 f_1 值。

当汽车制动减速行驶时,作用于车轮上的力矩方向与行驶方向相反,其余各项运动阻力与牵引行驶时一样依旧存在。因此,这时的汽车运动方程可写为:

$$-F_t = F_f + F_i + F_w + F_j \tag{2.60}$$

在制动时,一般车速下降很快,速度较小,故空气阻力的影响可忽略不计,因此制动时汽车运动方程式(2.60)可简化为:

$$F_t + F_f + F_i + F_j = 0$$

即:

$$Gf_1 + G\psi + \frac{\delta \cdot G}{g} \cdot \frac{dv}{dt} = 0 \tag{2.61}$$

二、汽车制动性的评价指标

评价汽车制动性的指标主要有制动效能、制动效能的热稳定性及制动时汽车的方向稳定性三个方面。其中制动效能的热稳定性及制制动时汽车的方向稳定性两个评价指标主要在汽车设计制造时考虑。评价汽车制动效能的指标主要有制动减速度、制动时间和制动距离。下面对这三项评价指标的计算作简要介绍。

1. 制动减速度

由制动时汽车的运动方程式(2.61)可得:

$$j_S = \frac{dv}{dt} = -\frac{g}{\delta}(f_1 + \psi) \tag{2.62}$$

式中:j_S——制动减速度,m/s²。

按式(2.62)计算制动减速度j_S时,在路面干燥($f_1 = 0.5 \sim 0.7$)状态下计算出减速度j_S可达7~9m/s²。在实际使用中,过大的制动减速度不仅会增加燃料消耗和轮胎磨损,而且还会造成乘客因制动过急感到不舒适和货物在车厢内碰撞。因此,一般情况下不应使制动减速度大于$1.5 \sim 2.5$m/s²;只有在紧急情况下,制动减速度才允许超过4m/s²。

2. 制动时间

汽车制动时,如果地面制动力达到了附着极限而且保持不变,这时的汽车被视为做等减速运动。因此,理论上从开始制动到车辆完全停止的制动时间可按下式计算:

$$t_S = \int_{V_B}^0 \frac{1}{j_S} \cdot dv = -\frac{\delta}{g(f_1 + \psi)} \cdot \int_{V_B}^0 \frac{dv}{3.6}$$

$$t_S = \frac{\delta V_B}{3.6g(f_1 + \psi)} \tag{2.63}$$

式中:V_B——汽车制动时的初速度,km/h。

在汽车制动过程中,实际的制动时间要比式(2.63)所确定的大,因为从驾驶者开始得到制动信号起,到制动器完全发生作用为止,需要经过一段时间。这段时间取决于驾驶者的反应时间和制动生效时间两项之和。在公路设计时,常取这两部分时间之和,为1.0~2.5s。

3. 制动距离

制动距离是指汽车以速度V_B行驶时,从驾驶员发现障碍物,并判断是否制动到汽车安全停止所行驶的距离。由式(2.63)可得：

$$S_S = \int_0^S ds = \int_{V_1}^{V_2} t_s \cdot dv = \frac{-\delta}{13g(f_1+\psi)} \int_{V_1}^{V_2} V \cdot dV = \frac{V_1^2 - V_2^2}{254(f_1+\psi)} \qquad (2.64)$$

式中：V_1——制动初速度，km/h；

V_2——制动末速度，km/h。

若制动到汽车安全停止时 $V_2 = 0$，则制动距离 S_S 为：

$$S_S = \frac{V_1^2}{254(f_1+\psi)} \qquad (2.65)$$

若考虑到驾驶者的反应时间和制动生效时间，以及实际使用中有时制动不充分等情况，可采用一个使用系数(或简称为制动系数)K 予以修正。此时汽车制动减速行驶的全部制动距离应为：

$$S_S = \frac{V_1}{3.6} \cdot t_s + \frac{KV_1^2}{254(f_1+\psi)} \qquad (2.66)$$

式中：K——制动实际使用系数(或称制动系数)，其值为 1.0~1.4，公路设计时通常采用 1.2。

知识点6 汽车的燃油经济性

汽车完成运输工作所消耗的燃油量称为燃油消耗量。汽车的燃料经济性是指汽车行驶一定里程(或消耗一定燃料)所耗用燃料(或行驶里程)的多少。从道路设计的角度，减少单位运输中的燃油消耗量，可以降低运输成本，同时道路的燃油消耗量也是评定道路使用质量的重要经济指标之一。

一、汽车的燃油经济性评价指标

评价汽车的燃料经济性指标有两类，一类是以行驶一定里程(或一定运量)所消耗的能量来衡量，如每行驶100km的耗油量(kg)、每吨公里运量的耗油量(kg)等；另一类是消耗单位燃料所行驶的里程，如每公斤燃料所行驶的里程(km)。

通常用发动机的燃料消耗率 q_e 表示。燃料消耗率是指发动机发出每千瓦小时功率的燃料消耗量。已知发动机的功率 N 和转速 n 后，可在发动机台架试验获得的发动机负荷特性图上查出燃油消耗率 g_e。

发动机的燃料消耗率 g_e 随曲轴转速 n 及发出的功率 N 有关。由发动机外特性曲线可知，当转速在某值时，发动机燃料消耗率 g_e 最小，高于或低于该转速时耗油量均增大。故汽车在某挡位下，行驶速度与耗油量有关，汽车以某速度行驶耗油量最小，称为经济速度。该速度可通过发动机特性图并借助试验来确定。

汽车以等速 V 在道路上行驶时，每百公里的燃油消耗量 Q 为：

$$Q = \frac{Wg_e}{100} \times 9.8 = \frac{Ng_e}{1.02V}$$

或

$$Q = \frac{g_e}{3672\gamma\eta_T}\left(G\psi + \frac{KAV^2}{21.15}\right)$$

式中：g_e——燃油消耗率，g/(kW·h)；

γ——燃油重度，N/L，汽油为 6.96~7.15N/L，柴油 7.94~8.13N/L。

二、影响汽车燃料经济性的因素

1. 汽车使用方面

汽车使用方面,主要与汽车的行驶速度、挡位选择、挂车的应用、正确调整维护等因素有关。这些属于汽车运用与维修研究课题。

2. 汽车结构方面

汽车结构方面,主要从改进汽车发动机、提高燃油质量、改进润滑油质量、改进传动系统、改进底盘及车身设计等方面着手。这些属于汽车设计研究的课题。

3. 道路设计方面

从道路线形和结构上设计着手,提高道路路面和线形的设计技术指标,对节省燃油消耗有着十分重要的意义,这是道路工程设计的一个重要课题。

习 题

2.1 汽车行驶对道路的基本要求是什么?

2.2 汽车的行驶阻力有几种?哪些阻力在汽车行驶中始终存在?哪些阻力的方向和大小因汽车的行驶状态不同而变化?

2.3 汽车的行驶条件是什么?

2.4 何为动力因数?其含义是什么?

2.5 何为临界速度?试解释汽车稳定行驶状态。

2.6 根据方向的不同,汽车行驶稳定性如何划分?根据失稳方式的不同,汽车行驶稳定性又如何划分?

2.7 什么是横向力系数?

2.8 汽车制动性的评价指标有哪些?

2.9 什么是汽车的燃料经济性?结合生活知识说出哪些公路路线指标影响到汽车的燃料经济性。

2.10 已知某条道路的滚动阻力系数为 0.012,如果东风 EQ-140 型载重车装载 85% 时,挂 4 挡以 40km/h 的速度等速行驶,试求解在 1500m 海拔高度上所能克服的最大坡度。

单元 3 道路平面设计

本单元摘要：本单元主要介绍道路平面设计的基本概念；道路平面线形要素的组成、基本特性及其应用特点；平面线形组合设计；行车视距的概念、分类及其安全保证等内容。

知识点 1 道路平面设计概述

道路是带状的三维空间结构实体，一般由线形、路基、路面、桥涵、隧道和沿线设施等组成。所谓的路中线是道路中心线的简称，路中线是一条空间曲线，如图 3.1 所示。它在水平面上的投影称作路线的平面；沿路中线竖向剖切，再伸展开就得到路线的纵断面；过中线上任意一点的法向切面即为该点的横断面。道路的平面、纵断面和各个横断面都是道路的几何组成。路线设计是指确定路线的空间位置和各组成部分几何尺寸的工作。为了研究和设计上的方便，通常将其分成路线的平面、纵断面和横断面进行设计，三者既需要分别进行设计，又需要综合考虑。

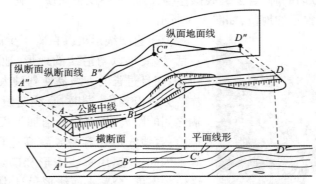

图 3.1 道路平面、纵断面和横断面图示

不论是公路还是城市道路，其路线位置的选定都会受到社会经济、自然地理和技术条件等多重因素的制约，需要设计者进行充分调查，在掌握大量可靠资料的基础上，合理利用现行的技术标准和设计规范，密切结合当地的地形、地物、水文和地质等条件，设计出一条经济、实用而又与自然景观相协调的路线来。

道路平面设计就是在平面图上确定路中线几何形状的原理和方法的工作，如图 3.2 所示。

其中,直线是最简单的平面线形,然而从道路的起点到终点之间不能用一条直线将其简单地连接起来,由于受地形、地物等因素的制约,路线在平面上经常会不可避免地出现转折,为了保证行车的安全性与舒适性,在转折处需要用圆曲线加以连接。当圆曲线半径较小时,还要进行曲率过渡,即加设缓和曲线。因此,道路的平面线形要素一般是由直线、圆曲线和缓和曲线构成的,通常称之为"平面线形三要素"。在这三种要素中,直线是曲率为零的线形;圆曲线是曲率为常数的线形;缓和曲线是曲率逐渐变化的线形。线形三要素是道路平面线形的基本组成,在道路上各要素所占比例难以量化规定,但只要各组成要素使用合理、组合得当,均可以获得较为理想的平面线形。

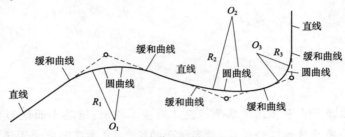

图3.2 道路线形要素组成

低等级道路(如四级公路)上行车速度较低时,为简化设计,也可以只使用直线和圆曲线两种线形要素,而不加设缓和曲线进行过渡。

知识点2 直 线

一、直线的特点

作为平面线形要素之一的直线,在公路和城市道路中的使用最为广泛,当地势平坦、地物障碍较少时,定线人员往往首先考虑选用直线。采用直线连接的方式,可以使路线短捷,而且汽车行驶受力简单、方向明确、容易驾驶操作,同时路线测设也简便。基于以上原因,在各种线形工程中直线都占有独特的地位,如图3.3所示。

图3.3 直线

但是直线线形也存在着不少的缺点,如直线线形灵活性差,难以与沿线的地形、地物及周围的环境相协调;而且过长的直线易使驾驶人员感到单调、疲倦、注意力难以集中;同时,直线路段上难以准确目估车辆之间的距离;长直线上增加了夜间行车车灯炫目的危险;直线线形还容易导致高速行车,诱发交通事故等。因此,在运用直线线形和确定其长度时,需要持谨慎的态度,公路平面线形设计中尽量不轻易采用过长和过多的直线。

二、直线的运用

1. 适宜采用直线的路段

为了更好地与环境相协调、节省耕地,以及保证必要的视距条件,通常情况下平面线形适宜采用直线的地段如下：

（1）不受地形、地物限制的平坦地区或山间开阔谷地；

（2）市镇及其近郊或规划方正的农耕区等以直线条为主的地区；

（3）长大的桥梁、隧道等构造物路段；

（4）路线交叉及其前后；

（5）为双车道公路提供超车的路段。

2. 长直线路段的注意事项

在平面线形设计中直线的长度不宜过长。当采用长直线时，应结合沿线具体情况采取相应的技术措施，以弥补景观单调的缺陷，并需要注意以下事项：

（1）长直线上纵坡不宜过大，因为长直线与下陡坡相重合的路段更容易导致高速行驶；

（2）长直线尽头的平曲线半径应尽量大一些，避免急转弯，以保持线形的连续性，除了保证曲线超高、视距等符合相应的规定外，还必须采取设置标志，增加路面抗滑能力等必要的安全措施；

（3）为了缓解长直线带来的呆板感，以长直线与大半径凹形竖曲线组合为宜；

（4）当道路两侧地形过于空旷时，宜采取不同的植被条件或设置建筑物、雕塑、广告牌等各种措施，以改善单调的行车景观。

3. 直线长度的限制

1）直线的最大长度

我国地域辽阔，各地区的地形条件差异非常大，很难统一限定直线的最大长度。在道路设计中，国内通常参照国外的经验值，大多依据德国的相关规定：直线的最大长度（以 m 计）不超过 $20V$（V 为设计速度，用 km/h 表示）。尽管地域不同、环境不同，但应尽量地避免追求过长的直线指标。

2）直线的最小长度

为了保证行车安全，当两圆曲线间以直线相连接时，直线的长度不宜过短。这个直线长度是指前一曲线的终点（缓直 HZ 或圆直 YZ 点）到后一曲线起点（直缓 ZH 或直圆 ZY 点）之间的长度。

（1）当设计速度大于或等于 60km/h 时，《规范》规定，同向曲线间的最短直线长度（以 m 计）以不小于 $6V$（以 km/h 计）为宜，如图 3.4a）所示；对于反向曲线，反向曲线间的最小直线长度（以 m 计）以不小于 $2V$（以 km/h 计）为宜，如图 3.4b）所示。

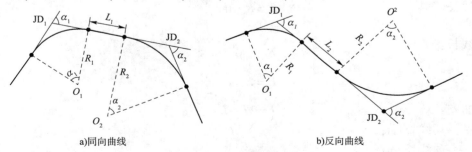

图 3.4　同向与反向曲线

(2)当设计速度小于或等于 40km/h 时,可参照上述规定执行。

(3)回头曲线间的最小直线长度规定。

《规范》规定,两相邻回头曲线之间,即由一个回头曲线的终点至下一个回头曲线的起点的最小直线长度,宜满足表 3.1 的要求。

回头曲线间最小直线长度　　　　　　　　　　　　　　表 3.1

设计速度(km/h)	最小直线长度(m)
40	200
30	150
20	100

知识点 3　圆　曲　线

一、圆曲线的几何要素

圆曲线也是道路平面设计中最常用的线形之一,各级公路和城市道路不论转角大小,均应在转折处设置平曲线,而且圆曲线是平曲线的主体。圆曲线具有容易与地形相适应、可循性好、线形美观和测设简便等优点,在道路线形设计中应用十分广泛,而且在许多路段也获得了理想的使用效果。图 3.5 所示为公路中的圆曲线。

圆曲线的几何要素如图 3.6 所示。

图 3.5　公路圆曲线路段

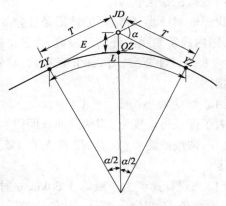

图 3.6　圆曲线几何要素

切线长：
$$T = R \cdot \tan\frac{\alpha}{2} \tag{3.1}$$

曲线长：
$$L = \frac{\pi}{180}\alpha R \tag{3.2}$$

外距：
$$E = R\left(\sec\frac{\alpha}{2} - 1\right)$$

切曲差：
$$J = 2T - L \tag{3.3}$$

式中：T——切线长,m;

　　　L——曲线长,m;

　　　E——外距,m;

J——切曲差(或校正值),m;
R——圆曲线半径,m;
α——转角,°。

二、圆曲线半径

半径是圆曲线最重要的技术指标,一旦选定了曲线半径,圆的大小和曲率也就确定了。行驶在曲线上的汽车由于受到离心力的作用,其稳定性和安全性都受到影响,而离心力的大小又与曲线半径密切相关——半径越小,离心力越大。所以,在选择平曲线半径时应尽可能采用较大的值,只有在地形或其他条件受到限制时,才使用较小的曲线半径。为了确保行车的安全性,《规范》规定了圆曲线半径在不同情况下的最小值。

1. 圆曲线半径的计算公式与影响因素

根据汽车行驶在曲线上力的平衡式,可得:

$$R = \frac{V^2}{127(\mu \pm i_b)} \tag{3.4}$$

式中:R——圆曲线半径,m;
V——设计车速,km/h;
μ——横向力系数;
i_b——超高横坡度,%。

在公路等级和地形条件已定时,设计车速 V 也就随之确定了,圆曲线半径 R 的大小将取决于横向力系数和曲线的超高横坡度 i_b 的取值情况。

1)横向力系数 μ

当设有超高时,横向力系数可以表示为 $\mu = \frac{V^2}{127R} - i_b$。

横向力会对行车产生不利影响,而且 μ 越大影响越大,主要表现在以下几方面:

(1)汽车行驶的横向稳定性。

汽车在圆曲线上行驶的稳定性包括横向倾覆稳定性和横向滑移稳定性,由于汽车在设计和制造时,充分考虑了横向倾覆稳定性,将其重心定得足够低,完全可以保证在正常装载和行驶条件下,不会在横向上发生倾覆现象。因此,在平曲线设计过程中,主要考虑的是横向滑移稳定性,只需要保证轮胎不在路面上产生滑移即可。为此,需要满足关系式:横向力 $X \leq$ 轮胎与路面之间的摩阻力 F。

由前面分析可知 $X = \mu \cdot G$ 和 $F \approx G \cdot \varphi$,所以仅需要满足:

$$\mu \leq \varphi \tag{3.5}$$

式中:φ——轮胎与路面间的横向摩阻系数,与车速、路面的种类与状态、轮胎等因素有关。

在干燥路面上 φ 值为 $0.4 \sim 0.8$;在潮湿的黑色路面上汽车高速行驶时,φ 值降低到 $0.25 \sim 0.40$;路面结冰和积雪时,φ 值降到 0.2 以下;在光滑的冰面上可降到 0.06(不加防滑链)。

(2)驾驶操作。

弯道上行驶的汽车,在横向力作用下,轮胎会产生横向变形,使轮胎的中间平面与轮迹前进方向形成一个横向偏移角(图3.7),增加了汽车在方向操纵上的困难,尤其是车速保持在较高水平时,就更难以保持驾驶方向上的稳定。

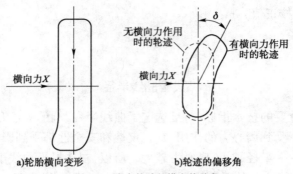

图 3.7 汽车轮胎的横向偏移角

(3)燃料消耗和轮胎磨损。

由于横向力的影响,行驶在曲线上的汽车比在直线上的燃料消耗和轮胎磨损都要大。这是因为当汽车在曲线上行驶时,除了要克服行驶阻力外,还要克服横向力对行车的作用,才能使汽车沿着正确的方向行驶,为此增加了燃料的消耗。与此同时,车辆在曲线上行驶时,横向力的作用使汽车轮胎产生微量变形,这种变形也导致轮胎的磨耗额外增加。表3.2中列出了由于横向力系数 μ 的存在,车辆的燃油消耗和轮胎磨损增加的百分比。

横向力系数 μ 与燃料消耗、轮胎磨损关系表　　　表3.2

横向力系数 μ	燃料消耗(%)	轮胎磨损(%)
0	100	100
0.05	105	160
0.10	110	220
0.15	115	300
0.20	120	390

(4)考虑乘车的舒适性。

汽车行驶在曲线上,随着横向力系数 μ 的变化,乘客将有不同的乘坐感受。根据大量的试验证明,乘客因 μ 的大小不同,其感觉和心理反应如下:

当 $\mu<0.10$ 时,车辆转弯时,不感到有曲线存在,很平稳;

当 $\mu=0.15$ 时,车辆转弯时,稍感到有曲线存在,尚平稳;

当 $\mu=0.20$ 时,车辆转弯时,已感到有曲线存在,并感觉不平稳;

当 $\mu=0.35$ 时,车辆转弯时,明显感到有曲线存在,并感觉不稳定;

当 $\mu \geqslant 0.40$ 时,车辆转弯时,感到非常不稳定,明显感觉有倾覆的危险。

μ 值的选用影响到行车的安全性、经济性与舒适性等。在计算最小平曲线半径时,应综合考虑以上各方面的因素选取一个适当的值。经综合分析得出 μ 的取值范围最好不超过0.10,最大不超过0.17。

2)超高横坡度 i_b

(1)最大超高横坡度 i_{bmax}。

在车速较高的情况下,为了平衡离心力的作用,有时需要设置较大的超高横坡度。但考虑到道路上行驶车辆的速度并不一致,尤其是在混合交通的道路上,需要同时兼顾快、慢车的行驶安全。对于慢车,特别是因故暂停在弯道上的车辆,当其离心力很小甚至是等于0时,如超高横坡度过大,超出轮胎与路面间的横向摩阻系数,车辆就存在着沿路面最大合成坡度下滑的

危险,因此必须满足下式:
$$i_{bmax} \leq \varphi_w \tag{3.6}$$

式中:φ_w——一年中气候恶劣季节路面的横向摩阻系数。

在确定最大超高坡度 i_{bmax} 时,除了考虑道路所在地区的气候条件外,还必须给予驾驶员和乘客心理上的安全感。对山岭重丘区、城市附近、交叉口以及有相当数量非机动车行驶的道路上,最大超高横坡度应比普通道路还要小些。

我国对公路最大超高横坡度的规定见表3.3,城市道路最大超高横坡度见表3.4。

各级公路圆曲线最大超高值 表3.3

公路等级	高速	一级	二级	三级	四级
一般地区(%)	8 或 10		8		
积雪冰冻地区(%)	6				
城镇区域(%)	4				

城市道路最大超高值 表3.4

设计速度(km/h)	100	80	60	50	40	30	20
最大超高横坡度(%)	6	6	4		2		

(2)最小超高横坡度 i_{bmin}。

道路的超高横坡度不应该小于道路直线段的路拱横坡度,否则不利于道路横向排水,因此规定:
$$i_{bmin} = i_0 \tag{3.7}$$

式中:i_0——路拱横坡度。

2. 圆曲线最小半径的计算

圆曲线的最小半径包括极限最小半径、一般最小半径和不设超高的最小半径。

1)极限最小半径

极限最小半径是指各级公路对按计算行车速度行驶的车辆,能保证其安全行车的最小允许半径。它是圆曲线半径允许采用的极限最小值,只有当地形条件特殊困难或受其他条件严格限制时,方可采用。

根据上述条件,横向力系数 μ 根据设计车速采用 0.10～0.17,最大超高横坡度取用不同的规定值,按式(3.1)计算得"极限最小半径"。我国现行《规范》中所制定的极限最小半径是考虑了我国的具体情况,并参照国外设计,将其结果进行归纳和取整得到的。极限最小半径过程取值见表3.5,计算结果见表3.6。

极限最小半径情况下 μ、i_{bmax} 取值表 表3.5

设计速度(km/h)	120	100	80	60	40	30	20
μ	0.10	0.12	0.13	0.15	0.15	0.16	0.17
最大超高值 i_{bmax}(%)	4	4	4	4	4	4	4
	6	6	6	6	6	6	6
	8	8	8	8	8	8	8
	10	10	10	10	10	10	10

圆曲线极限最小半径　　　　　　　表 3.6

设计速度(km/h)		120	100	80	60	40	30	20
最大超高值	$i_{bmax}=4\%$	810	500	300	150	65	40	20
	$i_{bmax}=6\%$	710	440	270	135	60	35	15
	$i_{bmax}=8\%$	650	400	250	125	60	30	15
	$i_{bmax}=10\%$	570	360	220	115	—	—	—

2)一般最小半径

一般最小半径是指通常情况下,各级公路对按计算行车速度行驶的车辆,能保证其安全性和舒适性行车的推荐采用的最小半径。它是一般情况下或地形条件限制时,采用的低限值。

圆曲线的一般最小半径,既考虑汽车在这种半径的曲线上以设计速度或以接近设计速度行驶时有一定的舒适感,又注意到在地形比较复杂的情况下不会过多地增加工程量。为此,现行《标准》和《规范》规定了"一般最小半径",其 μ 和 i_{bmax} 的取值见表3.7,计算结果见表3.8。

一般最小半径的 μ、i_{bmax} 取值　　　　表 3.7

计算行车速度(km/h)	120	100	80	60	40	30	20
μ	0.05	0.05	0.06	0.06	0.06	0.05	0.05
i_{bmax}	0.06	0.06	0.07	0.08	0.07	0.06	0.06

圆曲线一般最小半径取值　　　　　表 3.8

设计速度(km/h)	120	100	80	60	40	30	20
圆曲线最小半径(一般值)(m)	1000	700	400	200	100	65	30

3)不设超高的最小半径

当平曲线半径较大时,离心力的影响将变得非常小,仅有路面的摩阻力就可以保证汽车有足够的稳定性,此时就不再需要设置超高,而在道路横向上设置与直线段上相同的双向横坡形式。

此时,不设超高,对于行驶在曲线外侧车道上的车辆来说是"反超高",其 i_b 值为负,大小与路拱坡度相同。从行车的舒适和安全的角度考虑,μ 也应取尽可能小的值,以使乘客在曲线上有与在直线上基本相同的感觉。我国《规范》所制定的"不设超高的最小半径"是按路拱 $i_1 \leq 2.0\%$ 和路拱 $i_1 > 2.0\%$ 两种情况,取 $\mu = 0.035 \sim 0.050$,由式(3.1)计算并取整得到的,计算结果见表3.9。

圆曲线不设超高的最小半径　　　　表 3.9

设计速度(km/h)		120	100	80	60	40	30	20
不设超高圆曲线最小半径(m)	路拱≤2%	5500	4000	2500	1500	600	350	150
	路拱>2%	7500	5250	3350	1900	800	450	200

3. 圆曲线的最大半径

选用圆曲线半径时,在与地形、地物条件允许时,应尽量选用较大曲线半径,以提高车辆行驶的安全性和舒适度。但是当半径增大到一定程度时,其几何性质与直线区别不大,而且容易给驾驶员带来行驶中的判断错误,酿成交通事故。因此,《规范》规定圆曲线的最大半径不宜超过10000m。

三、圆曲线半径的确定

《公路路线设计规范》(JTG D20—2017)和《城市道路工程设计规范》(CJJ 37—2012)中,分别规定了公路和城市道路的圆曲线各种最小半径,列于表3.10和表3.11。

公路圆曲线最小半径　　　　　　　　　　　　　　　　　表3.10

设计速度(km/h)		120	100	80	60	40	30	20
圆曲线最小半径(极限值)(m)	$i_{bmax}=4\%$	810	500	300	150	65	40	20
	$i_{bmax}=6\%$	710	440	270	135	60	35	15
	$i_{bmax}=8\%$	650	400	250	125	60	30	15
	$i_{bmax}=10\%$	570	360	220	115	—	—	—
圆曲线最小半径(一般值)(m)		1000	700	400	200	100	65	30
不设超高圆曲线最小半径(m)	路拱≤2%	5500	4000	2500	1500	600	350	150
	路拱>2%	7500	5250	3350	1900	800	450	200

注:"一般值"为正常情况下的采用值;"极限值"为条件受限制时可采用的值;i_{bmax}为采用的最大超高值;"—"为不考虑采用对应最大超高值的情况。

城市道路圆曲线最小半径　　　　　　　　　　　　　　　　表3.11

设计速度(km/h)		100	80	60	50	40	30	20
设超高圆曲线最小半径(m)	极限值	400	250	150	100	70	40	20
	一般值	650	400	300	200	150	85	40
不设超高圆曲线最小半径(m)		1600	1000	600	400	300	150	70

注:"一般值"为正常情况下的采用值;"极限值"为条件受限时可采用的值。

在平面线形设计中,圆曲线应较好地适应地形的变化,以获得顺适圆滑的道路平面线形。在与地形、地物等条件相适应的前提下,宜适当选用较大的圆曲线半径,以优化线形和改善行车条件。在确定圆曲线半径时,既不要盲目地采用高标准而造成大填大挖或产生不必要的拆迁,也不要简单地采用低限值仅考虑去满足上述规范的基本要求。

在确定圆曲线半径时应注意以下几点:

(1)圆曲线半径应使曲线与地形相适应,宜采用与超高横坡度为2%~4%相对应的圆曲线半径;

(2)条件受限制时,可采用大于或接近于圆曲线最小半径的"一般值";

(3)地形条件特殊困难而不得已时,方可采用圆曲线最小半径的"极限值";

(4)圆曲线半径应使所设置的曲线同相衔接路段的平、纵线形要素相协调,使之构成连续、均衡的曲线线形;

(5)当转角小于7°时,应设置较大的圆曲线半径,以保证曲线长度满足相应的规定;

(6)在条件许可时,争取选用不设超高的圆曲线半径;

(7)圆曲线的最大半径不宜超过10000m。

知识点4 缓和曲线

缓和曲线是道路平面线形要素之一,它是设置在直线与圆曲线之间或两个圆曲线之间的曲率半径逐渐变化的线形。《规范》规定,除四级公路可不设缓和曲线外,其余各级公路在其半径小于不设超高的最小半径时都应设置缓和曲线。在高等级公路和城市道路上,缓和曲线均得以广泛地应用。

一、缓和曲线的作用与线形

1. 缓和曲线的作用

1)曲率逐渐变化,便于驾驶操作

在汽车从直线进入圆曲线的过程中,驾驶员应逐渐地改变前轮转向角,使其适应圆曲线的需要,前轮的转向是在进入圆曲线之前的路段范围内逐步完成的。直线上的曲率半径为无穷大,曲率为零;而圆曲线上的半径为一定值 R,曲率为 $1/R$。若两种线形径向衔接,则在接合处构成了曲率的突变点,尤其是当半径较小时,这种变化就显得更加突然和明显。若汽车高速驶过该点附近,汽车很可能超越原来的车道驶出一条很长的过渡性的轨迹线。因此,从行车安全性和易于驾驶操作的角度出发,很有必要设置一条曲率逐渐变化的曲线,以符合汽车相对于这一过程的行驶轨迹。

2)离心加速度逐渐变化,消除了离心力突变

汽车行驶在直线段上没有离心力影响,而在圆曲线上则受到离心力的作用,并且离心力的大小与曲线的曲率成正比。汽车由直线驶入圆曲线或由圆曲线驶回直线时,离心力是突然产生或消失的,这会对行车的安全性和舒适性造成不利的影响。鉴于此原因,离心力从无到有、从小到大的变化应该是逐渐的,所以应在直线与圆曲线之间或半径不同的两圆曲线之间设置一条过渡性的曲线,以缓解离心加速度的突变。

3)为设置超高和加宽提供过渡段

为了保证线形顺畅,避免出现转折或减少转折出现的次数,当弯道上需要设置超高或加宽时,应在缓和曲线内完成超高或加宽的过渡与变化,为此缓和曲线的长度应满足设置超高或加宽缓和段的需要。

4)与圆曲线配合得当,美化线形

当圆曲线与直线径相连接时,会在连接处形成曲率突变,在折点处产生线形扭曲的视觉效果。如果加设了缓和曲线,使曲率逐渐发生变化,线形就会连续圆滑,良好的道路线形能在行驶中带给驾驶员良好的视觉效果和心理感受,如图3.8所示。

2. 缓和曲线的形式

1)缓和曲线的线形要求

从缓和曲线的作用可以得出,缓和曲线首先应符合汽车从直线逐渐驶入圆曲线的行驶轨迹的要求。反之,也只有满足汽车由直线进入圆曲线的行驶轨迹的线形,才可以作为缓和曲线来使用。在分析这条行驶轨迹线之前,首先对行车过程作以下假定:

(1)汽车等速行驶,速度为 v(m/s);

(2)转向盘匀速转动,转动角速度为 ω(rad/s)。

a)未设置缓和曲线　　　　　　　　　　b)设置缓和曲线

图 3.8　直线与曲线连接视觉效果图

如图 3.9 所示,汽车从直曲线连接点开始,行驶了时间 t(s)后,行驶的距离为 l(m),转向盘转动的角度为 φ,汽车前轮也相应转动了角度 ϕ,则它们之间存在关系:

$$\phi = k\varphi \text{ (rad)} \tag{3.8}$$

其中 k 为系数。而由于:

$$\varphi = \omega t \text{ (rad)} \tag{3.9}$$

式中:ω——转向盘转动的角速度,rad/s;
　　　t——行驶时间,s。

此时汽车前轮的转向角为:

$$\phi = k\varphi = k\omega t \text{ (rad/s)} \tag{3.10}$$

设汽车前后轮轴距为 d,前轮转动 ϕ 后,汽车的行驶轨迹曲线半径为:

$$\rho = \frac{d}{\tan\phi}$$

由于汽车在道路上正常行驶中 ϕ 一般很小,近似有:

$$\rho \approx \frac{d}{\phi} = \frac{d}{k\omega t} \tag{3.11}$$

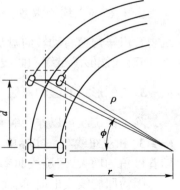

图 3.9　汽车的转弯行驶

汽车以 v(m/s)等速行驶,经时间 t(s)以后,其行驶距离(弧长) l(m)为:

$$l = v \cdot t$$

由式(3.8)近似得到:

$$t = \frac{d}{k\omega\rho}$$

代入上式,得:

$$l = v \frac{d}{k\omega} \cdot \frac{1}{\rho} \tag{3.12}$$

由于式中 v、d、k、ω 均为常数,可令:

$$v \frac{d}{k\omega} = C$$

则有:

$$l = \frac{C}{\rho}$$

或

$$\rho \cdot l = C \tag{3.13}$$

式中：l——汽车自直线与曲线连接点开始计时，经 $t(s)$ 后行驶的距离，m；

ρ——汽车行驶 $t(s)$ 后在 l 处的曲率半径，m；

C——常数。

由式(3.13)的推证过程表明，汽车从直线匀速进入圆曲线（或反之，从圆曲线进入直线）过程中，其行驶轨迹的弧长与曲线的曲率半径的乘积为一常数，这一性质恰与数学上的回旋线定义相符。

2）回旋线作为缓和曲线

回旋线是曲率随着曲线的长度的增加而成正比例增加的线形。根据其定义可以得到回旋线的数学表达式为：

$$\frac{1}{\rho} = C' \cdot l \tag{3.14}$$

式中：C'——比例常数。

也即为：

$$\rho \cdot l = \frac{1}{C'} \tag{3.15}$$

由于 C' 与 $\frac{1}{C'}$ 均为常数，因此式(3.13)和式(3.15)的形式是一致的。由此可以说明，回旋线吻合汽车匀速转动转向盘从直线等速驶入圆曲线（或从圆曲线驶入直线）的行驶轨迹，换言之，回旋线能够满足缓和曲线线形的基本需求。

3. 其他形式的缓和曲线

除了回旋线可以作为缓和曲线外，还有其他线形也能满足缓和曲线的需要，如高次抛物线（$n \geq 3$）和双纽线等。实际中，回旋线、三次抛物线和双纽线在极角较小的情况下区别很小；但随着极角的增大，回旋线曲率半径减小的速度加快，而三次抛物线的曲率半径减小较慢。因为回旋线线形简单，而且计算方便，因此，我国现行《标准》和《规范》规定在路线线形中采用回旋线作为缓和曲线。

二、缓和曲线的布设

1. 回旋线的数学表达式

回旋线是公路路线设计中最常用的一种缓和曲线。为了更好地认识这种线形，下面对回旋线进行进一步的分析和研究。

回旋线的基本公式表示为：

$$\rho \cdot l = C = A^2 \tag{3.16}$$

式中：ρ——回旋线上某点的曲率半径，m；

l——回旋线上某点到原点的曲线长，m；

A——回旋线的参数。

由于 $\rho \cdot l$ 的单位是长度的二次方（m^2），为使量纲一致，设轨迹曲线式(3.13)中的常数 $C = A^2$，则称 A 为回旋线参数，它表征回旋线曲率变化的缓急程度。在回旋线上，曲率半径 ρ 随

l 的变化而变化。在回旋线的起点(ZH 或 HZ 点)处,曲线长度 $l=0$,同时因为曲率为零,所以曲率半径 $\rho=\infty$;但在回旋线的终点(HY 或 YH 点)处,曲线长度 $l=L_s$;曲率半径 $\rho=R$,故上式可写成:

$$RL_s = A^2 \tag{3.17}$$

则得到参数:

$$A = \sqrt{RL_s} \tag{3.18}$$

式中:R——回旋线所连接的圆曲线半径,m;
L_s——过渡到圆曲线的缓和曲线长度,m。

如图 3.10 所示,在回旋线上任意点 P 处取微分单元,则有:

$$\begin{aligned} dl &= \rho \cdot d\beta \\ dx &= dl\cos\beta \\ dy &= dl\sin\beta \end{aligned} \tag{3.19}$$
$$\tag{3.20}$$

式中:β——回旋线上任意点 P 的法线方向与 y 轴的夹角,称为回旋线的旋转角;
x、y——回旋线上任意点 P 在直角坐标系中坐标值。
其他字母意义同前。

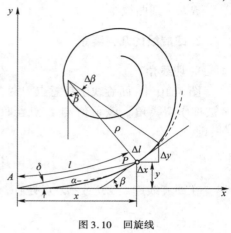

图 3.10 回旋线

将 $\rho l = A^2$ 代入 $dl = \rho \cdot d\beta$,得:

$$dl = \frac{A^2}{l}d\beta$$

即:

$$ldl = A^2 d\beta$$

将等式两端同时积分,得:

$$\frac{1}{2}l^2 = A^2\beta$$

$$\beta = \frac{l^2}{2A^2} \tag{3.21}$$

把微分方程式(3.19)和式(3.20)中 $\sin\beta$、$\cos\beta$ 用级数展开,并把 $\beta = \frac{l^2}{2A^2}$ 代入,得:

$$\begin{aligned} \sin\beta &= \beta - \frac{\beta^3}{3!} + \frac{\beta^5}{5!} - \frac{\beta^7}{7!} + \cdots \\ \cos\beta &= 1 - \frac{\beta^2}{2!} + \frac{\beta^4}{4!} - \frac{\beta^6}{6!} + \cdots \end{aligned} \tag{3.22}$$

把上面结果代入微分方程中的 dx、dy,分别积分并整理,可得回旋线的直角坐标表达式为:

$$x = l - \frac{l^5}{40R^2L_s^2} + \frac{l^9}{3456R^4L_s^4} - \cdots \tag{3.23}$$

$$y = \frac{l^3}{6RL_s} - \frac{l^7}{336R^3L_s^3} + \cdots \tag{3.24}$$

在回旋线终点处有 $l = L_s$,将其带入式(3.20)和式(3.21),可得到:

$$x_0 = L_s - \frac{L_s^3}{40R^2} + \frac{L_s^5}{3456R^4} - \cdots \tag{3.25}$$

$$y_0 = \frac{L_s^2}{6R} - \frac{L_s^4}{336R^3} + \cdots \tag{3.26}$$

式中：l——任意点的弧长,m；
L_s——缓和曲线长度,m；
R——圆曲线半径,m。

2. 回旋线的几何要素

1) 切线角

图 3.10 中,回旋线上任意点 P 处的切线与回旋线起点 ZH 或 HZ 点的切线（x 轴）的交角 β 被称作切线角。该角值与 P 点至回旋线起点（ZH 点）的曲线长度 l 所对应的圆心角相等,即：

$$\beta = \frac{l^2}{2A^2} = \frac{l^2}{2RL_s}(\text{rad}) \tag{3.27}$$

在回旋线起点 ZH 或 HZ 点处有 $l = L_s$,该点的切线角表示为 β_0,则有：

$$\beta_0 = \frac{L_s}{2R}(\text{rad}) \tag{3.28}$$

β_0 为缓和曲线全长 L_s 所对应的中心角即切线角,也称为缓和曲线角。

2) 内移值

在直线与圆曲线之间插入回旋线后,原有的圆曲线必然向曲线内侧移动距离 p（图 3.11）,才能保证缓和曲线与圆曲线相切,且在起点与直线相切。圆曲线内侧移动的距离 p 被称作内移值。

由图 3.11 可知：

$$p = y_0 + R(\cos\beta_0 - 1) \tag{3.29}$$

用泰勒级数展开,则有：

$$p = \frac{L_s^2}{24R} - \frac{L_s^4}{2688R^3}(\text{m}) \tag{3.30}$$

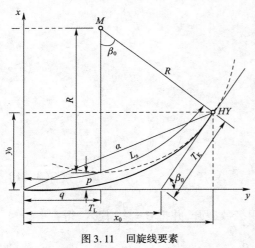

图 3.11 回旋线要素

3) 切线增值

由图 3.10 可以看出,在直线与圆曲线之间插入回旋线后,其切线长度也增加了 q,该值被称作切线增值：

$$q = x_0 - R\sin\beta_0 \tag{3.31}$$

用泰勒级数展开,可得：

$$q = \frac{L_s}{2} - \frac{L_s^3}{240R^2}(\text{m}) \tag{3.32}$$

3. 带缓和曲线的平曲线要素及其主点里程桩号计算

道路平面线形三要素的最基本的组合形式是：直线-回旋线-圆曲线-回旋线-直线。图 3.12

所示是常见的在直线与圆曲线之间加设缓和曲线后的平曲线。

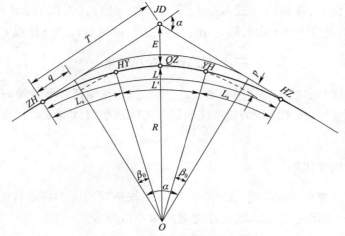

图 3.12　加设缓和曲线后的平曲线

1) 曲线要素的计算公式

如图 3.12 所示,各曲线要素的计算方法如下:

切线长:
$$T = (R + p)\tan\frac{\alpha}{2} + q \tag{3.33}$$

曲线长:
$$L = (\alpha - 2\beta_0)\frac{\pi}{180}R + 2L_s = \alpha R\frac{\pi}{180} + L_s \tag{3.34}$$

外距:
$$E = (R + p)\sec\frac{\alpha}{2} - R \tag{3.35}$$

切曲差:
$$D = 2T - L \tag{3.36}$$

2) 主点里程桩号计算及测设方法

如图 3.12 所示,各主点里程桩号的计算及测设方法如下:

直缓点:　　　　　　　　　ZH = JD − T
缓圆点:　　　　　　　　　HY = ZH + L_s
圆缓点:　　　　　　　　　YH = HY + (L − 2L_s)
缓直点:　　　　　　　　　HZ = YH + L_s　　　　　　　　　　(3.37)
曲中点:　　　　　　　　　QZ = HZ − $\frac{L}{2}$
交点:　　　　　　　　　　JD = QZ + $\frac{D}{2}$ (校核)

4. 带缓和曲线的平曲线主点测设方法

在交点上安置经纬仪(或全站仪),分别瞄准后一个交点或前一个交点方向,从安置仪器的交点开始沿切线方向向后(或向前)量取长度 T,可得到 HY 点(或 YH 点);过交点沿其角分线方向,自交点开始向曲线内侧量取长度 E 得 QZ 点;分别从 ZH 点和 HZ 点上安置经纬仪,在瞄准交点的切线方向上,自 ZH 点(或 HZ 点)开始量取 x_0 值(式 3.25)得 M 点(或 N 点),再过 M 点(或 N 点)沿切线的法线方向量取 y_0 值(式 3.26),即得 HY(或 YH 点)。

三、缓和曲线的最小长度

为了使车辆在缓和曲线上安全平稳地完成曲率过渡,在保持线形美观的同时,又为超高和加宽提供合理的渐变段,缓和曲线的长度应满足规定的最小值,该值的大小需要考虑以下各种因素的影响。

1. 离心加速度的变化率

以速度 v 匀速行驶在缓和曲线上的汽车,其离心加速度的大小将随着缓和曲线曲率的变化而变化,假如这一变化完成得太快,将给乘客带来不适的感觉。

由于离心加速度 $a = \dfrac{v^2}{R}$,故离心加速度的变化率为:

$$a_s = \dfrac{a}{t} = \dfrac{v^2}{Rt} \tag{3.38}$$

式中:v——汽车行驶速度,m/s;
$\quad\quad t$——汽车在缓和曲线上的行驶时间,s;
$\quad\quad R$——圆曲线半径,m。
在等速行驶的情况下,有:

$$t = \dfrac{L_s}{v}$$

故有:

$$a_s = \dfrac{v^3}{RL_s}$$

从行车舒适的角度考虑,至少需要取一个保证乘客基本舒适度的离心加速度变化率 a_s,获得在一定车速和一定圆曲线半径下的最短缓和曲线长度,此时的 a_s 称作"缓和系数"。公路线形设计中一般使 $a_s \leq 0.6 \text{m/s}^3$。

由此可推出满足该要求的缓和曲线的最小长度为:

$$L_{s(\min)} = \dfrac{v^3}{a_s R} = 0.036 \dfrac{V^3}{R} \tag{3.39}$$

式中:V——汽车的行驶速度,km/h。

需要说明的是,这里取用了 a_s 的最大值,设计中完全可以根据具体情况选用不同的 a_s 值。一般情况下,设计车速较高的道路取较小值,设计车速较低的道路取较大值;平原区取较小值,山岭区取较大值;直通路段取较小值,交叉口取较大值。

2. 驾驶员的操作及反应时间

在汽车从直线进入圆曲线的转向行驶过程中,驾驶员需要逐渐把转向盘转过一定角度,这一操作过程需要配置相应的时间,也就是要求不能因为车辆在缓和曲线上的行驶时间过短而使得驾驶操作过于匆忙。一般认为汽车在缓和曲线上的行驶时间至少应保证 3s,于是有:

$$L_{s(\min)} = vt = \frac{V}{3.6} \times 1.2 = \frac{V}{1.2} \quad (3.40)$$

我国现行《规范》就是按 3s 行程制定了不同行车速度下公路缓和曲线(即回旋线)的最小长度指标,见表 3.12。现行《城市道路工程设计规范》(CJJ 37—2012)也规定了城市道路的最小缓和曲线长度指标,见表 3.13。

公路缓和曲线最小长度　　　　　　　　　　　表 3.12

设计速度(km/h)	120	100	80	60	40	30	20
缓和曲线最小长度(m)	100	85	70	50	35	25	20

注:四级公路为超高、加宽过渡段长度。

城市道路缓和曲线最小长度　　　　　　　　　　　表 3.13

设计速度(km/h)	100	80	60	50	40	30	20
缓和曲线最小长度(m)	85	70	50	45	35	25	20

3. 超高渐变率

由于缓和曲线上往往同时设置了超高过渡,而且一般情况下超高过渡是在缓和曲线全长范围内进行的,如果缓和段太短则会因路面由双向横坡急剧地变为单向横坡而形成扭曲,这一现象对行车和路容均不利。

在超高过渡段上,路面外侧逐渐抬高,最终实现全超高断面,这样沿道路纵向将形成一个附加坡度,在圆曲线上的超高值一定时,这个附加坡度的大小就取决于缓和段的长度,这个附加坡度称作高渐变率。若超高渐变率太大不利于行车,若其太小又便于排水。《规范》规定了超高渐变率(见教材单元 5 表 5.11),由此可推出一个确定缓和段最小长度的公式:

$$L_{s(\min)} = \frac{B\Delta i}{p} \quad (3.41)$$

式中:B——旋转轴至行车道(设路缘带时为路缘带)外侧边缘的宽度;

Δi——超高坡度与路拱坡度代数差,%;

p——超高渐变率,即旋转轴线与行车道外侧边缘线之间的相对坡度。

4. 视觉条件

从视觉连续性的角度出发,希望随着曲线半径的增大,缓和曲线也相应地增长。特别是当圆曲线的半径较大、车速较高时,应特别注意选择适宜的缓和曲线长度,以调整线形适应地形与景观的需要,使视觉变得更为顺畅,为此需要对回旋线参数的最小允许值进行必要的限制。

根据国外公路设计经验,当以回旋线作为缓和曲线时,回旋线参数 A 和所连接的圆曲线应保持的关系一般为:

$$R/3 \leq A \leq R \quad (3.42)$$

需要说明的是,这种关系只适用 R 在某种范围之内。根据经验显示,当 R 在 100m 左右时,通常取 A 等于 R;而当 R 小于 100m 时,可选择 A 等于 R 或者大于 R。反之,当圆曲线较大时,可选择 A 为 $R/3$ 左右,如果 R 超过了 3000m,这时的 A 也可以小于 $R/3$。

由一般情况下的关系式 $R/3 \leq A \leq R$,将式子两端同时平方,可得:

$$\frac{R^2}{9} \leq A^2 \leq R^2$$

把 $A^2 = R \cdot L_s$ 代入并简化后,最终可以得到:

$$\frac{R}{9} \leq L_s \leq R \tag{3.43}$$

考虑上述各项因素的影响,取满足各项要求的最大值(并取 5 的整倍数),就得到了缓和曲线的最小长度 L_{smin}。但值得注意的是,该值只是满足各项要求的最小值,在设计中还需要结合缓和曲线与相邻平面线形要素的均衡性、与之相对应的纵面线形的平纵组合关系以及缓和曲线与沿线地形地物等的协调性等,综合确定一个更为合理的缓和曲线长度作为最终设计值,而不应在一条路线上大量使用缓和曲线的最小长度。同学们随着后续单元的学习会更加清楚。缓和曲线的取值涉及面广,需要考虑各方面的因素综合确定,而不是简单地取用《规范》规定的最小值,表 3.12 中的取值仅仅是考虑了驾驶员的操作及反应最短时间(3s 行程)的结果。

【例 3-1】 某二级公路设计速度为 $V = 60 \text{km/h}$,所处地区气候为一般情况,最大超高横坡度规定值为 8%。该路上有一平曲线,半径 R 为 340m。试计算确定该平曲线的最小缓和曲线长度。

解:(1) 按离心加速度的变化率计算:

$$L_{s(\min)} = 0.036 \frac{V^3}{R} = 0.036 \times \frac{60^3}{340} = 22.87 (\text{m})$$

(2) 按驾驶员的操作及反应时间计算:

$$L_{s(\min)} = \frac{V}{1.2} = \frac{60}{1.2} = 50 (\text{m})$$

(3) 按超高渐变率计算:

由表 5.1 可查得:$B = 3.50 \times 2 = 7.00 \text{m}$;

由表 5.11 查取:$\Delta i = i_b = 5\%$;

由表 5.12 查取:$p = \frac{1}{125}$(绕边轴旋转);

故有 $L_{s(\min)} = \frac{B\Delta i}{p} = \frac{7 \times 0.05}{\frac{1}{150}} = 43.75 (\text{m})$

(4) 按视觉条件计算:

$$L_{s(\min)} = \frac{R}{9} = \frac{340}{9} = 37.78 (\text{m})$$

综合以上各项取 $L_{s(\min)} = 50 \text{m}$。

知识点 5 平面线形设计

一、平面线形设计一般原则

(1) 平面线形应直捷、连续、均衡,并与地形相适应,与周围环境相协调。

在地势平坦开阔的平原微丘区,路线较为平直,在平面线形三要素中直线所占比例较大。而在地势起伏较大的山岭和重丘区,地形多迂回曲折,路线中曲线所占比例则较大。如果在没有任何障碍物的开阔地区故意设置一些不必要的弯道,或者在高低起伏的山区硬性地拉长直线,都将给人以不自然、不协调的感觉。路线与地形相适应,既能美化线形,也可以满足工程经济和保护生态环境的要求。直线、圆曲线、回旋线三种平面线形要素的选用与组合取决于地形、地物、线形组合等具体条件,不应当片面强调路线中直线或曲线所占的比例。

(2)各级公路不论转角大小均应敷设曲线,并尽量地选用较大的圆曲线半径。当公路转角过小时,应设法调整平面线形;当不得已而设置了小于7°的转角时,必须设置足够长度的平曲线。

在公路中线交点处应设置圆曲线以满足汽车转弯行驶的需要,结合交点附近的地形与地物条件,尽量选用较大的圆曲线半径,以提高行车的安全性和舒适性。当圆曲线半径大于或等于不设超高的最小圆曲线半径时,这时的圆曲线就不再需要设置缓和曲线了,只保留圆曲线即可;当圆曲线半径小于不设超高的最小圆曲线半径时,这时的圆曲线在其两侧还需要加设缓和曲线;当交点转角小于7°时,为了保证行车安全,应特别注意加大圆曲线半径,设置满足规定长度的曲线。

(3)两同向曲线间应设有足够长度的直线,不得以短直线相连。否则应调整线形,使之成为一条单曲线或复曲线,也可以运用回旋线组合成卵形、C形、复合形等曲线。

若在互相通视的同向平曲线间插以短直线,容易产生把直线和两端的曲线看成为反向曲线的错觉,当直线过短时甚至把两个曲线看成是一个曲线,这样的组合破坏了线形的连续性,容易造成驾驶操作失误,设计中应尽量避免。通常的做法是将两曲线拉开,也就是控制中间直线的最短长度。这个距离在数值上大约是行车速度V(以 km/h 计)的6倍(以 m 计),所以《规范》推荐同向曲线间的最短直线长度以不小于$6V$为宜。否则,不得插入直线段,而构成平曲线之间的衔接。

(4)两反向曲线间不应设置短直线,以设置不小于最小直线长度的直线段为宜。否则应调整线形或运用回旋线组合成 S 形平曲线。

在转向相反的两圆曲线之间,考虑到为设置超高和加宽缓和段的需要,以及驾驶员转向操作的需要,宜设置一定长度的直线。《规范》规定反向曲线间最小直线长度(以 m 计)以不小于设计速度(以 km/h 计)的2倍为宜,即不小于$2V$。

对于设计速度小于或等于 40km/h 的双车道公路,两相邻反向圆曲线无超高时可径相衔接,无超高有加宽时应设置长度不小于 10m 的加宽过渡段;两相邻反向圆曲线设有超高时,地形条件特殊困难路段的直线长度不得小于 15m。

(5)曲线线形应特别注意技术指标的均衡性与连续性。

为使一条公路上的车辆尽量能匀速行驶,应注意使各线形要素保持连续性。在设计时应注意长直线的尽头不能接以小半径曲线。长直线或长的大半径曲线会导致行车速度较高,这时若突然出现小半径曲线,驾驶员会因减速不及而造成行车事故。同时注意在高、低技术指标之间要有过渡,因此同一等级的公路,或同一条公路按不同计算行车速度的各设计路段之间,当遇到技术指标的变化时,除满足有关设计路段在长度上的要求外,还应结合地形的变化情况,使路线的平面线形指标逐渐过渡,避免出现突变。

(6)设计速度小于或等于 40km/h 的双车道公路,应避免连续急弯的线形。

连续急弯的平面线形会给驾驶员增加操作上的难度,同时也对乘客的视觉、心理和舒适性等产生不良影响。在地形条件特殊困难不得已而设置时,应在曲线间插入满足规定长度的直线或回旋线,以缓解这种频繁变化。

二、平面线形要素的组合与衔接

1. 直线与曲线的组合

直线与曲线在平面线形设计中往往是交替运用的,为保证线形设计质量,需要直线与曲线的组合与过渡应协调匀顺。平曲线的半径及其设计使用长度应与邻近的直线长度相适应。

长直线容易导致高速行车,所以为了保证行车安全,在长直线的尽端应避免使用小半径的曲线,当直线长度 $L>500\mathrm{m}$ 时,宜有曲线 $R \geq 500\mathrm{m}$;而较短的直线与小半径的平曲线连在一起时,频繁转弯,容易使驾驶员操作紧张,此时的曲线不宜太小,当 $L \leq 500\mathrm{m}$ 时,宜有 $R \geq L$。

直线和曲线组合得当,将提高道路线形设计质量和汽车行驶质量。良好的平面线形应保证其自身的协调以及与周围的环境协调。

2. 曲线与曲线的组合

1)复曲线

复曲线是指半径不同的两同向圆曲线径相连接的组合形式。

各级公路构成复曲线应符合的条件如下。

(1)小圆半径大于"不设超高的最小圆曲线半径"(见表3.10);

(2)小圆半径大于表3.14中所列临界圆曲线半径,且符合下列条件之一:

①当小圆按最小回旋线长度设置回旋线时,大圆与小圆的内移值之差小于0.10m;

②当计算行车速度 $V \geq 80\mathrm{km/h}$ 时,大圆半径(R_1)与小圆半径(R_2)之比小于1.5;

③当计算行车速度 $V<80\mathrm{km/h}$ 时,大圆半径(R_1)与小圆半径(R_2)之比小于2.0。

复曲线中小圆临界圆曲线半径　　表3.14

设计速度(km/h)	120	100	80	60	40	30
临界圆曲线半径(m)	2100	1500	900	500	250	130

2)回头曲线

越岭路线应尽量利用有利地形自然展线,避免设置回头曲线。但是,当三级、四级公路在自然展线无法争取到需要的距离以克服高差,或因地形、地质条件所限不能采取自然展线时,可利用有利地形设置回头曲线。

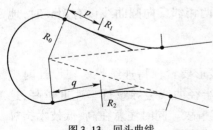

图3.13　回头曲线

回头曲线一般由一条主曲线和两个辅曲线组成,主曲线为一条转角接近或大于180°的圆曲线;辅曲线在路线的上、下线各设置一个,在主、辅曲线之间常以直线相连接,如图3.13所示。

两相邻回头曲线之间,应争取有较长的距离(表3.1)。回头曲线前后的线形应连续、均匀、视线良好,两端宜布设过渡性曲线,且应设置限速标志、交通安全设施等。

回头曲线的技术指标见表3.15。

回头曲线技术指标　　表3.15

主线设计速度(km/h)	40		30	20
回头曲线设计速度(km/h)	35	30	25	20

续上表

圆曲线最小半径(m)	40	30	20	15
回旋线最小长度(m)	35	30	25	20
超高横坡度(%)	6	6	6	6
双车道路面加宽值(m)	2.5	2.5	2.5	3.0
最大纵坡(%)	3.5	3.5	4.0	4.5

3. 平面线形的组合

1）基本形曲线

基本形曲线按直线-回旋线-圆曲线-回旋线-直线的顺序进行组合,如图3.14所示。

基本形曲线中的回旋线参数、圆曲线最小长度都应符合相关规定。当两回旋线参数相等(即 $A_1 = A_2$)时,构成对称基本形曲线;也可以根据地形条件设计成两回旋线参数不相等的非对称基本形曲线($A_1 \neq A_2$)。非对称基本形曲线要求 $A_1/A_2 \leq 2.0$,计算公式和计算方法见本单元知识点6中[例3-3]。

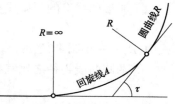

图3.14 基本形曲线

为使线形连续、协调,宜将回旋线-圆曲线-回旋线之长度比设计成1:1:1;当曲线半径较大、平曲线较长时,也可以将回旋线-圆曲线-回旋线之长度比设计成1:2:1等组合形式。

如果回旋线-圆曲线-回旋线之长度比按1:1:1设计,则缓和曲线长度 L_s 和圆曲线半径 R 的关系如下:

$$L_s = \frac{\alpha}{2} \cdot R \cdot \frac{\pi}{180} \tag{3.44}$$

如果回旋线-圆曲线-回旋线之长度比按1:2:1设计,缓和曲线长度 L_s 和圆曲线半径 R 的关系如下:

$$L_s = \frac{\alpha}{3} \cdot R \cdot \frac{\pi}{180} \tag{3.45}$$

式中:α——转角,°。

2）S形曲线

两个反向的圆曲线用两段反向回旋线连接的组合形式称为S形曲线,如图3.15所示。从力学和线形的协调性等方面考虑,S形曲线相邻两个回旋线参数 A_1 与 A_2 宜相等;当采用不同的参数时,A_1 与 A_2 之比应小于2.0,有条件时以小于1.5为宜。当 $A_2 \leq 200$ 时($A_2 < A_1$),A_1 与 A_2 之比应小于1.5。

S形曲线两圆曲线半径之比不宜过大,以 $R_1/R_2 \leq 2$ 为宜。

其中,R_1 为大圆半径;R_2 为小圆半径。

3）卵形曲线

用一条回旋线连接两个同向圆曲线的组合形式称为卵形曲线,如图3.16所示。

(1)卵形曲线组合的前提条件。

①大圆必须把小圆完全包含在内,而不是同心圆(图中 $R_1 > R_2$);

②延长两相邻圆曲线的圆弧不能相互交叉;

③连接的回旋线不是由回旋线的原点开始,而是曲率为 $1/R_1 \sim 1/R_2$ 的部分。

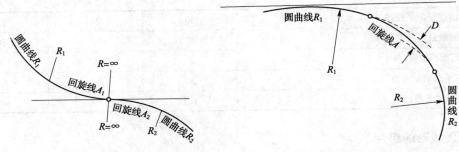

图 3.15　S 形曲线　　　　　　　图 3.16　卵形曲线

(2)卵形曲线的设计使用条件。

①卵形曲线上的回旋线参数 A 应满足回旋线最小参数的规定,同时宜在下列界限之内:
$$R_2/2 \leq A \leq R_2 \tag{3.46}$$

式中:R_2——小圆半径,m。

②两圆曲线半径之比宜在下列界限之内:
$$0.2 \leq R_2/R_1 \leq 0.8 \tag{3.47}$$

式中:R_1——大圆半径,m。

③两圆曲线的间距,宜在下列界限之内:
$$0.003 \leq D/R_2 \leq 0.03 \tag{3.48}$$

式中:D——两圆曲线的最小间距。

4)凸形曲线

在两个同向回旋线间不插入圆曲线,而在曲率相等处径相衔接的组合形式称为凸形曲线,如图 3.17 所示。

凸形曲线的回旋线的参数及其连接点的曲率半径,应分别符合容许最小回旋线参数和圆曲线最小半径的规定。对应点附近至少 $0.3V$(以 m 计)长度范围内,应保持以对接点的曲率半径确定的超高(或路拱)横坡度。

凸形曲线尽管在各衔接处的曲率变化是连续的,但因两个同向回旋线中间圆曲线的长度为 0,转向操作在两个反方向之间没有停顿时间,会使驾驶变得比较匆忙,所以只有在路线严格受地形限制,且对应点的曲率半径相当大时采用。

5)复合形曲线

两个或两个以上的同向回旋线间,在曲率相等处相互连接的组合形式称为复合曲线,如图 3.18 所示。

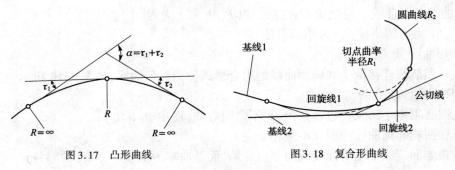

图 3.17　凸形曲线　　　　　　　图 3.18　复合形曲线

复合形曲线的两个回旋线参数之比宜满足：

$$A_1/A_2 < 1.5 \tag{3.49}$$

复合形曲线的回旋线除了在受地形和其他特殊限制的地段使用，多出现在互通式立体交叉的匝道线形设计中。

6）C 形曲线

两同向圆曲线的回旋线在曲率为零处径相衔接的组合形式称为 C 形曲线，如图 3.19 所示。由于在两回旋线的连接处曲率为 0，也即 $R = \infty$，相当于两基本形的同向曲线中间直线长度为 0，故会给行车和线形都带来一些不利影响，所以 C 形曲线仅限于地形条件特殊困难，路线严格受限制时采用。

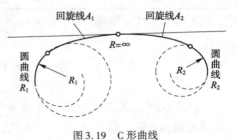

图 3.19 C 形曲线

三、平曲线的最小长度

汽车在平曲线上行驶时，如果曲线长度太短，会使驾驶员紧张而急剧地转动转向盘，这在汽车高速行驶的情况下是非常危险的。同时，由于离心力变化过快，也会给乘客带来不良反应。另外，当公路转弯处转角过小，曲线很短时，也容易构成不好的平面线形。因此，这时的平曲线达到一定长度是很有必要的。

1. 平曲线的极限最小长度和一般最小长度

平曲线一般是由中间的圆曲线和两侧的缓和曲线三段组成的基本形曲线，为了使驾驶员操作转向盘不感到困难，在每段曲线上应至少不短于 3s 行程。因此，如中间圆曲线长度为 0，只按汽车 6s 行程设置曲线，将两条缓和曲线在曲率相等处直接连接，构成所谓的凸形曲线，这时的曲线长度即为平曲线的极限最小长度。当地形条件严格受限时，可以运用这种线形。然而，一般情况下，中间圆曲线长度不为 0，若保留 3s 行程长度的圆曲线，就构成了全长 9s 行程的基本形。为了保证驾驶从容，将 9s 行程时间再扩大一倍，就得到了平曲线的一般最小长度。

现行《规范》规定了平曲线（包括圆曲线及其两端的缓和曲线）最小长度，见表 3.16。

平曲线最小长度　　　　　　表 3.16

设计速度(km/h)		120	100	80	60	40	30	20
平曲线最小长度(m)	一般值	600	500	400	300	200	150	100
	最小值	200	170	140	100	70	50	40

注："一般值"为正常情况下的采用值；"最小值"为条件受限时可采用的值。

2. 公路转角小于 7°时的平曲线长度

转角的大小反映了路线的平直程度，当转角较小时，路线将会顺直，但是如果转角过小，设置曲线半径不够大的时候，行驶中在视觉上会感觉曲率比实际的要大，产生急转弯的错觉，这种视觉误差，容易导致驾驶者操作不当。

一般地，当路线转角 $\Delta \leq 7°$ 时属于小转角。对于小转角的公路弯道，应设置较长的平曲线，其长度应大于表 3.17 中规定的"一般值"。当受地形条件及其他特殊情况限制时，可采用表中的"最小值"。

公路转角小于或等于7°时的平曲线长度　　　　　　表3.17

设计速度(km/h)	120	100	80	60	40	30	20
一般值	1400/Δ	1200/Δ	1000/Δ	700/Δ	500/Δ	350/Δ	280/Δ
最小值	200	170	140	100	70	50	40

注:表中Δ为路线转角值(°),当Δ<2°时,按Δ=2°计算。

知识点6　平面线形设计案例

【例3-2】 某二级公路设计速度为 $V=80\text{km/h}$,所处地区气候为一般情况,最大超高横坡度规定值为8%。该路上有一平曲线,半径 R 为800m,交点桩号为K9+130.35,转角 α 为21°33′20″。试按对称基本形设计该曲线的缓和曲线长度,并计算平曲线的测设元素及各主点的里程桩号。

解:(1)设计该曲线的缓和曲线长度。

①按离心加速度的变化率计算:
$$L_{s(\min)} = 0.036\frac{V^3}{R} = 0.036 \times \frac{80^3}{800} = 23.04(\text{m})$$

②按驾驶员的操作及反应时间计算:
$$L_{s(\min)} = \frac{V}{1.2} = \frac{80}{1.2} = 66.67(\text{m})$$

③按超高渐变率计算:
由表5.1可查得:$B = 3.75 \times 2 = 7.50\text{m}$;
由表5.11查取:$\Delta i = i_b = 4\%$;
由表5.12查取:$p = \frac{1}{150}$(绕边轴旋转);

故有 $L_{s(\min)} = \frac{B\Delta i}{p} = \frac{7.5 \times 0.04}{\frac{1}{150}} = 45(\text{m})$

④按视觉条件计算:
$$L_{s(\min)} = \frac{R}{9} = \frac{800}{9} = 88.89(\text{m})$$

⑤如果回旋线-圆曲线-回旋线之长度比按1:1:1设计,则有:
$$L_s = \frac{\alpha}{2} \cdot R \cdot \frac{\pi}{180} = \frac{21°33'20''}{2} \times 800 \times \frac{\pi}{180} = 150.49(\text{m})$$

综合以上各项,为保持线形连续协调性,取5的整倍数,最终可取 $L_s = 150\text{m}$。

(2)计算平曲线的测设元素。

$$p = \frac{L_s^2}{24R} - \frac{L_s^4}{2384R^3} = \frac{150^2}{24 \times 800} - \frac{150^4}{2688 \times 800^3} = 1.171(\text{m})$$

$$q = \frac{L_s}{2} - \frac{L_s^3}{240R^2} = \frac{150}{2} - \frac{150^3}{240 \times 800^2} = 74.978(\text{m})$$

$$T = (R+p)\tan\frac{\alpha}{2} + q = (800+1.171)\tan\frac{21°33'20''}{2} + 74.978 = 227.49(\text{m})$$

$$L = \alpha \frac{\pi}{180} R + L_s = 21°33'20'' \times \frac{\pi}{180} \times 800 + 150 = 450.97(\text{m})$$

$$E = (R + p)\sec\frac{\alpha}{2} - R = (800 + 1.171)\sec\frac{21°33'20''}{2} - 800 = 15.56(\text{m})$$

$$D = 2T - L = 2 \times 227.49 - 450.97 = 4.01(\text{m})$$

(3) 主点里程桩号计算。

$$\text{ZH} = \text{JD} - T = \text{K9} + 130.35 - 227.49 = \text{K8} + 902.86$$

$$\text{HY} = \text{ZH} + L_s = \text{K8} + 902.86 + 150 = \text{K9} + 052.86$$

$$\text{YH} = \text{HY} + (L - 2L_s) = \text{K9} + 052.86 + (450.97 - 2 \times 150) = \text{K9} + 203.83$$

$$\text{HZ} = \text{YH} + L_s = \text{K9} + 203.83 + 150 = \text{K9} + 353.83$$

$$\text{QZ} = \text{HZ} - \frac{L}{2} = \text{K9} + 353.83 - \frac{450.97}{2} = \text{K9} + 128.345$$

$$\text{JD} = \text{QZ} + \frac{D}{2} = \text{K9} + 128.345 + \frac{4.01}{2} = \text{K9} + 130.35$$

【例 3-3】 某山岭区二级公路设计速度为 $V = 60\text{km/h}$，所处地区气候为一般情况，最大超高横坡度规定值为 10%。该路上有一平曲线，如图 3.20 所示，半径 R 为 410m，交点桩号为 K67+785.27，转角 α 为 $26°43'10''$。第一、第二缓和曲线长度分别为 $L_{s1} = 90\text{m}, L_{s2} = 60\text{m}$。试计算非对称基本形平曲线的测设元素及各主点的里程桩号。

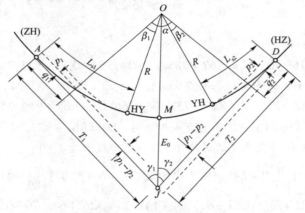

图 3.20 非对称基本型

解：(1) 非对称基本形平曲线的测设元素计算。

$$p_1 = \frac{L_{s1}^2}{24R} - \frac{L_{s1}^4}{2688R^3} = \frac{90^2}{24 \times 410} - \frac{90^4}{2688 \times 410^3} = 0.823(\text{m})$$

$$p_2 = \frac{L_{s2}^2}{24R} - \frac{L_{s2}^4}{2688R^3} = \frac{60^2}{24 \times 410} - \frac{60^4}{2688 \times 410^3} = 0.366(\text{m})$$

$$q_1 = \frac{L_{s1}}{2} - \frac{L_{s1}^3}{240R^2} = \frac{90}{2} - \frac{90^3}{240 \times 410^2} = 44.982(\text{m})$$

$$q_2 = \frac{L_{s2}}{2} - \frac{L_{s2}^3}{240R^2} = \frac{60}{2} - \frac{60^3}{240 \times 410^2} = 29.995(\text{m})$$

$$\beta_1 = \frac{L_{s1}}{2R} \times \frac{180}{\pi} = \frac{90}{2 \times 410} \times \frac{180}{\pi} = 6°17'19''$$

$$\beta_2 = \frac{L_{s2}}{2R} \times \frac{180}{\pi} = \frac{60}{2 \times 410} \times \frac{180}{\pi} = 4°11'33''$$

$$T_1 = (R + P_1)\tan\frac{\alpha_1}{2} + q_1 - \frac{P_1 - P_2}{\sin\alpha} = (410 + 0.823)\tan\frac{26°43'10''}{2} + 44.982 - \frac{0.823 - 0.366}{\sin 26°43'10''}$$
$$= 97.5667 + 44.982 - 1.0164 = 141.53(\text{m})$$

$$T_2 = (R + P_2)\tan\frac{\alpha}{2} + q_2 + \frac{P_1 - P_2}{\sin\alpha} = (410 + 0.366)\tan\frac{26°43'10''}{2} + 29.995 + \frac{0.823 - 0.366}{\sin 26°43'10''}$$
$$= 97.4582 + 29.995 + 1.0164 = 128.47(\text{m})$$

$$L = (\alpha - \beta_1 - \beta_2)\frac{\pi}{180}R + L_{s1} + L_{s2}$$
$$= (26°43'10'' - 6°17'19'' - 4°11'33'') \times \frac{\pi}{180} \times 410 + 90 + 60 = 266.20(\text{m})$$

$$D = T_1 + T_2 - L = 141.53 + 128.47 - 266.20 = 3.80(\text{m})$$

$$\gamma_1 = \arctan\frac{R + p_1}{T_1 - q_1} = \arctan\frac{410 + 0.823}{141.53 - 44.982} = 76°46'29''$$

$$\gamma_2 = \arctan\frac{R + p_2}{T_2 - q_2} = \arctan\frac{410 + 0.366}{128.47 - 29.995} = 76°30'21''$$

$$E_0 = JM = \frac{R + p_1}{\sin\gamma_1} - R = \frac{410 + 0.823}{\sin 76°46'29''} - 410 = 12.02(\text{m})$$

(2) 主点的里程桩号。

$$ZH = JD - T_1 = K67 + 785.27 - 141.53 = K67 + 643.74$$
$$HY = ZH + L_{s1} = K67 + 643.74 + 90 = K67 + 733.74$$
$$HZ = ZH + L = K67 + 733.74 + 266.20 = K67 + 999.94$$
$$YH = HZ - L_{s2} = K67 + 999.94 - 60 = K67 + 939.94$$

QZ 点 M 位于圆心 O 与交点 J 的连线上,上半支曲线长度 L_1 为:

$$L_1 = (90° - \gamma_1 - \beta_1)\frac{\pi}{180}R + L_{s1} = (90° - 76°30'20'' - 6°17'19'')\frac{\pi}{180} \times 410 + 90 = 141.56(\text{m})$$

$$QZ = ZH + L_{h1} = K67 + 643.74 + 141.56 = K67 + 641.70 + 785.30$$

如果理解了非对称形曲线的计算,利用其这些公式,可对多种线形进行计算,如复曲线、双交点曲线、虚交曲线、回头曲线,可将这些曲线分解为两个非对称形曲线计算。

【例 3-4】 在某微丘区二级公路设计速度为 $V=80\text{km/h}$,所处地区气候为一般情况,最大超高横坡度规定值为 6%。其中有两个相邻的交点,交点间的距离 L_{1-2} 为 445.12m。交点 1 的桩号 JD_1 为 K12+586.33,转角 1 为右转,$\alpha_1 = 19°30'20''$,根据地形条件的限制,曲线 I 的半径 R_1 为 830m,缓和曲线长度 $L_{s1}=140\text{m}$;转角 2 为左转,$\alpha_2 = 23°10'08''$。试按 S 形平曲线组合设计曲线 II 的半径和缓和曲线长度,并进行 S 形平曲线使用条件验算和曲线 II 交点的里程桩号推算。

解:(1) 设计曲线 2 的半径和缓和曲线长度。

① 初步设计曲线 2 的半径和缓和曲线长度:

$$p_1 = \frac{L_{s1}^2}{24R_1} - \frac{L_{s1}^4}{2688R_1^3} = \frac{140^2}{24 \times 830} - \frac{140^4}{2688 \times 830^3} = 0.984(\text{m})$$

$$q_1 = \frac{L_{s1}}{2} - \frac{L_{s1}^3}{240R_1^2} = \frac{140}{2} - \frac{140^3}{240 \times 830^2} = 69.983(\text{m})$$

$$T_1 = (R_1 + p_1)\tan\frac{\alpha_1}{2} + q_1 = (830 + 0.984)\tan\frac{19°30'20''}{2} + 69.983 = 212.81(\text{m})$$

因为 $L_{1\text{-}2} = 445.12(\text{m})$

所以 $T_2 = L_{1\text{-}2} - T_1 = 445.12 - 212.81 = 232.31(\text{m})$

这时首先根据交点 2 处的地形地物等条件的限制来确定 R_2，同时 R_2 应满足：

a. $R_2 \geqslant$ 相对应的极限最小半径 $R_{\min} = 270\text{m}$；

b. $R_1/R_2 \leqslant 2$。

在这里按照地物等条件初拟 $R_2 = 760\text{m}$, $R_2 \geqslant R_{\min} = 270\text{m}$；且 $\frac{R_2}{R_1} = \frac{830}{760} = 1.092 \leqslant 2$。

由此可得：

$$p_2 = \frac{L_{s2}^2}{24R_2} - \frac{L_{s2}^4}{2688R_2^3} = \frac{L_{s2}^2}{24 \times 830} - \frac{L_{s2}^4}{2688 \times 760^3}$$

$$q_2 = \frac{L_{s2}}{2} - \frac{L_{s2}^3}{240R_2^2} = \frac{L_{s2}}{2} - \frac{L_{s2}^3}{240 \times 760^2}$$

将 p_2、q_2 代入 T_{h2}（为简化计算，在此只取 p_2、q_2 的第一项），得：

$$T_2 = (R_2 + p_2)\tan\frac{\alpha_2}{2} + q_2 = \left(760 + \frac{L_{s2}^2}{24 \times 760}\right)\tan\frac{23°10'08''}{2} + \frac{L_{s2}}{2} = 232.31$$

解之得 $L_{s2} = 152.47\text{m}$，取 $L_{s2} = 150\text{m}$。

②验算曲线 2 的缓和曲线长度 $L_{s2} = 150\text{m}$。

分别按离心加速度的变化率、驾驶员的操作及反应时间、超高渐变率及视觉条件等进行验算，可知该值均满足要求。

③曲线半径 R_2 的调整。

a. 若想使 $\Delta l = L_{1\text{-}2} - (T_1 + T_2) = 0$，即两曲线首尾相接（$\text{HZ}_1 = \text{ZH}_2$），可调整曲线半径 R_2 的大小：

$$T_2 = (R_2 + p_2)\tan\frac{\alpha_2}{2} + q_2 = \left(R_2 + \frac{L_{s2}^2}{24 \times R_2}\right)\tan\frac{23°10'08''}{2} + \frac{L_{s2}}{2}$$

$$\approx \left(R_2 + \frac{150^2}{24 \times R_2}\right)\tan\frac{23°10'08''}{2} + \frac{150}{2} = 232.31$$

解之得 $R_2 = 768.52\text{m}$。

因此，使用 $R_2 = 768.52\text{m}$，$L_{s2} = 150\text{m}$ 可以有如下计算：

$$p_2 = \frac{L_{s2}^2}{24R_2} - \frac{L_{s2}^4}{2688R_2^3} = \frac{150^2}{24 \times 768.52} - \frac{150^4}{2688 \times 768.52^3} = 1.219(\text{m})$$

$$q_2 = \frac{L_{s2}}{2} - \frac{L_{s2}^3}{240R_2^2} = \frac{150}{2} - \frac{150^3}{240 \times 768.52^2} = 74.976(\text{m})$$

$$T_2 = (R_2 + p_2)\tan\frac{\alpha_2}{2} + q_2 = (768.52 + 1.219)\tan\frac{23°10'08''}{2} + 74.976 = 232.76(\text{m})$$

$$\Delta l = L_{1\text{-}2} - (T_{h1} + T_{h2}) = 445.12 - (212.81 + 232.76) = -0.45 < 0$$

说明 $R_2 = 768.52\text{m}$ 的值取大了，应适当减小 R_2，这在维地设计系统中通过对接计算或拖动等方法很容易实现,但是要利用手工求解还是比较麻烦的。可以参考以下方法计算获得终解。

b. 试用 $R_2 = 765\text{m}$, 而 $L_{s2} = 150\text{m}$ 保持不变,进行同上计算:

$$p_2 = \frac{L_{s2}^2}{24R_2} - \frac{L_{s2}^4}{2688R_2^3} = \frac{150^2}{24 \times 765} - \frac{150^4}{2688 \times 765^3} = 1.225(\text{m})$$

$$q_2 = \frac{L_{s2}}{2} - \frac{L_{s2}^3}{240R_2^2} = \frac{150}{2} - \frac{150^3}{240 \times 765^2} = 74.976(\text{m})$$

$$T_2 = (R_2 + p_2)\tan\frac{\alpha_2}{2} + q_2 = (765 + 1.225)\tan\frac{23°10'08''}{2} + 74.976 = 232.04(\text{m})$$

$$\Delta l = L_{1\text{-}2} - (T_{h1} + T_{h2}) = 445.12 - (212.81 + 232.04) = 0.27 > 0$$

说明 $R_2 = 765\text{m}$ 的值又取小了。

c. 利用 R_2 取值从 768.52m 到 765m 时,所产生的 Δl 对应变化量为自 -0.45 到 0.27,可以根据这一变化关系可计算得 $R_2 = 766.32\text{m}$,再使用 $R_2 = 766.32\text{m}, L_{s2} = 150\text{m}$ 进行同上计算:

$$p_2 = \frac{L_{s2}^2}{24R_2} - \frac{L_{s2}^4}{2688R_2^3} = \frac{150^2}{24 \times 766.32} - \frac{150^4}{2688 \times 766.32^3} = 1.223(\text{m})$$

$$q_2 = \frac{L_{s2}}{2} - \frac{L_{s2}^3}{240R_2^2} = \frac{150}{2} - \frac{150^3}{240 \times 766.32^2} = 74.976(\text{m})$$

$$T_2 = (R_2 + p_2)\tan\frac{\alpha_2}{2} + q_2 = (766.32 + 1.223)\tan\frac{23°10'08''}{2} + 74.976 = 232.31(\text{m})$$

$$\Delta l = L_{1\text{-}2} - (T_{h1} + T_{h2}) = 445.12 - (212.81 + 232.31) = 0$$

说明 $R_2 = 766.32\text{m}$ 的值正好可以使两条缓和曲线对接。

(2) S 形平曲线使用条件验算。

以 $R_1 = 830\text{m}, L_{s1} = 140\text{m}$ 和 $R_2 = 766.32\text{m}, L_{s2} = 150\text{m}$ 进行验算:

① $A_1 = \sqrt{R_1 L_{s1}} = \sqrt{830 \times 140} = 340.88$

$A_2 = \sqrt{R_2 L_{s2}} = \sqrt{766.32 \times 150} = 339.04$

所以 $\frac{A_1}{A_2} = \frac{340.88}{339.04} = 1.01 < 1.5$。

② 由于 $\frac{R_2}{R_1} = \frac{830}{760} = 1.092 \leq 2$

两反向曲线的缓和曲线径相连接,各项验算均符合要求。

因此,曲线 II 中 $R_2 = 766.32\text{m}, L_{s2} = 150\text{m}$ 是符合该题目要求的一组解。

(3) 曲线 II 交点的里程桩号推算。

曲线 I 的缓和曲线角:

$$\beta_0 = \frac{L_s}{2R} \times \frac{180}{\pi} = \frac{140}{2 \times 830} \times \frac{180}{\pi} = 4°49'56''$$

曲线 I 的曲线长度:

$$L_1 = (\alpha - 2\beta_0)\frac{\pi}{180}R + 2L_s = (19°30'20'' - 2 \times 4°49'56'')\frac{\pi}{180} \times 830 + 2 \times 140 = 422.56(\text{m})$$

或 $L_1 = \alpha \times \frac{\pi}{180} \times R + 2L_s = 19°30'20'' \times \frac{\pi}{180} \times 830 + 140 = 422.56(\text{m})$

所以,曲线Ⅱ交点的里程桩号为:

$$JD_2 = JD_1 - T_1 + L_1 + (L_{1-2} - T_1)$$
$$= K12 + 586.33 - 212.81 + 422.56 + (445.12 - 212.81) = K13 + 028.39$$

知识点7 行车视距

行车视距就是驾驶员在行驶过程中的通视距离。为了保证行车安全,在车辆正常行驶过程中,驾驶员从正常驾驶位置应能连续看到公路前方行车道范围内一定高度的障碍物,或者看到公路前方交通设施、路面标线的最远距离。汽车在这段时间里沿公路路面行驶的必要安全距离,就是行车视距,该距离是沿车道中心线的长度。无论是在道路的平面上或纵断面上,都应保证必要的行车视距。

一、行车视距的计算

行车视距根据通视要求的不同,分为停车视距、会车视距、超车视距和识别视距四种。

1. 停车视距

汽车在单车道或有明显分隔带的双车道上行驶中,如前方遇到障碍物或路面破坏处,而又不能驶入邻近车道绕过时,只好采取制动的方式,使汽车在障碍物前完全停住,以保证安全。因此,当驾驶员发现前方障碍物后,立即采取制动措施,至汽车在障碍物前安全停下来所需要的最短距离,称为停车视距。

停车视距由三部分组成,如图3.21所示。

$$S_T = S_1 + S_Z + S_0 \quad (m) \tag{3.50}$$

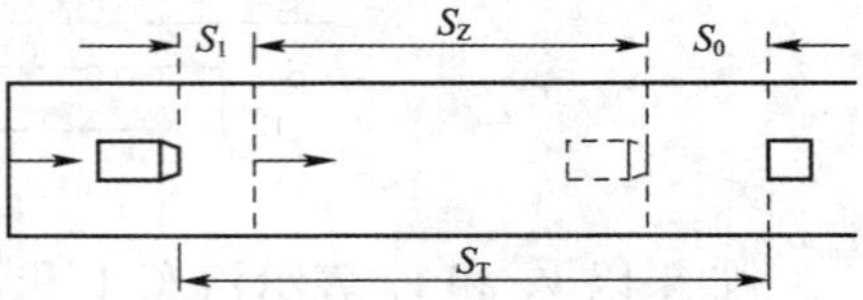

式中:S_T——停车视距,m;

S_1——驾驶员反应时间内行驶的距离,m;

图 3.21 停车视距示意图

S_Z——驾驶员开始制动到停止所行驶的距离,即制动距离,m;

S_0——安全距离,以保证汽车有一定的安全距离,在障碍物前停车而不致冲到障碍物上,一般取 5~10m。

汽车驾驶员反应时间包括发现障碍物后反应判断的时间和制动生效的时间。前一时间与驾驶员的机敏程度和障碍的颜色、大小等因素有关;后一时间是指从开始制动到闸瓦完全抱死车轮,使车轮处于纯滑动状态的时间。判断时间一般为1.5s,开始制动到制动生效时间一般为1.0s,则反应时间共计为2.5s。汽车在这一时间段内所行驶的距离为:

$$S_1 = vt = \frac{V}{3.6} \times t \tag{3.51}$$

制动距离S_Z取决于制动力和车速的大小,其计算公式可以表示为:

$$S_Z = \frac{KV^2}{254(f_1 \pm i)} \tag{3.52}$$

式中:V——计算行车速度,km/h;

K——制动系数,一般为 1.2~1.4;

f_1——纵向摩阻系数,一般按潮湿路面状态考虑;

i——路段的纵坡度,上坡为正,下坡为负。

由上所述,停车视距的计算公式为:

$$S_T = S_1 + S_z + S_0 = \frac{V}{3.6} \times t + \frac{KV^2}{254(f_1 \pm i)} + S_0 \quad (3.53)$$

根据以上考虑,《规范》中制定了相关的停车视距指标,高速公路、一级公路的停车视距应符合表 3.18 的规定;二级、三级、四级公路的停车视距应符合表 3.19 的规定。

高速公路、一级公路停车视距　　　　　　　　　　　　　　表 3.18

设计速度(km/h)	120	100	80	60
停车视距(m)	210	160	110	75

二级、三级、四级公路停车视距　　　　　　　　　　　　　　表 3.19

设计速度(km/h)	80	60	40	30	20
停车视距(m)	110	75	40	30	20

2. 会车视距

会车视距是指两对向行驶的汽车能在同一车道上及时制动所必需的距离。

会车视距由三个部分组成:①在双方驾驶员反应时间和制动生效时间内,汽车所行驶的距离;②双方汽车的制动距离;③安全距离。会车视距示意图如图 3.22 所示。

图 3.22　会车视距示意图

如果以 V_1 和 V_2 表示汽车 1 和汽车 2 的车速,假定它们分别在 i_1 和 i_2 的纵坡上行驶,则有:

$$S_H = \frac{V_1 + V_2}{3.6} \times t + \frac{KV_1}{254(f_1 \pm i)} + \frac{KV_2}{254(f_1 \pm i)} + S_0 \quad (3.54)$$

如果对向行驶的两汽车车速相同,均为 $V(\mathrm{km/h})$,并在具有同一纵坡 i 的路段上行驶(即一辆车上坡行驶,另一辆车下坡行驶),则有:

$$S_H = \frac{V}{3.6} \times 2t + \frac{KV^2\phi}{127(f_1^2 - i^2)} + S_0 \quad (3.55)$$

由上面的计算公式可见,该距离约为停车视距的 2 倍。《规范》规定的二级、三级、四级公路会车视距见表 3.20。

二级、三级、四级公路会车视距　　　　　　　　　　　　　　表 3.20

设计速度(km/h)	80	60	40	30	20
会车视距(m)	220	150	80	60	40

3. 超车视距

汽车行驶时为了超越前车所必需的视距称为超车视距。超车视距适用于双车道公路,其计算推导如下。

(1)加速行驶距离 S_1。

如图 3.23 所示,当尾随在缓慢行驶的汽车后面的超车汽车经判断认为有超车的可能时,会加速行驶,并移向对向车道实施超车,设在进入该车道之前的行驶距离为 S_1,则有:

$$S_1 = \frac{V_0}{3.6}t_1 + \frac{1}{2}at^2 \text{(m)} \tag{3.56}$$

式中:V_0——被超汽车的速度,一般可以假定被超汽车较设计速度低 10~20km/h;

　　　t_1——加速时间,s;

　　　a——平均加速度,m/s²。

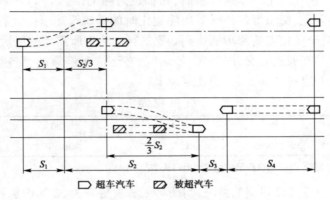

图 3.23　超车视距示意图

(2)超车汽车在对向车道上行驶的距离:

$$S_2 = \frac{V}{3.6}t_2 \text{(m)} \tag{3.57}$$

式中:V——超车汽车的速度,假定按设计速度行驶,km/h;

　　　t_2——在对向车道上的行驶时间,s。

(3)超车完成时,超车汽车与对向汽车之间的安全距离:

$$S_3 = 15 \sim 60 \text{(m)}$$

(4)超车汽车从开始加速到超车完成的时间内,对向汽车的行驶距离:

$$S_4 = \frac{V}{3.6}(t_1 + t_2) \text{(m)} \tag{3.58}$$

以上四个距离的总和称为全超车视距 S_C,则有:

$$S_C = S_1 + S_2 + S_3 + S_4 \text{(m)} \tag{3.59}$$

由于 S_C 值较大,不太容易满足,而且实际行车中一般只需要考虑超车汽车从完全进入对向车道到超车完成时所需要的时间就很安全了。因为在对向车道上追上被超汽车后,一旦发现对向有来车,而且距离不足以安全超车,超车的驾驶员应该回到原来的车道上。汽车从对向车道赶上前车的时间一般取 $\frac{1}{3}t_2$,所以从此刻开始到超车完成所用的时间仅为 $\frac{2}{3}t_2$,于是最小必要超车视距 $S_{C(\min)}$ 为:

$$S_{C(\min)} = \frac{2}{3}S_2 + S_3 + S_4 \text{(m)} \tag{3.60}$$

根据以上考虑,《规范》中制定了超车视距的相关指标,见表 3.21。

超车视距最小值　　　　　　　　　　　　　　表3.21

设计速度(km/h)		80	60	40	30	20
超车视距最小值(m)	一般值	550	350	200	150	100
	极限值	350	250	150	100	70

注："一般值"为正常情况下的采用值;"最小值"为条件受限时可采用的值。

4. 识别视距

识别视距是指车辆以一定的车速行驶时,在临近道路的出(入)口区域,驾驶员自看清前方分流、合流、交叉、渠化、交织等各种行车条件变化时的导流设施、标志、标线,到做出制动减速、变换车道等操作,至变化点前使车辆达到必要的行驶状态所需要的最短行驶距离。

因此,各级公路的互通式立交、服务区、停车区、客运汽车停靠站等各类出(入)口路段应满足识别视距要求,并应符合表3.22的规定。

识别视距　　　　　　　　　　　　　　　　表3.22

设计速度(km/h)	120	100	80	60
识别视距(m)	350(460)	290(380)	230(300)	170(240)

注:括号中为行车环境复杂、路侧出口提示信息较多时应采取的视距值。

对于受地形、地质等条件限制的路段,当确实无法满足表3.22的识别视距指标时,也可采用1.25倍的停车视距,但应进行必要的限速控制和管理措施。

二、行车视距标准

《规范》中对各级公路的行车视距进行了计算取值,为了保证行车安全,公路设计中应满足相应的要求。对行车视距的应用规定如下。

(1)高速公路和一级公路应满足停车视距的要求。

高速公路和一级公路上均设置了中间带,在正常运行中不会存在对向行车,也就没有同一车道上的会车问题;高速公路和一级公路均有4条以上的行车道,而且划有分车道线,设有专门的超车道,也不存在占用对向车道实现超车等现象。因此,高速公路和一级公路只需要满足停车视距即可。

(2)二级、三级、四级公路,一般应满足会车视距的要求,其长度应不小于停车视距的2倍。受地形条件或其他特殊情况限制而采取分道行驶措施的路段,可采用停车视距。

(3)二级公路、三级公路、四级公路双车道公路,应间隔设置满足超车视距的路段。

具有干线功能的二级公路,宜提供一定数量的满足超车视距要求的路段,一般情况下,至少应在3min的行驶时间里,提供一次满足超车视距要求的路段,超车路段的总长度以不少于路线总长度的10%~30%为宜;其他双车道公路可根据情况间隔设置具有超车视距的路段,并宜在全线范围内均匀分布。

为了行车安全,双车道公路满足超车视距要求允许超车的路段或不满足超车视距要求而不允许超车的路段,均应明确通过标线和标志予以标识。

(4)高速公路、一级公路以及大型车比例高的二级、三级公路的下坡路段,应采用下坡段货车停车视距对相关路段进行检验。

由于货车的轴载重、惯性大,在道路上行驶时的制动距离长,《规范》在制定货车停车视距

计算中,假定驾驶员眼睛高度为 2.00m,路上障碍物高为 0.10m,并要求对下列相关路段进行视距检验:

①减速车道及出口端部;
②主线的下坡路段,且竖曲线半径小于一般值的路段;
③主线的分、汇流处,车道数减少,且该处竖曲线半径小于一般值的路段;
④要求保证视距的圆曲线内侧,当圆曲线半径小于 2 倍一般值或路堑边坡陡于 1:1.5 的路段;
⑤公路与公路、公路与铁路平面交叉附近。

《规范》对下坡段的货车停车视距规定见表 3.23。

下坡段货车停车视距(m)　　　　　　　　　　　　　表 3.23

设计速度(km/h)		120	100	80	60	40	30	20
纵坡坡度(%)	0	245	180	125	85	50	35	20
	3	265	190	130	89	50	35	20
	4	273	195	132	91	50	35	20
	5	—	200	136	93	50	35	20
	6			139	95	50	35	20
	7				97	50	35	20
	8						35	20
	9							20

(5)各级公路的互通式立交、服务区、停车区、客运汽车停靠站等各类出口路段应满足识别视距要求。

(6)积雪冰冻地区的停车视距宜适当增长。

三、平面视距的保证

汽车在转向时,弯道内侧的行车视线可能会被树木、建筑物、路堑边坡或其他障碍物所遮挡,使行车视距不能满足要求,而影响行车安全。因此,在路线设计过程中必须检查平曲线上的行车视距是否能得到保证,如遇到遮挡,则必须对横净距内的障碍物予以清除。

平曲线上的视距检查方法主要有两种,分别是最大横净距法和视距包络图法。

1. 最大横净距法

1)基本概念

(1)驾驶员的视点位置。

驾驶员视点位置的规定如图 3.24a)所示。

横向视点位置为距路面内缘(未加宽前)1.5m,或距路面中心线 1.5m;竖向视点位置为 1.2m。

(2)视点轨迹线与视距线。

视点轨迹线:驾驶员的眼睛位置(即视点位置)沿路线移动所形成的轨迹线。如图 3.24b)所示的 AB 弧线,A、B 为视点轨迹线上的两个点。

视距线:驾驶员视点轨迹线上长度等于行车视距 S 的任意两点连线称为视距线,如图 3.24b)中 AB 的直连线。因为 A、B 两点间的轨迹线长度等于行车视距 S,所以 AB 的直连线即为视距线。视距线与视点轨迹线之间不应有任何障碍物,否则会遮挡驾驶员的视线,影响行车安全。

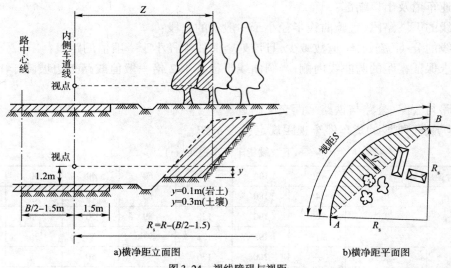

a)横净距立面图   b)横净距平面图

图 3.24   视线障碍与视距

(3)横净距与最大横净距。

横净距:横净距是驾驶员视点轨迹线到视距线间的最大距离,在曲线段上不同位置的横净距可能不相等。

最大横净距:所有横净距中的最大值称为最大横净距,它一般出现在曲线顶点处或曲线顶点附近的一定范围内。

2)最大横净距的计算

(1)不设回旋线时最大横净距 Z 的计算。

①曲线长度 $L \geq$ 视距 S。

如图 3.25a)所示,这时的最大横净距出现在视距线两端均落在圆曲线线段内的圆弧顶部。

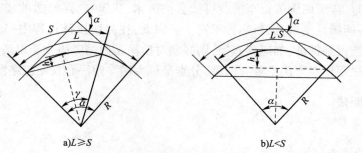

a)$L \geq S$ b)$L < S$

图 3.25   不设回旋线时的横净距计算方法

$$Z = R_s \left(1 - \cos\frac{\gamma}{2}\right) \tag{3.61}$$

式中:Z——最大横净距,m;

R_s——沿内侧车道行驶的驾驶员视点轨迹线半径,$R_s = R - \left(\dfrac{b}{2} - 1.5\right)$ m;

γ——视距长度 S 所对应的圆心角,$\gamma = \dfrac{S}{R_s} \cdot \dfrac{180}{\pi}$(°)。

若将上式中的 $\cos\frac{\gamma}{2}$ 按级数展开,可近似得到:

$$Z \approx \frac{S^2}{8R_s} \tag{3.62}$$

②曲线长度 $L <$ 视距 S。

如图 3.25b)所示,这时的最大横净距出现在圆曲线顶点处,Z 由两部分组成:

$$Z = Z_1 + Z_2 = R_s\left(1 - \cos\frac{\alpha}{2}\right) + \frac{S - L'}{2}\sin\frac{\alpha}{2} \tag{3.63}$$

式中:α——曲线转角,°;

L'——圆曲线段内的驾驶员视点轨迹线长度,$L' = \alpha \cdot R_s \frac{\pi}{180}$ 或 $L' = \frac{L}{R} \cdot R_s$(m);

其他符号意义同前。

若将上式中的 $\sin\frac{\alpha}{2}$ 和 $\cos\frac{\alpha}{2}$ 按级数展开,同样可近似得到:

$$Z = \frac{L'}{8R_s}(2S - L') \tag{3.64}$$

(2)设置回旋线时最大横净距的计算。

①圆曲线长度 $L_y >$ 视距 S。

同图 3.25a)的情况,即 $Z = R_s\left(1 - \cos\frac{\gamma}{2}\right)$。

②平曲线长度 $L \geq$ 视距 $S \geq$ 圆曲线长度 L_y,如图 3.26a)所示。

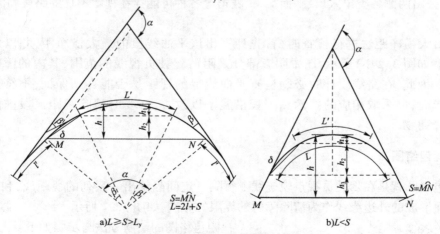

图 3.26 设回旋线时的横净距计算方法

这时的最大横净距出现在曲线顶点处,Z 由两部分组成:

$$Z = Z_1 + Z_2 = R_s\left(1 - \frac{\alpha - 2\beta_0}{2}\right) + \sin\left(\frac{\alpha}{2} - \delta\right)(l_s - l) \tag{3.65}$$

式中:L'_s——缓和曲线内侧行车轨迹长度,$L'_s = \frac{L_s}{R} \cdot R_s$,m;

l——缓和曲线起点到视距线起点的距离,$l = \frac{(L' - S)}{2}$,(m);

L'——平曲线全长范围内的视点轨迹线长度,$L' = \frac{L}{R} \cdot R_s$,(m);

α——曲线转角,(°);

β_0——缓和曲线的切线角,$\beta_0 = \dfrac{L_s}{R} \cdot \dfrac{180}{\pi}$,(°);

δ——修正角,$\delta = \arctan\left\{\dfrac{L'_s}{6R_s}\left[1 + \dfrac{l}{L'_s} + \left(\dfrac{l}{L'_s}\right)^2\right]\right\}$。

③平曲线长度 $L < $ 视距 S,如图 3.26b)所示。

这时的最大横净距出现在曲线顶点处,Z 由 Z_1、Z_2、Z_3 三部分组成:

$$Z_1 = R_s\left(1 - \cos\dfrac{\alpha - 2\beta_0}{2}\right)$$

$$Z_2 = \sin\left(\dfrac{\alpha}{2} - \delta\right)L'_s$$

$$Z_3 = \sin\dfrac{\alpha}{2} \cdot \dfrac{S - L'}{2}$$

$$Z = Z_1 + Z_2 + Z_3 = R_s\left(1 - \cos\dfrac{\alpha - 2\beta_0}{2}\right) + \sin\left(\dfrac{\alpha}{2} - \delta\right)L'_s + \sin\dfrac{\alpha}{2} \cdot \dfrac{S - L'}{2} \quad (3.66)$$

式中:δ——修正角,$\delta = \arctan\dfrac{L'_s}{6R_s}$。

3)视距的检查与保证

汽车在弯道上行驶时,弯道内侧行车视线可能被障碍物而影响行车视距,因此,在路线设计时应对采用较低几何指标、线形组合复杂、中间带设置护栏或防炫目设施、路侧设有高边坡或构造物、公路两侧各类出入口、平面交叉、隧道等各种可能存在视距不良的路段和区域,进行视距检查。

采用最大横净距法进行检查时,首先计算出该平曲线段的最大横净距,并以此作为判别的标准。如图 3.24b)所示,图中阴影部分是阻碍驾驶员视线的范围,其内的障碍物都应加以清除。因此,在路线设计时必须检查平曲线上的视距是否能得到保证,不符合所对应的视距要求时,应采取相应的技术和工程措施予以改善,必要时清除视距区段内侧横净距范围内的障碍物。

2. 视距包络图法

视距包络图就是在驾驶员视点轨迹线上每隔一定间隔绘出一系列的视距线,利用视距线相互交叉而形成的外边缘线作为清除障碍的界限的方法,如图 3.27 所示。

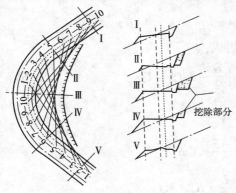

图 3.27 视距包络图

视距包络图的绘制方法与步骤如下:

(1)按一定的比例尺绘出弯道平面图,绘出路基、路面边缘和道路中心线,并根据路面宽度绘出驾驶员的视点轨迹线。

(2)在视点轨迹线上按一定的距离进行量距分点。在轨迹线上从弯道两端相连的直线上距曲线的起点(或终点)为一个视距长 S 处开始,以量距步长为 S/n 进行布点。把起点定为 0,然后用 1,2,…,n 的数字连续编号,使相同两个号间的轨迹线长度等于 S,直到曲线结束后一个视距长 S 处为止。

(3)分别用直线连接相邻近的、编号相同的各点,得到一系列的视距线。这些视距线相互交叉,形成一条外切边缘轮廓线,即为视距包络线。

(4)根据中线上各中桩的具体位置,在其横断面方向上向内量出视点轨迹线到视距包络线的距离,该数值即为本断面所需要的横净距值。

知识点8 道路平面设计成果

道路平面设计的成果主要是一些图纸和表格。其中图纸主要有路线平面设计图、路线交叉设计图、道路平面布置图、纸上移线图(有移线时)等。表格主要有直线曲线及转角表、路线交点坐标表、逐桩坐标表、路线固定表、总里程及断链桩号表等。

一、直线、曲线及转角表

直线、曲线及转角表是道路设计的主要成果之一,它是通过测角、中线丈量和平曲线设计之后获得的。该表较为全面地反映了路线的平面位置和路线平面线形的各项技术指标,它含有绘制路线平面设计图的基础数据和基本资料,同时也为路线的纵断面设计、横断面设计和其他构造物设计提供数据。公路路线平直线、曲线及转角表见表3.24。

二、路线平面设计图

道路路线平面图是指包括道路中线在内的有一定宽度的带状地形图。它是道路设计文件的重要组成部分,是其他设计项目的主要依据之一。该图全面、清晰地反映了道路的平面位置、路线高度、沿线人工构造物和工程设施的布置情况,以及道路与周围环境、地形、地物的关系等。

1. 公路平面图

一般路线平面图采用1∶2000的比例尺,地物较少的平原微丘区也可采用1∶5000的比例尺。路线平面图应绘出沿线的地形、地物、标注出路线(路线的里程桩号、断链、平曲线要素及主要桩位)、水准点、大中桥、路线交叉、隧道、主要沿线设施的位置以及省、市、自治区、县的分界线等。地形图的带宽一般为中线两侧各200~250m。

高等级公路常用的比例尺有1∶500和1∶1000两种,由于高等级公路测设标准高、路基宽度大、沿线设施齐全,除上述要求的标注以外,还应标出坐标格网、导线点、交点坐标表、桥涵、沿线排水系统和主要设施的布置等,应标明路中线、中央分割带、路基边线、坡脚(或坡顶)及主要曲线的桩位。地形图的带宽一般为中线两侧各100~200m,若有比较线,应将比较线包括进去。

公路路线平面图示例如图3.28所示。

2. 城市道路平面图

相对于公路,城市道路长度较短而宽度较宽,在绘图比例尺的一般选用1∶500~1∶1000。绘图的范围,根据道路等级而定,等级越高范围越大。通常在道路两侧红线以外各20~50m,或中线两侧各50~150m。城市道路平面图应标明路中心线、远、近期的规划红线、车行道线、人行道线、停车场、绿带、交通岛、人行横道线、沿街建筑物出入口、各种地上杆线和地下管线的走向、雨水口、窨井等,标注交叉口及沿线的里程桩。弯道和交叉口处还应注明曲线要素、交叉口侧石的转弯半径等。

城市道路平面图示例如图3.29所示。

公路路线平直线、曲线及转角表

××至××三级公路施工图设计 表 3.24

交点号	交点坐标 N(X)	交点坐标 E(Y)	交点桩号	转角值	半径	缓和曲线长度	曲线要素值 (m) 缓和曲线参数	切线长度	曲线长度	外距	校正值	曲线主点桩号 第一缓和曲线起点	第一缓和曲线终点或圆曲线起点	曲线中点	第二缓和曲线起点或圆曲线终点	第二缓和曲线终点	直线段长 (m)	交点间距 (m)	计算方位角
1	2	3	4	5	6	7	8	9	10	11	12	13	14	15	16	17	18	19	20
QD	2490367.54	36439693.59	K0+000																
JD1	2489975.01	36439449.79	K0+462.08	41°54′44″(Y)	330	120	199.00	187.02	361.40	25.32	12.63	K0+275.07	K0+395.07	K0+455.76	K0+516.46	K0+636.46	275.07	462.08	211°50′39″
JD2	2489838.07	36438979.79	K0+938.99	45°44′14″(Z)	350	140	221.36	218.51	419.39	32.39	17.63	K0+720.48	K0+860.48	K0+930.18	K0+999.87	K1+139.87	84.02	489.54	253°45′26″
JD3	2488965.01	36438515.20	K1+910.34	43°40′11″(Z)	320	120	195.96	188.90	363.90	26.75	13.90	K1+721.44	K1+841.44	K1+903.39	K1+965.34	K2+085.34	581.57	988.98	208°01′09″
JD4	2488597.50	36438618.16	K2+278.11	13°48′30″(Y)	580	70	201.49	105.27	209.78	4.59	0.76	K2+172.84	K2+242.84	K2+277.73	K2+312.62	K2+382.62	87.50	381.67	164°20′58″
JD5	2488037.84	36438636.16	K2+837.30	39°42′28″(Y)	520	120	249.80	248.15	480.38	34.09	15.93	K2+589.15	K2+709.15	K2+829.33	K2+949.52	K3+069.52	206.52	559.94	178°09′29″
JD6	2487632.07	36438320.67	K3+335.36	17°22′24″(Z)	540	80	207.85	122.57	243.74	6.77	1.40	K3+212.79	K3+292.79	K3+334.66	K3+376.53	K3+456.53	143.27	513.99	217°51′56″
JD7	2487053.91	36438104.59	K3+951.18	39°24′50″(Y)	520	120	249.80	246.64	477.71	33.58	15.58	K3+704.53	K3+824.53	K3+943.39	K4+062.24	K4+182.24	248.00	617.22	200°29′33″
JD8	2486669.43	36437441.16	K4+702.38														520.14	766.79	239°54′22″

编制： 复核：

图 3.28 公路路线平面图示例

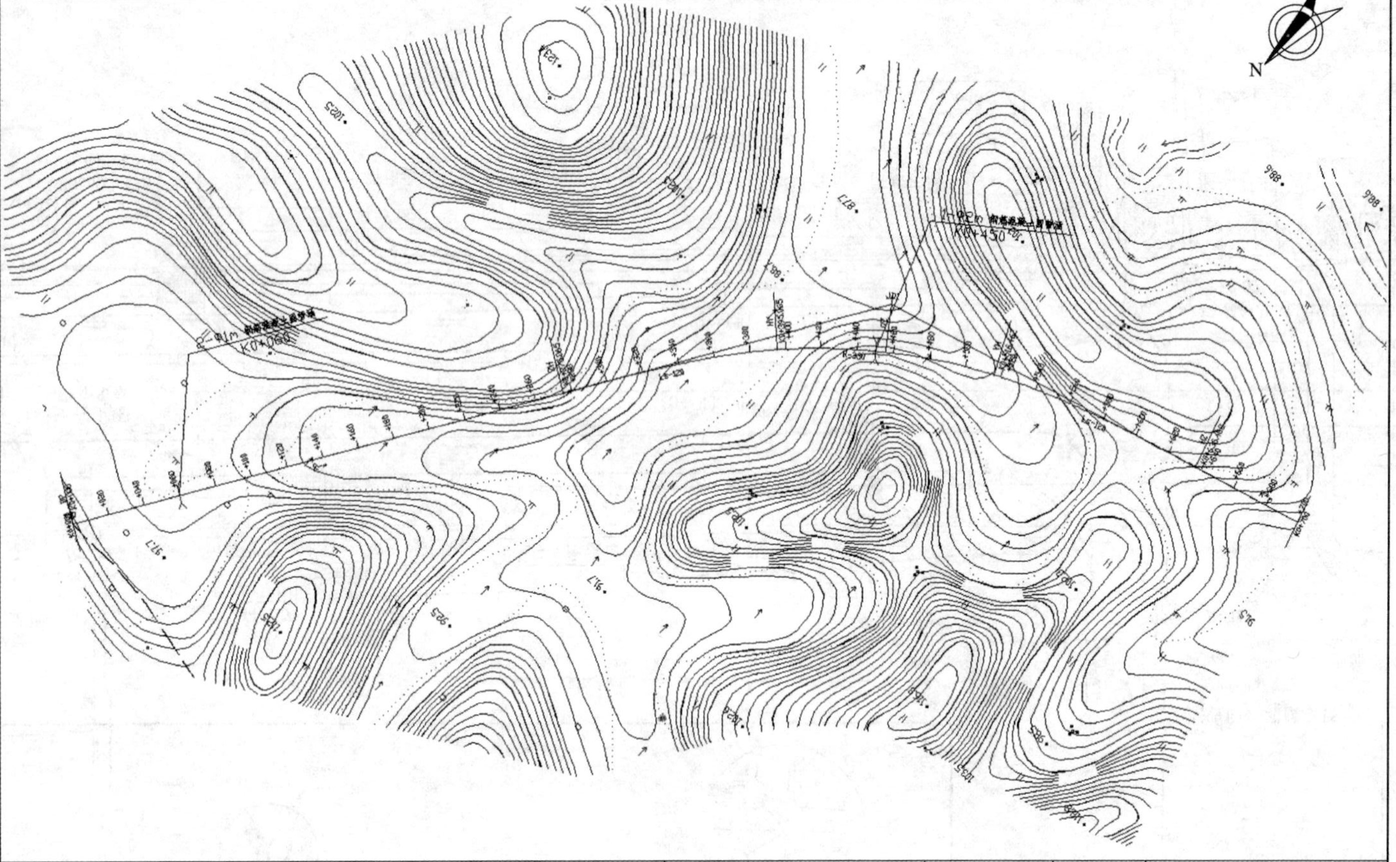

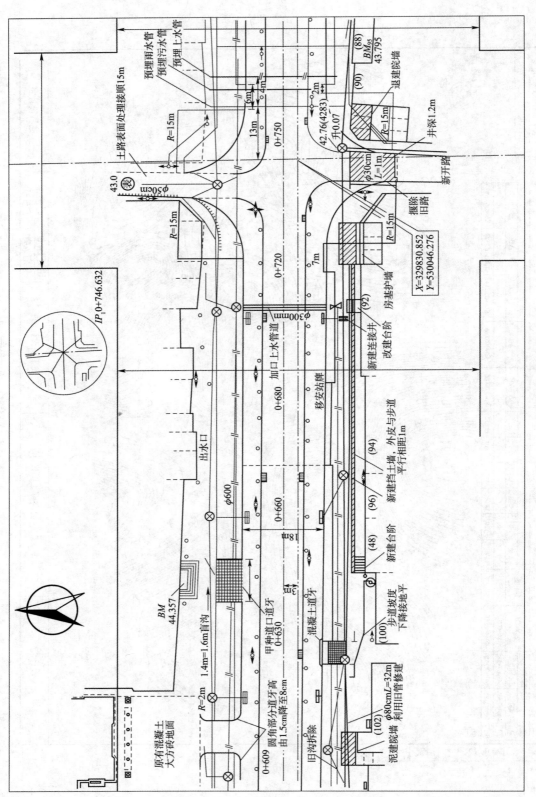

图 3.29 城市道路平面图示例

习 题

3.1 什么是道路平面线形三要素？

3.2 适宜采用直线的地段(或路段)有哪些？

3.3 在道路平面线形设计中对直线的长度有哪些限制？

3.4 确定圆曲线半径时应注意的事项有哪些？

3.5 简述缓和曲线的作用。

3.6 确定缓和曲线的最小长度需要考虑哪些因素的影响？

3.7 平面线形设计的一般原则是什么？

3.8 平面线形的主要组合形式有哪些？

3.9 行车视距有几种？对行车视距的相关规定有哪些？

3.10 叙述视距包络图的绘制方法与步骤。

3.11 某二级公路设计速度为 $V=60$km/h，所处地区气候为一般情况，最大超高横坡度规定值为 8%。该路上有一平曲线，半径 $R=610$m，交点桩号为 K23+120.36，右转角 α 为 $31°13'41''$。试按对称基本形设计该曲线的缓和曲线长度，并计算平曲线的测设元素及各主点的里程桩号。

3.12 在某微丘区二级公路设计速度为 $V=80$km/h，所处地区气候为一般情况，最大超高横坡度规定值为 6%。其中有两个相邻的交点，交点间的距离 L_{7-8} 为 555.66m。交点 7 的桩号 JD_7 为 K60+436.35，转角 7 为右转，$\alpha_7=24°37'30''$，根据地形条件的限制，曲线 I 的半径 $R_7=910$m，缓和曲线长度 $L_{s7}=170$m；转角 8 为左转，$\alpha_8=28°18'33''$。试问根据题目中所给的条件，曲线 7 和曲线 8 能否组合 S 形平曲线？可以的话设计出曲线 8 的半径和缓和曲线长度，并进行 S 形平曲线使用条件验算。

3.13 某双车道公路，设计速度 $V=60$km/h，路基宽度 10.0m，路面宽度 7.0m。弯道 $R=175$m，$L_s=50$m，$\alpha=46°32'18''$。弯道内侧中心附近的障碍物距路基边缘 2.7m。试检查该弯道能否保证停车视距和超车视距？若不能保证，经计算确定清除的最大宽度为多少？

单元 4 道路纵断面设计

本单元摘要：本单元主要介绍道路纵坡和坡长设计的技术指标；竖曲线最小半径的确定原理及竖曲线计算；道路平纵线形组合设计；道路纵断面设计方法、步骤及纵断面图的绘制等内容。

知识点1 基本概念

沿着道路中线竖向剖切，然后展开得到的断面即为道路路线纵断面。由于受地形、地物等自然因素的影响以及经济性制约，路线纵断面设计线是一条起伏的空间线形。纵断面设计的主要任务就是根据汽车的动力特性、道路等级、沿线的自然条件以及工程经济等，研究纵断面线形的几何形状及其坡度与长度等设计要素，以便达到行车安全迅速、运输经济及乘坐舒适的目的。

图4.1为路线纵断面示意图。纵断面图是道路纵断面设计的主要成果，也是道路设计的重要技术文件之一，路线纵断面图与平面图相结合，能准确地反映出道路中线的空间位置与形状。

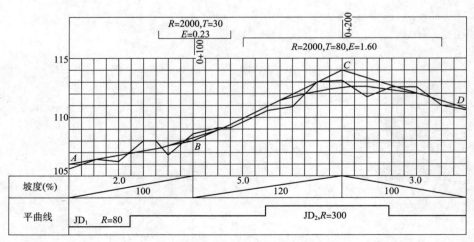

图4.1 路线纵断面图(单位：m)

在纵断面图上有两条主要的线：一条是地面线，它是根据中线上各中桩点的地面高程点绘出的一条不规则折线,反映了沿着中线地面的起伏变化情况;另一条是设计线,它是经过技术上、经济上以及美学上等多方面比较后定出的,由直坡线和竖曲线组成的一条具有规则形状的几何线形,它反映了道路纵断设计线的起伏状况。设计线中的直坡线有上坡和下坡之分,其坡度大小和长短直接影响汽车的行驶速度、运输经济以及行车安全。在直坡线的转折处为了行车平顺需要设置竖曲线。竖曲线有两种形式(凸形竖曲线与凹形竖曲线),变坡点在竖曲线的上方,该竖曲线称凸形竖曲线;变坡点在竖曲线的下方,该竖曲线称凹形竖曲线。竖曲线的大小用半径和水平长度等要素表示。

直坡线的坡度即路线纵向坡度,简称纵坡,用符号 i 表示,其值按下式计算:

$$i = \frac{H_2 - H_1}{L} \times 100\% \tag{4.1}$$

式中:i——纵坡,%,按路线前进方向,上坡为正,下坡为负;
H_1、H_2——按路线前进方向为序的坡线两端点的标高,m;
L——坡线两端点间的水平距离,称坡线长度,简称坡长。

知识点2 纵坡设计

一、纵坡设计的一般要求

为了使设计纵坡技术上满足要求,而又经济合理,纵坡设计一般应满足如下要求:

(1)纵坡设计必须符合《标准》及《规范》的相关规定。

纵断面设计标准就是根据汽车行驶的要求,结合工程实际而规定的道路纵断面坡度线和竖曲线的设计技术指标。坡度线设计技术指标主要有最大纵坡、最小纵坡、平均坡度、合成坡度、坡长限制、缓和坡段等;竖曲线设计指标主要是竖曲线最小半径和竖曲线最小长度。

(2)为了保证车辆能以一定速度安全地行驶,纵坡应具有一定的平顺性,起伏不宜过大和过于频繁。设计时尽量避免采用《规范》中的极限纵坡值(尤其是最大纵坡、最小坡长等),尽量留有一定的余地。

(3)设计中应对沿线地形、地质、水文、地下管线、气候和排水等进行综合考虑,并根据需要采取适当的技术措施,以保证道路的稳定与通畅。

(4)一般情况下,纵坡设计应尽量减少土石方和其他工程数量,以降低造价和节省用地。

(5)对高速公路、一级公路应考虑通道、农田水利等方面的要求,低等级公路应结合民间运输、农业机械等的需求。

二、最大纵坡

最大纵坡是指在纵坡设计时各级道路所允许采用的最大纵坡度值,它是道路纵断面设计的重要控制指标。因为随着纵坡的增大,上坡时载重汽车行驶速度会显著降低,影响其他高速车辆的正常通行,严重时将导致道路通行能力下降;下坡时为防止车速过高需要频繁制动,所以应限制最大纵坡值。

最大纵坡的大小直接影响着路线的长度、使用质量、行车安全、工程经济以及运营成本。各级道路允许的最大纵坡是全面考虑汽车的动力特性、道路等级、自然条件,并将工程经济与运营经济相结合,通过综合分析而确定的。

1. 制定最大纵坡的依据

(1)车辆类型。不同类型的车辆具有不同的动力性能和制动性能。其上坡时的爬坡能力和下坡时的制动性能亦各不相同,因此对道路的最大纵坡要求均不相同。

(2)设计速度。由汽车的动力特性曲线可知,汽车的爬坡能力与行驶速度成反比,车速越高时爬坡能力越低,因此在确定路线最大纵坡时必须以保证与道路等级相应的行驶速度为前提。

(3)自然条件。道路所处地区的自然地形、海拔高度、气候条件等,也对汽车的行驶条件和爬坡能力有着明显的影响。

2. 最大纵坡标准值的确定

《规范》中规定的各级公路最大纵坡见表4.1。

各级公路最大纵坡　　　　　　　　　　　　　　　　　表4.1

设计速度(km/h)	120	100	80	60	40	30	20
最大纵坡(%)	3	4	5	6	7	8	9

注:1. 设计速度为120km/h、100km/h、80km/h的高速公路受地形条件或其他特殊情况限制时,经技术经济论证,最大纵坡可增加1%;
2. 改扩建公路设计速度为40km/h、30km/h、20km/h的利用原有公路的路段,经技术经济论证,最大纵坡可增加1%;
3. 四级公路位于海拔2000m以上或积雪冰冻地区的路段,最大纵坡不应大于8%;
4. 城市道路最大纵坡约相当于公路按计算行车速度计的最大纵坡减小1%。

城市道路机动车道最大纵坡应符合表4.2的规定。

机动车道最大纵坡　　　　　　　　　　　　　　　　　表4.2

设计速度(km/h)		100	80	60	50	40	30	20
最大纵坡(%)	一般值	3	4	5	5.5	6	7	8
	极限值	4	5	6	6	7	8	8

新建道路应采用小于或等于最大纵坡一般值;对改建道路、受地形条件或其他特殊情况限制时,可采用最大纵坡极限值。

三、高原纵坡折减

高原地区的公路,随着海拔高度的增加,空气密度和大气压力都逐渐降低。空气密度降低,氧气含量变小,导致汽车发动机的功率减小,汽车的爬坡能力随之而降;大气压力降低,则汽车水箱中的冷却水沸点降低,致使冷却效果变差,发动机因过热而功率减小。为此应对《规范》中规定的最大纵坡予以折减,在高原地区的道路纵坡设计中应适当采用较小的坡度。

《规范》规定:设计速度小于等于80km/h的位于海拔3000m以上的高原地区,设计最大纵坡控制值应按表4.3的规定予以折减。若折减后公路纵坡坡度小于4%,为了不过分增加工程造价,则仍采用4%作为设计中最大纵坡控制值。

高原纵坡折减值　　　　　　　　　　　　　　　　　表4.3

海拔高度(m)	3000~4000	4000~5000	5000以上
纵坡折减(%)	1	2	3

四、最小纵坡

1. 公路

为满足公路排水要求,挖方路段以及其他横向排水不良路段所规定允许采用的纵坡最小值称为最小纵坡。从汽车运行的角度出发,希望道路纵坡设计值小一些,但是在长路堑以及其他横向排水不通畅地段,容易形成积水渗入路基而影响路基的稳定性。为此,《规范》规定各级公路均应设置不小于0.3%的最小纵坡,一般情况下以不小于0.5%为宜。

当必须设计平坡或纵坡小于0.3%时,边沟应做纵向排水设计。在弯道超高横坡渐变段上,为使行车道外侧边缘不出现反坡,设计最小纵坡不宜小于超高允许渐变率。

干旱少雨地区的最小纵坡可不受上述限制。

2. 城市道路

(1)道路最小纵坡不应小于0.3%;当特殊困难纵坡小于0.3%时,应设置锯齿形偏沟或采取其他排水措施。

(2)特大桥、大桥、中桥的桥面最小纵坡不宜小于0.3%,且竖向高程最低点不应位于主桥范围内。

(3)高架路桥面的最小纵坡不应小于0.5%;困难时也不应小于0.3%,并应采取保证高架路纵横向及时排水的措施。

五、坡长限制

坡长限制包括最大坡长限制和最小坡长限制两个方面,最大坡长限制指标和路线纵坡有关。

1. 理想的最大纵坡和不限长度的最大纵坡

理想的最大纵坡 i_1 是指设计车型在油门全开的情况下,持续以 V_1 等速行驶所能克服的坡度。V_1 的取值,对低速公路为设计速度,高速公路为载重汽车的最高速度。由式(4.2)计算或从动力特性图上查出 D_1:

$$\frac{f+i}{\lambda} = D_1$$

所以有:

$$i_1 = \lambda \cdot D_1 - f \qquad (4.2)$$

i_1 可称为理想的最大纵坡。因为在纵坡坡度不大于 i_1 的坡道上,载重汽车能以最高速度行驶,载重汽车与小客车、重车与轻车之间的速度差最小,因而相互干扰也将最小,道路通行能力可达最大值。

在设计中能够采用理想的最大纵坡控制固然好,但因地形、地物等条件的制约,采用这种坡度,造价会超出建设单位的资金承受能力,因此不是总能争取到的。为此,考虑工程经济与线形指标综合平衡,有必要允许车速由 V_1 降到 V_2,以获得较大坡度 i_2。在坡度为 i_2 的坡道上,汽车将以 V_2 的速度等速行驶。V_2 称为容许速度,不同等级的道路容许速度应不同,其值一般应不小于计算行车速度的 1/2～2/3（高速公路取低限，低速公路取高限）。

与容许速度 V_2 相对应的纵坡 i_2 称为不限长度的最大纵坡，根据 V_2 可得 D_2，即：

$$i_2 = \lambda \times D_2 - f \tag{4.3}$$

当汽车在坡度小于或等于不限长度最大纵坡的坡道上行驶时，只要初速度大于容许速度，汽车最多减速到容许速度；当坡度大于不限长度的最大纵坡时，为防止汽车行驶速度低于容许速度，应对其坡长加以限制。

2. 坡长限制

根据前述的希望速度 V_1 和容许速度 V_2，得出对应于 V_1 的"理想的最大纵坡"i_1 和对应于 V_2 的"不限长度的最大纵坡"i_2。凡是大于 i_1 的纵坡称为陡坡，汽车在陡坡上将减速行驶，设初速为 V_1，则终速不会低于 V_2。因此，对于大于 i_2 的纵坡都应限制其长度；而小于 i_1 的纵坡均属缓坡，汽车在缓坡上将能够加速行驶。

1）最小坡长限制

最小坡长的限制主要是从汽车行驶的平顺性和布设竖曲线的要求来考虑的。如果坡长过短，使变坡点增多，汽车行驶在连续起伏地段将产生颠簸，导致乘客感觉不舒适，车速越高越加突出。从路容美观、相邻两竖曲线的设置和纵面视距等方面，也要求坡长应规定一个最小长度。

《规范》和《城规》中规定，各级道路最小坡长应分别按表 4.4 和表 4.5 选用。在平面交叉口、立体交叉的匝道以及过水路面地段，最小坡长可不受此限制。

各级公路最小坡长 表 4.4

设计速度（km/h）	120	100	80	60	40	30	20
最小坡长（m）	300	250	200	150	120	100	40

城市道路机动最小坡长 表 4.5

设计速度（km/h）	100	80	60	50	40	30	20
坡段最小坡长（m）	250	200	150	130	110	85	60

2）最大坡长限制

道路纵坡的大小及其坡长对汽车正常行驶影响很大。纵坡越陡，坡长越长，对行车影响也越大。主要表现在：①上坡时行车速度显著下降，甚至要换较低挡位来克服坡度阻力；②易使水箱"开锅"，散热能力降低，导致汽车爬坡无力，甚至熄火；③下坡行驶制动次数频繁，易使制动器发热导致制动能力降低甚至而失效，严重时会造成事故。

所谓最大坡长限制是指控制汽车在坡道上（上坡）行驶，当车速下降到相应等级公路最低允许速度时所行驶的距离。

在 1991 年《纵坡与汽车运行速度和油耗之间关系的研究》以及 2003 年《公路纵坡坡度与坡长限制》专题研究中，根据东风和解放两种车型（载质量分别为 12.6t 和 14.15t，功率质量比为 9.3kW/t）在不同纵坡上的试验结果，载重汽车在纵坡上行驶时存在一个稳定车速，与之相对应的有一个稳定坡长。从运行质量看，纵坡长度不宜超过稳定坡长，而稳定坡长的长短则取决于车辆动力性能、驶入坡道的行车速度和坡顶要求达到的速度。车辆动力性能越好，上坡道起始速度越高,坡顶要求速度越低,则稳定坡长就越长。根据不同等级公路上实际观测到的载重汽车运行速度和今后汽车工业的发展,将85%位载重汽车车速作为起始速度,15%位载重汽车速度作为坡顶速度,结合减速冲坡的坡长与车辆运行速度变化的关系,并考虑车辆实际上坡行驶时车速要比冲坡试验时略小的调查结果和汽车工业发展的需要,提出了不同纵坡最大坡长的规定值,见表4.6。

各级公路不同纵坡的最大坡长(m) 表4.6

	设计速度(km/h)	120	100	80	60	40	30	20
纵坡坡度(%)	3	900	1000	1100	1200	—	—	—
	4	700	800	900	1000	1100	1100	1200
	5	—	600	700	800	900	900	1000
	6	—	—	500	600	700	700	800
	7	—	—	—	—	500	500	600
	8	—	—	—	—	300	300	400
	9	—	—	—	—	—	200	300
	10	—	—	—	—	—	—	200

当高速公路、一级公路的连续陡坡由几个不同坡度值的坡段组合而成时,应对纵坡长度受限制的路段采用平均坡度法进行验算:

$$\sum \frac{l_i}{L_i} = 1 \qquad (4.4)$$

式中:l_i——i 坡度的实际坡长,m;
　　　L_i——i 坡度的最大坡长,m。

当公路上有大量畜力车通行时,在可能情况下宜在不超过500处设置一段不大于2%~3%的缓坡,以利于畜力车行驶。

城市道路坡长限制见表4.7。城市道路的非机动车车行道纵坡宜小于2.5%,否则应按表4.8所列数据限制坡长。

城市道路机动车道最大坡长 表4.7

设计速度(km/h)	100	80	60			50			40		
纵坡(%)	4	5	6	6.5	7	6	6.5	7	6.5	7	8
最大坡长(m)	700	600	400	350	300	350	300	250	300	250	200

城市道路非机动车道最大坡长(m) 表4.8

纵坡坡度(%)	车　种	
	自行车	二轮车、板车
2.5	300	150
3.0	200	100
3.5	150	—

六、缓 和 坡 段

载重汽车在较大的上坡路段上爬坡时,由于坡度阻力的影响速度会逐渐折减降低,坡度越大、坡长越长,车速降低越严重。最大坡长限制指标正是从载重汽车爬坡的速度折减变化角度提出的。而设置缓坡坡段的目的就是为载重汽车提供一个能够加速上坡的纵坡条件,使其行驶速度能够恢复到容许最低速度以上,并能够继续以不低于容许最低速度的实际速度通行,以保证汽车快速通行的需求。因此,在连续纵坡路段设计时,应围绕这一目的妥善设置和采用纵坡坡度、坡长以及缓和坡段的坡度与坡长,避免机械地套用指标或在设计中盲目采用指标极限值,而忽视纵坡设计原则和指标限制的真正目的,尤其避免采用"陡坡最大坡长 + 缓坡最小坡长"等不利组合的现象。

各级公路的连续上坡路段,应根据载重汽车上坡时的速度折减变化,在不大于表 4.5 和表 4.6 所规定长度处设缓和坡段。

《规范》规定设计速度小于或等于 80km/h 时缓和坡段的纵坡应不大于 3%;设计速度大于 80km/h 时,缓和坡段的纵坡应不大于 2.5%,其长度应不小于最小坡长。缓和坡段的具体位置应结合纵向地形起伏情况,尽量减少填挖方工程数量,同时应考虑路线的平面线形要素。在一般情况下,缓和坡段宜设置在平面的直线或较大半径的平曲线上,以便充分发挥缓和坡段的作用,提高整条道路的使用质量。在必须设置缓和坡段而地形又困难的地段,可以将缓和坡段设于半径比较小的平曲线上,但应适当增加缓和坡段的长度,如二级公路小于 80m,三级公路小于 40m,四级公路小于 20m,此时的缓坡段应予增加,所增加的长度为该平曲线的半径值。

七、平均纵坡

平均纵坡是指由若干坡段组成的路段所克服的高差与路线长度之比,目的是合理运用最大纵坡、坡长及缓和坡长的规定,以保证车辆安全顺利地行驶的限制性指标。

道路纵坡设计时有时会出现路线符合最大纵坡、坡长限制及缓和坡长规定,但也不一定能保证行车顺利安全的现象。设计者在进行越岭线拉坡时可能交替使用极限长度的最大纵坡及缓和坡长,形成"台阶式"纵断面线形,这是一种合法但不合理的做法,对行车不利。在这种坡道上,汽车会较长时间频繁地使用低挡行驶,增加汽车零件磨损,下坡需频繁制动,影响行车安全。

《规范》规定:二级、三级、四级公路越岭路线的平均纵坡,一般以接近 5.5%(相对高差为 200~500m)和 5%(相对高差大于 500m)为宜,并注意任何相连 3km 路段的平均纵坡不宜大于 5.5%。城市道路的平均纵坡按上述规定减少 1.0%。对于海拔 3000m 以上的高原地区,平均纵坡应较规定值减少 0.5%~1.0%。

高速公路、一级公路连续长、陡下坡路段的平均坡度与连续坡长不宜超过表 4.9 的规定;超过时,应进行交通安全性评价,提出路段速度控制和通行管理方案,完善交通工程和安全设施,并论证增设货车强制停车区。

公路连续长、陡下坡的平均坡度与连续坡长　　　　　　　　表4.9

平均坡度(%)	<2.5	2.5	3.0	3.5	4.0	4.5	5.0	5.5	6.0
连续坡长(km)	不限	20.0	14.8	9.3	6.8	5.4	4.4	3.8	3.3
相对高差(m)	不限	500	450	330	270	240	220	210	200

八、合成坡度

合成坡度是指由路线纵坡与弯道超高横坡或路拱横坡组合而成的坡度,其方向即流水线方向。合成坡度的计算公式为:

$$I = \sqrt{i_h^2 + i^2} \tag{4.5}$$

式中：I——合成坡度，%；

i_h——超高横坡度或路拱横坡度，%；

i——路线设计纵坡度，%。

将合成坡度控制在一定范围之内，目的是尽可能地避免急弯和陡坡的不利组合，防止因合成坡度过大而引起的横向滑移及其他行车危险，保证车辆在弯道上安全而平稳地运行。

《规范》中规定的各级公路最大合成坡度见表4.10。

各级公路最大合成坡度　　　　　　　　　　　　　　表4.10

公路技术等级	高速公路、一级公路				二级公路、三级公路、四级公路				
设计速度(km/h)	120	100	80	60	80	60	40	30	20
合成坡度值(%)	10.0	10.0	10.5	10.5	9.0	9.5	10.0	10.0	10.0

当陡坡与小半径平曲线相重叠时，宜采用较小的合成坡度。下列情况其合成坡度必须小于8%：

(1)冬季路面有积雪、结冰的地区；

(2)自然横坡较陡峻的傍山路段；

(3)非汽车交通比率高的路段。

合成坡度大小会影响路面排水效率。合成纵坡过小则排水不畅，路面积水易使汽车滑移，前方车辆溅水造成的水幕影响视线，使行车中易发生事故。为此，应保证路面有0.3%~0.5%的合成坡度。合成坡度较小时，必须在排水设计上予以考虑。

城市道路对合成坡度的规定见表4.11。在积雪或冰冻地区各级道路的最大合成坡度应小于或等于6.0%。

城市道路最大合成坡度　　　　　　　　　　　　　　表4.11

计算行车速度(km/h)	100	80	60	50	40	30	20
合成坡度(%)		7.0			7.0		8.0

各级道路的最小合成坡度不宜小于0.5%。当合成坡度小于0.5%时，应采取综合排水措施，以保证路面排水畅通。

知识点3　竖　曲　线

一、竖曲线的种类和作用

纵断面上相邻两条坡线的相交处，为了行车安全、舒适以及视距的需要用曲线来缓和，该曲线称为竖曲线。

1. 竖曲线的种类

竖曲线的种类与坡度差有关：

$$\omega = i_1 - i_2 \tag{4.6}$$

式中：ω——坡度差，相邻两坡度线的交角，用转坡角表示。

其他符号意义同前。

当转坡角 ω 为正时,转坡点在竖曲线的上方,该竖曲线称凸形竖曲线;当转坡角 ω 为负时,转坡点在竖曲线的下方,该竖曲线称凹形竖曲线。

2. 竖曲线的作用

竖曲线的作用有以下三点:
(1)缓和冲击;
(2)保证道路纵向行车视距;
(3)将竖曲线与平曲线恰当组合,有利于路面排水和改善行车的视线诱导及舒适感。

3. 竖曲线线形

竖曲线线形可采用抛物线或圆曲线,在使用范围上二者几乎没有差别,但在设计和计算上,抛物线比圆曲线更为方便。公路设计中一般采用二次抛物线作为竖曲线的线形。

二、竖曲线要素计算公式

竖曲线线形可采用抛物线或圆曲线,由于圆形和抛物线这两种线形的计算结果在工程应用上是一致的,我国道路设计一般采用二次抛物线形竖曲线。

竖曲线要素主要包括竖曲线长度 L、切线长度 T 和外距 E,其中竖曲线长度和切线长度是指水平距离,也就是两点里程桩号之差,外距是指变坡点竖直方向上变坡点高程与竖曲线高程之差。

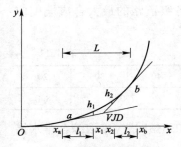

图 4.2 竖曲线要素计算图

1. 二次抛物线作竖曲线的基本方程

取 xoy 坐标系如图 4.2 所示,设变坡点相邻两纵坡坡度分别为 i_1 和 i_2,它们的代数差用 ω 表示,即 $\omega = i_2 - i_1$。当 ω 为正值时,表示凹形竖曲线;当 ω 为负值时,表示凸形竖曲线。

用二次抛物线作为竖曲线的基本方程式。在图示坐标系下,二次抛物线一般方程为:

$$y = \frac{1}{2k}x^2 + ix$$

对竖曲线上任一点 P,其斜率为:

$$i_P = \frac{dy}{dx} = \frac{x}{k} + i$$

当 $x = 0, i = i_1$ 时,$i = \frac{L}{k} + i_1 = i_2$,则有:

$$k = \frac{L}{i_2 - i_1} = \frac{L}{\omega}$$

抛物线上任一点的曲率半径为:

$$R = \left[1 + \left(\frac{dy}{dx}\right)^2\right]^{3/2} / \frac{d^2y}{dx^2}$$

式中,$\frac{dy}{dx} = i$,$\frac{d^2y}{dx^2} = \frac{1}{k}$,把它们带入上式,可得:

$$R = K(1+i^2)^{3/2}$$

因为 i 介于 i_1 和 i_2 之间,且 i_1 和 i_2 均很小,故 i^2 可略去不计,则 $R \approx K$。将上式代入,得二次抛物线竖曲线基本方程式为:

$$y = \frac{\omega}{2L}x^2 + i_1 x \text{ 或 } y = \frac{1}{2R}x^2 + i_1 x$$

式中:ω——坡度差,%;
  L——竖曲线长度,m;
  R——竖曲线半径,m。

2. 竖曲线要素计算公式

(1)竖曲线几何要素主要有:竖曲线曲线长度 L、切线长度 T 和外距 E,其计算公式如下:

$$\left. \begin{array}{l} L = R\omega \\ T = \dfrac{L}{2} \\ E = \dfrac{T^2}{2R} \end{array} \right\} \quad (4.7)$$

(2)对竖曲线上任意点纵距 y,可按下式计算:

$$y = \frac{x^2}{2R} \quad (4.8)$$

式中:x——计算点桩号与竖曲线起点的桩号差。

3. 竖曲线的最小长度和最小半径

竖曲线的设计标准主要有竖曲线最小半径和竖曲线长度两个指标。由于在凸形竖曲线上和在凹形竖曲线上汽车行驶时的受力及视距等考虑因素的不同,凸形竖曲线和凹形竖曲线又有不同的设计标准。

汽车在凸形竖曲线上行驶时,因前方隆起使驾驶员视线受阻。在高速公路及城市道路上有许多跨线桥、门式交通标志及广告宣传牌等,如果它们正好处在凹形竖曲线上方,也会影响驾驶员的视线,因而设计时必须满足视距要求。当汽车行驶在凹形竖曲线上时,产生的离心力与汽车的重力相同,易产生震动、冲击,甚至因悬挂系统的弹簧超负荷而导致不良的后果,因而设计时应控制离心力以保证行车的安全、舒适。如果竖曲线长度过短,汽车在竖曲线上行驶时间很短,乘客会感到不舒适。总之,无论是凸形竖曲线还是凹形竖曲线都要受到上述三种因素的控制,但影响程度不同。需要考虑的是,设计中要确定哪一种限制因素为最不利的情况,以明确控制因素。

1)凸形竖曲线最小半径和最小长度

凸形竖曲线最小长度应以满足视距要求为主,按竖曲线长度 L 和视距 S 的关系不同分为两种情况。

(1)当 $L > S$ 时。

由图 4.3a)可知,$h_1 = \dfrac{d_1^2}{2R}$,$h_2 = \dfrac{d_2^2}{2R}$,得 $d_1 = \sqrt{2Rh_1}$,$d_2 = \sqrt{2Rh_2}$,则有:

$$s = d_1 + d_2 = \sqrt{2R}(\sqrt{h_1} + \sqrt{h_2}) = \sqrt{\frac{2L}{\omega}}(\sqrt{h_1} + \sqrt{h_2})$$

$$L_{\min} = \frac{S^2 \omega}{2(\sqrt{h_1} + \sqrt{h_2})^2}$$

$$R_{\min} = \frac{L_{\min}}{\omega}$$

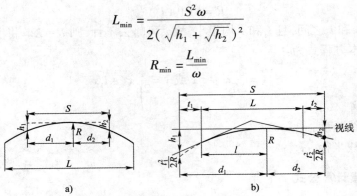

图 4.3　凸形竖曲线最小半径和最小长度计算

当采用停车视距时，$h_1 = 1.2\text{m}$，$h_2 = 0.1\text{m}$，$(\sqrt{h_1} + \sqrt{h_2})^2 \approx 2$，即：

$$L_{\min} = \frac{S_T^2 \omega}{4}$$

$$R_{\min} = \frac{S_T^2}{4}$$

当采用会车视距时，$h_1 = h_2 = 1.2\text{m}$，则：

$$L_{\min} = \frac{S_C^2 \omega}{9.6}$$

$$R_{\min} = \frac{S_C^2}{9.6}$$

式中：R——竖曲线半径，m；

　　　h_1——驾驶员视线高，即目高 $h_1 = 1.2\text{m}$；

　　　h_2——障碍物高，即物高 $h_2 = 0.1\text{m}$。

其他符号意义同前。

(2) 当 $L < S$ 时。

如图 4.3b) 所示，将竖曲线延长到 h_1、h_2 的垂直方向上，按下列公式计算得：

$$h_1 = \frac{d_1^2}{2R} - \frac{t_1^2}{2R}，则\ d_1 = \sqrt{2Rh_1 + t_1^2}$$

$$h_2 = \frac{d_2^2}{2R} - \frac{t_2^2}{2R}，则\ d_2 = \sqrt{2Rh_2 + t_2^2}$$

从图中知：

$$t_1 = d_1 - l = \sqrt{2Rh_1 + t_1^2} - l$$

解之得：

$$t_1 = \frac{Rh_1}{l} - \frac{l}{2}$$

同样从图中知可知：

$$t_2 = d_2 - (L - l) = \sqrt{2Rh_2 - t_2^2} - (L - l)$$

解之得：

$$t_2 = \frac{Rh_2}{L - l} - \frac{L - l}{2}$$

而 $S = t_1 + L + t_2$

代入得：

$$S = \frac{Rh_1}{l} + \frac{L}{2} + \frac{Rh_2}{L-l}$$

取 $\frac{ds}{dl} = 0$ 即：

$$\frac{ds}{dl} = -\frac{Rh_1}{l^2} + \frac{Rh_2}{(L-l)^2} = 0$$

解之得：

$$l = \frac{\sqrt{h_1}}{\sqrt{h_1} + \sqrt{h_2}} L$$

代入上式并整理，得：

$$S = \frac{R}{L}(\sqrt{h_1} + \sqrt{h_2})^2 + \frac{L}{2} = \frac{1}{\omega}(\sqrt{h_1} + \sqrt{h_2})^2 + \frac{L}{2}$$

$$L_{min} = 2S - \frac{2}{\omega}(\sqrt{h_1} + \sqrt{h_2})^2$$

$$R_{min} = \frac{L_{min}}{\omega}$$

当采用停车视距时：

$$L_{min} = 2S_T - \frac{4}{\omega}$$

$$R_{min} = \frac{1}{\omega}\left(2S_T - \frac{4}{\omega}\right)$$

当采用超车视距时：

$$L_{min} = 2S_C - \frac{9.6}{\omega}$$

$$R_{min} = \frac{1}{\omega}\left(2S_C - \frac{9.6}{\omega}\right)$$

《规范》中规定的凸形竖曲线最小半径和最小长度见表4.12。

凸形竖曲线的最小半径与最小长度 表4.12

计算行车速度（km/h）	竖曲线半径(m)		竖曲线长度(m)	
	一般最小半径	极限最小半径	一般最小长度	极限最小长度
120	17000	11000	250	100
100	10000	6500	210	85
80	4500	3000	170	70
60	2000	1400	120	50
40	700	450	90	35
30	400	250	60	25
20	200	100	50	20

注：表中所列"一般值"为正常情况下的采用值；"极限值"为条件受限制时，经技术经济论证后的采用值。

2)凹形竖曲线最小半径和最小长度

如图 4.4 所示的凹形竖曲线,汽车在其上行驶时所产生的离心力 F 为:

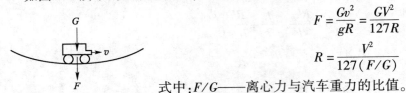

$$F = \frac{Gv^2}{gR} = \frac{GV^2}{127R}$$

$$R = \frac{V^2}{127(F/G)}$$

图 4.4 凹形竖曲线受力分析

式中:F/G——离心力与汽车重力的比值。

其他符号意义同前。

根据试验测定结果,将 F/G 控制在 0.025 之内,就可满足车辆行驶安全和舒适的要求,即:

$$R_{min} = \frac{V^2}{3.2}$$

$$L_{min} = \frac{V^2}{3.2}\omega$$

4. 按汽车行驶时间的要求确定竖曲线最小长度

汽车在竖曲线上行驶,当变坡角较小时,竖曲线的长度也较小,汽车在其上行驶时冲击较大而不舒适,并且驾驶员在视觉上感觉纵断线形突然转折而增加不安全感,因此有必要按 3s 行程时间来控制竖曲线的长度,即:

$$L_{min} = \frac{V}{3.6}t = \frac{V}{1.2} \tag{4.9}$$

根据影响竖曲线最小半径的多种限制因素,可计算出凹形竖曲线最小半径和最小长度,见表 4.13。

凹形竖曲线的最小半径与最小长度　　表 4.13

计算行车速度 (km/h)	竖曲线半径(m)		竖曲线长度(m)	
	一般最小半径	极限最小半径	一般最小长度	极限最小长度
120	6000	4000	250	100
100	4500	3000	210	85
80	3000	2000	170	70
60	1500	1000	120	50
40	700	450	90	35
30	400	250	60	25
20	200	100	50	20

注:表中所列"一般值"为正常情况下的采用值;"极限值"为条件受限制时,经技术经济论证后的采用值。

【例 4-1】 某丘陵区二级公路设计车速为 80km/h,变坡点桩号为 K3+200.00,高程为 131.13m。已知 $i_1 = 3\%$,$i_2 = -4\%$,竖曲线半径 $R = 6000$m。试计算该竖曲线要素,并计算里程桩号为 K3+040 和 K3+280.00 两点的设计高程。

解:(1)计算竖曲线要素:

由于 $\omega = i_1 - i_2 = 0.03 - (-0.04) = 0.07 > 0$,故应设置凸形竖曲线。

竖曲线长度 $L = R\omega = 6000 \times 0.07 = 420$(m)

切线长度 $T = \dfrac{L}{2} = \dfrac{420}{2} = 210(\text{m})$

外距 $E = \dfrac{T^2}{2R} = \dfrac{210^2}{2 \times 6000} = 3.675(\text{m})$

(2) 计算里程桩号为 K3+040 和 K3+280.00 两点的设计高程：

① 确定竖曲线范围。

竖曲线起点桩号 = (K3+200.00) - 210 = K2+990

竖曲线起点高程 = 131.13 - 210 × 0.03 = 124.83(m)

竖曲线终点桩号 = (K3+200.00) + 210 = K3+410

竖曲线终点高程 = 131.13 - 210 × 0.04 = 122.73(m)

② 计算 K3+040 和 K3+280.00 两点的 x,y 值。

桩号 K3+040.00 处：

横距 x_1 = (K3+040.00) - (K2+990.00) = 50(m)

竖距：$y_1 = \dfrac{x_1^2}{2R} = \dfrac{50^2}{2 \times 6000} = 0.21(\text{m})$

桩号 K3+280.00 处：

横距 x_2 = (K3+280.00) - (K2+990) = 290(m)

竖距：$y_2 = \dfrac{x_2^2}{2R} = \dfrac{290^2}{2 \times 6000} = 7.01(\text{m})$

③ 计算 K3+040 和 K3+280.00 两点的切线高程。

K3+040 处：切线高程 = 124.83 + 50 × 0.03 = 126.33(m)

K5+180 处：切线高程 = 124.83 + 290 × 0.04 = 136.43(m)

④ 计算各 K3+040 和 K3+280.00 两点的设计高程。

K3+040 处：设计高程 = 切线高程 - y = 126.33 - 0.21 = 126.12(m)

K3+280 处：设计高程 = 切线高程 - y = 136.43 - 7.01 = 129.42(m)

知识点4 爬坡车道设计

一、设置爬坡车道的条件

爬坡车道是陡坡路段正线行车道外侧增设的供载重车行驶的专用车道。

由汽车的动力性能知道，不同汽车的爬坡能力是不一样的，速度差较大的车辆混合行驶，必将减少快车的行驶自由度，导致通行能力降低。为了减少这种影响，《规范》规定四车道高速公路、四车道一级公路以及二级公路连续上坡路段，应对载重汽车上坡行驶速度的降低值和设计通行能力进行验算，符合下列情况之一者，宜在上坡方向行车道右侧设置爬坡车道：

(1) 沿上坡方向载重汽车的行驶速度降低到表 4.14 的容许最低速度以下时，可设置爬坡车道。

上坡方向容许最低速度　　　　　　　　　　　　　　表4.14

设计速度(km/h)	120	100	80	60	40
容许最低速度(km/h)	60	55	50	40	25

(2)单一纵坡坡长超过表4.14的规定或上坡路段的设计通行能力小于设计小时交通量时。

(3)经设置爬坡车道与改善主线纵坡不设爬坡车道技术经济比较论证,设置爬坡车道的效益费用比、行车安全性较优时。

爬坡车道设计通行能力的计算方法与正线的通行能力计算方法相同。

对需设置爬坡车道的路段,应与改善正线纵坡不设爬坡车道的方案进行技术经济比较;对隧道、大桥、高架构造物及深挖路段,当因设置爬坡车道使工程费用增加很多时,经论证爬坡车道可以缩短或不设;对双向六车道高速公路可不另设爬坡车道,将外侧车道作为爬坡车道使用。

对于山岭地区的高速公路,由于地形复杂,纵坡设计控制因素较多,在这种路段上,计算行车速度一般在80km/h以下,是否设置爬坡车道,必须在上述基本条件下,经公路建设的目的、服务水平、工程建设投资规模等方面综合分析比较后确定。

二、爬坡车道的设计

1. 横断面组成

如图4.5所示,爬坡车道设于上坡方向正线行车道右侧。爬坡车道的宽度一般为3.50m,包含设于其左侧路缘带的宽度0.50m。

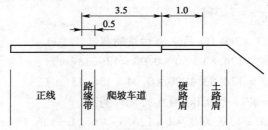

图4.5 爬坡车道横断面组成(尺寸单位:m)

爬坡车道的路肩和正线一样仍然由硬路肩和土路肩组成。但由于爬坡车道上行驶速度较低,其硬路肩宽度可以不按正线的安全标准要求设计,一般为1.00m。而土路肩宽度以按正线要求设计为宜。

爬坡车道的曲线加宽值应采用一个车道曲线加宽的规定。

高速公路、一级公路爬坡车道长度大于500m时,应按照规定在其右侧设置紧急停车带。

2. 横坡度

如上所述,因为爬坡车道的行车速度比正线低,故汽车转弯时的离心力比正线小。为了行车安全起见,高速公路正线超高坡度与爬坡车道的超高坡度之间的对应关系见表4.15。

爬坡车道的超高值 表4.15

主线的超高横坡(%)	10	9	8	7	6	5	4	3	2
爬坡车道的超高坡度(%)	5			4				3	2

超高坡度的旋转轴为爬坡车道内侧边缘线。当爬坡车道位于直线路段时,其横坡度的大小同正线路拱坡度,采用直线式横坡,坡向向外。另外,爬坡车道右侧路肩的横坡度大小和坡向参照正线与右侧路肩之间关系的有关规定确定。

3. 平面布置与长度

(1)爬坡车道的平面布置如图 4.6 所示。其总长度由起点处分流渐变段长度 L_1、爬坡车道长度 L 和终点处汇流渐变段长度 L_2 组成。

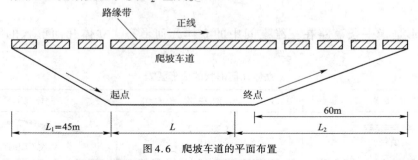

图 4.6　爬坡车道的平面布置

(2)爬坡车道起止点与长度的确定应符合下列规定：

①爬坡车道的起点，应设于陡坡路段上载重汽车运行速度降低至表 4.12 中"容许最低速度"处。

②爬坡车道的终点，应设于载重汽车爬经陡坡路段后恢复至"容许最低速度"处，或陡坡路段后延伸的附加长度的端部。该陡坡路段后延伸的附加长度应符合表 4.16 的规定。

③相邻两爬坡车道相距较近时，宜将两爬坡车道直接相连。

陡坡路段后延伸的附加长度　　　　　　　　　　　　　　表 4.16

附加段纵坡(%)	下坡	平坡	上坡			
			0.5	1.0	1.5	2.0
附加长度(m)	100	150	200	250	300	350

爬坡车道起止点处应设置分流、汇流渐变段，其长度应符合表 4.17 的规定。

爬坡车道分流、汇流渐变段长度　　　　　　　　　　　　表 4.17

公路技术等级	分流渐变段长度(m)	汇流渐变段长度(m)
高速公路、一级公路	100	150~200
二级公路	50	90

爬坡车道的长度 L，一般应根据所设计的纵断面线形，通过加、减速行程图绘制出载重汽车行驶速度曲线，找出小于允许最低速度的路段，从而得到需设爬坡车道的路段。

爬坡车道终点处汇流渐变段 L_2 用来供车辆驶入正线前加速至允许最低车速，其长度规定见表 4.14。若载重汽车爬经陡坡路段后尚未恢复至容许最低速度时陡坡已经结束，则还应包括陡坡路段后延的附加长度，如图 4.7 所示。

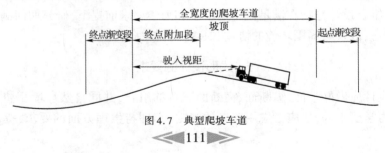

图 4.7　典型爬坡车道

爬坡车道起止点的具体位置除按上述方法确定外,还应考虑与线形的关系。通常应设在通视条件良好、容易辨认并与正线连接顺适的地点。

知识点 5　道路平、纵线形组合设计

道路线形是指一条道路在三维空间中的立体几何形态。立体几何形状的线形要素见表 4.18。

立体几何形状的线形要素　　　　表 4.18

平面要素	纵面要素	立体线形要素
直线	直线	纵坡不变的直线
直线	曲线	凹形直线
直线	曲线	凸形直线
曲线	直线	纵坡不变的曲线
曲线	曲线	凹形曲线
曲线	曲线	凸形曲线

道路线形设计是在路线的各项几何技术指标满足了与道路等级相应的技术标准要求的前提下,进一步研究线形各要素的运用和进行巧妙组合的要求。即将公路平面纵断面进行合理的组合,以及将平面纵断面与横断面合成三维空间的立体线形,并考虑车辆行驶的安全性和舒适性,满足汽车动力性能与行驶力学的要求,以及考虑驾驶员的视觉和心理舒适要求,保持线形在视觉上的连续性和心理上的协调。

当计算行车速度大于或等于 60km/h 时,应特别注意平纵横三面协调配合的立体线形设计,尽量做到线形顺滑连续、指标均衡视觉诱导良好、自然景观协调优美、安全舒适经济;而当计算行车速度小于或等于 40km/h 时,首先应在保证行驶安全的前提下,正确地运用线形要素规定值(最大、最小值),在条件允许且不过分增加工程造价的情况下力求做到各种线形要素的合理组合,并尽量避免和减轻不利组合。

平、纵线形组合设计是指在满足汽车运动学和力学要求前提下,研究如何满足视觉和心理方面的连续、舒适,以及与周围环境的协调和良好的排水条件。

一、线形设计的要求

公路线形设计应做好平面、纵断面、横断面三者的组合,并同自然环境相协调。线形设计除应符合行驶力学要求外,还应考虑用路者的视觉、心理与生理方面的要求,提高汽车行驶的

安全性、舒适性与经济性。

线形设计的要求与内容应随公路功能和设计速度的不同而各有侧重,并遵循下列要求:

(1)高速公路和承担干线功能的一级、二级公路,应注重立体线形设计,做到线形连续、指标均衡、视觉良好、景观协调、安全舒适。设计速度越高,线形设计组合所考虑的因素应越周全。

(2)承担集散功能的一级、二级公路,应根据混合交通情况确定公路横断面布置设计,并注重路线交叉等处的线形设计组合,保障通视良好,行驶通畅、安全。

(3)设计速度小于或等于40km/h的双车道公路,在保证行驶安全的前提下,应正确地运用线形要素的规定值,合理地组合各线形要素,或采取设置相应交通工程设施等技术措施,充分发挥投资效益。

(4)遵循以设计路段确定公路技术等级、设计速度的原则,其设计路段的长度不宜过短,且线形技术指标应保持相对均衡。

(5)不同设计路段相衔接处前后的平、纵、横技术指标,应随设计速度由高向低(或反之)而逐渐由大向小(或反之)变化,使行驶速度自然过渡。相衔接处附近不宜采用该路段设计速度的最小或最大平、纵技术指标值。

(6)路线交叉前后的线形应选用较高的平、纵技术指标,使之具有较好的通视条件。

(7)各级公路均应采用运行速度方法,对平、纵线形组合设计、技术指标的协调性和一致性、视距以及路线视觉连续性等进行检验,依此优化线形设计、调整技术指标、完善交通工程与安全设施。

二、平、纵线形组合的设计原则

(1)应保持线形在视觉上连续性,能自然地诱导驾驶员的视线,并保持视线的连续性。道路线形不应使驾驶员感到茫然、迷惑或判断失误。

(2)在确定平面、纵断面的各相对独立技术指标时,各自除应相对均衡、连续外,应考虑与之相邻路段的各技术指标值的均衡、连续。

(3)选择组合得当的合成坡度,以利于路面排水和行车安全。

线形组合设计中,各技术指标除应分别符合平面、纵断面规定值外,还应考虑横断面对线形组合与行驶安全的影响。应避免平面、纵断面、横断面的最不利值相互组合的设计。

(4)注意与道路周围自然景观的适应和地质条件的配合。好的配合可以减轻驾驶员的疲劳和紧张程度。

三、平、纵线形的组合

1. 直线与纵断面的组合

平面的长直线与纵面的直坡线配合,对双车道道路超车方便,在平坦地区易与地形相适应,但容易导致驾驶员行车单调乏味,增加其疲劳感。直线上一次变坡是很好的平、纵组合,从美学观点讲以包括一个凸形竖曲线为好,而包括一个凹形线次之;直线中短距离内二次以上变坡会形成反复凸凹的"驼峰"和"凹陷",看上去线形既不美观也不连贯,且容易使驾驶员的视线中断。因此,只要路线有起有伏,就不要采用长直线,最好使平面路线随纵坡的变化略加转折,并将平、竖曲线进行合理地组合。但要避免驾驶员一眼能看到路线方向转折两次以上或纵坡起伏三次以上。

2. 平曲线与竖曲线的配合

(1)平曲线与竖曲线应相互重合,且平曲线应稍长于竖曲线。

如图 4.8 所示,这种组合是使平曲线和竖曲线对应,最好使竖曲线的起止点分别放在平曲线的两个缓和曲线内,即所谓的"平包竖"。这种立体线形不仅能起诱导视线的作用,而且可取得平顺而流畅的效果。对于等级较高的道路应尽量设计这种组合,并使平、竖曲线半径都大一些才显得协调,特别是凹形竖曲线处车速较高,二者半径更应该大一些。如果平曲线的中点与竖曲线的顶(底)点位置错开不超过平曲线长度的 1/4,仍然可以获得比较满意的外观。

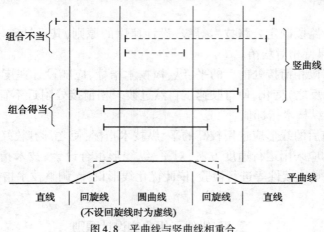

图 4.8 平曲线与竖曲线相重合

当平、竖曲线半径均较小时,其相互对应程度应较严格;随着平、竖曲线半径的同时增大,其对应程度可适当放宽;当平、竖曲线半径均大时,可不严格相互对应。

(2)平曲线与竖曲线大小应保持均衡。

平曲线半径大时,竖曲线半径也要相应地变大,反之亦然。根据德国计算统计结果,当平曲线半径小于 1000 m,竖曲线半径大约为平曲线半径的 10~20 倍时,便可达到均衡的目的。

(3)选择适宜的合成坡度。一般情况下,最大合成坡度不宜大于 8%,最小合成坡度不宜小于 0.5%,特别注意避免急弯与陡坡相重合的线形。

(4)平、竖曲线应避免的组合如下。

平、竖曲线重合是一种理想的组合,但由于地形等条件限制,这种组合往往不是总能争取到的。如果错位过大或大小不均衡就会出现视觉效果很差的线形。为此,在设计时应注意如下原则:

①要避免使凸形竖曲线的顶部或凹形竖曲线的底部与反向平曲线的拐点重合。二者都存在不同程度的扭曲外观,前者会使驾驶员操作失误,引起交通事故;后者虽无视线诱导问题,但路面排水困难,易产生积水。

②长直线不宜与坡陡或半径小且长度短的竖曲线组合。

③长的平曲线内不宜包含多个短的竖曲线;短的平曲线不宜与短的竖曲线组合。

④半径小的圆曲线起止点,不宜接近或设在凸形竖曲线的顶部或凹形竖曲线的底部。

⑤长的竖曲线内不宜设置半径小的平曲线。

⑥凸形竖曲线的顶部或凹形竖曲线的底部,不宜同反向平曲线的拐点重合。

⑦复曲线、S 形曲线中的左转圆曲线不设超高时,应采用运行速度对其安全性予以验算。

⑧避免在长下坡路段、长直线路段或者大半径圆曲线路段的末端接小半径圆曲线的组合。

⑨平、竖曲线半径都很小时不宜重合；此时应将两者分开，把二者拉开相当距离，使平曲线位于直坡段或竖曲线位于直线上。

四、平、纵线形组合与景观的协调配合

平、纵线形组合必须与道路所经地区的景观相配合，否则，即使线形组合满足有关规定也不一定是好的设计。对于驾驶员来说，只有在视觉上感觉顺滑、优美的线形和景观，才能称为舒适和安全的道路。对高等级公路，平、纵线形组合设计与周围景观配合尤为重要。

道路景观工程包括内部协调和外部协调两方面。其中内部协调主要指平、纵线形视觉的连续性和立体协调性；而外部协调是指道路与其两侧坡面、路肩、中间带、沿线设施等的协调以及道路的宏观位置。实践证明，线形与景观的配合应遵循以下原则：

(1)线形设计应充分考虑速度对视觉的影响。设计速度高的公路，线形设计和周围环境配合的要求应更高。

(2)公路线形应充分利用地形、自然风景，尽量少改变周围的地貌、地形、天然森林、建筑物等景观，使公路与自然融为一体，最大限度地保护环境。

(3)公路防护工程应采用工程防护与生态防护相结合的方式，减少对自然景观的影响。加大恢复力度，使公路工程与自然环境相和谐。

(4)不宜适当放缓路堑边坡或将边坡的变坡点修整圆滑，应使其接近于自然地面，增进路容美观。

(5)公路两侧的绿化应作为诱导视线、点缀风景以及改造环境的一种措施而进行专门设计。

知识点6 竖曲线设计案例

【例4-2】 在某一级公路（$V=80$km/h）上，有一变坡点，其桩号为K9+420，变坡点的标高为138.235m，$i_1=+1.7\%$，$i_2=-1.9\%$，竖曲线半径$R=5300$m。

试完成以下的设计与计算：

(1)判定竖曲线的类型；(2)计算竖曲线的要素；(3)确定竖曲线的范围；(4)以20m为基本桩距计算竖曲线范围内各中桩点的设计高程。

解：(1)判定竖曲线的类型：

由于$\omega=i_1-i_2=0.017-(-0.019)=+0.036>0$，故应设置凸形竖曲线。

(2)计算竖曲线要素：

竖曲线长度 $L=R\omega=5300\times0.036=190.800$(m)

切线长度 $T=\dfrac{L}{2}=\dfrac{190.800}{2}=95.400$(m)

外距 $E=\dfrac{T^2}{2R}=\dfrac{95.400^2}{2\times5300}=0.859$(m)

(3)确定竖曲线的范围：

竖曲线的起点里程桩号 = K9+420−95.4 = K9+324.6

竖曲线的起点里程桩号 = K9+420+95.4 = K9+515.4

竖曲线起点高程 = 138.235 - 95.4 × 0.017 = 136.613(m)
竖曲线终点高程 = 138.235 - 95.4 × 0.019 = 136.422(m)

(4)列表计算竖曲线范围内各中桩点的设计高程,结果见表4.19。

【例4-1】中各桩点设计高程　　　　　　　　　　　　　　　表4.19

桩　号	x(m)	y(m)	切线高程(m)	设计高程(m)
K9 + 324.6	0	0	136.613	136.613
K9 + 340	15.4	0.022	136.875	136.853
K9 + 36	35.4	0.118	137.215	137.097
K9 + 380	55.4	0.290	137.555	137.265
K9 + 400	75.4	0.536	137.895	137.359
K9 + 420	95.4	0.859	138.235	137.376
K9 + 440	115.4	1.256	138.575	137.319
K9 + 460	135.4	1.730	138.915	137.185
K9 + 480	155.4	2.278	139.255	136.977
K9 + 500	175.4	2.902	139.595	136.693
K9 + 515.4	190.8	3.434	139.857	136.423

【例4-3】 某山岭区二级公路($V=60\text{km/h}$),变坡点高程为140.28m,桩号为K10+240,$i_1=-0.04, i_2=0.03$。在K10+240处有一石拱涵,如图4.9所示,涵顶标高为140.60m,要求涵顶覆土至少0.50m。试设计该竖曲线的半径并计算曲线要素。

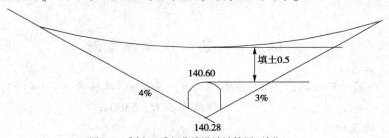

图4.9 【例4-2】竖曲线设计计算图(单位:m)

解:
由于 $\omega = i_1 - i_2 = -0.04 - (-0.03) = -0.07 < 0$,故应在该变坡点处设置凹形竖曲线。
根据图示外距:$E \geq (140.60 - 140.28) + 0.50 = 0.82(\text{m})$

因为
$$E = \frac{T^2}{2R} = \frac{\left(\frac{1}{2}R\omega\right)^2}{2R} = \frac{R\omega^2}{8}$$

所以
$$R = \frac{8E}{\omega^2} = \frac{8 \times 0.82}{(-0.04-0.03)^2} = 1338.78(\text{m})$$

$$L = R\omega = 1500 \times 0.07 = 105(\text{m}) > L_{\min} = 50(\text{m})$$

$$T = \frac{L}{2} = \frac{105}{2} = 52.5(\text{m})$$

$$E = \frac{T^2}{2R} = \frac{52.5^2}{2 \times 1500} = 0.92(\text{m}) \geq 0.82(\text{m})$$

故满足覆土厚度不低于0.50m的要求。

【例4-4】 某微丘区一级公路($V=100$km/h)上有一弯道,JD桩号为K4+452.38,转角α为$18°28'30''$,$R=1200$m,$L_s=190$m。

已知主点桩号如下:ZH的桩号为K4+162.033,HY的桩号为K4+352.033,QZ的桩号为K4+450.503,YH的桩号为K4+548.972,HZ的桩号为K4+738.972。该路段上有一变坡点,如图4.10所示,变坡点的桩号为K4+440,高程为145.328m,$i_1=1.5\%$,$i_2=-2.7\%$。

试完成以下设计任务:(1)按平包竖的要求确定竖曲线的半径R;(2)计算竖曲线要素。

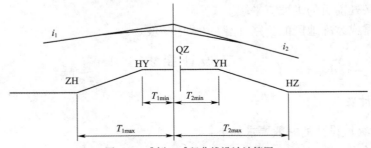

图4.10 【例4-3】竖曲线设计计算图

解:(1)设计竖曲线半径:

由于$\omega=i_2-i_1=0.015-0.027=0.042<0$,故应在该处设置凸形竖曲线。

根据平纵组合的要求:竖曲线的起止点应分别位于平曲线的两条缓和曲线上。

$T_{1min}=(K4+440)-HY桩号=(K4+440)-(K4+352.033)=87.967(m)$

$T_{1max}=(K4+440)-ZH桩号=(K4+440)-(K4+162.033)=277.967(m)$

$T_{2min}=YH桩号-(K4+440)=(K4+548.972)-(K4+440)=108.972(m)$

$T_{2max}=HZ桩号-(K4+440)=(K4+738.972)-(K4+440)=298.972(m)$

综上所述,T应在108.972~277.967m范围内选择,初拟$T=220$m,则:

$$T=\frac{R\omega}{2}=\frac{0.042R}{2}=220(m)$$

$$R=\frac{2\times220}{0.042}=10476.19(m)$$

故可取$R=10000(m)>R_{min}=6500(m)$。

(2)根据$R=10000$m竖曲线要素计算:

$$L=R\omega=10000\times0.042=420(m)>L_{min}=85(m)$$

$$T=\frac{L}{2}=\frac{420}{2}=210(m)$$

该T计算值与初拟$T=220$m相近,仍处在108.972~277.967m范围内,故可以实现平包竖。

$$E=\frac{T^2}{2R}=\frac{210^2}{2\times10000}=2.205(m)$$

知识点7 纵断面设计方法及纵断面图

一、纵面线形设计的原则

(1)线形设计应平顺、圆滑、视觉连续,保证行驶安全;纵面线形应与地形相适应,与周围环境相协调。

(2)纵坡设计应考虑填挖平衡,并利用挖方就近作为填方,以减轻对自然地面横坡与景观的影响。

(3)相邻纵坡之代数差较小时,应采用较大的竖曲线半径。

(4)连续设置长、陡纵坡的路段,上坡方向应满足通行能力的要求,下坡方向还应考虑行车安全,并结合前后路段各技术指标设置情况,采用运行速度对连续上坡方向的通行能力及下坡方向的行车安全性进行检验。

(5)路线交叉处前后的纵坡应平缓。

(6)位于积雪或冰冻地区的公路,应避免采用陡坡。

二、设 计 要 求

1. 纵坡的设计要求

《规范》中对纵坡设计的一般要求如下:

(1)平原地形的纵坡应均匀、平缓。

(2)丘陵地形的纵坡应避免过分迁就地形而起伏过大。山区的沿河线,应采用平缓的纵坡,坡长不宜超过规定的限值,纵坡不宜大于6%。

(3)山区的越岭线纵坡应力求均匀,不宜采用最大值或接近最大值的坡度,更不宜连续采用极限长度的陡坡夹短距离缓坡的纵坡线形。

(4)山区的山脊线和山腰线,除结合地形不得已时采用较大的纵坡外,在可能条件下应采用平缓的纵坡。

2. 竖曲线的设计要求

根据《规范》对竖曲线设计的一般要求如下:

(1)设计速度大于或等于60km/h的公路,竖曲线设计宜采用长的竖曲线和长直线坡段的组合。有条件时,宜采用大于等于表4.20所列视觉所需要的最小竖曲线半径值。

视觉要求的最小竖曲线半径　　　　　　　　　　表4.20

设计速度(km/h)	竖曲线半径(m)	
	凸形	凹形
120	20000	12000
100	16000	10000
80	12000	8000
60	9000	6000

(2)竖曲线应选用较大的半径。当条件受限制时,宜采用大于或接近于竖曲线最小半径的"一般值";地形条件特殊困难而不得已时,方可采用竖曲线最小半径的"极限值"。

(3)注意相邻竖曲线的衔接。

①同向竖曲线间,特别是同向凹形竖曲线之间,直线坡段接近或达到最小坡长时,宜合并设置为单曲线或复曲线;

②反向竖曲线间宜插入直线坡段,亦可直接连接,直坡段的长度应大于3s设计速度的行

程长度。

（4）双车道公路在有超车需求的路段，应考虑超车视距的要求，采用较大的凸形竖曲线半径或设置必要的行车标志、标线等设施。

三、纵断面设计控制因素

1. 设计标高的规定

纵断面上的设计标高（即路基设计标高）规定如下。

（1）新建公路的路基设计标高：高速公路和一级公路采用中央分隔带的外侧边缘标高；二级、三级、四级公路宜采用路基边缘标高，在设置超高、加宽地段为设超高、加宽前该处边缘标高。

（2）改建公路的路基设计标高：一般按新建公路的规定执行，也可视具体情况采用中央分隔带中线或行车道中线标高。

（3）对于双向分离式路基，可采用分向路基的中线。

2. 设计洪水频率的规定

（1）沿河及可能受水浸淹的公路，按设计标高推算的最低侧路基边缘标高，应高出表 4.21 规定的洪水频率计算水位加壅水高、波浪侵袭高和 0.50m 的安全高度。

路基设计洪水频率　　　　　　　　　　　　表 4.21

公路技术等级	高速公路	一级公路	二级公路	三级公路	四级公路
设计洪水频率	1/100	1/100	1/50	1/25	根据具体情况确定

（2）沿水库上游岸边的路线，路基最低侧边缘标高应考虑水库水位升高后地下水位壅升，以及水库淤积后壅水曲线抬高及浪高的影响；在寒冷地区还应考虑冰塞壅水对水位增高的影响。

（3）大、中桥桥头引道（在洪水泛滥范围内）的路基最低侧边缘标高，一般应高于该桥设计洪水位（并包括壅水和浪高）至少 0.50m；小桥涵附近的路基最低侧边缘标高应高于桥（涵）前壅水水位至少 0.50m（不计浪高）。

（4）城市周边地区的公路路基设计洪水频率应结合城市防洪标准，考虑救灾通道、排洪和泄洪需求综合确定。

3. 纵断面设计主要控制因素

纵断面设计主要解决道路路线的线位高度和位置，具体确定线位标高的影响因素有很多，除了考虑设计洪水频率的标高影响外，还应考虑以下控制因素。

1）路线起止点及中间控制点的要求

路线终点的线位标高一般来自设计任务书，根据路网规划及与相邻道路交叉控制来确定，是纵断面设计的重要控制因素。路线中间控制点是指受路线基本走向、沿线城镇规划及其他控制要求对路线高程要求的控制点，中间控制点应根据设计任务要求和沿线控制因素，在纵坡设计前先确定，作为纵坡设计的主要控制因素之一。

2）构造物及附属设施的控制要求

（1）道路构造物控制的要求。高速公路、一级公路和二级公路桥下最小净空高度为

5.00m,三级、四级公路为4.50m。门架、悬臂标志和路灯下的净空高度应最低不小于上述要求。另外,考虑到将来可能发生的变化,净空高度应预留0.20m。

(2)人行通道控制的要求。人行通道和农用车辆通道的净高最小值分别为2.20m和2.70m。

(3)构造物下的凹曲线控制的要求。当构造物下为短小的凹形曲线时,长大车辆通过时形成圆弧上的一条弦,从而降低了构造物下的有效净高。此时应对凹形曲线进行检查,以确保桥下净高满足特殊载货汽车的需要。

(4)铁路控制的要求。道路跨越铁路时,跨线桥下净空应符合现行铁路部门净空限界标准。

(5)电力线控制的要求。直接触及高压电缆不仅会发生危险,而且即使间隔一定距离也会产生感应电流。道路上空所有设施的净空要求必须从相应设施的主管部门获得,对于高压电线或其他高压设备,其净空要求应以书面形式从相应主管部门获得。

(6)地下设施控制的要求。道路工程沿线附近的所有地下设施,如通信电缆,应逐一鉴别和定位,以保证满足基本最小净空的要求。最小净空要求应以书面形式从有关主管部门获得,有时在采取特殊保护措施的情况下,应获得主管部门的同意,减小净空要求。

(7)水运航道控制的要求。航道所需净空应与相应主管部门商定,或满足通航论证报告规定的要求。

(8)涵洞和桥梁的安全高度控制的要求。通常小型构造物的腹底距100年一遇洪水位的安全净空高度为0.50m,桥梁为1.00m。

(9)其他控制要求。其他特殊场地的净空要求,如机场、野生动物通道等,应以书面形式从相应主管部门获得。

3)自然及环境因素控制要求

自然及环境因素对道路设计的影响较大,如地形、地质、水文地质、沿线居民条件及沿线城镇分布情况等因素都影响路线纵坡设计。在纵坡设计前了解掌握自然及环境因素,确定合理的设计标高控制点,对于纵坡设计十分重要。

四、纵断面设计方法步骤及注意问题

1. 纵断面设计方法与步骤

(1)准备工作:研究《规范》规定的有关技术指标和设计任务书的有关规定,同时应收集和熟悉有关资料,并领会设计意图和要求,做到心中有数。纵坡设计(俗称拉坡)之前习惯上要在厘米绘图纸上,按比例标注里程桩号和标高,点绘地面线,填写有关内容。

(2)标注控制点:控制点是指影响纵坡设计的标高控制点。如路线起止点、越岭垭口、重要桥涵、地质不良地段的最小填土高度、最大挖深、沿溪线的洪水位、隧道进出口、平面交叉和立体交叉点、铁路道口、城镇规划控制标高,以及受其他因素限制路线必须通过的标高控制点等。山区道路还有根据路基填挖平衡关系控制路中心填挖值的标高点,称为"经济点",它可以用"路基断面透明模板"在横断面图上得到。如图4.11所示,该"模板"由透明描图纸或透明胶片制成,其上按横断面测图比例绘出路基宽度(挖方段应包括边沟)和各种不同边坡坡度线。如图4.12所示,使用时将"模板"扣在断面图上使中线重合,通过上下移动,使填挖面积大致相等,此时"模板"上路基顶面到中桩地面线的高差为经济填挖值,将此值按比例点绘到纵断面相应桩号上即为经济点。经济点多出现在山区或丘陵区道路上，平原区道路一般不存在经济点问题。

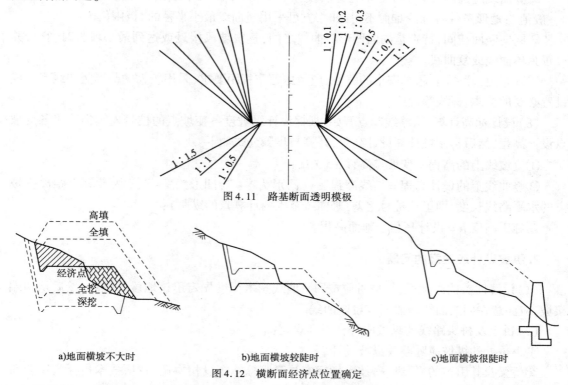

图 4.11　路基断面透明模板

a)地面横坡不大时　　　b)地面横坡较陡时　　　c)地面横坡很陡时

图 4.12　横断面经济点位置确定

（3）试坡：在已标出"控制点""经济点"的纵断面图上，根据技术指标、选线意图，结合地面起伏变化，本着以"控制点"为依据，照顾多数"经济点"的原则，在这些点位间进行穿插与取直，试定出若干直坡线。对各种可能坡度线方案反复进行比较，最后定出即符合技术标准，且土石方较省的设计线作为初定坡度线，将前后坡度线延长交会出变坡点的初步位置。

（4）调整：将所定坡度与选线时坡度的安排比较，二者应基本相符，若有较大差异时应全面分析，权衡利弊，决定取舍。然后对照技术标准检查设计的最大纵坡、最小纵坡、坡长限制等是否满足规定，平纵组合是否得当，以及路线交叉、桥隧和接线等处的纵坡是否合理，若有问题应进行调整。调整方法是对初定坡度线进行平抬、平降、延伸、缩短或改变坡度值。

（5）核对：选择有控制意义的重点横断面，如高填深挖、地面横坡较陡路基、挡土墙、重要桥涵以及其他重要控制点等，在纵断面图上直接读出对应桩号的填挖高度，用"模板"在横断面图上戴"帽子"，检查是否存在填挖过大、坡脚落空或过远、挡土墙工程过大、桥梁过高或过低、涵洞过长等情况，若有问题应及时调整纵坡。在横坡陡峻地段，核对工作更为重要。

（6）定坡：经调整核对无误后，逐段把直坡线的坡度值、变坡点桩号和标高确定下来。坡度值可用三角板推平行线法确定，要求取值到千分之一（即0.1%）。变坡点一般要调整到10m的整桩号上，相邻变坡点桩号之差为坡长。变坡点标高是由纵坡度和坡长依次推算而得。

（7）设置竖曲线：拉坡时已考虑了平纵组合问题，此步根据技术标准、平纵组合均衡等确定竖曲线半径，计算竖曲线要素。

设计竖曲线应遵循下列要求：

①设计速度大于或等于60km/h的公路，竖曲线设计宜采用长的竖曲线和长直线坡段的

组合。有条件时宜采用大于或等于表4.19所列视觉所需要的竖曲线半径值。

②竖曲线应选用较大的半径。当条件受限制时，宜采用大于或接近于竖曲线最小半径的"一般值"；地形条件特殊困难而不得已时，方可采用竖曲线最小半径的"极限值"。

③同向竖曲线间，特别是同向凹形竖曲线之间，直线坡段接近或达到最小坡长时，宜合并设置为单曲线或复曲线。

④双车道公路在有超车需求的路段，应考虑超车视距要求，采用较大的凸形竖曲线半径或设置必要的标志、标线等设施。

（8）设计标高计算：从路线起点开始，根据设计纵坡度各变坡点的桩号连续推算出各变坡点设计高程，然后再逐桩计算设计高程，计算与步骤公式如下：

①直坡线上的高程 = 变坡点高程 $\pm x \cdot i_{纵}$；

②竖曲线上的设计高程 = 坡线高程 $\pm y$（凸形为"－"，凹形为"＋"，x 为计算点距离变坡点的水平路线长度，即里程桩号之差；竖曲线范围内计算点的纵距）；

③施工高度 h = 设计高程 － 地面高程。

2. 纵坡设计应注意的问题

（1）设置回头曲线地段，拉坡时应按回头曲线技术标准先定出该地段的纵坡，然后从两端接坡，应注意在回头曲线地段不宜设竖曲线。

（2）桥上及桥头路线的纵坡应符合下列规定：

①小桥处的纵坡应随路线纵坡设计。

②桥梁及其引道的平、纵、横技术指标应与路线总体布设相协调，各项技术指标应符合路线布设的规定。大、中桥上的纵坡不宜大于4.0%，桥头引道纵坡不宜大于5.0%，引道紧接桥头部分的线形应与桥上线形相配合。

③易结冰、积雪的桥梁，桥上纵坡宜适当减小。

④位于城镇混合交通繁忙处的桥梁，桥上及桥头引道纵坡均不得大于3%。

（3）隧道及其洞口两端路线的纵坡应符合下列规定：

①隧道内的纵坡应大于0.3%并小于3.0%，但短于100m的隧道不受此限制。

②高速公路、一级公路的中、短隧道，当条件受限制时，经技术经济论证后，最大纵坡可适当加大，但不宜大于4.0%。

③隧道内的纵坡宜设置成单向坡；地下水发育的隧道及特长、长隧道宜采用人字坡。

（4）注意平面交叉口纵坡及两端接线要求。道路与道路交叉时，一般宜设在水平坡段，其长度应不小于最短坡长规定。两端接线纵坡应不大于3.0%，山区工程艰巨地段不大于5.0%。

（5）拉坡时如受"控制点"或"经济点"制约，导致纵坡起伏过大，或土石方工程量太大，经调整仍难以解决时，可用纸上移线的方法修改原定纵坡线。具体方法是按理想要求定出新的纵坡设计线，然后找出对应新设计线的填挖高度，用"模板"在横断面上以新填挖高度左右移动，定出适宜的中线位置，该点距原路中线的横距就是按新纵坡设计要求希望平面线形调整移动的距离，据此可做出纸上平面移线，若为实地定线时还应到现场改线。这种移线修正纵面线形的方法，在山区和丘陵区道路的纵坡设计中是常用到的。

（6）位于城镇附近且非汽车交通量较大的路段，其纵坡可根据具体情况适当放缓。

3. 线形与桥、隧配合的要求

(1)桥头引道线形与桥上线形的配合。

①桥涵等人工构筑物及其同路基相衔接处的线形应符合路线布设的有关规定;

②桥梁及其引道的线形应综合考虑其与路线的配合,使之视野开阔,视线诱导良好;

③高速公路、一级公路上的桥梁线形应与路线总体线形设计相协调,保持桥梁线形与路线线形连续、流畅。

(2)隧道洞口连接线与隧道线形的配合。

①隧道及其同路基相衔接处的线形应符合路线布设的有关规定;

②隧道洞口内侧不小于3s设计速度行程长度与洞口外侧不小于3s设计速度行程长度范围内的平、纵线形应一致;

③洞口外与之相连接的路段应设置距洞口不小于3s设计速度行程长度,且不小于50m的过渡段,以保持横断面过渡的顺适。

4. 线形与沿线设施配合的要求

(1)线形设计应考虑主线收费站、匝道收费站、服务区、停车区等沿线设施布置的要求。

(2)主线收费站应选择在直线上或不设超高的曲线上,且不应设在凹型竖曲线的底部。

(3)服务区、停车区及公共汽车停靠站等区段内,主线的主要技术指标可参照互通式立体交叉的有关规定设计。

5. 纵断面图的绘制

纵断面设计图是道路设计重要文件之一,也是纵断面设计的最后成果。

纵断面采用直角坐标,以横坐标表示里程桩号,纵坐标表示高程。为了明显地反映沿着中线地面起伏形状,通常横坐标比例尺采用1:2000(城市道路采用1:500~1:1000),纵坐标采用1:200(城市道路为1:50~1:100)。公路纵断面图和城市道路纵断面图分别如图4.13和图4.14所示。

纵断面图是由上、下两部分内容组成的,其中上部主要用来绘制地面线和纵坡设计线。另外,也用以标注竖曲线及其要素,坡度与坡长(有时标在下部),沿线桥涵及人工构造物的位置、结构类型、孔数与孔径,与道路、铁路交叉的桩号及路名,沿线跨越的河流名称、桩号、常水位和最高洪水位,水准点位置、编号和标高,断链桩位置、桩号及长短链关系等。

下部主要用来填写有关内容,自下而上分别填写:直线及平曲线;里程桩号;地面标高;设计标高;填、挖高度;土壤地质说明;设计排水沟沟底线及其坡度、距离、标高、流水方向(设计时根据需要进行标注)。

在纵断面图中,应示出以下主要内容:

(1)里程桩号、地面高程与地面线、设计高程与设计线以及施工填挖值等;

(2)设计的纵坡度和坡长;

(3)竖曲线及其要素、平面上的直线及平曲线;

(4)沿线桥涵及人工构造物位置、类型及孔径,跨线桥还应示出交叉方式;

(5)隧道长度及高度;

(6)与公路、铁路交叉时的桩号及路名;

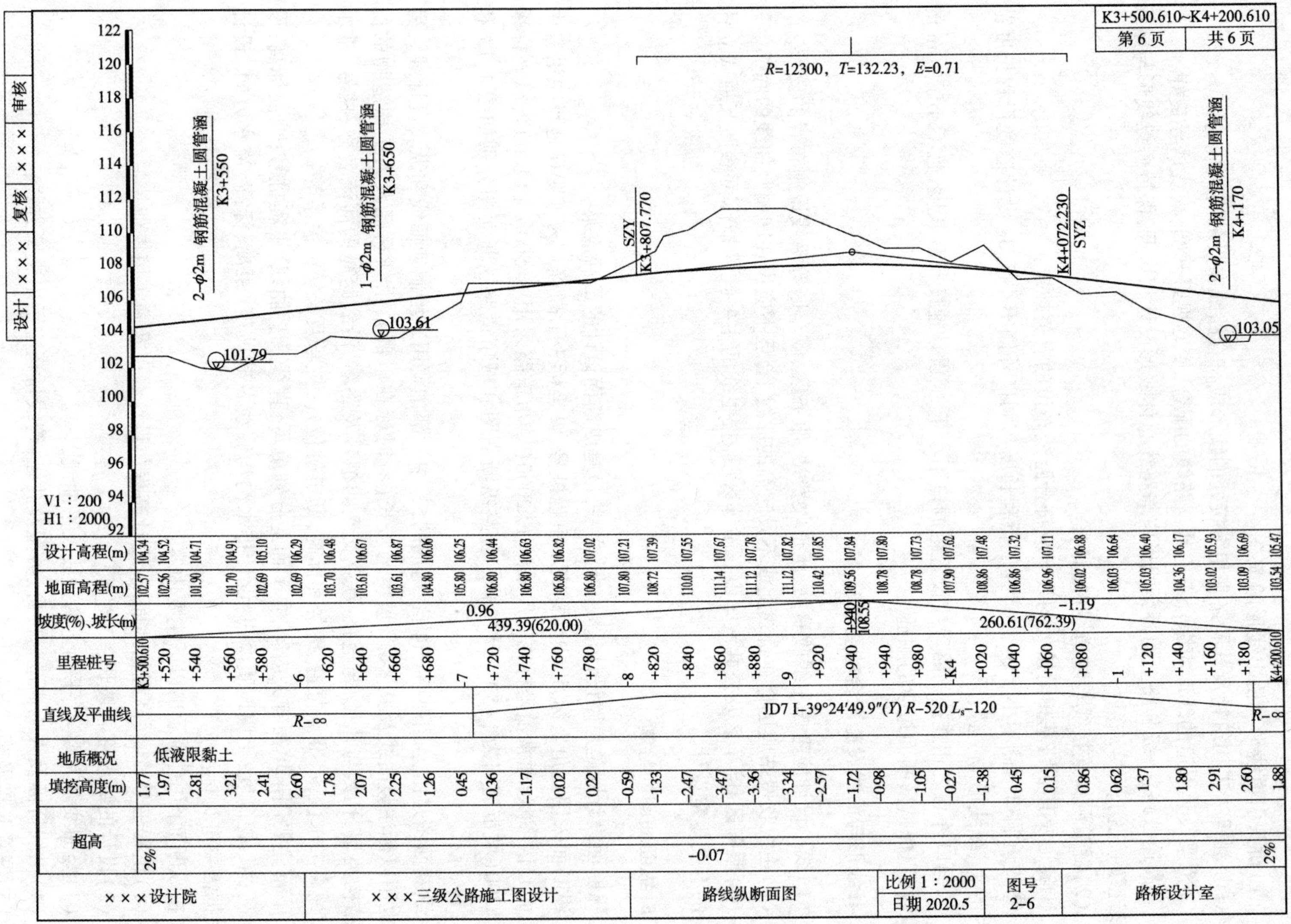
K3+500.610~K4+200.610
第6页
共6页
R=12300，T=132.23，E=0.71
设计
×××
复核
×××
审核
2−φ2m 钢筋混凝土圆管涵
K3+550
1−φ2m 钢筋混凝土圆管涵
K3+650
SZY
K3+807.770
K4+072.230
SYZ
2−φ2m 钢筋混凝土圆管涵
K4+170
101.79
103.61
103.05
V1：200
H1：2000
设计高程(m)
地面高程(m)
坡度(%)、坡长(m)
0.96
439.39(620.00)
+940
108.55
−1.19
260.61(762.39)
里程桩号
直线及平曲线
R−∞
JD7 I−39°24′49.9″(Y) R−520 Ls−120
地质概况
低液限黏土
填挖高度(m)
超高
2%
−0.07
×××设计院
×××三级公路施工图设计
路线纵断面图
比例1：2000
日期2020.5
图号
2−6
路桥设计室

图4.13　公路纵断面图

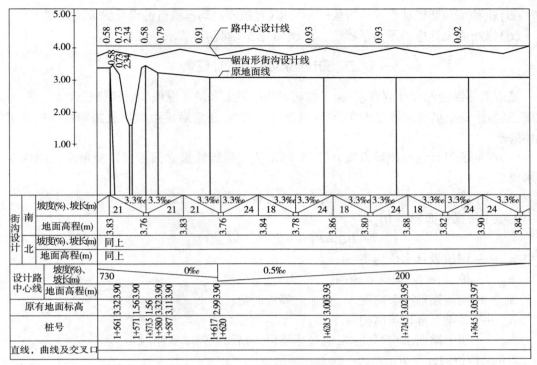

图 4.14 城市道路纵断面图

(7)沿线跨越河流的现有水位和设计洪水位,影响路基稳定的地下水位等;
(8)水准点的位置、编号及高程;
(9)沿线土壤地质分布情况;
(10)断链桩位置及长短链关系。
纵断面设计图应按规定采用标准图纸和统一格式,以便装订成册。

知识点 8 城市道路纵断面设计

城市道路纵断面设计内容及绘制方法与公路基本相同。只是由于城市道路所经地区的地形地物以及地上地下各种管线的影响,使得制约纵断面设计线标高的控制点较多,如城市桥梁、铁路跨线桥、铁路道口、平面交叉点、滨河路的最高水位以及沿街建筑物的地坪标高等。当设计纵坡小于最小纵坡时,应在道路两侧做锯齿形街沟设计。

一、一般规定

(1)纵断面的设计高程宜采用道路设计中线处的路面设计高程;当有中间分隔带时可采用中间分隔带外侧边缘线处的路面设计高程。
(2)纵断面设计应参照城市竖向规划控制高程,并适应临街建筑立面布置,确保沿线范围地面水的排除。
(3)纵断面设计应根据道路等级,综合交通全、建设期间的工程费用与运营期间的经济效益、节能减排、环保效益等因素,合理确定路面设计纵坡和设计高程。
(4)纵坡应平顺、视觉连续,并应与周围环境协调。

(5)机动车与非机动车混合行驶的车行道,宜按非机动车骑行的设计纵坡度控制。

(6)纵断面设计应满足路基稳定、管线覆土、防洪排涝等要求。

二、城市道路纵断面设计要求

城市道路纵断面设计的要求,除了前面讲述的最大和最小纵坡、坡长限制、合成坡度、平均坡度、竖曲线最小半径和最短长度、平纵组合的要求外,还应满足由城市道路的特点所决定的具体要求。

(1)纵断面设计应参照城市规划控制标高、适应临街建筑立面布置以及沿路范围内地面排水要求。

确定道路中线设计标高时,必须满足下列各控制点标高的要求:

①城市桥梁桥面标高 $H_{桥}$。

$$H_{桥} = h_{水} + h_{浪} + h_{净} + h_{桥} + h_{面} \tag{4.10}$$

式中:$h_{水}$——洞道设计水位标高,m;

$h_{浪}$——浪高,m,一般取 0.50m;

$h_{净}$——河道通航净空高度,m,视通航等级而定;

$h_{桥}$——桥梁上部建筑结构高度,m;

$h_{面}$——桥上路面结构厚度,m,应包括预留的路面补强厚度在内。

②立交桥桥面标高 $H_{桥}$。

a. 当桥下为铁路时:

$$H_{桥} = h_{轨} + h_{净} + h_{桥} + h_{面} + h_{沉} \tag{4.11}$$

式中:$h_{轨}$——铁路轨顶标高,m;

$h_{净}$——铁路净空高度,m,一般蒸汽机车、内燃机车为 6.00m,电气机车为 6.55m;

$h_{沉}$——桥梁预估沉降量,m。

b. 当桥下为道路时:

$$H_{桥} = h_{路} + h_{净} + h_{面} + h_{桥} \tag{4.12}$$

式中:$h_{路}$——路面标高,m,应包括预留的路面补强厚度在内;

$h_{净}$——道路净空高度,m,参见表 5.18 中的城市道路最小净高规定。

确定道路中线设计标高 $H_{中}$时,为保证道路及两侧街坊地面水的排除,一般应使侧石顶面标高 $H_{顶}$低于两侧街坊或建筑物前的地坪标高 $h_{地}$。车行道横坡度 $i_{横}$和人行道横坡度 $i_{人}$视面层类型应为 1.0% ~2.0%,建筑物前地坪横坡度为 0.5% ~1.0%。根据横断面各组成部分宽度和横坡度可确定包括预留路面补强厚度在内的道路中线设计标高。

(2)应与相交道路、街坊、广场和沿街建筑物的出入口有平顺的衔接。

(3)山城道路及新建道路的纵断面设计应尽量使土石方平衡。在保证路基稳定的条件下,力求设计线与地面线接近,以减少土石方工程数量,保持原有天然稳定状态。

(4)旧路改建宜尽量利用原有路面,加铺结构层时,不得影响沿路范围的排水。

(5)机动车与非机动车混合行驶的车行道,最大纵坡宜不大于 3%,以满足非机动车爬坡能力的要求。

(6)道路最小纵坡应不小于 0.5%,困难时不小于 0.3%。特别困难情况下小于 0.3%时,应设置锯齿形街沟或采取其他综合排水措施。

(7)道路纵断面设计必须满足城市各种地下管线最小覆土深度的要求见表 4.22。

常用管线的最小覆土深度　　　　　表4.22

管道名称		深度(m)	备注	管道名称		深度(m)	备注
电力、通信管道		0.7~0.8		煤气管	干煤气	0.9	
电力、通信管装电缆		0.8	人行道下 0.5m		湿煤气	1.0	
电车电缆		0.7		给水管	$\Phi \geq 500mm$	1.0	
电力电缆	1.0kV 以下	0.7			$\Phi < 500mm$	0.7	
	20~35kV	1.0		雨水管		0.7	
热管道	直接埋在土中	1.0		污水管		0.7	
	在地道中敷设	0.8					

三、锯齿形街沟设计

1. 设置锯齿形街沟的目的

我国大多数城市都坐落于地形平坦的地区,道路设计中为减少填、挖方工程量,保证道路中线标高与两侧建筑物前地坪标高的衔接关系,有时不得不采用很小甚至是水平的纵坡度。这种纵坡对行车是有利的,但对排水却不利。尽管设置了路拱横坡,但因纵坡很小使纵向排水不通畅,路面会产生局部积水,尤其在暴雨或多雨季节,积水面积更大,不仅妨碍交通,而且影响路基稳定性。因此,对设计纵坡很小的路段,要设法保证路面排水通畅,其中设置锯齿形街沟(或称偏沟)就是一种有效方法。

2. 设置锯齿形街沟的条件

根据上海市的经验,当道路中线纵坡小于0.3%时,就要采取措施保证路面排水通畅。所以,《城规》规定:道路中线纵坡度小于0.3%时,可在道路两侧车行道边缘1~3m宽度范围内设置锯齿形街沟。

3. 锯齿形街沟的设计

(1)设计方法:所谓街沟是指城市道路上利用高出路面的路缘石与路面边缘(或平石)地带作为排除地面水的沟道。在纵断面图上,正常设计时道路中线纵坡设计线、路缘石顶面线和街沟设计线是三条相互平行的线。锯齿形街沟的设计方法就是保持路缘石顶面线与道路中线纵坡设计线平行的条件下,交替地改变路缘石顶面线与路面边缘(或平石)之间的高度,在最低处设置雨水进水口,使雨水口处锯齿形街沟范围的路面横坡度增大,两雨水口之间分水点处的路面横坡减小,从而使路面边缘(或平石)的纵坡度增大到0.3%以上,以满足纵向排水要求。由于街沟纵坡呈上下连续交替状,故称之为"锯齿形街沟"。

(2)路缘石外露高度:路缘石外露高度不宜过低,否则将不能容纳应排泄的最大地面水流量,以致溢过路缘石流到人行道上影响行人交通;但也不宜过高,以免影响行人跨越。一般,在雨水口处路缘石外露高度 $h_g = 0.18~0.20m$,在分水点处 $h_w = 0.10~0.12m$,雨水口处与分水点处的路缘石高差 $h_g - h_w$ 宜控制在 0.06~0.10m。

(3)分水点和雨水口位置:锯齿形街沟的设计主要是确定分水点和雨水口的位置,即街沟纵坡变坡点之间的距离,以便布置雨水口。如图 4.15 所示,设相邻雨水口间距为 l,分水点至雨水口的距离分别为 l_1 和 $l-l_1$;雨水口处路缘石外露高度为 h_g,分水点处路缘石外露高度为 h_w;路缘石顶线纵坡(一般等于路中线纵坡)为 i,左、右街沟底纵坡分别为 i_1 和 i_2。

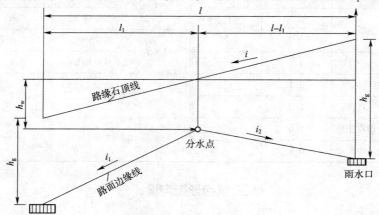

图 4.15 锯齿形街沟计算图

由左侧高度关系 $h_w + i_1 l_1 - i l_1 = h_g$,得:

$$l_1 = \frac{h_g - h_w}{i_1 - i_2}$$

由右侧高度关系 $h_w + i(l - l_1) + i_2(l - l_1) = h_g$,得:

$$l - l_1 = \frac{h_g - h_w}{i_2 + i}$$

设置锯齿形街沟,虽然能保证纵向排水要求,但施工比较麻烦,雨水干管埋设深度随长度而增加,路面拓宽改建困难,且在街沟宽度范围对行车有一定影响。因此,设计时尽量少采用锯齿形街沟,应设法调整道路中线设计,使之达到最小纵坡的要求。

习 题

4.1 纵坡设计的一般要求有哪些?
4.2 《规范》中有关坡度和坡长的规定有哪些?
4.3 公路缓和坡段的作用是什么?
4.4 爬坡车道的设置条件是什么?爬坡车道应设置在何处?
4.5 竖曲线的作用有哪些?
4.6 平、纵组合的设计原则是什么?
4.7 平曲线与竖曲线的组合的相关要求有哪些?
4.8 纵面线形设计的原则是什么?
4.9 纵坡的设计要求有哪些?
4.10 叙述纵断面设计的方法与步骤。
4.11 纵坡设计应注意的事项有哪些?
4.12 锯齿形街沟的用途是什么?锯齿形街沟的设置条件是什么?

4.13 某条道路变坡点的桩号为 K12+680，高程为 1150.25m，$i_1=1.8\%$，$i_2=2.0\%$，竖曲线半径 5200m。试完成以下工作：

(1) 判断竖曲线的凸凹类型；

(2) 计算竖曲线要素；

(3) 试计算竖曲线起止点，以及桩号为 K12+600、K12+680、K12+750 处的设计标高。

4.14 某山岭区一级公路，计算行车速度为 80km/h，有一弯道 $R=410$m，相对应的超高横坡度为 7%。若该路段纵坡度值初步选定为 5%，试通过计算检查该路段的合成坡度是否符合规范要求。

单元 5 道路横断面设计

本单元摘要：本单元主要介绍道路横断面组成及类型；行车道、路肩、人行道、中间带等道路横断面的组成设计；平曲线的加宽与超高的设计；爬坡车道与避险车道等特殊车道的设置方法；道路用地范围与建筑限界的规定；横断面设计步骤，土石方数量计算与调配等内容。

道路横断面是指中线上各点沿法向的垂直剖面，它是由横断面设计线和地面线所组成的。其中，横断面图中的地面线是表征地面起伏变化的线，它是通过现场实测或由大比例尺地形图、航测图像、数字地面模型等途径获得的。横断面设计线包括行车道、路肩、分隔带、边沟、边坡、截水沟、护坡道以及取土坑、弃土堆、环境保护设施等。城市道路的横断面组成中包括机动车道、非机动车道、人行道、绿带、分车带等。高速公路、一级公路和二级公路特殊路段还有爬坡车道、避险车道；高速公路、一级公路的出入口处还有变速车道等。路线设计中所讨论的横断面设计包括道路两侧建筑限界之间各组成部分的宽度与横向坡度等问题。

知识点 1　横断面组成及类型

一、公路横断面组成及类型

公路横断面的组成和各部分的尺寸要根据公路的功能、公路等级、交通量、服务水平、设计速度、地形条件等因素确定。在保证必要的通行能力和交通安全与畅通的前提下，尽量做到用地省、投资少，使道路发挥其最大的经济效益与社会效益。

1. 公路横断面组成

路幅是指公路路基顶面两路肩外侧边缘之间的部分。等级高、交通量大的公路（如高速公路、一级公路），通常是将上、下行车辆分开。分隔的方式有两种：一种是用分隔带分隔，另一种是将上、下行车道放在不同的平面上加以分隔。前者称作整体式断面，后者称作分离式断面。整体式断面包括行车道、中间带（中央分隔带及左侧路缘带）、路肩（硬路肩及土路肩）以及紧急停车带、爬坡车道、变速车道等；分离式断面包括行车道、路肩（硬路肩及土路肩）以及紧急停车带、爬坡车道、变速车道等。

二级、三级、四级公路的路基横断面包括行车道、路肩以及错车道等。二级公路位于中、小城市城乡接合部、混合交通量大的连接线路段,实行快、慢车道分开行驶时,可根据当地经验加宽右侧硬路肩。

高速公路、一级公路根据地形、地物等情况,其路基横断面可分段采用整体式或分离式断面。在山岭、丘陵地段或地形受制约地段,当采用整体式断面而工程量过大时,宜采用分离式断面。双向十车道及以上车道数的高速公路可采用复合式断面。

二级、三级、四级公路均为双车道公路,应采用整体式路基断面。

图 5.1~图 5.3 为几种公路的典型横断面组成。

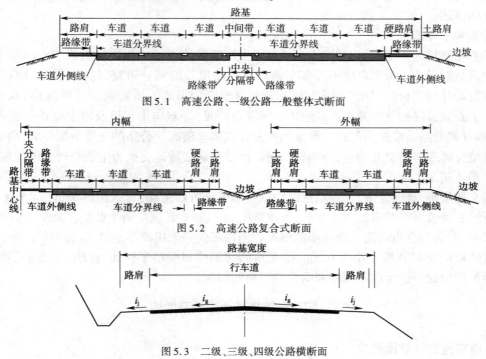

图 5.1　高速公路、一级公路一般整体式断面

图 5.2　高速公路复合式断面

图 5.3　二级、三级、四级公路横断面

2. 路幅的布置类型

1) 单幅双车道

单幅双车道公路指的是整体式的供双向行车的双车道公路。这类公路在我国公路总里程中占的比例最大。二级公路、三级公路和一部分四级公路均属这一类。这类公路适应的交通量范围大,最高达 15000 辆/昼夜。设计速度为 20~80km/h。二级公路为供汽车行驶,为保证车辆行驶速度和运行安全,在混合交通量大的路段,可设慢车道供非机动车行驶;三级、四级公路是指主要设计指标按供汽车行驶的要求设计,但同时也允许拖拉机、畜力车、人力车等非汽车交通使用车道,混合交通特征明显,运行速度在 40km/h 以下。

2) 双幅多车道

四车道、六车道和更多车道的公路,中间一般都设分隔带或做成分离式路基而构成"双幅"路。有些分离式路基为了利用地形或处于风景区等原因甚至设置为两条独立的单向行车的道路。

这种类型的公路设计速度高、通行能力大,而且行车顺适、事故率低。我国"规范"中的高速公路和一级公路即属此种类型。高速公路和一级公路的主要差别在是否需要控制出入的多车道。根据我国情况,一级公路隐含两种功能,但均按供汽车行驶定义一级公路,当作为集散公路时,纵横向干扰较大,为保证供汽车分道、分向行驶,可设慢车道供非机动车行驶;而作为干线公路时,为保证其运行速度、运行安全和服务水平,应根据需要采取控制出入的措施。这类公路占地多、造价高,只有在公路网中具有非常重要的政治、经济意义,远景交通量很大时才修建。假如近期交通量不是很大,则应采取分期修建的办法。公路分期修建必须遵照统筹规划、总体设计、分期实施的原则,使前期工程在后期仍能充分应用。我国四车道高速公路的横向分期修建,经多个工程项目的实践已证明其教训极为深刻,故高速公路整体式路基不得采用横向分期修建。

3)四幅多车道

随着交通量的不断增长,双向十车道及以上高速公路逐渐成为连接重要中心城市干线公路的主流断面形式。根据对国内外多车道高速公路项目的调查研究,包括"国家道路交通安全科技行动计划项目(一期)"对多车道高速公路横断面形式的研究成果,《规范》对双向十车道及以上高速公路的路基断面形式给出了推荐性意见,即双向十车道及以上高速公路宜采用内、外幅分离的路基横断面形式。借鉴国外复合式多车道高速公路的交通组织经验,内幅宜以通行过境交通或客运交通为主,外幅宜以通行区域交通或货运交通为主的交通组织管理方式。

4)单车道

对交通量小、地形复杂、工程艰巨的山区公路或地方性道路,可采用单车道。我国《规范》中规定的四级公路路基宽度为 4.50m,车道宽度为 3.50m 者就是属于此类。此类公路虽然交通量很小,但仍然会出现错车和超车的情况。当四级公路采用单车道时,应设置错车道。设置错车道路段的路基宽度不小于 6.5m,错车道的间距应根据错车时间、视距、交通量等情况决定。错车的位置至少可以看到相邻两个错车道的情况。

二、城市道路横断面组成及类型

1. 城市道路横断面组成

城市道路的交通性质和组成比较复杂,尤其表现在行人和各种非机动车较多,各种交通工具和行人的交通问题都需要在横断面设计中综合考虑予以解决,所以城市道路路线设计中的横断面设计是矛盾的主要方面,一般都放在平面和纵断面设计之前进行。

城市道路在行车道断面上,供汽车、无轨电车、摩托车等机动车行驶的部分称为机动车道;供自行车、三轮车、板车等非机动车行驶的部分称为非机动车道。此外还有供行人步行使用的人行道和分隔各种车道(或人行道)的分隔带及绿化带。

城市道路各组成部分相互联系和影响,其位置的安排和宽度的确定必须首先保证车辆和行人的安全,同时要与道路两侧的各种建筑物及自然景观相协调,并能满足地面、地下排水和各种管线埋设的要求。横断面设计应注意近期与远期相结合,使近期工程成为远期工程的组成部分,并预留管线位置。路面宽度及高度均应有发展余地。

2. 布置类型

下面介绍城市道路常见的几种横断面形式。

1)单幅路

单幅路俗称"一块板"断面,如图 5.4a)所示,各种车辆在车道上混合行驶。单幅路在交通组织上可以有以下几种方式：

(1)划出快、慢车行驶分车线,快车和机动车辆在中间行驶,慢车和非机动车靠两侧行驶。

(2)不划分车道,车道的使用可以在不影响安全的条件下予以调整。如只允许机动车辆沿同一方向行驶的"单行道";限制载重汽车和非机动车行驶,只允许小客车和公共汽车通行的街道;限制各种机动车辆,只允许行人通行的"步行道"等。上述措施,可以是相对不变的,也可以是按规定的周期变换的。

2) 双幅路

双幅路俗称"两块板"断面。在车道中心用分隔带或分隔墩将车行道分为两半,上、下行车辆分向行驶,各自再根据需要决定是否划分快、慢车道,如图5.4b)所示。

3) 三幅路

三幅路俗称"三块板"断面。中间为双向行驶的机动车道,两侧为靠右侧行驶的非机动车道,如图5.4c)所示。

4) 四幅路

四幅路俗称"四块板"断面。在三幅路的基础上,再将中间机动车道分隔为两半分向行驶,如图5.4d)所示。

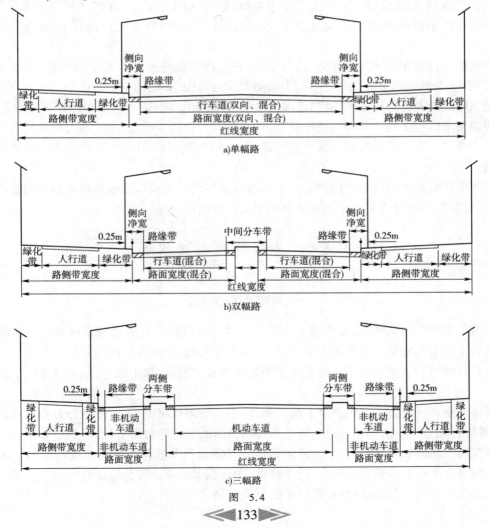

图 5.4

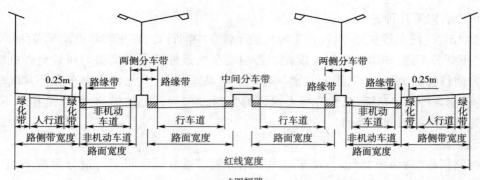

d)四幅路

图 5.4 城市道路横断面布置基本形式

注:图中的绿带可兼做设施带。

3. 断面形式的选用

单幅路占地少、投资省,但各种车辆混合行驶,对交通安全不利,仅适用于机动车交通量不大非机动车较少的次干路、支路以及用地不足、拆迁困难的旧城改建的城市道路上。

双幅路断面将对向行驶的车辆分开,减少了行车干扰,提高了车速,分隔带上还可以用作绿化、布置照明和敷设管线等。它主要用于各向两条机动车道以上、非机动车较少的道路。有平行道路可供非机动车通行的快速路和郊区道路以及横向高差大或地形特殊的路段亦可采用。

三幅路将机动车与非机动车分开,对交通安全有利;在分隔带上布置绿化带,有利于夏天遮阳防晒、减少噪声和布置照明等。对于机动车交通量大、非机动车多的城市道路上宜考虑采用。但三幅式断面占地较多,只有当红线宽度等于或大于 40m 时才能满足车道布置要求。

四幅路不但将机动车和非机动车分开,还将对向行驶的机动车分开,在安全和车速上较三幅路更为有利。它适用于机动车辆车速较高、各向两条机动车道以上、非机动车多的快速路与主干路。

一条道路宜采用相同形式的横断面。当道路横断面形式或横断面各组成部分的宽度变化时,应设过渡段。过渡段的起止点宜选择在交叉口或结构物处。

知识点 2 车道宽度与曲线加宽

一、车道宽度的确定

车道是指专为纵向排列、安全顺适地通行车辆为目的而设置的公路带状部分。所谓车道宽度是为了交通上的安全和行车上的顺适,根据汽车大小、车速高低而确定的各种车辆以不同速度行驶时所需的宽度。行车道的宽度要根据车辆最大宽度、加上错车、超车所必需的余宽来确定。

高速公路和一级公路有四条以上的车道,以中央分隔带将上、下行车辆分开或做成分离式路基,每侧再划分快车道和慢车道。城市道路的横断面布置与公路有较大区别,如城市道路车道两侧有高出路面的路缘石,而公路两侧则是有与路面齐平的且有一定宽度的路肩。城市道路在路幅布置上比公路更富于变化,行车规律、交通组织及管理与公路也有所不同。下面取两者有代表性的交通状况加以分析,探讨车道宽度的确定方法。

1. 一般双车道公路车道宽度的确定

双车道公路有两条车道,车道宽度包括汽车宽度和应满足错车、超车行驶所必需的余宽。汽车宽度取载重汽车车厢的总宽度,为 2.5m;余宽是指对向行驶时两车主箱之间的安全间隙、汽车轮胎至路面边缘的安全距离,如图 5.5 所示。双车道公路每一条单向行驶的车道宽度及双车道宽度可由以下两式计算:

$$B_单 = \frac{a+c}{2} + \frac{x}{2} + y \tag{5.1}$$

$$B_双 = a + c + x + 2y \tag{5.2}$$

式中:a——车厢宽度,m;
c——汽车轮距,m;
x——两车厢安全间隙,m;
y——轮胎与路面边缘之间的安全距离,m。

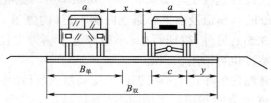

图 5.5 双车道公路的车道宽度

根据大量试验观测,可得出计算 x,y 的经验公式。如黑龙江省交通部门通过对 270 余次错车资料分析得出:

$$x = 0.51 + 0.01(V_1 + V_2)$$
$$x + 2y = 0.79 + 0.014(V_1 + V_2) \tag{5.3}$$

式中:$V_1 + V_2$——错车速度,km/h。

从式(5.3)可知,车道的余宽与车速有关,此外还与路侧的环境、驾驶员心理、车辆状况等有关。当设计速度较高时,取一条车道的宽度为 3.75m 是合适的。对车速较低、交通量不大的公路可取较小的宽度。《规范》中规定的各级公路车道宽度见表 5.1。

车 道 宽 度　　　　　　　　　　　　　　　　表 5.1

设计速度(km/h)	120	100	80	60	40	30	20
车道宽度(m)	3.75	3.75	3.75	3.50	3.50	3.25	3.00(单车道时为3.50m)

2. 有中央分隔带的行车道宽度

高速公路、一级公路有四条以上的车道,应满足车辆并列行驶所需的宽度,一般设置中央分隔带。分隔带两侧的行车道只有同向行驶的汽车,如图 5.6 所示。车速、交通组成和大型车混入率对行车道宽度的均有较大影响。根据实地观测,得出下列关系式:

$$S = 0.0103V_1 + 0.56 \tag{5.4}$$

$$D = 0.000066(V_2^2 - V_1^2) + 1.49 \tag{5.5}$$

$$M = 0.0103V_2 + 0.46 \tag{5.6}$$

式中:S——后轮外缘与车道外侧之间的安全间隔,m;

D——两汽车后轮外缘之间的安全间隙，m；

M——后轮外缘与车道内侧之间的安全间隙，m；

V_1、V_2——分别为被超车与超车的车速，km/h。

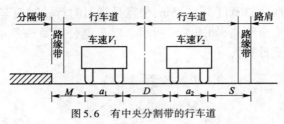

图 5.6 有中央分割带的行车道

则单侧行车道宽度为：

$$B = S + D + M + a_1 + a_2 \tag{5.7}$$

式中：a_1、a_2——汽车后轮外缘间距。

根据上式计算结果，当设计速度 $V = 120$km/h 时，每条车道的宽度均采用 3.75m。《规范》中设计速度为 80~120km/h，八车道及以上公路在内侧车道（内侧第 1、2 车道）仅限小客车通行时，行车道宽度可采用 3.5m；另外，以通行中、小型客运车辆为主且设计速度为 80km/h 及以上的公路，经论证车道宽度也可采用 3.5m。

高速公路、一级公路各路段的车道数应根据设计交通量、设计速度、采用的服务水平确定。高速公路、一级公路的车道数为四车道以上时，应按双数增加。二级、三级公路应是双车道。二级公路混合交通量大，当非汽车交通对汽车运行影响较大时，可划线分快、慢车道（慢车道即利用硬路肩及加固土路肩的宽度），这种公路仍属双车道范畴。

3. 城市道路的车道宽度

1）靠路边的车道宽度

一侧靠边，另一侧为反向行驶的车道，其车道宽度为：

$$B = \frac{x}{2} + a_1 + c \tag{5.8}$$

式中：x——反向行驶汽车间的安全间隙，m；

a_1——车厢全宽，m；

c——车身边缘与路缘石间的横向安全距离，m。

如图 5.7 所示，一侧靠边，另一侧为同向行驶的车道，其车道宽度为：

$$B'_1 = \frac{d}{2} + a_1 + c \tag{5.9}$$

式中：d——同向行驶汽车间的安全间隙，m。

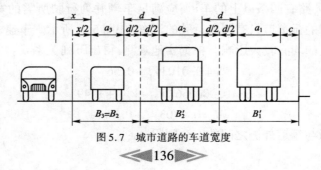

图 5.7 城市道路的车道宽度

2) 靠路中心线的车道宽度

如图 5.7 所示,靠路中心线的车道宽度为:

$$B_2 = \frac{x}{2} + a_3 + \frac{d}{2} \tag{5.10}$$

式中:a_3——车厢全宽,m。

3) 同向行驶的中间车道宽度

如图 5.7 所示,同向行驶的中间车道宽度为:

$$B_2' = \frac{d}{2} + a_2 + \frac{d}{2} \tag{5.11}$$

式中:a_2——车厢全宽,m。

根据试验观测得出 x、d、c 与车速之间的关系式为:

$$c = 0.4 + 0.02 V^{\frac{3}{4}} \text{(m)} \tag{5.12}$$

$$d = 0.7 + 0.02 V^{\frac{3}{4}} \text{(m)} \tag{5.13}$$

$$x = 0.7 + 0.02 (V_1 + V_2)^{\frac{3}{4}} \text{(m)} \tag{5.14}$$

式中:V——实际车速,km/h。

上列诸式表明车道宽 B 是车速 V 的函数,依车速的变化一般为 3.40~3.80m。考虑到城市道路上行驶的车辆各异,且车道还需调剂使用,故一条车道的平均宽度取 3.50m 即可,当车速 $V > 40$km/h 时,可取 3.75m。城市道路一条机动车道最小宽度见表 5.2。

城市道路一条机动车道最小宽度　　　　表5.2

车型及车道类型	设计速度(km/h)	
	>60	≤60
大型车道或混行车道(m)	3.75	3.50
小客车专用车道(m)	3.50	3.25

二、平曲线加宽及其过渡

1. 加宽值的计算

汽车行驶在曲线上,各轮轨迹半径不同,其中以后内轮轨迹半径最小,且偏向曲线内侧,故曲线内侧应增加路面宽度,以确保曲线上行车的顺适与安全;另外汽车行驶在横向力较大的弯道上会有一定的横向摆动,也应增加路面的宽度。

1) 车身与公路轴线倾斜的加宽值

对于普通载重汽车,可由图 5.8 所示的几何关系求得一条车道车身与公路轴线倾斜的加宽值:

$$e_1 = R - (R_1 + K)$$

即:

$$e_1 = R - \sqrt{R^2 - A^2} = R - \left(R - \frac{A^2}{2R} - \frac{A^4}{8R^3} - A \right) = \frac{A^2}{2R} + \frac{A^4}{8R^3} + A$$

上式第二项以后的数值极小,可省略不计,故一条车道车身

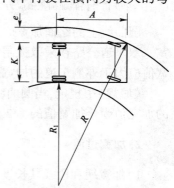

图 5.8　普通汽车的加宽

与公路轴线倾斜的加宽值为：

$$e_1 = \frac{A^2}{2R} \tag{5.15}$$

式中：A——汽车后轴至前保险杠的距离，m；对于鞍式列车 $A = \sqrt{A_1^2 + A_2^2}$；A_1 为牵引车保险杠至第二轴的距离，m，A_2 为第二轴至拖车最后轴的距离，m。

R——圆曲线半径，m。

2）摆动加宽值

据实测，汽车转弯摆动加宽与车速有关，一条车道摆动加宽值计算经验公式为：

$$e_2 = \frac{0.05V}{\sqrt{R}} \tag{5.16}$$

式中：V——汽车转弯时车速，km/h。

这两种加宽值之和即为弯道的加宽值（均按一条车道计算，多车道公路加宽值计算方法与之相似）。则一条车道的加宽值为：

$$e = \frac{A^2}{2R} + \frac{0.05V}{\sqrt{R}} \tag{5.17}$$

3）平曲线的加宽

《规范》中规定，平曲线半径等于或小于250m时，应在平曲线内侧加宽。双车道路面的加宽值见表5.3。应用中须注意：

①作为干线的二级公路，应采用第3类加宽值。

②作为集散的二级公路和三级公路，在考虑铰接列车通行时，应采用第3类加宽值；不考虑通行铰接列车时，可采用第2类加宽值。

③作为支线的三级公路、四级公路可采用第1类加宽值。有特殊车辆通行的专用公路应根据特殊车辆验算确定其加宽值。

双车道路面加宽值（m）　　　　　　表5.3

加宽类别	设计车辆	圆曲线半径（m）								
		200~250	150~200	100~150	70~100	50~70	30~50	25~30	20~25	15~20
第1类	小客车	0.4	0.5	0.6	0.7	0.9	1.3	1.5	1.8	2.2
第2类	载重汽车	0.6	0.7	0.9	1.2	1.5	2.0			
第3类	铰接列车	0.8	1.0	1.5	2.0	2.7	—			

注：单车道公路路面加宽值应为表中规定值的1/2。

圆曲线上的路面加宽应设置在圆曲线的内侧。各级公路的路面加宽后，路基也应相应加宽。双车道公路在采取强制性措施实行分向行驶的路段，其圆曲线半径较小时，内侧车道的加宽值应大于外侧车道的加宽值，设计时应通过计算分别确定。

《城规》中规定，当圆曲线半径小于或等于250m时，应在弯道内外两侧同时加宽，其每侧的加宽值为全加宽值的1/2。

2. 加宽过渡

1）加宽缓和段及其长度

当平曲线半径等于或小于250m时，应在平曲线内侧加宽。一般在弯道内侧圆曲线范围内设置全加宽。为了使路面和路基均匀变化,设置一段从加宽值为零逐渐加宽到全加宽的过渡段,称之为加宽缓和段。平曲线内无回旋线时,路面由直线上的正常宽度过渡到曲线上设置了加宽的宽度,需设置加宽缓和段。设置回旋线或超高过渡段时,加宽缓和段应采用与回旋线或超高过渡段相同的长度,在加宽缓和段上,路面具有逐渐变化的宽度。不设回旋线或超高过渡段时,加宽缓和段长度应按渐变率为1:15且不小于10m的要求设置。

2)加宽过渡的设置方法

加宽过渡段的渐变应尽量保证变化自然、平滑,避免突变,满足安全行车的需要。加宽过渡的渐变方式可根据需要采用线性或高次抛物线方式。

(1)线性过渡。

在加宽缓和段全长范围内按其长度成比例逐渐加宽,如图5.9所示。加宽缓和段内任意点的加宽值为:

$$b_x = kb \tag{5.18}$$

其中:$k = \dfrac{L_x}{L}$

式中:L_x——任意点距缓和曲线起点的距离,m;

L——加宽缓和段长,m;

b——圆曲线上的全加宽,m;

b_x——加宽缓和段上任一点的加宽值,m。

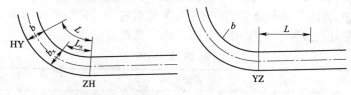

a)设置回旋线的弯道按比例过渡　　　b)不设置回旋线的弯道按比例过渡

图5.9　弯道按比例过渡

按比例过渡简单易操作,但经加宽以后的路面内侧与行车轨迹不符,缓和段的起止点出现破折,路容也不美观。

(2)高等级公路加宽缓和段。

高速公路、一级公路以及对路容有要求的二级公路,设置加宽缓和段时,为使路面加宽后的边缘线圆滑、顺适,一般情况下应采用高次抛物线的形式过渡,即采用式(5.19)计算加宽缓和段上任一点的加宽值:

$$b_x = (4k^3 - 3k^4)b \tag{5.19}$$

用这种方法处理后的路面,内侧边缘圆滑、美观,适用于各级公路。

知识点3　路肩、中间带与人行道

一、路肩的作用及其宽度

路肩是位于行车道外缘至路基边缘,具有一定宽度的带状结构部分。路肩通常由路缘带(高速公路和一级公路才设置)、硬路肩、土路肩三部分组成,如图5.10所示,各级公路都要设置路肩。

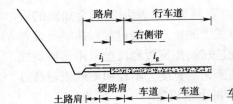

图 5.10　路肩的组成

1. 路肩的作用

（1）供发生故障的车辆临时停车。

（2）由于路肩紧靠在路面的两侧设置，可用于保护行车道等主要结构的稳定。

（3）提供侧向余宽，能增强驾驶的安全和舒适感。

（4）作为道路养护操作的工作场地。

（5）为设置路上设施提供位置。

（6）对未设人行道的道路，可供行人及非机动车等使用。

（7）在不损坏公路结构的前提下，也可作为埋设地下设施的位置。

（8）挖方路段，可增加弯道视距。

（9）精心养护的路肩可增加公路的美观度。

（10）较宽的硬路肩，有的国家作为警察的临时专用道。

2. 路肩的宽度

硬路肩是指进行了铺装的路肩，它可以承受汽车荷载的作用力，在混合交通的公路上便于非机动车、行人通行。在填方路段，为使路肩能汇集路面积水，在路肩边缘应设置路缘石。土路肩是指不加铺装的土质路肩，它起保护路面和路基的作用，并提供侧向余宽。

考虑我国土地的利用情况和路肩的功能，在满足路肩功能最低需要的条件下，原则上尽量采用较窄的路肩，充分挖掘路肩的作用。各级公路右侧路肩宽度见表5.4。

右 侧 路 肩 宽 度　　表5.4

公路技术等级（功能）		高速公路			一级公路（干线功能）	
设计速度（km/h）		120	100	80	100	80
右侧硬路肩宽度（m）	一般值	3.00(2.50)	3.00(2.50)	3.00(2.50)	3.00(2.50)	3.00(2.50)
	最小值	1.50	1.50	1.50	1.50	1.50
土路肩宽度（m）	一般值	0.75	0.75	0.75	0.75	0.75
	最小值	0.75	0.75	0.75	0.75	0.75
公路技术等级（功能）		一级公路（集散功能）和二级公路			三级公路、四级公路	
设计速度（km/h）		80	60	40	30	20
右侧硬路肩宽度（m）	一般值	1.50	0.75	—	—	—
	最小值	0.75	0.25	—	—	—
土路肩宽度（m）	一般值	0.75	0.75	0.75	0.50	0.25（双车道）
	最小值	0.50	0.50			0.50（单车道）

注：1. 正常情况下，应采用"一般值"；在设爬坡车道、变速车道及超车道路段，受地形、地物等条件限制路段及多车道公路特大桥，可论证采用"最小值"。
　　2. 高速公路和作为干线的一级公路以通行小客车为主时，右侧硬路肩宽度可采用括号内数值。
　　3. 高速公路局部采用60km/h的路段，右侧硬路肩宽度不应小于1.50m。

此外，《规范》对于路肩宽度还作出如下规定：

（1）高速公路和一级公路应在右侧硬路肩宽度内设右侧路缘带，其宽度为0.50m。

(2)高速公路、一级公路采用分离式断面时,应设置左侧硬路肩,其宽度应符合表5.5规定。

高速公路、一级公路分离式路基的左侧路肩宽度　　　　　表5.5

设计速度(km/h)	120	100	80	60
左侧硬路肩宽度(m)	1.25	1.00	0.75	0.75
左侧土路肩宽度(m)	0.75	0.75	0.75	0.50

(3)八车道高速公路应设置左侧硬路肩,其宽度应不小于2.50m。

(4)高速公路、一级公路的右侧硬路肩宽度小于2.50m时,应设置紧急停车带。紧急停车带宽度应为3.50m,有效长度不应小于40m,间距不宜大于500m,并应在其前后设置不短于70m的过渡段。

(5)高速公路、一级公路的互通式立体交叉、服务区、停车区、公共汽车停靠站、管理与养护设施等的出入口处,应设置加、减速车道。加、减速车道的宽度应为3.50m。

(6)高速公路、一级公路以及二级公路在连续上坡路段设置爬坡车道时,其宽度不应小于3.50m,且不大于4.00m。六车道及以上的高速公路、一级公路可不设爬坡车道。

(7)连续长陡下坡路段,宜设置避险车道。避险车道宽度不应小于4.50m。

(8)四级公路路基宽度采用单车道时,应在不大于300m的距离内选择有利地点设置错车道,并使驾驶员能看到相邻两错车道之间的车辆。设置错车道路段的路基宽度应不小于6.50m,有效长度应不小于20m。

在路肩上设置路用设施时,不得侵入该等级公路的建筑限界以内。

城市道路一般设窨井排水,两侧设人行道,当采取边沟排水时,则应在路面外侧设置保护性路肩。保护性路肩一般为土质或简易铺装,其作用是为城市道路的某些交通设施,如护栏、杆栏、交通标志牌等的设置提供场地,最小宽度为0.50m。双幅路或四幅路中间具有排水沟的断面,应设置左侧路肩。快速路硬路肩上如考虑临时停车,其硬路肩宽度应大于或等于2.50m。如小于2.50m,且交通量较大时,应每隔300~500m设紧急停车带。

二、分隔带的作用及其宽度

1. 中间带

高速公路和一级公路的设计速度较高且车道数多,不设中间带难以保证行车安全,也难以达到该等级道路的应有功能。《规范》规定,高速公路和一级公路整体式断面必须设置中间带。中间带由两条左侧路缘带和中央分隔带组成,如图5.11所示,其作用如下:

(1)分隔往返车流。既可避免因快车驶入对向行车道造成严重的交通事故,又能减少公路中心线的交通阻力,从而提高通行能力。

(2)可作为设置公路标志牌及其他交通管理设施的场地,也可作为行人的安全岛使用。

(3)设置一定宽度的中间带并种植花草灌木或设置防炫网,可防止对向车辆灯光炫目,还可起到美化路容和环境的作用。

(4)设于分隔带两侧的路缘带,由于有一定宽度且颜色醒目,既能引导驾驶员视线,又可增加行车所必需的侧向余宽,从而提高行车的安全性和舒适性。

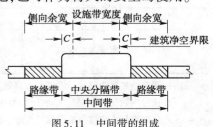

图5.11 中间带的组成

(5)可以防止在不分隔的多车道公路上因认错对向车道而引起的交通事故。

(6)可以避免车辆中途掉头,消灭紊乱车流,减少交通事故。

宽中间带的作用明显,但投资和占地多,不易采用。我国原则上均采用窄分隔带,构造上高出车道表面,分隔带一般用路缘石围砌,高出路面10~20cm。

中间带的宽度是根据行车带以外的侧向余宽,防止驶入对向行车带的护栏、种植、防炫网、交叉公路的桥墩等所需的设置带宽度而定的。

路缘带是路肩或中间带的组成部分,与行车道连接,用行车道的外侧标线或不同的路面颜色来表示。路缘带主要起诱导驾驶员视线和分担侧向余宽的作用,以利于行车安全。中间带的左侧路缘带宽度不应小于表5.6的规定。

左侧路缘带宽度　　　　　　　　　　　　　　　　　　　　　　　　表5.6

设计速度(km/h)		120	100	80	60
左侧路缘带宽度(m)	一般值	0.75	0.75	0.50	0.50
	最小值	0.50	0.50	0.50	0.50

注:1. "一般值"为正常情况下的采用值。

2. 设计速度为120km/h、100km/h时,受地形、地物限制的路段或多车道公路内侧仅限小型车辆通行的路段,可论证采用"最小值"。

城市道路因机、非混合行驶设置非机动车道时,除设有中间分车带外,还有两侧分车带。分车带由分隔带及两侧路缘带组成如图5.12所示。

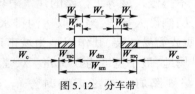

图5.12　分车带

城市道路的分车带宽度最小值应符合表5.7的规定。

城市道路分车带最小宽度　　　　　　　　　　　　　　　　　　　　表5.7

类别		中间带(m)		两侧带(m)	
设计速度(km/h)		≥60	<60	≥60	<60
路缘带宽度 W_{mc}(m)	机动车道	0.50	0.25	0.50	0.25
	非机动车道	—	—	0.25	0.25
安全带宽度 W_{sc}(m)	机动车道	0.25	0.25	0.25	0.25
	非机动车道	—	—	0.25	0.25
侧向净宽 W_1(m)	机动车道	0.75	0.50	0.75	0.50
	非机动车道	—	—	0.50	0.50
分隔带最小宽度 W_{dm}(m)		1.50	1.50	1.50	1.50
分车带最小宽度 W_{sm}(m)		2.50	2.00	2.50 (2.25)	2.00

注:1. 侧向净宽度为路缘带宽度与安全带宽度之和。

2. 括号内数值为一侧是机动车道,另一侧是非机动车道时的取值。

3. 分隔带最小宽度值按设施带宽度1m计,具体设计应根据设施带实际宽度确定。

中间带宽度仅规定了特殊情况下采用的最小值,在正常情况下应根据绿化带、防撞护栏、安全带宽度等因素确定。当分隔带内设置雨水调蓄设施时,宽度还应满足所设置设施的宽度要求。中间带宽度一般情况下应保持等宽度;当中间带宽度因地形条件或其他特殊情况限制而变窄或变宽时,应设置宽度过渡段。

为了便于养护作业和某些车辆在必要时驶向反向车道,中央分隔带应按一定距离设置开口部。开口部一般情况下以每2km的间距设置为宜,太密将会造成交通紊乱。城市道路可根据横向交通(车辆和行人)的需要设置。

中央分隔带的开口应设置在通视良好的路段,若开口设于曲线路段时,该圆曲线半径的超高值不宜大于3%。在互通式立体交叉、隧道、特大桥、服务区等设施的前后必须设置开口。

开口端部的形状,常用的有两种:半圆形和弹头形。对于窄的分隔带($M<3.00m$)可用半圆形,宽的分隔带($M\geq3.00m$)可用弹头形。弹头形中间带开口如图5.13所示。图中R、R_1和R_2为控制设计半径。只有R和R_1足够大时,才能保证汽车有容许的速度驶离主车道远行左转弯,一般采用$R_1=25\sim120m$。R与开口中心线相切,其值取决于开口的大小。为了避免过大的开口并方便行车,一般采用R的最小值为15m。弹头尖端圆弧半径R_2可采用分隔宽度的1/5,这样从外观上看比较悦目。

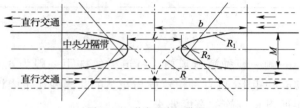

图5.13 弹头形中间带开口

中央分隔带的表面形式有凹形和凸形两种(图5.14、图5.15),前者用于宽度大于4.50m的宽中间带,后者用于宽度不大于4.50m的窄中间带。宽度大于4.50m的,一般植草皮或栽灌木,宽度不大于4.50m的可铺面封闭。

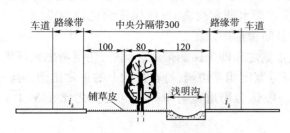

图5.14 凹形中央分隔带(尺寸单位:cm)

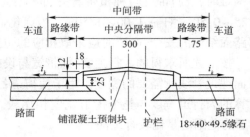

图5.15 凸形中央分隔带(尺寸单位:cm)

2. 两侧带

布置在横断面两侧的分车带称为两侧带,其作用与中间带相同,只是设置的位置不同而已。

两侧带常用于城市道路的横断面设计中,它可以分隔快车道与慢车道、机动车道与非机动车道、车行道与人行道等。

两侧带的最小宽度规定为2.00~2.25m。在北方寒冷积雪地区,在满足最小宽度的前提下,还应考虑能否满足临时堆放积雪的要求。

三、城市道路路侧带的组成及其宽度

位于城市道路行车道两侧的人行道、绿带、公用设施带等统称为路侧带。路侧带的宽度应根据道路类别、功能、行人流量、绿化、沿街建筑性质及布设公用设施要求等确定。

1. 人行道

人行道主要是供行人步行之用,同时也是植树、立杆的场地,其地下空间还可埋设管线等。人行道的宽度必须满足行人通行的安全和顺畅要求。根据我国部分城市的调查资料,商业区、码头、火车站、汽车站等不同场所人行道最小宽度见表5.8。

单侧人行道最小宽度　　　　　　　　　　　　　　表5.8

项 目	人行道最小宽度(m)	
	一般值	最小值
各级道路	3.0	2.0
商业区或公共场所集中路段	5.0	4.0
火车站、码头附近路段	5.0	4.0
长途汽车站	4.0	3.0

2. 绿化带宽度

人行道上靠行车道一侧一般种植行道树。行道树的株距一般为4~6m,树池采用1.5m的正方形或1.2m×1.8m的矩形,也有种植草皮与花丛的。当绿化带内设置雨水调蓄设施时,绿化带的宽度还应满足所设置设施的宽度要求。

3. 设施带宽度

设施带宽度包括设置行人护栏、照明灯柱、标志牌、信号灯等的宽度。红线宽度较窄及条件困难时,设施带可与种植带合并,但应避免各种设施与树木间的干扰。常用宽度为:护栏0.25~0.50m,杆柱1.00~1.50m。当绿化带设置雨水调蓄设施时,应保证绿化带内设施及相邻路面结构的安全,必要时应采取相应的防护及防渗措施。

按上述所求得的人行道宽、绿带宽与设施带宽之和即为路侧带宽。此外,还要考虑人行道下面埋设管线所需要的宽度。为了使街道各部分宽度相互协调,符合视觉上的正常比例,再将计算的人行道宽度与整个街道宽度相比较。一般认为街道宽与单侧人行道宽之比在5:1~7:1的范围内是比较合理的。

四、路 缘 石

路缘石是设置在路面与其他构造物之间的标石。在分隔带与路面之间,人行道与路面之间一般都需要设置路缘石。路缘石的形状有立式、斜式和曲线式等几种,如图5.16所示。

a)立式
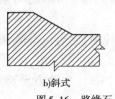
b)斜式
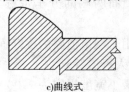
c)曲线式

图5.16　路缘石

高速公路和一级公路中央分隔带上的路缘石起导向、连接和便于排水的作用,但高度不宜太高,如果路缘石较高(高度 >20cm 时),当高速行驶的汽车撞上路缘石时,将导致汽车飞跃甚至翻车事故。所以高速公路的分隔带因排水必须设置路缘石时,应使用低矮光滑的斜式或曲线式的,高度宜小于 12cm。

城市道路的人行道及人行横道宽度范围内缘石宜做成为低矮且坡面是较为平缓的斜式,便于儿童车、轮椅及残疾人通行。在分隔带端头或交叉口的小半径处,缘石宜做成曲线式。缘石宜高出路面 10~20cm,隧道内线形弯曲线段或陡峻路段等处,可高出 25~40cm,并应有足够的埋置深度,以保证稳定。路缘石宽度宜为 10~15cm。

五、公路路基宽度

各级公路路基宽度为车道宽度与路肩宽度之和,当设有中间带、加减速车道、爬坡车道、紧急停车带、避险车道、错车道等时,应计入这些部分的宽度。各级公路路基宽度应符合表 5.9 规定。

各级公路路基宽度 表 5.9

公路等级		高速公路、一级公路								
设计速度(km/h)		120			100			80		60
车道数		8	6	4	8	6	4	6	4	4
路基宽度(m)	一般值	45.50	34.50	28.00	44.50	33.50	26.00	32.00	24.50	23.00
	最小值	—	—	26.00	—	—	24.50	—	21.50	20.00

公路等级		二级公路、三级公路、四级公路				
设计速度(km/h)		80	60	40	30	20
车道数		2	2	2	2	2 或 1
路基宽度(m)	一般值	12.00	10.00	8.50	7.50	6.50(双车道) | 4.50(单车道)
	最小值	10.00	8.50	—	—	—

注:1. "一般值"为正常情况下的采用值;"最小值"为条件受限制时,经技术经济论证后可采用的值。
  2. 八车道高速公路路基宽度"一般值"为设置左侧应急路肩、内侧车道如采用 3.50m 时的宽度;八车道高速公路路基宽度"最小值"为不设置左侧应急路肩、内侧车道如采用 3.75m 时的宽度。

二级公路因交通量、交通组成等需要设置慢车道的路段,设计速度为 80km/h 的二级公路路基宽度可采用 15.00m。设计速度为 60km/h 时,其路基宽度可采用 12.00m。

四级公路应采用双车道路基宽。交通量小的路段,可采用单车道 4.50m 路基宽。

确定路基宽度时,中央分隔带宽度、左侧路缘带宽度、右侧硬路肩宽度、土路肩宽度等中的"一般值"和"最小值"应同类项相加。这个规定的目的是充分发挥端面的整体功能,避免因任意抽换而影响各部分功能应有的作用。

知识点 4 道路路拱、边沟、边坡

一、道路路拱

为了利于路面横向排水,将路面做成由中央向两侧倾斜的拱形,称为路拱。路拱倾斜的大小以百分率表示。

路拱对排水有利但对行车不利。路拱坡度所产生的水平分力增加了行车的不平稳度,同时也给乘客以不舒适的感觉,而且当车辆在有水或潮湿的路面上制动时还会增加侧向滑移的危险。为此,对路拱大小的采用及形状的设计应兼顾两方面的影响。对于不同类型的路面,由于其表面的平整度和透水性不同,再考虑当地的自然条件选用不同的路拱坡度,按表5.10规定的数值取值。

路 拱 坡 度　　　　　　　　表5.10

路 面 类 型	路拱坡度(%)	路 面 类 型	路拱坡度(%)
水泥混凝土路面、沥青混凝土路面	1.0~2.0	碎、砾石等粒料路面	2.5~3.5
其他黑色路面、整齐石块	1.5~2.5	低级路面	3~4
半整齐石块、不整齐石块	2.0~3.0		

高速公路、一级公路整体式路基的路拱宜采用双向路拱坡度,由路中央向两侧倾斜。位于中等强度降雨地区时,路拱坡度宜为2%;位于降雨强度较大地区时,路拱坡度可适当增大。双向六车道及以上车道数的公路,当超高过渡段的路拱坡度过于平缓时,可设置双路拱线。路拱坡度过于平缓路段应进行路面排水分析。

二级公路、三级公路、四级公路的路拱应采用双向路拱坡度,由路中央向两侧倾斜。路拱坡度应根据路面类型和当地自然条件确定,但不应小于1.5%。分离式路基,每侧行车道可设双向路拱这样对排除路面积水有利。在降水量不大的地区也可采用单向横坡,并向路基外侧倾斜。但在积雪冻融地区,应设置双向路拱。

直线路段的硬路肩应设置向外倾斜的横坡,其坡度值应与车道横坡值相同。路线纵坡平缓,且设置拦水带时,其横坡值宜采用3%~4%。土路肩的排水性远低于路面,其横坡度较路面宜增大1.0%~2.0%。直线段的硬路肩横坡度与行车道横坡度相同。

曲线路段内、外侧硬路肩横坡值及其方向应满足:当曲线超高小于或等于5%时,其横坡值和方向应与相邻车道相同;当曲线超高大于5%时,其横坡值应不大于5%,且方向相同。土路肩的横坡值及其方向应满足:位于直线路段或曲线路段内侧,且车道或硬路肩的横坡值大于或等于3%时,土路肩的横坡应与车道或硬路肩横坡值相同;小于3%时,土路肩的横坡应比车道或硬路肩的横坡值大1%或2%。位于曲线路段外侧的土路肩横坡,应采用3%或4%的反向横坡值。大中桥梁、隧道区段的硬路肩横坡值,应与车道相同。

二、曲 线 超 高

1. 超高及其作用

为抵消车辆在曲线路段上行驶时所产生的离心力,将路面做成外侧高于内侧的单向横坡的形式,这就是曲线上的超高。合理地设置超高,可以全部或部分抵消离心力,提高汽车行驶在曲线上的稳定性与舒适性。当汽车匀速行驶时,圆曲线上所产生的离心力是常数,而在回旋线上行驶则因回旋线曲率是变化的,其离心力也是变化的。因此,超高横坡度在圆曲线上应是与圆曲线半径相适应的全超高,在缓和曲线上应是逐渐变化的超高。这段从直线上的双向横坡渐变到圆曲线上的单向横坡的路段,称作超高过渡段或超高过渡段。四级公路不设回旋线,但曲线上若设置有超高,从构造的角度也应有超高过渡段。

各级道路圆曲线部分最大超高值规定见单元3中表3.3(各级公路圆曲线最大超高值)和表3.4(城市道路最大超高值)。超高值的大小与设计速度、半径、当地的自然条件等因素有关,设计时可根据具体情况参照表5.11确定该采用的值。

表 5.11

公路圆曲线半径与超高

设计速度 (km/h)	120 一般情况 10%	120 一般情况 8%	120 一般情况 6%	120 积雪冰冻	100 一般情况 10%	100 一般情况 8%	100 一般情况 6%	100 积雪冰冻	80 一般情况 10%	80 一般情况 8%	80 一般情况 6%	80 积雪冰冻	60 一般情况 10%	60 一般情况 8%	60 一般情况 6%	60 一般情况 4%	60 积雪冰冻
超高(%) 2	5500~(7500)~2950	5500~(7500)~2860	5500~(7500)~2730	5500~(7500)~2780	4000~(5250)~2180	4000~(5250)~2150	4000~(5250)~2000	4000~(5250)~2090	2500~(3350)~1460	2500~(3350)~1410	2500~(3350)~1360	2500~(3350)~1390	1500~(1900)~900	1500~(1900)~870	1500~(1900)~800	1500~(1900)~610	1500~(1900)~860
3	2950~2080	2860~1990	2730~1840	2780~1910	2180~1520	2150~1480	2000~1320	2090~1410	1460~1020	1410~960	1360~890	1390~940	900~620	870~590	800~500	610~270	860~570
4	2080~1590	1990~1500	1840~1340	1910~1410	1520~1160	1480~1100	1320~920	1410~1040	1020~770	960	890	940	620~470	590~430	500~320	270~150	570~410
5	1590~1280	1500~1190	1340~970	1410~1070	1160~920	1100~860	920~630	1040~770	770~610	710~550	600~400	680~490	470~360	430~320	320~200	150	410~290
6	1280~1070	1190~980	970~710	1070~810	920~760	860~690	630~440	770~565	610~500	550~420	400~270	490~360	360~290	320~240	200~135	—	290~205
7	1070~910	980~790	—	—	760~640	690~530	—	—	500~410	420~320	—	—	290~240	240~170	—	—	—
8	910~790	790~650	—	—	640~540	530~400	—	—	410~340	320~250	—	—	240~190	170~125	—	—	—
9	790~680	—	—	—	540~450	—	—	—	340~280	—	—	—	190~150	—	—	—	—
10	680~570	—	—	—	450~360	—	—	—	280~220	—	—	—	150~115	—	—	—	—

续上表

设计速度 (km/h)		40					30					20				
		一般情况				积雪冰冻	一般情况				积雪冰冻	一般情况				积雪冰冻
		8%	6%	4%	2%		8%	6%	4%	2%		8%	6%	4%	2%	
超高 (%)	2	600 (800) ~ 470	600 (800) ~ 410	600 (800) ~ 330	600 (800) ~ 75	600 (800) ~ 430	350 (450) ~ 250	350 (450) ~ 230	350 (450) ~ 150	350 (450) ~ 40	350 (450) ~ 270	150 (200) ~ 140	150 (200) ~ 110	150 (200) ~ 70	150 (200) ~ 20	150 (200) ~ 120
	3	470~310	410~250	330~130	—	430~280	250~170	230~140	150~60	—	270~180	140~90	110~70	70~30	—	120~80
	4	310~220	250~150	130~70	—	280~190	170~120	140~80	60~35	—	180~120	90~70	70~40	30~15	—	80~60
	5	220~160	150~90	—	—	190~130	120~90	80~50	—	—	120~90	70~50	40~30	—	—	60~40
	6	160~120	90~60	—	—	130~90	90~60	50~35	—	—	90~55	50~40	30~15	—	—	40~25
	7	120~80	—	—	—	—	60~40	—	—	—	—	40~30	—	—	—	—
	8	80~55	—	—	—	—	40~30	—	—	—	—	30~15	—	—	—	—

注：括号中的值为路拱横坡度大于2%时不设超高的最小半径。

一般地区高速公路,圆曲线最大超高应采用8%,以通行中、小型客车为主的高速公路和一级公路,最大超高可采用10%。其他各级公路不应大于8%,积雪冰冻地区,最大超高横坡度不宜大于6%。当超高横坡度的计算值小于路拱坡度时,应设置等于路拱坡度的超高。因此,各级公路和城市道路圆曲线部分的最小超高值是该道路直线部分的路拱坡度之值。

2. 超高的过渡

1)无中间带道路的超高过渡

无中间带的道路行车道,无论是双车道还是单车道,在直线路段的横断面均为以中线为脊向两侧倾斜的路拱。路面要由双向倾斜的路拱形式过渡到具有超高的单向倾斜的超高形式,外侧宜逐渐抬高。在抬高过程中,行车道外侧是绕中线旋转的,若超高横坡度等于路拱坡度,则直至与内侧横坡相等为止,如图5.17所示。

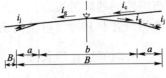

图5.17 超高横坡度等于路拱坡度的旋转

当超高坡度大于路拱坡度时,可分别采用如下三种过渡方式:

(1)绕未加宽前的内侧车道边缘旋转。先将外侧车道绕路中线旋转,待达到与内侧车道构成单向横坡后,整个断面再绕未加宽前的内侧车道边缘旋转,直至超高横坡值,如图5.18a)所示。

(2)绕中线旋转。先将外侧车道绕路中线旋转,待达到与内侧车道构成单向横坡后,整个断面绕中线旋转,直至超高横坡度,如图5.18b)所示。

(3)绕外侧车道边缘旋转。先将外侧车道绕外边缘旋转,与此同时,内侧车道随中线的降低而相应降低,待达到单向横坡后,整个断面仍绕外侧车道边缘旋转,直至超高横坡度,如图5.18c)所示。

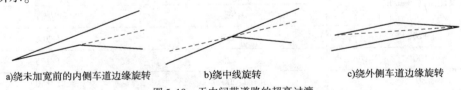

a)绕未加宽前的内侧车道边缘旋转　　b)绕中线旋转　　c)绕外侧车道边缘旋转

图5.18 无中间带道路的超高过渡

上述各种方法中,绕边线旋转的方法由于行车道内侧不降低,有利于路基纵向排水,一般新建工程多用此法。绕中线旋转可保持中线标高不变,且在超高坡度一定的情况下,外侧边缘的抬高值较小,多用于旧路改建工程。而绕外侧边线旋转是一种比较特殊的设计,仅用于某些为改善路容的地点。

2)有中间带公路的超高过渡

(1)绕中间带的中心线旋转。先将外侧行车道绕中间带的中心旋转,待达到与内侧行车道构成单向横坡后,整个断面一同绕中心线旋转,直至超高横坡度值。此时中央分隔带呈倾斜状,如图5.19a)所示。

(2)绕中央分隔带边缘旋转。将两侧行车道分别绕中央分隔带边缘旋转,使之各自成为独立的单向超高断面。此时中央分隔带维持原水平状态,如图5.19b)所示。

(3)绕各自行车道中线旋转。将两侧行车道分别绕各自的中心线旋转,使之各自成为独立的单向超高断面。此时中央分隔带两边缘分别升高与降低而成为倾斜断面,如图5.19c)所示。

a)绕中间带的中心线旋转　　b)绕中央分隔带边缘旋转　　c)绕各自行车道中线旋转

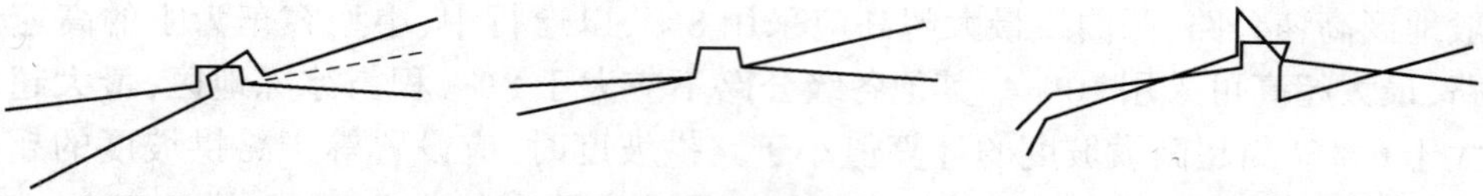

图 5.19　有中间带公路的超高过渡

三种方式的优缺点与无中间带的公路相似。中间带宽度较窄的(≤4.50m)可采用方法(1);各种中间带宽度的都可以采用方法(2);对于车道数大于 4 条的公路可采用方法(3)。城市道路的超高过渡方式与公路相同。分离式断面的道路由于上、下行车道是各自独立的,其超高的设置及其过渡可按两条无分隔带的道路分别予以处理。

3. 超高过渡段长度

为了行车的舒适、路容的美观和排水的通畅,必须设置一定长度的超高过渡段,超高的过渡则是在超高过渡段全长范围内进行的,双车道公路超高过渡段长按式(5.20)计算:

$$L_c = \frac{B\Delta_i}{p} \tag{5.20}$$

式中:L_c——超高过渡段长,m;

B——旋转轴至行车道(设路缘带时为路缘带)外侧边缘宽度,m;

Δ_i——超高坡度与路拱坡度的代数差,%;

p——超高渐变率,即旋转轴线与行车道(设路缘带时为路缘带)外侧边缘线之间的相对坡度,其值可按表 5.12 确定。

超 高 渐 变 率　　　　　　　　　表 5.12

设计速度(km/h)	超高旋转轴位置	
	中线	边轴
120	1/250	1/200
100	1/225	1/175
80	1/200	1/150
60	1/175	1/125
40	1/150	1/100
30	1/125	1/75
20	1/100	1/50

根据式(5.20)计算的超高过渡段长度应凑成 5m 的整倍数,并不小于 10m 的长度。

超高过渡段长度主要从两个方面来考虑:一是从行车舒适性来考虑,过渡段长度越长越好;二是从横向排水来考虑,过渡段长度短些好,特别是路线纵坡较小时,更应注意排水的要求。为了行车的舒适,超高过渡段应不小于按式(5.20)计算的长度。但从利于排除路面降水考虑,横坡度由 2%(或 1.5%)过渡到 0 路段的超高渐变率不得小于 1/330,即超高过渡段又不能设置得太长。所以在确定超高过渡段长度 L_c 时应考虑以下五点。

(1)一般情况下,在确定缓和曲线长度时,已经考虑了超高过渡段所需的最短长度,故通常取超高过渡段 L_c 与缓和曲线长度 L_s 相等,即 $L_c = L_s$。

(2)若计算出的 $L_c > L_s$,此时应修改平面线形,使 $L_s \geq L_c$。当平面线形无法修改时,可将超高过渡段起点前移,即超高过渡在缓和曲线起点前的直线路段开始,路面外侧以适当的超高渐变率逐渐抬高,使横断面在 ZH(或 HZ)点渐变为向内倾斜的单向横坡(临界断面)。

(3)若计算出的 $L_c > L_s$,但只要超高渐变率满足 $p > 1/330$,仍可取 $L_c = L_s$。

(4)在高速公路和一级公路设计中,为照顾线形的协调性,在平曲线中一般配置较长的缓和曲线。为了避免在缓和曲线全长范围内均匀过渡超高而造成路面横向排水不畅,可按以下方式设置超高过渡:

①超高的过渡仅在缓和曲线的某一区段内进行。即超高过渡起点可从缓和曲线起点($R = \infty$)至缓和曲线上不设超高的最小半径之间的任一点开始,至缓和曲线终点结束。

②超高过渡在缓和曲线全长范围内按两种超高渐变率分段进行。即第一段从缓和曲线起点由双向路拱横坡以超高渐变率 1/330 过渡到单向横坡,其值等于路拱横坡;第二段由单向横坡过渡到缓和曲线终点处的超高横坡。全超高断面宜设在缓圆点或圆缓点处。

(5)四级公路不设缓和曲线,但若圆曲线上设有超高,则应设超高过渡段,其长度仍由式(5.20)计算。超高过渡段应设在紧接圆曲线起(终)点的直线上。受地形或其他特殊情况限制时,如直线长度不足,容许超高过渡段在直线和圆曲线上各分配一半。

对线形设计要求较高的道路,应在超高过渡段的起止点插入一段二次抛物线,使之连接圆滑、舒顺。

超高过渡中,在横坡度为 0 附近的路段应加强路面排水分析,采取路基和路面结构的综合排水措施,消除可能出现的路面积水问题。

4. 横断面上的超高值的计算

1)超高值的计算

在公路工程施工中,路面的超高横坡即正常路拱横坡是不便于用坡度值来控制,而是用路中线及路基、路面边缘相对于路基设计高程的相对高差来控制的。因此,在设计中为便于施工,应计算出路线上任意位置的路基设计高程与路肩及路中线的高差。所谓超高值就是指设置超高后路中线、路面边缘及路肩边缘等计算点与路基设计高程的高差。

(1)路线设计高程。

新建公路的路线设计高程如下:高速公路和一级公路(整体式路基)采用中央分隔带的外侧边缘高程;二级、三级、四级公路采用路基外边缘高程;设置超高、加宽地段为超高、加宽前的路基设计高程;对于改建公路一般按新建公路规定办理,也可视具体情况而采用行车道中线标高。

高速公路和一级公路整体式路基以中央分隔带中心线为平面设计线,而分离式路基则一般采用行车道中心线为平面设计线。

(2)超高值计算方法。

计算路线上任意桩点的超高值时,须注意计算点在平曲线上的位置。因为圆曲线与超高过渡段上的超高值不同,圆曲线上超高值是固定值,但在缓和段是的超高值是渐变的,必须分别计算超高值。

如前所述,超高的过渡可分为两个阶段,第一阶段为双坡阶段,即外侧车道绕路中线(或分隔带边缘)旋转,直到与内侧车道构成单向横坡;第二阶段为旋转,即整个断面绕设计旋转方式的旋转轴旋转,直至超高横坡值。圆曲线段内超高保持不变,称为全超高阶段。双车道公路的超高过渡过程如图 5.20 所示。

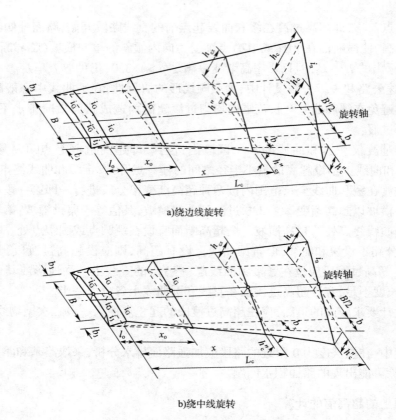

a)绕边线旋转

b)绕中线旋转

图 5.20　双车道公路路面超高过渡方式图

双坡阶段长度 x_0 的计算方式如下(以绕路面内边线旋转为例):

按照超高过渡要求,路面外边线的高度在超高过渡段内是与离开起点的距离成比例增加的,即 $\dfrac{x_0}{L_c} = \dfrac{i_G \cdot B}{i_h \cdot B}$,故可推得:

$$x_0 = \dfrac{i_G}{i_h} L_c \tag{5.21}$$

当 L_c 很长时(在缓和曲线全长范围内设置超高),双坡阶段的渐变率 p_1 有可能小于 0.3%,即 $p_1 = \dfrac{i_G B}{x_0} \leqslant 0.003$。这不利于路面横向排水,故应限制 x_0 的长度,可按如下两种方法确定。

①超高过渡在回旋线全长范围内进行($L_c = L_s$):

$$x_0 = \dfrac{i_G B}{p_1} = \dfrac{i_G B}{0.003} = 330 i_G B \tag{5.22}$$

②超高过渡在回旋线部分长度范围内进行($L_c < L_s$),则超高过渡段长度为:

$$L_c = \dfrac{i_h}{i_G} x_0 = \dfrac{i_h}{i_G} \cdot 330 i_G B = 330 i_h B \tag{5.23}$$

这时双坡阶段长度 x_0 按式(5.21)计算。

双车道公路的超高值计算公式见表 5.13 和表 5.14。假设中央分隔带的公路的超高值计算如图 5.21 所示,则超高值计算公式见表 5.15。

双车道公路绕路面内边线旋转超高值计算公式 表 5.13

超高位置			超高值计算公式		
			曲线内侧路肩边缘	路中线	曲线外侧路肩边缘
超高过渡段		双坡阶段 $x \leq x_0$	$h''_{cx} = b_J i_J - (b_J + b_x) i_G$	$h'_{cx} = b_J i_J + \dfrac{B}{2} i_G$	$h_{cx} = b_J(i_J - i_G) + \dfrac{x}{x_0}(B + 2b_J) i_G$
		旋转阶段 $x \geq x_0$	$h''_{cx} = b_J i_J - (b_J + b_x) i_x$	$h'_{cx} = b_J i_J + \dfrac{B}{2} i_x$	$h_{cx} = b_J i_J + (B + b_J) i_x$
圆曲线		全超高阶段	$h''_c = b_J i_J - (b_J + b) i_h$	$h'_c = b_J i_J + \dfrac{B}{2} i_h$	$h_c = b_J i_J + (B + b_J) i_h$
中间变量		双坡阶段长度 x_0	\multicolumn{3}{l	}{$x_0 = \dfrac{i_G}{i_h} L_c$,当 $p_1 = \dfrac{i_G B}{x_0} \leq 0.003$ 时,$x_0 = \dfrac{i_G B}{p_1} = \dfrac{i_G B}{0.003} = 330 i_G B$}
		旋转阶段横坡 i_x	\multicolumn{3}{l	}{$i_x = \dfrac{x}{L_c} i_h$,当 $p_1 = \dfrac{i_G B}{x_0} \leq 0.003$ 时,$i_x = i_G + \dfrac{i_h - i_G}{L_c - x_0}(x - x_0)$(同时适用于 $p_1 > 0.003$)}
		加宽值过渡 b_x	\multicolumn{3}{l	}{比例过渡:$b_x = kb$;高次抛物线过渡:$b_x = (4k^3 - 3k^4)b$,其中:$k = \dfrac{x}{L_c}$}

双车道公路绕路面中线旋转超高值计算公式 表 5.14

超高位置			超高值计算公式		
			曲线内侧路肩边缘	路中线	曲线外侧路肩边缘
超高过渡段		双坡阶段 $x \leq x_0$	$h''_{cx} = b_J i_J - (b_J + b_x) i_G$	$h'_{cx} = b_J i_J + \dfrac{B}{2} i_G$	$h_{cx} = b_J(i_J - i_G) + \dfrac{x}{x_0}(B + 2b_J) i_G$
		旋转阶段 $x \geq x_0$	$h''_{cx} = b_J i_J + \dfrac{B}{2} i_G - \left(\dfrac{B}{2} + b_J + b_x\right) i_x$	$h'_{cx} = b_J i_J + \dfrac{B}{2} i_G$	$h_{cx} = b_J i_J + \dfrac{B}{2} i_G + \left(\dfrac{B}{2} + b_J\right) i_x$
圆曲线		全超高阶段	$h''_c = b_J i_J + \dfrac{B}{2} i_G - \left(\dfrac{B}{2} + b_J + b\right) i_h$	$h'_c = b_J i_J + \dfrac{B}{2} i_G$	$h_c = b_J i_J + \dfrac{B}{2} i_G + \left(\dfrac{B}{2} + b_J\right) i_h$
中间变量		双坡阶段长度 x_0	\multicolumn{3}{l	}{$x_0 = \dfrac{2i_G}{i_G + i_h} L_c$,当 $p_1 = \dfrac{i_G B}{x_0} \leq 0.003$ 时,$x_0 = \dfrac{i_G B}{p_1} = \dfrac{i_G B}{0.003} = 330 i_G B$}
		旋转阶段横坡 i_x	\multicolumn{3}{l	}{$i_x = \dfrac{x}{L_c} i_h$,当 $p_1 = \dfrac{i_G B}{x_0} \leq 0.003$ 时,$i_x = i_G + \dfrac{i_h - i_G}{L_c - x_0}(x - x_0)$(同时适用于 $p_1 > 0.003$)}
		加宽值过渡 b_x	\multicolumn{3}{l	}{比例过渡:$b_x = kb$;高次抛物线过渡:$b_x = (4k^3 - 3k^4)b$,其中:$k = \dfrac{x}{L_c}$}

注:表中公式变量意义如下:B、b_J 分别为路面、路肩的宽度;i_G、i_J 分别为路拱坡度及路肩坡度;i_h 为超高横坡度;L_c 为超高过渡段长度(或缓和曲线长度);l_0 为路肩坡度由 i_J 变为 i_G(提肩)所需的距离,一般可取 1.0m;x_0 为双坡阶段长度,即与路拱同坡度的单向超高点至超高过渡段起点的距离;x 为超高过渡段中任一点至起点的距离;b 为路面加宽值;b_x 为 x 距离处的路面加宽值;i_x 为旋转阶段计算点的横坡度;p_1 为双坡阶段超高渐变率。

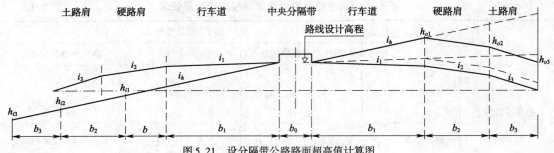

图 5.21 设分隔带公路路面超高值计算图

设中央分隔带公路绕分隔带边缘线旋转超高值计算公式　　　　表 5.15

超高位置			超高值计算公式		
			行车道外边缘 h_1	硬路肩外边缘 h_2	土路肩外边缘 h_3
双坡阶段 $x \leq x_0$		曲线内侧	$h_{i1} = -(b_1 + b_x)i_1$	$h_{i2} = h_{i1} - b_2 i_2$	$h_{i3} = h_{i2} - b_3 i_3$
	曲线外侧	硬路肩宽 <2.25m	$h_{o1} = \left(2\dfrac{x}{x_0} - 1\right) b_1 i_1$	$h_{o2} = \left(2\dfrac{x}{x_0} - 1\right)(b_1 + b_2)i_1$	$h_{o3} = \left(2\dfrac{x}{x_0} - 1\right)(b_1 + b_2 + b_3)i_1$
		硬路肩宽度 ≥2.25m		$h_{o2} = h_{o1} - b_2 i_2$	$h_{o3} = h_{o2} - b_3 i_3$
旋转阶段 $x \geq x_0$		曲线内侧	$h_{i1} = -(b_1 + b_x)i_x$	$h_{i2} = h_{i1} - b_2 i_x$	$h_{i3} = h_{i2} - b_3 i_x$
	曲线外侧	硬路肩宽 <2.25m	$h_{o1} = b_1 i_x$	$h_{o2} = h_{o1} + b_2 i_x$	$h_{o3} = h_{o2} + b_3 i_x$
		硬路肩宽度 ≥2.25m		$h_{o2} = h_{o1} - b_2 i_2$	$h_{o3} = h_{o2} - b_3 i_3$
全超高阶段		曲线内侧	$h_{i1} = -(b_1 + b)i_h$	$h_{i2} = h_{i1} - b_2 i_h$	$h_{i3} = h_{i2} - b_3 i_h$
	曲线外侧	硬路肩宽 <2.25m	$h_{o1} = b_1 i_h$	$h_{o2} = h_{o1} + b_2 i_h$	$h_{o3} = h_{o2} + b_3 i_h$
		硬路肩宽度 ≥2.25m		$h_{o2} = h_{o1} - b_2 i_2$	$h_{o3} = h_{o2} - b_3 i_3$
中间变量		x_0	$x_0 = \dfrac{2i_1}{i_1 + i_h} L_c$，当 $p_1 = \dfrac{2i_1 b_1}{x_0} \leq 0.003$ 时，$x_0 = \dfrac{2i_1 b_1}{p_1} = \dfrac{2i_1 b_1}{0.003} = 660 i_1 b_1$		
		i_x	$i_x = \dfrac{x}{L_c} i_h$，当 $p_1 = \dfrac{2i_1 b_1}{x_0} \leq 0.003$ 时，$i_x = i_1 + \dfrac{i_h - i_1}{L_c - x_0}(x - x_0)$（同时适用于 $p_1 > 0.003$）		
		b_x	高次抛物线过渡：$b_x = (4k^3 - 3k^4)b$，其中：$k = \dfrac{x}{L_c}$		

注：表中公式变量意义如下：b_1、b_2、b_3 分别为行车道（含左侧缘带）、硬路肩、土路肩宽度；i_1、i_2、i_3 分别为行车道、硬路肩、土路肩的横坡度；h_{i1}、h_{i2}、h_{i3} 分别为曲线内侧行车道、硬路肩、土路肩外边缘的超高值；h_{o1}、h_{o2}、h_{o3} 分别为曲线外侧车道、硬路肩、土路肩外边缘的超高值；其余变量意义同前。

2）超高设计图

为清楚表明平面弯道的超高过渡，常用超高设计图表示。超高设计图就是指路面横坡度沿路线前进方向的变化图。此图以旋转轴线为横坐标，用以表征超高沿路线的过渡；纵坐标为横坡度，用以表征道路横坡度（路拱坡度与超高坡度）的变化及超高渐变率的变化，如图 5.22 所示。绘制超高设计图的具体要求如下：

(1) 按比例绘制一条水平基线,代表旋转轴线,并认为基线的路面横坡度为0(比例尺应与路线纵断面图的一致,但绘制大样图时可例外)。

(2) 用实线绘出路线前进方向右侧路面边缘线,用虚线绘出左侧路面边缘线。若路面边缘高于路中线,则绘于基线上方;反之绘于下方。路边缘线离开基线的距离,代表横坡度的大小(比例尺可不同于基线)。

(3) 标注路拱横坡度。向前进方向右侧倾斜的路拱坡度为正,向左倾斜为负。

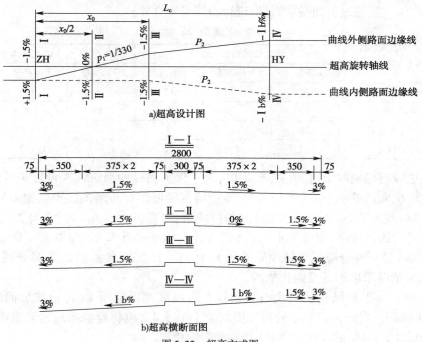

图 5.22 超高方式图

一条道路,在设计上应采用相同的设计中线和超高旋转轴为宜。

三、边　沟

边沟的主要作用是排除路面及边坡处汇集的地表水,以确保路基与边坡的稳定。一般在公路路堑及高度小于边沟深度的低填方地段设置边沟。

边沟的断面形状主要取决于排水流量的大小、公路的性质、土壤情况及施工方法。一般情况下边沟在石质地段多做成三角形,而在排水量大的路段多采用梯形。

边沟的设置宜遵循如下规定:

(1) 底宽与深度不小于 0.40m。

(2) 边沟纵坡一般不应小于 0.3%,特殊困难路段亦不得小于 0.1%;当陡坡路段沟底纵坡较大时,为防止边沟冲刷,应采取加固措施。

(3) 梯形边沟内侧一般为 1:1~1:1.5,边坡外侧在一般情况下路堤边坡与内侧边坡相同,路堑段边坡与挖方边坡一致;三角形边沟内侧边坡一般为 1:2~1:4,外侧边坡一般为 1:1~1:2。

(4) 边沟长度不宜过长,梯形、矩形边沟一般不宜超过 500m,即应选择适当地点设置出水口,多雨地区不宜超过 300m 的边沟。三角形边沟长度一般不宜超过 200m。

四、边坡坡度

路基边坡坡度,应根据当地自然条件、岩土性质、填挖类型、边坡高度和施工方法等确定。边坡过陡,稳定性就差,雨水冲刷力就大,易出现崩塌等病害;边坡过缓,土石方数量增加,雨水渗入坡体的可能性也变大。因此,选择边坡坡度时,要权衡利弊,力求合理。

路堤的边坡度应根据边坡填料的物理性质、气候条件、边坡高度以及工程水文地质条件选定,详见表 5.16。当超过表列高度时,应进行边坡稳定性验算。

路堤边坡坡度　　　　　　　　　　　表 5.16

填料性质	边坡的最大高度			边坡坡度		
	全部高度	上部高度	下部高度	全部高度	上部高度	下部高度
黏性土、粉性土、砂性土	20	8	12	—	1:1.5	1:1.7
砾石土、粗砂、中砂	12	—	—	1:1.5	—	—
碎(块)石土、卵石土	20	12	8	—	1:1.5	1:1.7
不宜风化的石块	20	8	12	—	1:1.3	1:1.5

当路基边缘与路侧取土坑的高差较大时,为了保证路堤的稳定性需设置护坡道。当路肩边缘与取土坑坑底高差小于或等于 2m 时,取土坑内侧坡顶可与路堤坡脚径相衔接,并采路堤边坡坡度;当高差大于 2m 时应设置宽 1m 的护坡道;当高差大于 6m 时,应设置宽 2m 的护坡道。浸水路堤的边坡坡度,在设计水位(路基设计洪水频率计算水位,加壅水高度,加浪侵袭高)再加 0.50m 以下部分应视填料性质采用 1:1.75~1:2,在常水位以下部分则采用 1:2~1:3,并视水流情况采取加固及防护措施。

填石路堤应由不易风化的较大石块填筑。边坡坡度可采用 1:1,边坡坡面应采用大于 25cm 的石块铺砌。当填方路堤处的地面横坡陡于 1:5 时,应将地面挖成台阶宽度不小于 1m 台阶顶面做成 2%~4% 的反坡,以防路基滑动影响稳定。

路堑边坡坡度,应根据当地自然条件、土石种类及其结构、边坡高度和施工方法等确定。一般情况下,土质(包括粗粒土)挖方边坡坡度参照表 5.17 选用。一般土质挖方边坡高度不宜超过 30m。

土质挖方边坡坡度　　　　　　　　　　　表 5.17

密实程度	边坡高度	
	<20m	20~30m
胶结	1:0.30~1:0.50	1:0.50~1:0.75
密实	1:0.50~1:0.75	1:0.75~1:1.00
中密	1:0.75~1:1.00	1:1.00~1:1.50
较松	1:1.00~1:1.50	1:1.50~1:1.75

知识点 5　道路用地范围与建筑限界

一、道路用地范围

道路用地是指为修建、养护道路及其沿线设施而依照国家规定所征用的土地。道路用地的征用必须遵守国家有关的土地法规,依据道路横断面设计的要求,在保证其修建、养护所必须用地的前提下,尽量节省每一寸土地。

1. 公路用地范围

填方地段为公路路堤两侧排水沟外边缘(无排水沟时为路堤或护坡道坡脚)以外,挖方地段为路堑坡顶截水沟外边缘(无截水沟为坡顶)以外,不小于1m的土地为公路用地范围。在有条件的地段,高速公路、一级公路不小于3m,二级公路不小于2m的土地为公路用地范围。

桥梁、隧道、互通式立体交叉、分离式立体交叉、平面交叉、交通安全设施、服务设施、管理设施、绿化以及料场、苗圃等应根据实际需要确定用地范围。

风沙、雪害以及特殊地质地带,设置防护设施,应根据实际需要确定用地范围。

2. 城市道路用地

城市道路用地范围为城市道路红线宽度。城市道路红线指划分城市道路用地和城市建筑用地、生产用地及其他备用地的分界控制线。红线宽度为包括车行道、人行道、绿化带等在内的规划道路的总宽度,所以也称为规划路幅。城市道路的红线规划考虑道路的功能与性质、横断面形式及其各组成部分的合理宽度以及今后发展的需要,由城市规划部门确定。

二、建筑限界

道路建筑限界又称净空,是为保证车辆、行人的通行安全,对道路和桥面上以及隧道中规定的一定高度和宽度范围内不允许有任何障碍物侵入的空间界限。它由净高和净宽两部分组成。建筑限界的上缘边界线为水平线(超高路段与超高横坡平行),两侧边界线与水平线垂直(超高路段与路面垂直)。在进行道路横断面设计时,应充分研究各路幅组成要素与道路公共设施之间的关系,在有限的空间内合理安排、正确设计。道路标志、标牌、护栏、照明灯柱、电杆、行道树、桥墩、桥台等设施的任何部件不能侵入建筑限界之内。

我国《规范》规定各级公路建筑限界如图5.23所示。

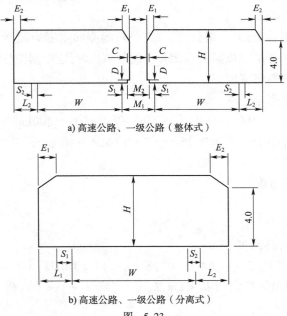

a) 高速公路、一级公路(整体式)

b) 高速公路、一级公路(分离式)

图 5.23

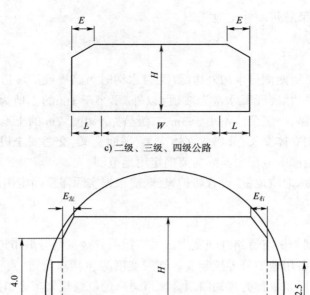

c) 二级、三级、四级公路

d) 公路隧道

图 5.23　各级公路的建筑限界(尺寸单位:m)

图中各物理量的意义如下:

W——行车道宽度。

L_1——左侧硬路肩宽度。

L_2——右侧硬路肩宽度。

S_1——左侧路缘带宽度。

S_2——右侧路缘带宽度。

L——侧向宽度。高速公路、一级公路、二级公路的侧向宽度为硬路肩宽度;三级、四级公路的侧向宽度为路肩宽度减去 0.25m。设置护栏时,应根据护栏需要的宽度加宽路基。

$L_{左}$——隧道内左侧侧向宽度。

$L_{右}$——隧道内右侧侧向宽度。

C——当设计速度大于 100km/h 时为 0.50m,等于或小于 100km/h 时为 0.25m。

D——路缘石高度,小于或等于 0.25m。一般情况下,高速公路可不设路缘石。

M_1——中间带宽度。

M_2——中央分隔带宽度。

J——检修道宽度。

R——人行道宽度。

d——检修道或人行道高度。

E——建筑限界顶角宽度。当 $L \leqslant 1m$ 时,$E = L$;当 $L > 1m$ 时,$E = 1m$。

E_1——建筑限界顶角宽度。当 $L_1 < 1m$,$E_1 = L_1$,或 $S_1 + C < 1m$,$E_1 = S_1 + C$;当 $L_1 \geqslant 1m$ 或 $S_1 + C \geqslant 1m$ 时,$E_1 = 1m$。

E_2——建筑限界顶角宽度,$E_2 = 1\text{m}$。

$E_左$——建筑限界左顶角宽度,当 $L_左 \leq 1\text{m}$,$E_左 = L_左$;当 $L_左 > 1\text{m}$ 时,$E_左 = 1\text{m}$。

$E_右$——建筑限界左顶角宽度,当 $L_右 \leq 1\text{m}$,$E_右 = L_右$;当 $L_右 > 1\text{m}$ 时,$E_右 = 1\text{m}$。

H——净空高度。

《规范》对建筑限界在使用时作出如下规定:

(1)路段设置爬坡车道、紧急停车带、避险车道、错车道、加减速车道等时,行车道应包括其宽度。

(2)桥梁、隧道设置人行道、检修道时,建筑限界应包括所增加的宽度。

(3)一条公路应采用同一净高。高速公路、一级公路的净高应为 5.00m;二级、三级、四级公路的净高应为 4.50m。

(4)人行道、自行车道、检修道与行车道分开设置时,其净高应为 2.50m。

对城市道路而言,其建筑限界的划定原理与公路相同,最小净高见表 5.18。城市道路的建筑限界规定如图 5.24 所示。

城市道路最小净高(单位:m)　　　　　　　　　　　表 5.18

车行道种类	机动车道			非机动车道	
行驶车辆种类	各种汽车	无轨电车	有轨电车	自行车、行人	其他非机动车道
最小净高	4.5	5.0	5.5	2.5	3.5

注:1. 铁路道口应以铁路轨顶标高为准。

2. 相交道路交叉点应以交叉中心规划标高为准。

3. 满足沿街两侧建筑物前地坪标高。

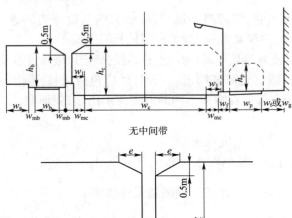

图 5.24　城市道路建筑限界

图中各物理量意义如下:

w_{sm}——中间分车带宽度。

w_{dm}——中间分隔带宽度。
w_c——机动车行车道宽度或机动车与非机动车混合行驶行车道宽度。
w_1——侧向净宽。
w_{me}——机动车道路缘带宽度。
w_{mb}——非机动车道路缘带宽度。
w_{se}——机动车行车道安全带带宽度。
w_b——非机动车行车道宽度。
w_a——路侧带宽度。
w_f——设施带宽度。
w_p——人行道宽度。
h_p——自行车道、人行道及其他非机动车道的最小净高。
h'_c——机动车行车道最小净高。
e——角抹角宽度。

知识点6 路基横断面设计及成果

一、横断面设计步骤

（1）点绘横断面地面线。地面线是现场测绘的,若是纸上定线,则从大比例尺的地形图上内插获得。在计算机辅助设计中,可向计算机输入横断面各变化点相对于中桩的坐标,由计算机自动绘制。

（2）根据路线和路基资料,填写路基设计表,根据路基设计表的成果,将横断面的填挖值及有关资料(如路基宽度、曲线要素等)抄于相应桩号的断面上。

（3）根据现场调查的土壤地质资料,示出土石界线,确定边坡坡度以及边沟的形状与尺寸。

（4）绘横断面的设计线,俗称"戴帽子"。设计线应包括路基、边沟、截水沟、加固及防护工程、护坡道、碎落台、视距台等。在弯道上的断面还应示出超高、加宽。一般直线段的断面可不示出路拱坡度。

（5）计算横断面的填挖面积,完成全图。

横断面填挖面积的计算方法将在下一知识点中介绍。

二、横断面设计成果

路基横断面设计的主要成果是"两图两表",即路基横断面设计图、路基标准横断面图、路基设计表与路基土石方计算表。

1. 路基横断面设计图

路基横断面设计图如图5.25所示,它是路基每一个中桩的法向剖面图,反映每个桩位处横断面的尺寸及结构,是路基施工及横断面面积计算的依据。图中应给出地面线与设计线,并标注桩号、施工高度与断面面积。相同的边坡坡度可只在一个断面上标注,挡墙等均工构造物可只绘出形状不标注尺寸,边沟也只需绘出形状。横断面设计图应按从下到上、从左到右的方式进行布置,一般采用1∶200的比例。

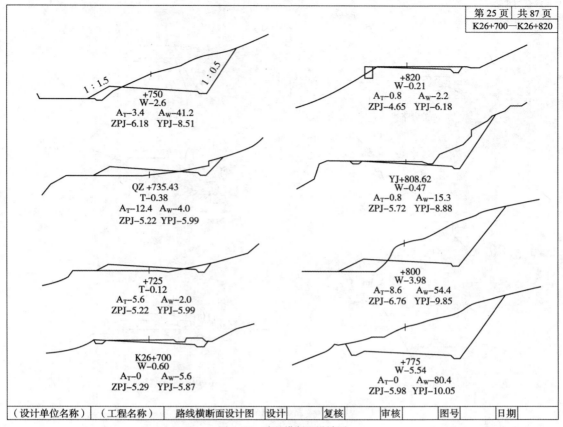

图 5.25 路基横断面设计图

2. 路基标准横断面图

路基标准横断面图如图 5.26 所示,是路基横断面设计图中所出现的所有路基形式的汇总。它示出了所有设计线(包括边坡、边沟、挡墙、护肩等)的形状、比例及尺寸,用以指导施工。这样路基横断面设计图就不必对每一个断面都进行详细的标注(其中很多断面的比例、尺寸都是相同的),避免了工作的重复与烦琐,也使横断面设计图比较简洁。

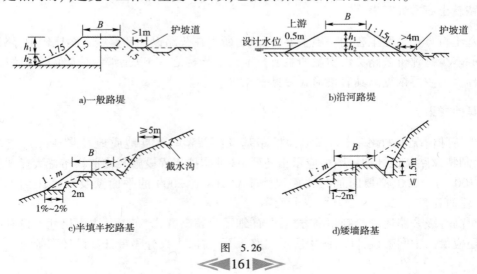

图 5.26

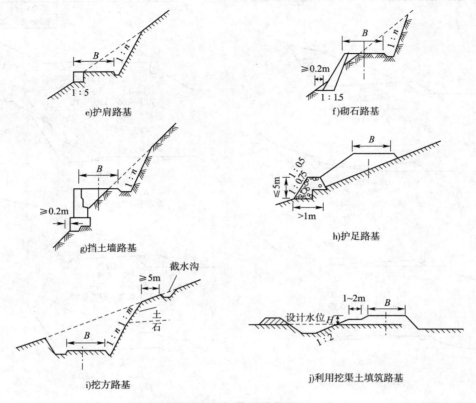

图 5.26 路基标准横断面图

3. 路基设计表

路基设计表严格地说不能只作为横断面设计的成果,它是路线设计成果的一个汇总,其前半部分是平面与纵面设计的成果。横断面设计完成后,再将"边坡""边沟"等栏填上。其中"边沟"一栏的"坡度"如不填写,表明沟底纵坡与道路纵坡一致;如果不一致,则需另外填写。其表格形式参见表 5.19。

4. 路基土石方计算表

路基土石方是公路工程的一项主要工程量,所以在公路设计和路线方案比较中,路基土石方数量的多少是评价公路测设质量的主要技术经济指标之一,也是编制公路施工组织计划和工程概预算的主要依据。其表格形式参见表 5.20。

5. 其他成果

对于特殊情况下的路基(如高填深挖路基、侵河路基、不良地质地段路基等),应单独设计,并绘制特殊路基设计图。图中应示出地质、各种防护工程设施及构造物布置大样图。比例尺用 1:100~1:1000,必要时加绘比例尺为 1:200~1:2000 的平面图及水平比例 1:200~1:2000、垂直比例 1:20~1:200 的纵断面图。

对于高等级公路还应绘制超高方式图,详细示出超高方式、布置及主要尺寸。设有中间带的公路还应绘出中间带设计图,图中应示出路缘石大样,中央分隔带开口设计图等。

×××公路路基设计表

路基设计表

表 5.19
第 页 共 页

桩号	平曲线	变坡点高程桩号及纵坡坡度、坡长	竖曲线	地面标高	设计高	填挖高度 (m)		路基宽 (m)		路边及中桩与设计高之高差			施工时中桩 (m)		边坡 1:m		护坡道		护坡道坡宽 1:m		坡度 (%)		边沟			内坡	坡脚坡口至中桩距离		备注
						填	挖	左	右	左	中桩	右	填	挖	左	右	左	右	左	右	左	右	形状	底宽(m)	沟深(m)		左	右	
1	2	3	4	5	6	7	8	9	10	11	12	13	14	15	16	17	18	19	20	21	22	23	24	25	26	27	28	29	30
K2+100.00				160.76	159.92		0.84	7.50	7.50	0.00	0.15	0.00		0.69	1.5	1.5											5.89	6.23	
+120.00		K2+100		161.56	159.75		1.81	7.50	7.50	0.00	0.15	0.00		1.66	1.5	1.5											6.43	7.24	
+140.00		I=-.65%		164.03	159.59		4.44	7.50	7.50	0.00	0.15	0.00		4.29	1.5	1.5											8.95	9.45	
+160.00		L+400		164.23	159.43		4.80	7.50	7.50	0.00	0.15	0.00		4.65	1.5	1.2											9.32	9.76	
+180.00				162.15	159.28		2.87	7.50	7.50	0.00	0.15	0.00		2.72	1.5	1.5											5.67	6.21	
+200.00				163.17	159.14		4.03	7.50	7.50	0.00	0.15	0.00		3.88	1.5	1.5											8.45	9.03	
+220.00				163.20	159.00		4.20	7.50	7.50	0.00	0.15	0.00		4.05	1.5	1.5											8.61	9.31	
+240.00				163.87	158.87		5.00	7.50	7.50	0.00	0.15	0.00		4.85	1.5	1.5											9.26	9.96	
+260.00			+243.5	165.69	158.74		6.95	7.50	7.50	0.00	0.15	0.00		6.80	1.5	1.5											10.42	11.25	
+280.00				166.31	158.61		7.70	7.50	7.50	0.00	0.15	0.00		7.55	1.5	1.5											12.67	13.81	
+300.00				166.36	158.48		7.88	7.50	7.50	0.00	0.15	0.00		7.73	1.5	1.5											12.78	13.96	
ZH+315.00				166.30	158.37		7.93	7.50	7.50	0.00	0.15	0.00		7.78	1.5	1.5											12.96	14.26	
+340.00		157.175		166.06	158.22		7.84	7.50	7.50	0.59	0.29	-0.04		7.55	1.5	1.5											12.85	14.11	
HY+360.00				166.06	158.08		7.98	7.50	7.90	1.11	0.51	-0.12		7.47	1.5	1.5											12.98	14.34	
+380.00	JD5 右		凹	166.20	157.96		8.24	7.50	7.90	1.11	0.51	-0.12		7.73	1.5	1.5											13.56	14.87	
+400.00	78°53'		R-18000	166.01	157.83		8.18	7.50	7.90	1.11	0.51	-0.12		7.67	1.5	1.5											13.45	14.77	
+420.00	21"		T=-95.4	165.95	157.70		8.25	7.50	7.920	1.11	0.51	-0.12		7.74	1.5	1.5											13.59	14.93	
+440.00	R=200			165.61	157.60		8.01	7.50	7.90	1.11	0.51	-0.12		7.50	1.5	1.5											13.48	14.58	
+460.00	LS1=45			165.63	157.52		8.11	7.50	7.90	1.11	0.51	-0.12		7.60	1.5	1.5											13.36	14.81	
QZ+476.08	LS2=45			166.02	157.47		8.55	7.50	7.90	1.11	0.51	-0.12		8.04	1.5	1.5											14.25	15.42	
+500.00	T1=187.38			166.05	157.43		8.62	7.50	7.90	1.11	0.51	-0.12		8.11	1.5	1.5											14.37	15.35	
+520.00	T2=187.38			166.02	157.41		8.61	7.50	7.90	1.11	0.51	-0.12		8.10	1.5	1.5											14.35	15.31	
+540.00	L=320.375			165.43	157.42		8.01	7.50	7.90	1.11	0.51	-0.12		7.50	1.5	1.5											13.42	14.45	
+560.00	E=59.533	K2+500		165.89	157.46		8.43	7.50	7.90	1.11	0.51	-0.12		7.92	1.5	1.5											14.06	15.12	
+580.00		i=-.41%		163.21	157.51		5.70	7.50	7.90	1.11	0.51	-0.12		5.19	1.5	1.5											10.23	11.52	
YH+591.27		L=400		164.13	157.55		6.58	7.50	7.90	0.89	0.42	-0.09		6.07	1.5	1.5											11.46	12.78	
+600.00			+595.4	163.60	157.59		6.01	7.50	7.82	0.40	0.20	-0.02		5.59	1.5	1.5											10.38	12.03	
+620.00				162.86	157.67		5.19	7.50	7.64	0.00	0.15	0.00		4.99	1.5	1.5											9.21	10.76	
CQ+636.27				161.35	157.73		3.62	7.50	7.50	0.00	0.15	0.00		3.47	1.5	1.5											7.06	8.53	

路基土石方数量计算表

项目名称：××公路××段

表 5.20 第 1 页 共 8 页

桩号	横断面面积(m²)		距离(m)	挖方分类及数量(m²)											填方数量(m²)			利用方数量及调配(m²)						纵运利用及调配示意	借方数量(m³)及运距(km)		弃方数量(m³)及运距(km)		计价土石方总数量(m³)		备注
	填方	挖方		总数量	土						石				总数量	土	石	本桩利用		填缺		挖余				土	石	土	石	土	石	
					Ⅰ		Ⅱ		Ⅲ		Ⅳ		Ⅴ	Ⅵ				土	石	土	石	土	石									
					数量	%	数量	%	数量	%	数量	%	数量	%																		
1	2	3	4	5	6	7	8	9	10	11	12	13	14	15	16	17	18	19	20	21	22	23	24	25	26	27	28	29	30	31	32	33	34
K0+000	18.2																																
K0+025	16.7		25.00																														
K0+050	18.1		25.00																														
K0+075	12.6	3.2	25.00	40	8	20	32	80								399	399		32			399				399↓					40		开挖路堑表土层土方不能用于填筑路堤，按弃方计。
K0+0092.17	5.8	11.5	17.17	126	25	20	101	80								439	439		101			439				435↓					126		
K0+100	36.2	13.5	7.83	187	37	20	150	80								388	388		23			356		164		356→					187		
K0+125	13.5	25.00		996	199	20	198	80			299	30				158	185					57				127 57↓				25	37		126 299	
K0+150	39.7	25.00		1040	208	20	426	80			312	30				23	23							697 728	299 312	797→ 中转堆置90m 1251				199 208	697 728		
K0+175	28.4	25.00		851	170	20	426	80			255	30											596	255	327→				170	596		255	
K0+183.5	27.3	8.50		237	47	20	149	80			71	30											166	71	61→				47	166		71	
K0+200	31.9	16.50		488	98	20	244	80			146	30							22				342	146	342 151→				98	342		146	
K0+209.05	31.2	9.05		503	100	20	252	80			151	30							193				352	151	352→ 中转堆置121m 1248				100	352		151	
K0+225	2.7	18.3	15.95	395	79	20	316	80								22	22		22						373→				79			446	
K0+250	16.2	1.8	25.00	313	63	20	250	80								193	193		193						120→				63			451	
K0+275	16.2	1.8	25.00	106	24	20	85	80								361	361		85			276				776→				21				
K0+300	22.0	25.00		23	5	20	18	80								478	478		18			460				460→				5				
K0+325	19.4	25.00														512	512					512				512→								
K0+329.05	15.6	4.05														71	71					71				71→								
K0+350	21.7	20.95														391	391					391				392→								
K0+400	18.2	50.00														998	998					998				305→								
K0+450	14.5	50.00														818	818					818					693					693		
K0+473.47	12.1	23.47														312	312					312					818					818		
K0+500	13.6	26.53														341	341					341					312					312		
K0+550	14.7	50.00														708	708					708					341					341		
K0+600	132	50.00														698	698					698					708					708		
本页小计			600	5305	1063		2741				1234					7310	7210		474			6836	3538	1234			3570	1060				7641	1834	
累计			1000	5305	1063		2741				1234					16735	16735		474			16261	3538	1234			12995	1060				17066	1834	

编制：　　　　　　　　　　　　　　　　　　　　　　　　　　　　复核：

三、城市道路横断面设计

对于城市道路横断面设计,由于其关系到交通、环境、景观和沿线公用设施的协调安排,所以除根据道路等级、交通量确定断面形式外,还应特别注意以下要点:

(1)路幅应与沿街建筑物相协调。从日照、通风、防震即建筑艺术方面,一般认为沿街建筑物高度与路幅宽度之比为1∶2左右为宜。

(2)横断面应与路上的交通性质与组成相协调。由于城市道路主要由机动车、非机动车行人交通以及公共交通站等组成,因此横断面要依据机非车辆与行人交通量的比例,并考虑公交线路及车辆的停靠等问题进行布置设计。

(3)横断面布置应与道路功能相适应。不同功能的道路应有不同的风貌与建筑艺术。例如商业性大街,因沿街有大型商店、影剧院等,一般以客运与行人交通为主,禁止过境载货车辆驶入,断面布置时,车行道一般为四车道,并应考虑车辆的沿街停靠,且人行道宜宽。

1. 横断面设计图

当按照城市道路的交通性质、地形条件以及近期与远期相结合的原则确定了横断面组成和宽度以后,即可绘制横断面设计图。城市道路的横断面设计图与公路横断面设计图的作用是相同的,即为指导施工和计算土石方数量。

城市道路横断面设计图一般用的比例尺为1∶100或1∶200,在图上应绘出红线宽度、行车道、人行道、绿化带、照明、新建或改建的地下管线等各组成部分的位置和宽度,以及排水方向、路面横坡等,如图5.27所示。

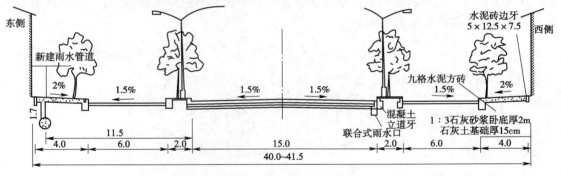

图5.27 城市道路横断面设计图(尺寸单位:m)

2. 横断面现状图

沿道路中线每隔一定距离绘制横断面地面线。若属旧街道的改建,实际上就是横断面的现状图。图中包括地形、地物、原街道的各组成部分、边沟、路侧建筑物等。比例尺为1∶100或1∶200。有时为了更明显地表现地形和地物高度的变化,也可采用纵、横不同的比例尺绘制。

3. 横断面施工图

在完成道路纵断面设计之后,各中线上的填挖高度则为已知。将这一高度点绘在相应的横断面现状图上,然后将横断面设计图以相同的比例尺画于其上。此图反映了各断面上的填、挖和拆迁界线,是施工时的主要依据,如图5.28所示。

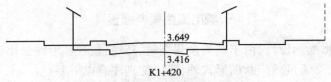

图 5.28　横断面施工图(尺寸单位:m)

知识点 7　路基土石方数量计算及调配

路基土石方是公路工程的一项主要工程量,在公路设计和路线比较中,路基土石方数量的多少是评价公路测设质量的主要技术经济指标之一。在编制公路施工组织计划和公路概预算时,还需要确定分段和全线的路基土石方数量。

地面形状是很复杂的,填挖方不是简单的几何体,所以其计算只能是近似的,计算的精确度取决于中桩间距、测绘横断面时采点的密度和计算公式与实际情况的接近程度等。计算时一般应按工程要求,在保证使用的前提下力求简化。

一、横断面面积的计算

路基填挖的断面积,是指断面图中原地面线与路基设计线所包围的面积,高于地面线者为填,低于地面线者为挖,两者应分别计算。下面介绍几种常用的面积计算方法。

1. 积距法

如图 5.29 所示,将断面按单位横宽划分为若干个梯形与三角形条块,每个小条块的近似面积为 $F_i = bh_i$,则横断面面积为:

$$F = b\sum_{i=1}^{n} h_i \tag{5.24}$$

当 $b = 1\text{m}$ 时,则 F 在数值上就等于各小条块平均高度之和 $\sum_{i=1}^{n} h_i$。

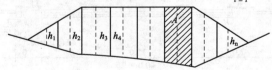

图 5.29　横断面面积的计算(积距法)

要求得 $\sum_{i=1}^{n} h_i$ 的值,可以用卡规逐一量取各条块高度的累计值。当面积较大卡规不够用时,也可用厘米方格纸折成窄条代替卡规量取积距。用积距法计算面积简单、迅速。若地面线较顺直,也可增大 b 的数值。若要进一步提高精度,可增加测量次数最后取平均值。

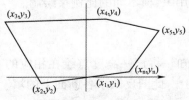

图 5.30　坐标法计算横断面面积

2. 坐标法

如图 5.30 所示,已知断面图上各折点坐标 (x_i, y_i),则断面面积为:

$$F = \frac{1}{2}\sum_{i=1}^{n}(x_i y_{i+1} - x_{i+1} y_i) \tag{5.25}$$

坐标法的计算精度较高,适宜于计算机计算。

3. 块分法

如图 5.31 所示,所谓块分法就是通过路基横断面地面线及设计线上的所有转折点用竖线把路基横断面划分成宽度不等的多个准确的梯形或三角形,然后分别计算每一个梯形或三角形的面积,再累加起来即为路基横断面面积。填挖方交界处也应划分出来,分别计算填挖面积。本方法一般是通过解析法进行计算,用计算机来完成,特点是计算精度高。计算横断面面积还有几何法、数格法、求积仪法等,这里不再一一介绍。

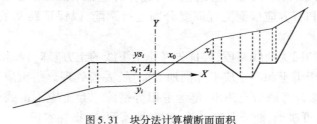

图 5.31 块分法计算横断面面积

二、土石方数量计算

若相邻两断面均为填方或挖方且面积大小相近,则可假定两断面之间为一棱柱体(图 5.32),其体积的计算公式为:

$$V = \frac{1}{2}(A_1 + A_2)L \tag{5.26}$$

式中:V——体积,即土石方数量,m^3;
  A_1、A_2——相邻两断面的面积,m^2;
  L——相邻两断面之间的距离,m。

此法计算简易,较为常用,一般称之为"平均断面法"。若 A_1 和 A_2 相差较大,则与棱台更为接近。其计算公式为:

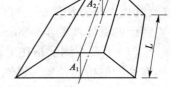

图 5.32 体积计算

$$V = \frac{1}{3}(A_1 + A_2 + \sqrt{A_1 A_2})L \tag{5.27}$$

第二种方法的精度较高,应尽量采用,特别适用于计算机计算。用上述方法计算的土石方体积是包含了路面体积的。若所设计的纵断面有填有挖且基本平衡,则填方面积中多计的路面面积与挖方断面中少计的路面面积相互抵消,其总体积与实际体积相差不大。但若路基以填方为主或以挖方为主,则最好是在计算断面面积时将路面部分计入。土方多采用表格计算,参见表 5.20。

三、路基土石方调配

土石方调配是为了确定填方用土的来源、挖方弃土的去向,以及计价土石方的数量和运量等。通过调配合理地解决各路段土石方平衡与利用问题,使从路堑挖出的土石方,在经济、合理的调运条件下移挖作填,达到填方有所"取",挖方有所"用",避免不必要的路外借土和弃土,以减少占用耕地和降低公路造价。

1. 土石方调配原则

(1)在半填半挖的断面中,应首先考虑在本路段内移挖作填进行横向平衡,然后在做纵向调配,以减少总运量。

(2) 土石方调配应考虑桥涵位置对施工运输的影响,一般大沟不做跨越调运,同时还应注意施工的方便,尽可能减少和避免上坡运土。

(3) 为了使调配合理,必须根据地形情况和施工条件,选用适当的运输方式,确定合理的经济运距,分析工程用土是调运还是外借。

(4) 土方调配"移挖作填"固然要考虑经济运距问题,但这不是唯一的指标,还要综合考虑弃土和借方占地,赔偿青苗损失及对农业生产的影响等。有时移挖作填虽然运距超出一些,运输费用多一些,但如能少占地,少影响农业生产,这样对整体来说也未必是不经济的。

(5) 不同的土方和石方应根据工程需要分别进行调配,以保证路基的稳定和人工构造物的材料供应。

(6) 位于山坡上的回头曲线路段,要优先考虑上下线的土方竖向调运。

(7) 土方调配对于借土和弃土应事先同地方商量,妥善处理。借土应结合地形、农田规划等选择借土地点,并综合考虑借土还田,整地造田等措施。弃土应不占或少占耕地,在可能条件下亦将弃土平整为可耕地,防止乱弃乱堆,或者堵塞河流、损坏农田。

2. 土石方调配方法

土石方调配方法有多种,如累积曲线法、调配图法及土石方计算表调配法等,目前生产上多采用土石方计算表调配。该法不需绘制累积曲线图与调配图,直接可在土石方表上进行调配,其优点是方法简捷、调配清晰、精度符合要求。该表也可由计算机自动完成。土石方计算表调配的具体调配步骤如下:

(1) 土石方调配是在土石方数量计算与复核完毕的基础上进行的,调配前应将可能影响运输调配的桥涵位置、陡坡、大沟等标注在表旁,供调配时参考。

(2) 弄清各桩号间路基填挖方情况并做横向平衡,明确利用、填缺与挖余数量。

(3) 在做纵向调配前,应根据施工方法及可能采取的运输方式定出合理的经济运距,供土石方调配时参考。

(4) 根据填缺挖余分布情况,结合路线纵坡和自然条件,本着技术经济的原则,具体拟定调配方案。方法是逐桩逐段地将毗邻路段的挖余调运到填缺内加以利用,并把具体调运方向和数量用箭头标明在纵向利用调配栏中。

(5) 经过纵向调配后,应按下式进行复核检查:

$$横向调运 + 纵向调运 + 借方 = 填方$$
$$横向调运 + 纵向调运 + 弃方 = 挖方$$
$$挖方 + 借方 = 填方 + 弃方$$

以上检查是逐页进行复核的,如有跨页调配,需将其数量考虑在内。通过复核可以发现调配与计算过程有无错误,经核正无误后,即可分别计算计价土石方数量、运量和运距等,为编制施工预算提供土石方工程数量。

3. 关于调配计算的几个问题

1) 免费运距、平均运距和经济运距

土石方作业包括挖、装、运卸等工序,在某一特定距离内,只按挖方数计价,这一特定距离称为免费运距。显然施工方法不同,其免费运距也不同。如人工作业时,人工运输的免费运距为20m,轻轨运输的免费运距为50m;机械作业时,推土机的免费运距为20m,铲运机的免费运距为100m等。各种作业的免费运距,可由《公路工程预算定额》和《公路工程概算定额》(以下分别简称《预算定额》和《概算定额》)中查得。

土石方调配时,从挖方体积重心到填方体积重心的距离称为平均运距。为简化设计计算,通常平均运距为按挖方路段中心至填方路段中心的距离计。当平均运距小于或等于免费运距时,可不另计运费;当平均运距大于免费运距时,超出的运距称超运运距,超运运距按运输方式不同有不同的计算单位,如人工运输以每超运10m为单位,铲运机以每超运50m为单位,汽车运输以千米为单位等,各种运输方式的超运运距单位,可从《预算定额》和《概算定额》中查得。

填方用土的来源,一种是从路堑挖方纵向调运,另一种是就近路外借土。一般情况下,利用挖方纵向调运来填筑较近的路堤是比较经济的,但如果调运的距离较长,以至运费(上述超运运距的另加运费)超过了在路堤附近借土所需的费用时,这种移挖作填就不如在附近借土经济。因此,采用"调"或"借"有个运距限度问题,这个限度距离称经济运距,可通过式(5.28)求得:

$$L_{经} = \frac{B}{T} + L_{免} \tag{5.28}$$

式中:$L_{经}$——经济运距,m;
 B——借方单价,元/m³;
 T——运费单价,元/(m³·m);
 $L_{免}$——免费运距,m。

从式(5.28)可知,当调运的距离小于或等于经济运距时,采用"调"是经济的;若调运距离超过经济运距,则应考虑就近借土。

《预算定额》中规定的土石方运距计算如下:以人工运输为例,第一个20m为免费运距,如不足20m亦按20m计算;此后每增加10m为一个超运运距单位,尾数不满5m者不计,满5m者按10m计。其他可依此类推。

2)运量

土石方运量即平均运距与所运土石方数量的乘积。土石方调配时,超运运距的运土才另加计运费,故运量应按平均超运运距计,运量的单位为m³·km或m³·m。

3)计价土石方数量

在土石方数量中,所有的挖方量均应予以计价,但填方则按土方的来源决定是否计价。若是路外就近借土就应计价,若是移挖作填的纵向调配方则不应计价,否则就形成了双重计价(路堑挖方已计,填方再计)。因而计价土石方数量为计价土石方数量 = 挖方数量 + 借方数量。

知识点8 横断面设计案例

【例5-1】 某二级公路($V = 60$km/h),沿线气候条件为一般情况。已知路拱横坡度和硬路肩横坡度均为2%,土路肩横坡度为4%,最大超高横坡度为6%。有一弯道半径$R = 250$m,与之相对应的缓和曲线长度$L_s = 80$m。交点桩号为JD = K17 + 568.38,偏角$\alpha = 38°30'00''$,加宽类别为第3类,加宽过渡的方式为直线比例。

已知以下各主点里程桩号:

$$ZH = K17 + 440.74$$
$$HY = K17 + 520.74$$
$$YH = K17 + 608.73$$
$$HZ = K17 + 688.73$$
$$QZ = K17 + 564.735$$

假定超高的形成方式是以内侧行车道边缘为旋转轴的,试完成以下工作:

(1)确定超高缓和段的长度;

(2)计算超高缓和段上三个特征断面(起始、临界、全超过高)的里程桩号;

(3)计算超高缓和段上三个特征断面(起始、临界、全超过高)的加宽值;

(4)计算超高缓和段上 K17+460、K17+500 和 K17+550 三个桩号的超高值。

解:(1)确定超高缓和段的长度:

取 $L_c = L_s = 80(\text{m})$

则 $p = \dfrac{B \times i_b}{L_c} = \dfrac{7.0 \times 0.05}{80} = \dfrac{1}{228.57}$

查表 5.12 得,$1/330 < p < 1/125$,故满足行车与排水的要求,因此 $L_c = 80\text{m}$ 符合设计要求。

(2)计算超高缓和段上三个特征断面的里程桩号:

因为双坡阶段的长度 $x_0 = \dfrac{i_0}{i_b} L_c = \dfrac{0.02}{0.05} \times 80 = 32(\text{m})$

又已知 ZH、HY 点里程桩号 = K17+440.74 和 HY = K17+520.74

故起始断面的桩号为(等于 ZH 点的桩号):K17+440.74

临界断面的桩号为:(K17+440.74)+32 = K17+472.74

全超高断面的桩号为(等于 HY 点的桩号):K17+520.74

(3)计算超高缓和段上三个特征断面的加宽值:

取 $L_j = L_s = 80(\text{m})$

查表 5.3 得,当半径 $R = 250\text{m}$ 时,圆曲线的加宽值 b 为 0.8m,则起始断面 K17+440.74 的加宽值为 0m,临界断面 K17+472.74 的加宽值为:

$$\dfrac{x_0}{L_j} \times b = \dfrac{32}{80} \times 0.8 = 0.32(\text{m})$$

全超高断面 K17+520.74 的加宽值为 0.8m。

(4)超高缓和段上给定桩号的超高值计算:

查表 5.1 得,行车道宽度 $B = 7.0\text{m}$;

查表 5.4 得,硬路肩宽度 $b_{J1} = 0.75\text{m}$,土路肩宽度 $b_{J2} = 0.75\text{m}$;

查表 5.11 得,该圆曲线的超高横坡度 $i_b = 0.05$;

又已知路拱横坡度 $i_0 = 0.02$,硬路肩横坡度 $i_{J1} = 0.02$,土路肩横坡度 $i_{J2} = 0.04$;

已算双坡阶段的长度 $x_0 = 32\text{m}$,则:

①K17+460 断面的超高值计算,如图 5.33 所示。

$$x = (K17+460) - (K17+440.74) = 19.26(\text{m})$$

因为 $x < x_0 = 32\text{m}$,所以 K17+460 断面位于双坡阶段上,故有该断面的加宽值为:

$$b_x = \dfrac{x}{L_c} \times b_j = \dfrac{19.26}{80} \times 0.8 = 0.193(\text{m})$$

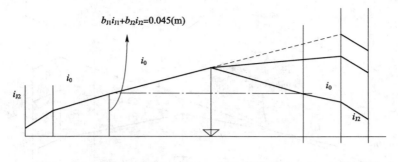

图 5.33 K17+460 断面超高值计算图示(双坡阶段)

$$h_{内侧车道边缘} = (b_{J2}i_{J2} + b_{J1}i_{J1}) - b_x i_0$$
$$= (0.75 \times 0.04 + 0.75 \times 0.02) - 0.193 \times 0.02$$
$$= 0.045 - 0.00386 = 0.041(\text{m})$$

$$h_{路中线} = (b_{J2}i_{J2} + b_{J1}i_{J1}) + \frac{B}{2}i_0$$
$$= 0.045 + \frac{7.0}{2} \times 0.02 = 0.045 + 0.07 = 0.115(\text{m})$$

$$h_{外侧车道边缘} = (b_{J2}i_{J2} + b_{J1}i_{J1}) + \frac{x}{x_0}Bi_0$$
$$= 0.045 + \frac{19.26}{32} \times 7.0 \times 0.02 = 0.045 + 0.084 = 0.129(\text{m})$$

$$h_{内侧硬路肩边缘} = [(b_{J2}i_{J2} + b_{J1}i_{J1}) - b_x i_0] - b_{J1}i_0 = h_{内侧车道边缘} - b_{J1}i_0$$
$$= 0.041 - 0.75 \times 0.02 = 0.026(\text{m})$$

$$h_{外侧硬路肩边缘} = (b_{J2}i_{J2} + b_{J1}i_{J1} - b_{J1}i_0) + \frac{x}{x_0}\left(\frac{B}{2} + b_{J1}\right)2i_0$$
$$= (0.045 - 0.75 \times 0.02) + \frac{19.26}{32} \times \left(\frac{7.0}{2} + 0.75\right) \times 2 \times 0.02$$
$$= 0.03 + 0.102 = 0.132(\text{m})$$

$$h_{内侧土路肩边缘} = h_{内侧硬路肩边缘} - b_{J2}i_{J2} = 0.026 - 0.75 \times 0.04 = -0.004(\text{m})$$

$$h_{外侧土路肩边缘} = h_{外侧硬路肩边缘} - b_{J2}i_{J2} = 0.132 - 0.75 \times 0.04 = 0.102(\text{m})$$

②K17+500 断面的超高值计算,如图 5.34 所示。

$$x = (K17+500) - (K17+440.74) = 59.26(\text{m})$$

因为 $x_0 < x < L_c$,所以 K17+500 断面位于旋转阶段,该断面的加宽值为:

$$b_x = \frac{x}{L_c} \times b = \frac{59.26}{80} \times 0.8 = 0.593(\text{m})$$

因为 $p = 1/228.57$,所以 $p > 1/330$,故有:

$$i_x = \frac{x}{L_c}i_b = \frac{59.26}{80} \times 0.05 = 0.037$$

$$h_{内侧车道边缘} = (b_{J2}i_{J2} + b_{J1}i_{J1}) - b_x i_x$$
$$= 0.045 - 0.593 \times 0.037 = 0.045 - 0.022 = 0.023(\text{m})$$

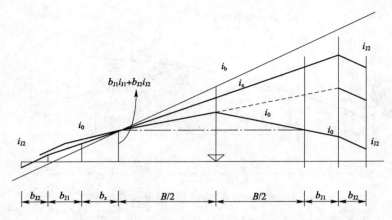

图 5.34 K17+500 断面超高值计算图示(旋转阶段)

$$h_{路中线} = (b_{J2}i_{J2} + b_{J1}i_{J1}) + \frac{B}{2}i_x$$

$$= 0.045 + \frac{7.0}{2} \times 0.037 = 0.045 + 0.130 = 0.175(\mathrm{m})$$

$$h_{外侧车道边缘} = (b_{J2}i_{J2} + b_{J1}i_{J1}) + Bi_x$$

$$= 0.045 + 7.0 \times 0.037 = 0.045 + 0.259 = 0.304(\mathrm{m})$$

$$h_{内侧硬路肩边缘} = h_{内侧车道边缘} - b_{J1}i_x = 0.023 - 0.75 \times 0.037 = -0.005(\mathrm{m})$$

$$h_{外侧硬路肩边缘} = h_{外侧车道边缘} + b_{J1}i_x = 0.304 + 0.75 \times 0.037 = 0.332(\mathrm{m})$$

由于 $i_x(=3.7\%) > 3\%$,故有:

$$h_{内侧土路肩边缘} = h_{内侧硬路肩边缘} - b_{J2}i_x = -0.005 - 0.75 \times 0.037 = -0.033(\mathrm{m})$$

$$h_{外侧土路肩边缘} = h_{外侧硬路肩边缘} - b_{J2}i_{J2} = 0.332 - 0.75 \times 0.04 = 0.302(\mathrm{m})$$

③K17+550 断面的超高值计算,如图 5.35 所示。

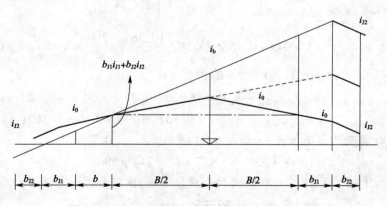

图 5.35 K17+550 断面超高值计算图示(全超高阶段)

$$x = (K17+550) - (K17+440.74) = 109.26(\mathrm{m})$$

因为 $x > L_c$,所以 K17+550 断面位于旋转阶段,该断面的加宽值为 $b = 0.8\mathrm{m}$;超高横坡度 $i_b = 5\%$。

$$h_{内侧车道边缘} = (b_{J2}i_{J2} + b_{J1}i_{J1}) - bi_b$$

$$= 0.045 - 0.80 \times 0.05 = 0.045 - 0.040 = 0.005(\mathrm{m})$$

$$h_{路中线} = (b_{J2}i_{J2} + b_{J1}i_{J1}) + \frac{B}{2}i_b$$

$$= 0.045 + \frac{7.0}{2} \times 0.05 = 0.045 + 0.175 = 0.220(\text{m})$$

$$h_{外侧车道边缘} = (b_{J2}i_{J2} + b_{J1}i_{J1}) + Bi_b$$

$$= 0.045 + 7.0 \times 0.05 = 0.045 + 0.350 = 0.395(\text{m})$$

$$h_{内侧硬路肩边缘} = h_{内侧车道边缘} - b_{J1}i_x = 0.005 - 0.75 \times 0.05 = -0.033(\text{m})$$

$$h_{外侧硬路肩边缘} = h_{外侧车道边缘} + b_{J1}i_x = 0.395 + 0.75 \times 0.05 = 0.433(\text{m})$$

由于 $i_b = 5\% > 3\%$，故有：

$$h_{内侧土路肩边缘} = h_{内侧硬路肩边缘} - b_{J2}i_x = -0.033 - 0.75 \times 0.05 = -0.071(\text{m})$$

$$h_{外侧土路肩边缘} = h_{外侧硬路肩边缘} - b_{J2}i_x = 0.433 - 0.75 \times 0.04 = 0.403(\text{m})$$

【例5-2】 微丘区二级公路，计算行车速度 $V = 80 \text{km/h}$，属于中等强度降雨地区，原位土和填筑材料均为粉质亚砂土，试设计一般情况下的半填半挖式路基横断面，要求设计内容包括路基宽度(行车道、硬路肩、土路肩)、路拱横坡度、边坡、边沟等内容。

解：(1)路基宽度的确定。

根据《规范》，二级公路采用单幅双车道整体式路基断面形式。查表5.1可得，行车道宽度为 $2 \times 3.75\text{m}$；查表5.4可得硬路肩宽度为 $2 \times 1.50\text{m}$，土路肩宽度为 $2 \times 0.75\text{m}$。因此，整个路基顶面宽度为 $2 \times (3.75 + 1.50 + 0.75) = 12.00\text{m}$。

路基沿横断方向布置如图5.36所示。

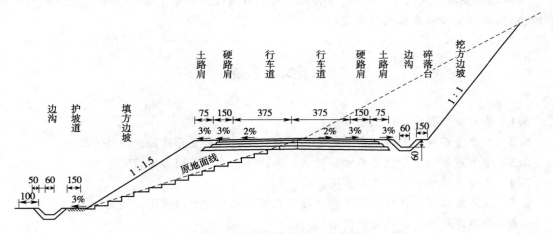

图5.36 路基设计标准横断面图(尺寸单位：cm)

(2)路拱横坡度设计。

路拱是为了利于路面横向排水，将路面做成由中央向两侧倾斜的拱形。路拱坡度需要考虑路面类型和当地的自然条件。查《标准》可知，沥青路面横坡宜取 $1.0\% \sim 2.0\%$。高速公路、一级公路路基采用双向路拱，中等强度降雨地区采用2%坡度，降雨强度较大地区可适当加大；二级、三级、四级公路路基采用双向路拱，采用不小于1.5%的坡度；硬路肩的横坡应与行车道横坡一致。

考虑到该地区降雨量、路面排水状况和施工行车安全舒适度，本设计拟采用坡度为2.0%的路拱横坡。公路的硬路肩，采用与行车道相同的横坡。土路肩的横坡采用3%的坡度，路拱形式拟采用直线式。

(3) 边坡坡度设计。

路堤的边坡坡度，应根据填料的物理力学性质、气候条件、边坡高度以及基底的工程地质与水文地质条件进行合理的选定。拟建公路地处地势崎岖的山岭地区，根据沿线的工程地质及水文状况，本设计采用的路堤边坡为：边坡高度小于8m采用1:1.5坡度；边坡高度大于8m的，距地面8m以上采用1:1.5坡度，距地面8m以下采用1:1.75坡度，并在该处修建1m的碎落台；边沟内侧边坡顶部与路堤坡脚之间设置1.5m宽度的护坡道，以增加路堤边坡的稳定性。

路堑边坡的稳定性主要与当地的地质地貌、水文条件和排水条件有关。为了防止边坡不稳定而发生塌方等病害，在设计之前，首先用对山坡的自然稳定性作出正确的判断。本设计采用的路堑挖方土质边坡为1:1，在路堑边坡的坡脚处修建1.5m的碎落台，从而增加边坡的稳定性、减少坡面冲刷，起到一定的拦挡上边坡剥落下坠的小石(土)块的作用，同时平台表面也做浆砌片石防护。

(4) 边沟坡度设计。

边沟是路基两侧布置的纵向排水沟，设置于挖方和低填路段。路面和边坡水汇集到边沟后，通过跌水井或急流槽引到桥涵进出口处或通过排水沟引到路堤坡脚以外，排出路基。

设计路线的边沟的断面形式依据《规范》采用梯形，边沟底宽与深度设置均为0.6m，内侧边坡设计为1:1。

(5) 基底防滑措施。

当原地面横坡坡度大于1:5时，应将地面挖成内倾坡度不小于2%~4%、宽度大于2m的台阶，以防止路基沿基底发生横向滑动。

习　题

5.1 公路横断面的组成包括哪些？

5.2 城市道路常见的横断面形式有哪几种？简述各断面形式的使用特点。

5.3 平曲线的加宽的设置条件是什么？怎样合理选用路面加宽值？

5.4 简述中间带的组成及其作用。

5.5 超高的作用是什么？超高的过渡形式有哪些？各自的适用范围是什么？

5.6 公路的用地范围是怎样规定的？

5.7 《规范》中对于建筑限界的相关规定有哪些？

5.8 简述公路横断面设计的方法与步骤。

5.9 路基横断面面积的计算方法有哪些？

5.10 路基土石方调配原则是什么？

5.11 简述路基土石方的调配方法与步骤。

5.12 什么是经济运距？它对路基土石方的调配有何指导意义？

5.13 某三级公路，设计速度 $V=40$km/h，行车道宽 $B=7.0$m，路拱 $i_G=2\%$。土路肩 $b_J=0.75$m，$i_J=4\%$。某平曲线 $\alpha=32°30'08''$，$R=180$m，$L_s=50$m，交点桩号为K5+085.42。试求曲线上桩号为K5+020、K5+080及K5+130的路基路面宽度、横断面上(路中线、行车道边缘、路肩边缘)各点的超高值。

单元 6　道路选线与定线

本单元摘要：本单元主要介绍道路选线的原则、方法和步骤；选线的新理念与总体设计内容；路线方案的拟定方法与步骤；各种地形条件下的选线要点；纸上定线和实地定线的工作步骤和方法；"3S"技术在道路选线中的应用和道路线形安全性评价等内容。

知识点 1　概　　述

道路选线根据道路的使用任务、性质、等级、起讫点和控制点，沿线地形、地貌、地质、气候、水文、土壤等情况，通过政治、技术、经济等方面的分析研究，比较论证而选定合理的路线。它是道路勘测设计中的关键性工作，面对的是十分复杂的自然环境和社会经济条件，需要综合考虑多方面因素。在符合国家建设发展需要的前提下，结合自然条件选定合理的路线，达到行车迅速、安全、舒适的目的，并使筑路费用与使用质量得到正确的统一。本单元内容主要适用于公路设计，城市道路路线则主要取决于城市干道网及红线规划。

一、道路选线的一般原则

路线是道路的骨架，它的优劣影响道路功能的发挥和在路网中的作用。路线设计除受自然条件影响外，还受到诸多社会因素的制约。道路选线要综合考虑多种因素，妥善处理好各方面的关系，其基本原则如下：

（1）在路线设计的各个阶段，运用各种先进手段对路线方案做深入、细致的研究，在多方案论证、比选的基础上，选定最优路线方案。

（2）路线设计应在保证行车安全、舒适、快捷的前提下，使工程量小、造价低、运营费用省、效益好，并有利于施工和养护。路线设计应注意立体线形设计中平、纵、横面的舒顺、合理配合。在工程量增加不大时，应尽量采用较高的技术指标，不应轻易采用最小或极限指标，也不应片面追求高指标。

（3）选线应同农田基本建设相配合，做到少占田地，并应尽量不占高产田、经济作物田和经济林园（如橡胶林、茶林、果园）等。对沿线必须占用的田地，应按国家有关法规，做好造地还田等规划和必要的设计。

（4）通过名胜、风景、古迹地区的道路，应与周围环境、景观相协调，并适当照顾美观，重视保护原有自然状态和重要历史文物遗址。

（5）应对工程地质和水文地质进行深入勘测，查清其对道路工程的影响。对不良地质地段和特殊地区，如滑坡、崩坍、泥石流、岩溶、泥沼等地段和沙漠、多年冻土等特殊地区，一般情况下路线应设法绕避。必须穿过时，应选择合适位置，缩小穿越范围，并采取必要的工程措施。

（6）选线应重视环境保护，注意因修建道路及汽车运行所产生的影响和污染等。

（7）对高速公路和一级公路，因其路幅宽，可根据通过地区的地形、地物、自然环境等条件，利用其上下行车道分离的特点，本着因地制宜的原则，合理采用上下行车道分离的形式设线。

上述选线原则，对各级道路都适用。但在掌握这些原则的基础上，不同等级的道路，会有不同的侧重。如高速公路和一级公路主要是为起止点及中间重要控制点间快速直达交通服务的，该功能决定了其基本走向不应偏离总方向太远，需要与沿线城镇连接时，宜用支线连接。对于等级低的地方道路，由于主要是为地方交通服务，故在合理的范围内，宜多联系一些城镇。

二、选线、定线的主要内容

公路选线工作应贯穿公路工程初步设计、技术设计和施工图设计各个阶段，并随着设计阶段的进展由面到带、由带到线、由线到点，逐步加深。

1. 初步设计阶段

应根据批复的可行性研究报告、测设合同的要求，收集有关基础资料，拟定选线原则，确定路线设计方案。

（1）需要收集以下基础资料：

①各种比例尺的地形图、卫星图像、航拍图像及已有勘测设计资料；

②工程可行性研究阶段的地质、环境等评估报告；

③路线经过地区的地质、水文、气候等有关资料；

④路线经过地区的城镇、工矿、公路、铁路、航空、水利建设和规划资料；

⑤村镇、建筑、管线等分布资料；

⑥环境分区和环境敏感区（点）及动、植物保护区的分布资料；

⑦动物迁徙路径和日常穿行的通道资料；

⑧文化、文物遗迹资料；

⑨土地资源及自然风景点分布资料；

⑩料场分布资料。

（2）对工程可行性研究阶段的推荐走廊带进行研究，提出推荐的路线方案。

（3）基本确定路线起止点的平面位置和纵断面衔接关系。

（4）基本确定一般路段的平面和纵断面设计方案。

（5）基本确定特殊路段的平面和纵断面设计方案。

（6）基本确定大型构造物路段的路线平面和纵断面设计方案。

2. 技术设计阶段

技术设计阶段应根据初步设计批复意见、测设合同的要求，进一步修改完善选线原则，重点解决初步设计中未解决的重大、复杂技术问题，并完成以下工作内容：

(1)根据路线方案分析比较结果,对初步设计推荐的路线方案进行优化调整,确定路线方案。

(2)对于关系路线方案的重大技术问题应反复比较,按照施工图要求的深度进行放线,确定路线的具体位置。

3. 施工图设计阶段

施工图设计阶段应根据初步设计或技术设计的批复意见、测设合同的要求,审定选线原则,确定路线方案。

(1)对初步设计阶段或技术设计阶段推荐的路线方案进行核查、审定,确定路线方案。
(2)确定路线起止点的平面位置和纵断面衔接关系。
(3)完成一般路段的平面和纵断面设计。
(4)完成特殊路段的平面和纵断面设计。
(5)完成大型构造物路段平面和纵断面设计。

三、定 线 方 法

初步设计阶段应将所收集资料进行归纳整理,展布在选线所需的不同比例尺地形图上,并根据公路等级选择纸上定线、现场定线或航测定线。

1. 定线及其任务

定线是根据既定的技术标准和路线方案,结合地形、地质等条件,综合考虑路线的平面、纵断面、横断面,具体定出道路中线的工作。

定线工作是依据下达的设计任务书、选线阶段确定的路线走向和主要控制点、所采用的技术标准进行的。定线的任务是在选线布局阶段选定的"路线带"(或称定线走廊)范围内,按已定的技术标准,结合细部地形、地质等自然条件,综合考虑平、纵、横的合理安排,定出道路中线的确切位置。

2. 纸上定线

纸上定线是在大比例尺(一般用1:1000~1:2000)地形图上确定道路中线的具体位置,再将纸上路线通过实地放线敷设到地面上,供详细测量和施工使用。纸上定线的工作对象是地形图,其俯视范围大,控制点容易确定,平、纵线形及其组合可反复试线修改,可发挥定线组集体作用,数字地图的引用使设计更加方便,室内定线劳动强度小。但定线需测大比例尺地形图,定线精度依赖于地形图的精度,纸上路线还需放到实地。适用于各等级、各类地形条件的路线,对技术标准高的路线,以及地形、地物复杂的路线必须采用纸上定线,以提高定线质量。

纸上定线按操作方法可分为直线型定线法和曲线型定线法。

直线型定线法(传统法)是根据选线布局阶段所定的路线方案和该路等级相应的几何标准,试穿出一系列与地形相适应的直线作为控制路线走向和位置的基本单元,然后在相邻直线转折处用适当平曲线连接的定线方法,一般适用于地形简易的平原、微丘地区定线。

曲线型定线法是先根据地形、地物等条件设置合适的圆曲线,然后在相邻圆曲线间用适当的缓和曲线或直线段连接的定线方法,一般适用于地形复杂的山岭、重丘地区定线。

直线型和曲线型两种定线方法,在本质上无区别,定线成果都是由直线、缓和曲线及圆曲线组成的中线,但在定线手法上二者相反。另外,直线形定线法可用于纸上定线或现场定线,而曲线形定线法只能用于纸上定线。

3. 现场定线

现场定线是设计人员直接在现场定出道路中线的具体位置。现场定线的工作对象是现场实际地形,地形地物、山脉水系真实,线位精度高,不需要测大范围大比例尺地形图,只要设计人员肯下功夫、地形不复杂,经反复试线也能定出比较合适的路线。但因实地视野受限、劳动强度大,不允许过多返工,存在研究利用地形不彻底、平纵线形难以很好组合的局限性,因此定线质量受到影响。现场定线适用于标准较低或地形、地物简单的路线。

现场定线需要设计人员根据路线所经地区的地形、地物、地质及水文等自然条件,充分掌握资料,考虑路线的平、纵、横三个面,反复试线,多次改进,才能把路线定在比较合适的位置。

4. 航测定线

航测定线是利用航测图像、航测影像地形图等航空测量资料,借助航测仪器使之建立立体模型进行定线。航测定线的工作对象是立体模型,可以把大量野外工作搬到室内来做,选线人员在图像或图纸上找出众多比较方案,从而提高选线质量。但因航测图像来源困难、航测仪器及航摄费用昂贵,加之航测定线方法尚需进一步完善,该方法目前还未普及,只在路线方案研究中有时采用。

知识点 2 路线方案选择

一、路线方案的拟定

路线方案的选择是路线设计中最根本的问题,目的是合理地解决设计道路的起讫点和走向。一般新建公路的走向,已在国家或当地路网规划中有了初步规划。由于我国社会经济的快速发展,工矿资源的不断发现和开发,国家对公路建设不断提出新的要求,因此在勘测设计过程中,要结合路线的性质及其在路网中的作用、政治经济控制点、近远期交通量、主要技术标准、自然条件等因素,进一步研究落实。

一条路线的起讫点及中间必须经过的重要城镇或地点,通常是由公路网规划所规定或主管部门根据国家或地方经济建设需要指定的。这些点即为控制点(也称据点)。把控制点连接成线,就是路线的总方向或称大走向。图 6.1 中的 A、C 点为规划路线的起讫点,B 点为必须经过的控制点。若将路线起讫点和必须经过的控制点直接连接,路线虽短捷,但需多次跨越大河,直穿较高的山岭和不良地质地段,不仅投资大,而且工程质量差、隐患大。为了降低工程造价,消除隐患,可根据自然条件选择有利地点通过,如特大桥或复杂大桥的合适桥址 D、E 点,绕避不良地质的 F、G 点以及垭口 H、I 点,这些点即为中间控制点。A、B 点之间有 $ADFB$ 和 $AGEB$ 两种可能走法,而 B、C 点之间也有 BHC 和 BIC 两种可能走法,每一种可能的走法就是一个大的路线方案。选线工作的第一步就是要在各种可能的方案中,在深入调查的基础上,通过方案的比选,选择最合理的路线方案作为进一步设计的依据。

路线方案是否合理,不仅直接关系公路本身的工程投资和运输效率,更影响路线在公路网中的作用,即是否满足国家的政治、经济、国防的要求和长远利益。

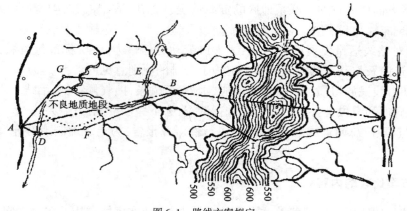

图 6.1　路线方案拟定

二、路线方案的比选

1. 路线方案选择的方法和步骤

路线方案是通过许多方案的比较淘汰而确定的。路线起讫点之间的自然情况越复杂、距离越长,可能的比较方案就越多,需要淘汰的方案也就越多。针对淘汰的方法,由于不可能每条路线都通过实地查勘进行,因而要尽可能收集已有资料,先在室内进行研究筛选,然后就最佳的而且优劣难辨的有限方案进行勘察。

路线方案选择的通常做法是:

(1) 搜集与路线方案有关的规划、计划、统计资料及各种比例尺的地形图、航测图、水文、地质、气象等资料。

(2) 根据确定了的路线总方向和公路等级,先在小比例尺(1:50000 或 1:100000)的地形图上,结合搜集的资料,初步研究各种可能的路线走向。研究重点应放在地形、地质、地物复杂,外界干扰多,牵涉面大的段落。比如可能沿哪些溪沟、越哪些垭口,路线经城镇或工矿区时,是穿过、靠近,还是避开而以支线连接等,要进行多种方案的比选,提出应对哪些方案进行实地踏勘。

(3) 按室内初步研究提出的方案进行实地调查,连同野外调查中发现的新方案,都必须坚持跑到、看到、调查到,不遗漏一个可能的方案。

野外调查要求做到以下几点:

①初步落实各据点的具体位置,路网规划所指定的控制点如确因干扰或技术上有很大困难或发现不合理必须变动,应及时反映,并经过分析论证提出变动的理由,报有关部门审定。

②对路线、大桥、隧道均应提出推荐方案,对于确因限于调查条件下能肯定取舍的比较方案,应提出进一步勘测比较的范围和方法。

③分段提出采用技术标准和主要技术指标的意见。

④在深入调查的基础上,通过比较,选定路线必经的控制点,如越岭的垭口、跨较大河流的桥位、与铁路或其他公路交叉地点,以及应绕避的城镇及大型不良地质地段等。对于地形、地质、地物情况复杂的地区,应提出路线具体布局的意见。

⑤分段估算各种工程量,如路基土石方数量,路面工程量,桥梁、涵洞、隧道、挡土墙等的长度、类型、式样和工程数量等。

⑥在经济方面应调查路线联系地区的资源情况及工矿、农、林、牧、副、渔业以及其他大宗物资的年产量、年输出量、年输入量、货运流向以及运输季节和运输工具,路线联系地区的交通网规划,预计对路线运量发展的影响,沿线人口劳动力运输力、工资标准等资料,供估算交通量、论证路线走向及控制点的合理性和拟定施工安排的原则意见的参考。

⑦其他如沿线民族习惯、居住、生活供应、水源、运输条件、气候特征、沿线林木覆盖地形险阻、有无地方病疫和毒虫害兽等情况也应进行调查,为下一步勘测提供参考。

(4)分项整理汇总调查成果,编写工程可行性研究报告,为上级编制或补充修改设计任务书提供依据。

2. 路线方案比较的内容

方案比较是选线中确定路线总体布局的有效方法,即在可能布局的多种方案中,通过方案比较决定取舍,选择出技术合理、费用经济、切实可行的最优方案。

根据方案比较的深度不同,方案分为原则性方案比较和详细方案比较两种。路线方案的比较,从形式上可分为质和量的比较。对于原则性的方案比较,由于问题多属于全面规划,故主要是质的比较。

这种比较不能用简单的公式计算技术指标和经济指标进行比较,应主要通过前述各方面对路线的影响因素进行评比,一般采用综合评价方法。而对于局部方案的比较,则属于量的比较,主要是通过详细计算投资与工程量等技术指标经济指标进行比较。详细的方案比较一般在原则性的方案评价之后进行,一般计算的指标有以下几种。

1)技术指标的计算

(1)路线长度及延长系数。路线延长系数为路线方案的实际长度与路线方案起讫点间的直线距离之比。有时在进行方案比选时,可计算路线方案的实际长度与路线方案各据点之间的直线距离的和之比,这时计算的这个系数称为路线技术延长系数。其值一般为 1.05~1.20,视地形条件而异。

(2)转角数。转角数包括全线的转角数和每公里的转角数。

(3)转角总和及转角平均度数。这是体现路线顺直程度的技术指标,可以用每公里平均转角数和平均转角度数来作为比较指标。

(4)最小曲线半径数。

(5)回头曲线数。

(6)与现有道路的交叉数目。

(7)限制行车速度的路段长度。

2)经济指标的计算

(1)土石方工程数量。

(2)桥涵工程数量。

(3)隧道工程数量。

(4)挡土墙工程数量。

(5)征购土地数量及费用。

(6)拆迁建筑物及管线设施的数量。

(7)主要材料数量。

(8)主要机械、劳动力数量。

(9)工程造价。
(10)投资成本效益比。
(11)投资内利润率。
(12)投资回收期。

以上的各项技术经济指标,在进行路线方案比选时并不是每项都可能算出的,而是根据工程项目的具体情况,抓住可比关键问题控制方案的重点指标加以对比分析,得出正确的结论。

三、方案比较实例

下面举例说明路线方案选择的过程。

【**例6-1**】 图6.2为某干线公路,根据公路网规划要求按二级、三级路标准进行勘察,共勘察了4个方案,各方案的主要技术经济指标汇总见表6.1。

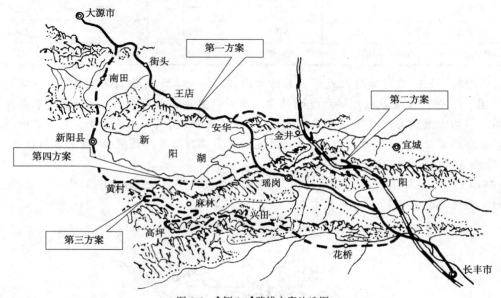

图6.2 【例6-1】路线方案比选图

某路各方案主要指标比较表　　　　　　表6.1

指　　标		单　　位	第一方案	第二方案	第三方案	第四方案
通过县(市)		个	29	29	32	31
路线长度		km	1360	1347	1510	1476
其中:新建		km	133	200	187	193
改建		km	1227	147	1323	1283
地形:平原、微丘		km	567	677	512	615
山岭、重丘		km	793	670	998	861
用地		km²	1525	1913	2092	1928
工程数量	土方	$10^4 m^3$	382	492	528	547
	石方	$10^4 m^3$	123	75	82	121
	次高级路面	km²	5303	5582	4440	5645

续上表

指标		单位	第一方案	第二方案	第三方案	第四方案
工程数量	大、中桥	m/座	1542/16	1802/20	1057/13	1207/15
	小桥	m/座	1084/57	846/54	980/52	1566/82
	涵洞	道	977	959	1091	1278
	挡墙	m³	73530	53330	99770	111960
	隧道	m/处	300/1	—	290/1	—
材料	钢材	t	1539	1963	1341	1469
	木材	m³	18237	19052	18226	19710
	水泥	t	30609	39159	31288	33638
劳动力		万工日	1617	1773	1750	1920
总造价		万元	5401	5674	5189	5966
比较结果			淘汰	推荐	淘汰	淘汰

比选结果，第三、四方案路线过于偏离总方向，较第一、二方案长100～150km，虽能多联系2～3个县、市，但对发展地区经济所起的作用不大。而且第三方案线形指标较低，未来改建难以提高。第四方案又与现有高压电缆线连续干扰，不易解决，因而第三、四方案不宜采用。第二方案虽路线最短，但与铁路严重干扰，且用地较多。最后推荐路线较短、线形标准较高、用地最省、造价也较低的第一方案。

【例6-2】 某公路在作巴、安渡两点间，有南、北线两个方案，如图6.3所示。经勘察，两方案的主要技术经济指标汇总见表6.2。

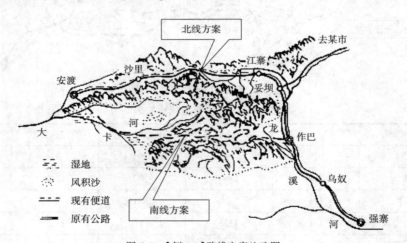

图6.3 【例6-2】路线方案比选图

某公路南、北线方案主要指标比较表　　表6.2

指标	单位	南线方案	北线方案
路线长度	km	118	141
其中:新建	km	112	—
改建	km	6	141

续上表

指标		单位	南线方案	北线方案
工程数量	土方	$10^4 m^3$	83	103
	石方	$10^4 m^3$	15	10
	路面	km^2	708	594
	桥梁	m/座	110/8	84/15
	涵洞	道	236	292
	防护	m^3	6300	1300
比较结果			淘汰	推荐

单从表6.2所列主要技术经济指标，难于分出优劣。

如路线仅系连接强寨、安渡两地，则南线要近23km。但从公路网规划需要考虑从安渡通往某市，则经南线通往某市反而绕远11km，不如北线顺直、快捷。

两方案都有积雪问题。南线垭口海拔为3000m，北线垭口海拔为3300m。南线积雪虽较北线薄，且距离短，但越岭地形较陡，需要展线6.5km，积雪难以处理。同时南线越岭段东侧有一段线形指标低，工程集中，且有岩堆、崩塌、风积沙等病害需要处理。而北线沿线地形平坦，越岭不需展线，线形指标较高。

北线另一有利因素是全线均有旧路或便道可以利用，其中作巴至江寨的旧路，略加改善即可达到新建标准，比南线(几乎都是新建)工程要省些，施工也较方便。

综合上述分析，推荐北线方案。

知识点3　平原区选线

一、路线特点

平原区地势比较平坦，城镇、居民点、工业区稠密，土地资源宝贵，河流水网发达，公路、铁路及管线等交通运输设施密集。

平原区地形对路线的限制较小，路线平、纵、横三方面的线形易达到较高的技术标准。平面上，线形顺直，以直线为主体，平曲线半径较大而曲线转角一般较小；纵断面上纵坡平缓，以低填为主。平原区选线和定线时主要应处理好地物障碍，即以平面为主安排路线。

二、线选线要点

1. 以平面为主安排路线

选线时，首先在起讫点间把经过的城镇、厂矿、农场及风景文物点作为大的控制点，在控制点间通过实地视察进一步根据地形条件和水文条件选择中间控制点。一般情况下，较大的建筑群、水电设施、跨河桥位、洪水泛滥线范围以外以及其他必须绕过的障碍物均可作为中间控制点。在中间控制点之间，无充分理由一般不设转角点。在安排平面线形时，既要使路线短捷顺直，又要注意避免过长的直线，在可能的条件下多采用转角小、半径大的长缓平曲线线形。纵面线形应综合考虑桥涵、通道、交叉等建筑物的要求，合理确定路基设计高度。注意避免纵坡起伏过于频繁,但也不应过于平缓,而造成排水不良。

2. 正确处理路线与农业的关系

处理好公路与农田规划、农业灌溉、水利设施的关系,是平原选线的重要问题,应主要注意以下几点:

(1)占用田地要与路线的作用、对支农运输的效果、工程数量及造价、运营费用等方面因素全面分析比较确定。既不能片面求直占用大量良田,也不能片面不占某块田,使路线绕行,影响行车条件。

(2)注意处理好路线与农田水利的关系。

线路布置要尽可能与农业灌溉系统配合,除特殊情况外,一般不要破坏灌溉系统。布线要注意尽量与干渠平行,减少路线与渠道相交,最好把路线布置在渠道的非灌溉区一侧或渠道的尾部。如图6.4所示,布线时应优先考虑方案Ⅰ,方案Ⅱ次之,方案Ⅲ则应避免。当路线与渠道方向基本一致时,应考虑沿渠道布线,注意堤路结合、桥闸结合,以减少占田和便利灌溉。

(3)注意筑路与造田、护田结合。

在可能的条件下,布线要有利于造田、护田。路线通过河曲带,当水文许可时,可考虑路线直穿,裁弯取直,改河造田,缩短路线,如图6.5所示。

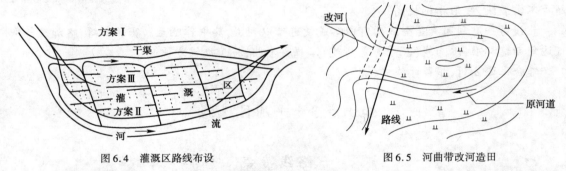

图6.4 灌溉区路线布设　　　　　　　图6.5 河曲带改河造田

当路线靠近河边低洼村庄或通过农田时,可考虑靠河岸布线,围滩造田、护村。图6.6为某公路采用沿河布置路线,借石填筑路堤,不仅可使大量河地变为良田,还保护了村庄。

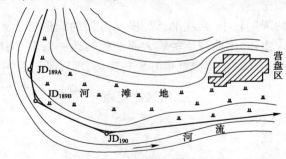

图6.6 沿河布设路线

路线布置要尽可能考虑为农业服务。布线时要注意与农村公路和机耕道相连接以及与土地规划相结合;较多地靠近一些居民点;考虑地方交通工具的行驶,以方便群众,支援农业。

3. 处理好公路与城镇关系

平原区有较多的城镇、村庄、工业区及其他公用设施,布置路线应正确处理好服务与干扰、穿越与绕避、拆迁与保留的关系问题。

(1)国防与高等级干线公路,应尽量避免直穿城镇、工矿区和居民密集区,以减少相互干扰。但考虑到公路对这些地区的服务性能,路线又不宜相离太远,必要时还应考虑支线联系。要做到近村不进村,利民不扰民,既方便运输,又保证安全,布线时注意与地区规划相结合。

(2)一般沟通县、区、村且直接为农业运输服务的公路,经地方同意可穿越城镇,但要注意有足够的视距和行车道路宽度(应考虑行人的需要)和必要的交通设施,以保证行人和行车的安全。

(3)路线应尽量避开重要的电力、电信和建筑设施。当必须靠近或穿越时,应保持足够的距离和净空,尽量不拆或少拆电力、电信和建筑设施。

4. 处理好路线和桥位的关系

(1)大、中桥位常常是路线的控制点,但原则上应服从路线总方向并满足桥头接线的要求,做到桥、路综合考虑。一般情况下,桥位中线应尽可能与洪水的主流流向正交,桥梁和引道最好都在直线上。位于直线上的桥梁,如两端引道必须设置曲线,应在桥两端以外保持一定的直线段,并尽量采用较大平曲线半径。当条件受限制时,也可设置斜桥或曲线桥。要注意防止两种偏向:一种是单纯强调桥位,造成路线过多地迂绕,或过分强调正交桥位,出现桥头急弯影响行车安全;另一种只顾线形顺直,不顾桥位,造成桥位不合适或斜交过大,增加建桥困难。

如图6.7所示,路线跨河有三个方案:就桥梁而言,方案Ⅱ较好,但路线较长;就路线而言,方案Ⅲ里程最短,但桥梁多,且都为斜交;方案Ⅰ则各桥均近于正交,线形也较舒顺美观。三个方案都有可取之处,因这条路交通量甚大,且有超车需要,故采用方案Ⅰ。

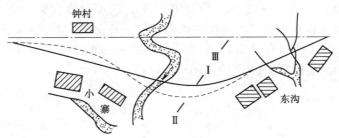

图6.7 桥位方案比较

在设计桥孔时,应少压缩水流,尽量避免桥前壅水而威胁河堤安全和淹没农田,尤其上游沿河有宽阔低洼田地时,虽壅水水位提高不多,但淹没范围却往往很大。

(2)小桥涵位置原则上应服从路线走向,但遇到斜交过大(夹角大于45°时)或河沟过于弯曲时,可考虑采取改沟或改移路线的办法,调整交角,布线时应通过比选确定。

(3)路线采用渡口跨河时,应在路线基本走向确定后选定渡口位置。渡口位置要注意避开浅滩、暗礁等不良河段,两岸地形要适于修建码头。

5. 注意土壤水文条件,确保路基稳定

(1)在低洼地区布线时,应尽可能接近分水岭的地势较高处布线,以使路基具有较好的水文条件。

(2)路线通过排水不良的低洼地带,布线时要注意保证路基最小填土高度,低填及个别挖方地段要注意排水处理。

(3)路线要避免穿过较大湖塘、水库、泥沼地带,不得已时应选择最窄、最浅和基底坡面较平缓的地方通过,并采取措施保证路基稳定性。

(4)沿河布线时,应注意洪水泛滥对路线的影响,一般应布线于洪水泛滥线以外。必须通过泛滥区时,桥梁、路基应有足够的高度,以免被洪水淹没,并应对路基边坡防护加固,避免冲毁。

6. 正确处理新、旧路的关系

平原地区通常有较宽的人行大路或等级不高的公路,当设计交通量很大而需要新建公路时,应分情况处理好新、旧路的关系。等级较低的公路应尽量利用旧路。

7. 注意路基取土和就地取材

路基取土不能乱挖乱取、破坏农田,造成路基两边积水。取土时应根据取土数量、用地范围及运距长短进行全面规划,可采用大面积集中取土的方法,使梯田取土变平田,平田取土不废田。取土时还可结合农田、水利需要,采用在附近修渠道取土填筑路堤的办法。如需设置取土坑,则应设置在路基一边或在路基两侧断续设置。

平原微丘区一般缺乏砂石建筑材料,路线应尽可能靠近建筑材料产地,以减少施工、养护材料运输的费用。

8. 处理好与管网的关系

路线与各种管网、管线相交或平行时,应满足相关行业标准和规范的规定。原油、天然气输送管道与高速公路、一级公路相交时,应采用下穿方式,埋置地下专用通道;与二级、三级、四级公路相交时,应埋置保护套管。埋置深度除满足相关行业规定外,还应符合《公路桥涵设计通用规范》(JTG D60—2015)有关规定,并按所穿越公路的车辆荷载等级进行验算,穿越公路的保护套管顶面距路面底层的底面应不小于1.0m。

知识点4 山岭区选线

山岭区地形包括山岭、突起的山脊、凹陷山谷、陡峻的山坡、悬崖、峭壁等,地形复杂多变,一般地面自然坡度在6°~25°,高山地区在25°以上。山岭地区山高谷深、坡陡流急、地形复杂,但山脉水系清晰,为山区选线指明了方向,不是顺山沿水,就是横越山岭。路线布设应与地形相适应,按地形布线有沿河(溪)线、越岭线、山脊线、山腰线或越岭线等多种方式。选线过程中应根据道路的功能及性质,结合地形、地质、环境等自然条件,灵活选择布线方式。

一、沿河(溪)线

沿河(溪)线是沿河(溪)走向布设的路线,如图6.8所示。

山区河流,谷底一般不宽,两岸台地宽窄不一,谷坡时缓时陡,间或为浅滩和悬崖峭壁。河流多呈弯曲状,凹岸较陡而凸岸较缓,如沿一侧而行,陡岸、缓岸相间出现。两岸均为陡崖处为峡谷,开阔处常有较宽台地,多是山区仅有的良好耕地。

河谷地质情况复杂,常有滑坡、岩堆、泥石流等病害存在。寒冷地区的峡谷因日照少,常有积雪、雪崩和涎流冰等现象。

图 6.8　沿河(溪)线

  山区河流,平时流量不大,但一遇暴雨,山洪暴发,洪流常夹带泥沙、砾石、树木等急速下泄,冲刷河岸,毁坏桥涵,淹没田园,危害甚大。

  上述自然条件给选线工作造成一些困难,但和山区其他线形相比,沿河(溪)线具有路线走向明确,平、纵线形指标高,联系居民点多,便于为工农业生产服务,建筑材料来源方便,水源充足,便于施工、养护,工程造价低等优点。只要善于利用有利地形,克服不良地质、水文等不利因素,山区选线应优先考虑沿河(溪)线。利用山区河谷选线,需处理好如下几方面的问题。

1. 路线布局

  沿河(溪)线的路线布局,主要解决河岸选择、高度选择和桥位选择三个问题。这三个问题往往是互相联系和互相影响的,选线时要抓主要矛盾,结合路线性质、等级标准,合理解决。

1)河岸选择

  因河谷两岸条件各有利弊,选线时应充分调查,掌握路线所经地区的自然特征和村镇分布情况,充分利用有利一岸,必要时跨河换岸,绕避艰巨工程或利用地形提高线形标准,这是河岸选择的基本原则。河岸选择一般应结合下列主要因素经过技术经济比较决定。

  (1)地形、地质和水文条件。

  这是影响河岸选择的主要因素,要深入调查,摸清其特点和规律。

  路线应选在地形宽坦,有台地可利用,支沟较少、较小,地质条件良好,不易被水流冲刷或冲刷较轻的一岸。需要展线时,应选在支沟较大、利于展线的一岸。有利的条件常交错出现在两岸,选线时应深入调查,综合比较,全面考虑,决定取舍。如图 6.9 所示,乙方案为避让河左岸的两处断续陡崖,跨河利用右岸的较好地形,但过夏村后,右岸出现更陡、更长的悬崖,路线又须跨回左岸。在3km内两次跨河,须建两座中桥。甲方案一直走左岸,虽要集中开挖一段石方,但较建两座中桥经济,因此不宜跨河换岸。

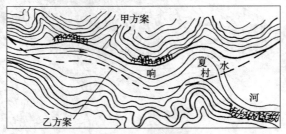

图6.9　跨河换岸比较线

对区域性地质构造、滑坡、岩堆、崩塌、泥石流、岩溶等严重不良地质地段,应认真调查其特征、范围及对路线的影响。如不易处理,应跨河绕避。

(2)积雪和冰冻地区的选岸。

积雪和冰冻地区的阳坡和阴坡,迎风面和背风面的气候差异很大,在不影响路线整体布局的前提下,尽可能选择阳坡和迎风的一岸,以规避积雪、涎流冰等病害可能带来的危害。有时即使阳坡工程大些,也应从保证行车安全考虑,选择阳坡方案为宜。

(3)考虑居民点分布、城乡建设、工农业发展,并与其他交通、水利设施相配合。

除国防公路、高速公路、一级公路外,路线一般应尽可能选择在村镇较多、人口较密、有工矿企业的一岸,以方便群众。有时为避免大量拆迁和妨碍城镇发展,也可跨河绕避,选线时应根据具体情况进行比选。

根据两岸农田分布,尽量少占农田。在少占农田和选择有利地形有矛盾时,要深入调查,征求地方意见,综合比选,慎重取舍。

当公路与铁路频繁干扰时,应根据具体情况,考虑分设两岸。

河谷中遇有灌溉干渠与路线平行时,公路最好位于干渠上方,并离开适当距离,以免互相干扰。如不易处理,且两岸地形、地质类似时,宜使公路与干渠各走一岸。

2)高度选择

沿河线按路线高度与设计洪水位的关系不同,分为低线和高线两种。

低线是指高出设计水位(包括浪高加安全高度)不多,路基临水一侧边坡常受洪水威胁的路线。低线的优点是平、纵面线形比较顺直、平缓,易争取到较高标准;土石方数量较小,边坡低,易稳定;路线活动范围较大,便于利用有利地形和避让不良地形、地质;跨支流方便,必须跨越主流时也易处理。缺点是受洪水威胁,防护工程较多。

高线是指高出设计水位较多,基本不受洪水威胁的路线,一般多用在利用大段较高台地,或傍山临河低线易被积雪掩埋以及为避让艰巨工程而提高线位等情况。它的优点是不受洪水侵袭,废方较易处理。但由于高线一般位于山坡上,路线必然随山势弯曲,线形差,工程大量;遇缺口时,常需设置较高的挡土墙或其他构造物;避让不良地质和路线跨河换岸困难。

沿河(溪)线的线位高低,是根据两岸地形、地质条件以及水文情况,结合路线等级和工程经济选定的。沿河线的路肩设计高程既要保证路肩高出规定洪水频率的设计水位,又要避免路线高悬于山坡之上。路线一般以低线位为主,但必须做好洪水位的调查,以保证路基稳定和安全。在安全的前提下要做到"宁低勿高"。

为做好高度选择,需全面掌握河谷特征,统筹规划纵断面设计。

(1)坡度受限地段应根据路线纵坡,尽量利用支沟和其他有利地形、地质条件适当展线。一般"晚展不如早展",使线高度尽早降低至河谷台地上,以便利用下游平缓河段,减少路基、桥隧工程,也利于跨河换岸。

(2)自由坡度地段可结合地形、水文及工程的需要,使路线适当起伏。路基最低高程应在设计洪水位以上,但不宜过高,以减小桥涵工程量,便于河岸选择。

如图6.10所示,原线为避让沿河1.7km断续陡崖,采用了高线方案。由低线过渡到高线的升坡段很长,且多弯急坡陡,行车不安全。经局部改线,纵坡虽有改善,但增加了小半径曲线,线形更加弯曲,最后改走低线直穿陡崖,不仅路线平、纵标准显著改善,距离还缩短了760m。

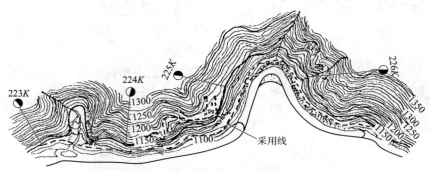

图6.10 峡谷路线的低线和高线

3)桥位选择

根据路线与河流的关系不同,桥位可分为跨支流和跨主流两类。跨支流桥位选择,一般属于局部方案问题,而跨主流桥位选择多属于路线布局的问题。跨主流桥位常是决定路线走向的控制点,应与河岸选择同时考虑。当路线因地形、地质需换岸布线时,若桥位选择不当,会造成桥头线形差,或增大桥梁工程量。因此在选择河岸的同时,要处理好桥位及桥头路线的布设问题。

路线跨越主河时,因路线与河流接近平行,桥头布线一般比较困难,故在选择桥位时应处理好桥位与路线的关系。

(1)在S形河段腰部跨河,以争取桥轴线与河流成较大交角,如图6.11所示。本例中为小桥,故采用斜桥方案,更有利于路桥配合。

(2)在河弯处附近跨河,如图6.12所示。但应注意河弯处水流对桥的影响,并采取防护措施。

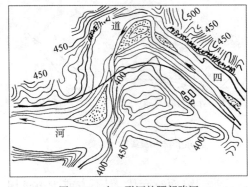

图6.11 在S形河的腰部跨河

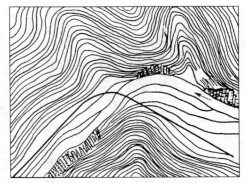

图6.12 在河弯处附近跨河

(3)顺直河段跨河,应处理好桥头引道线形。如图6.13a)所示的桥位应尽量避免。当必须在这种河段跨河时,中、小桥可设置斜桥以改善桥头线形;如为大桥不宜设斜桥时,宜把桥头路线做成构形或布置一段弯引桥,如图6.13b)所示,或两者兼用。总之,桥头曲线要争取较大半径,以利于行车安全。

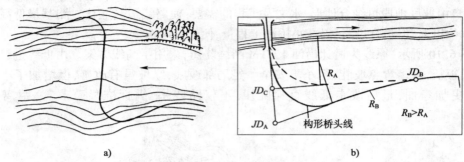

图6.13 桥头线形处理

路线跨支流的桥位,有支河(沟)口直跨和绕进支沟上游跨越两种方案,如图6.14所示。应根据路线等级和桥位处的地质、地形条件,经技术经济比较确定。

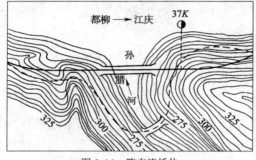

图6.14 跨支流桥位

2. 几种河谷地形条件下的选线

1)开阔河谷

这种河谷谷底地形简单、平缓,河岸与山坡之间有较宽的台地,且多为农田和居民点。如图6.15所示,路线有三种走法:

(1)沿河岸走,如图6.15a)中虚线所示,纵坡均匀平缓,线形好,临河一侧受洪水威胁,须做防护工程。可采用。

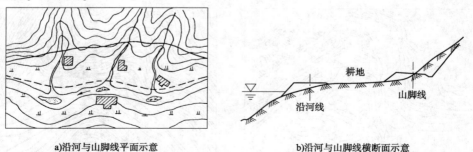

a)沿河与山脚线平面示意　　　　　　b)沿河与山脚线横断面示意

图6.15 开阔河谷路线方案

(2)靠山脚,如图6.15b)中实线所示,路线略有增长,纵面有起伏,但不占或少占良田。可采用。

(3)直穿田,线形标准高,但占田最多,在稻田地区,为使路基稳定,有时还需换土。除高速公路和一级公路外,一般不宜采用。

2)山嘴或河弯

路线遇到山嘴时,有以下两种布线方式,如图6.16a)所示。

(1)沿山嘴自然地形绕行。因线路展长,在纵坡受限地段利于争取高度(隧道情况除外)。但易受不良地质的危害和河流冲刷,路线安全条件较差。

(2)以路堑或隧道取直通过。这种方式路线短而顺直,安全条件较好。但隧道较长时,工程费用较高,应全面分析,综合比选。一般当取直方案与绕行方案工程量相差较小时,以采用取直方案为宜。

路线遇到河弯时,有沿河绕行、建桥跨河和改移河道三种方案。沿河绕行方案,路线迂回,岸坡陡峭,水流冲刷严重,路基防护工程大,路线安全条件差;建桥跨河和改河方案,裁弯取直,路线短,安全条件好,如图6.16b)所示。无论改河或建桥跨河方案,均应根据地形、地质、水文条件,结合农田、水利建设一并考虑。

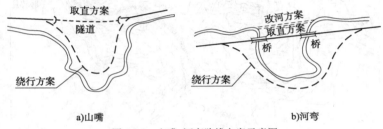

图6.16 山嘴、河弯路线方案示意图

对个别有宽河滩的大河弯,为了提高路线标准,可在河滩布线。只要处理得当,还可起到护田、造田的作用,但要注意路基防护和加固,防止水流对路基的冲刷破坏。

对个别突出的山嘴,可用切嘴填弯的办法处理。设线时应注意纵向填挖平衡,防止大量废方弃置河滩、堵塞河道,如图6.17所示。

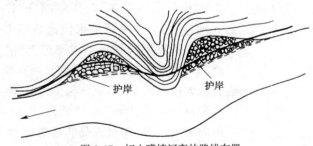

图6.17 切山嘴填河弯的路线布置

另外,遇山嘴或河弯地形是采用绕行还是取直方案,应与道路等级结合考虑。等级较高的道路宜取直以争取较好的线形,等级较低的道路采用何方案应根据技术和经济条件比较确定。

3)陡崖峭壁河段

山区河谷常有陡崖、峭壁出现,两岸都是陡崖、峭壁的河段为峡谷。峡谷一般河床狭窄、水流湍急。路线通过这种地段可采用绕避和穿过两种方案。应根据峡谷的水文、地质条件和道路等级、技术标准、工程量大小、施工条件等因素通过比较确定。

对低等级道路,绕避的方法有两种:一是翻上峡谷陡崖顶部选择有利地带通过,但崖顶应有可供布线的合适地形；二是另找越岭路线，附近应有基本符合路线走向的低垭口。两种绕避方法的共同点是纵断面上而复下，需要有适合布设过渡段的地形。过渡段的纵坡应缓于该路等级所允许的最大纵坡，高差越大，过渡段越长。因此，崖顶过高，不宜翻崖顶绕避；若峡谷不长，除特别困难外，两种绕避方法均不宜采用，可考虑直穿方案。但当峡谷较长且地形困难、工程艰巨但有条件绕避时，应予考虑。图 6.18 所示高线为绕避不当的例子。如图 6.18 所示，河谷曲折迂回，且有近 5km 长的陡崖，布线困难；而越岭线的瓦窑垭口，方向较顺，且两侧地形、地质条件较好，越岭绕避是可取方案。对等级较高道路，线形指标较高，路线的位置可与向山体内移建隧道或向外移设桥的方案进行比选。

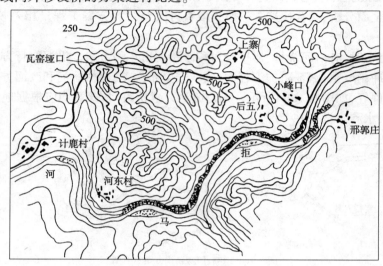

图 6.18　越岭绕避峡谷的路线

直穿陡崖、峭壁河段和峡谷的路线，其平、纵面受岸壁形状和洪水位限制，活动范围不大。路线一般以低线为宜，如洪水位过高或有严重积雪时，不宜采用。

直穿峡谷的路线，可根据河床宽窄、水文状况、岸壁陡缓等采用以下方法通过：

（1）与河争路，侵占部分河床。当河床较宽，水流不深，压缩部分河床不致引起洪水位抬高过多时，路线可在崖脚按低线通过。河床较宽，压缩后洪水位抬高不多，路基可全部或大部分设在紧靠崖脚的水中或滩地上，借石或少开石崖填筑，路基临水一侧应设防护工程。河床狭窄，压缩后使洪水位有较大抬高时，采取筑路与治河相结合的办法。路基也可部分占用河床，"开""砌"结合，以砌为主。开的是对岸突出的山嘴，砌的材料主要取自清理河床的漂石及切削对岸突出山嘴的石料，使路基占用河床的泄水面积能从清理河床中得到补偿，如图 6.19 所示。

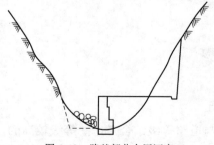

图 6.19　路基部分占用河床

（2）硬开石壁。当两岸峭壁逼近、河床很窄，且不能容纳并行的河与路时，可硬开石壁通过，如图 6.20a）所示。

①在石壁上硬开路基如图 6.20b）所示。开采的废方应妥善处理，尽量就近利用，考虑散失在河中废方对水位的影响，应适当提高线位或清除河道。

②岸壁石质良好，可开凿半隧道，以减少石方和废方，如图 6.20c）所示。

③对个别缺口或不够宽的路段，可用半边桥或悬出路台的方式处理。

④当两岸石壁很近,不宜硬开路基时,可建顺水桥通过。

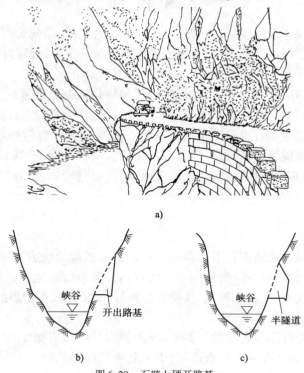

图 6.20　石壁上硬开路基

4) 河床纵坡陡峻的河段

急流、跌水河段,河床纵向在短距离内突然下落几米至几十米,形成急流或跌水。路线由急流、跌水的上游延伸到其下游时,线位高出谷底很多。为尽快降低线位,避免走陡峻的山坡线,可利用急流、跌水下游的支沟或平缓山坡展线下降,如图 6.21 所示。

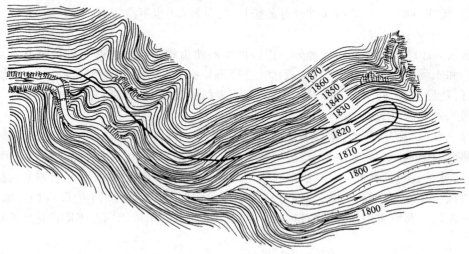

图 6.21　急流河段展线

河床纵向连续陡峻的河段,多出现在山区河流的上游,是沿溪线和越岭线之间的过渡段。越到河床上游纵坡越陡,当陡到路线技术标准不允许时,需要进行展线,选线要点详见"越岭线"部分内容。

二、越岭线

越岭线指翻越山岭布设的路线,其特点是需克服很大高差,路线长度和平面位置主要取决于路线纵坡的安排。在越岭线选线中,须以安排路线纵坡为主导,处理好平面和横断面的布设问题。

越岭线选线主要解决垭口选择、过岭标高选择和垭口两侧路线展线三个问题。它们是相互联系、相互影响的,布局时应结合水文及地质条件,处理好三者的关系。对海拔较高、气候恶劣、雾雪严重的越岭线,应结合道路的使用任务及功能,要求常年保持畅通的干线道路,应与在雪线以下或气候较好地段,以隧道方案通过进行比较。高速公路、一级公路因纵坡控制较严,要求路线短捷,越岭线必须根据地形、地质及气候条件,对越岭隧道与越岭展线进行详细的技术、经济比较。

1. 垭口选择

垭口是山脊上呈马鞍状的明显下凹地形。垭口是体现越岭线方案的主要控制点,应在基本符合路线走向的较大范围内选择,全面考虑垭口的位置、标高、地质条件和展线条件等。一般应选择基本符合路线走向、标高较低、地质条件较好、两侧山坡利于展线的垭口。

1）垭口位置选择

垭口位置在基本符合路线走向的前提下,与两侧山坡展线方案结合考虑。先考虑高差较小,且展线降坡后能与山下控制点顺直连接,不无效延长路线的地点;再考虑稍微偏离路线方向,但接线较顺,且不过于增长里程的其他垭口。

2）垭口标高选择

垭口海拔高低及其与山下控制点的高差,对路线长短、工程量大小和运营条件影响较大。在高寒地区,特别是积雪、结冰地区,海拔高的路线对行车不利。有时为走低垭口,即使方向有些偏离,距离有些绕远,也应注意比较。但如积雪、结冰不太严重,对基本符合路线走向,展线条件较好,接线方向较顺,地质条件较好的垭口,即使稍高,也不应放弃。

3）垭口展线条件选择

山坡线是越岭线的主要组成部分。山坡坡面的曲折程度、横坡陡缓、地质好坏等条件,与线形指标和工程量大小有直接关系。因此,选择垭口必须结合山坡展线条件一起考虑。如有地质较好,地形平缓,利于展线降坡的山坡,即使垭口位置略偏或较高,也应进行比较。

4）垭口地质条件选择

垭口一般地质构造薄弱,常有不良地质存在,应深入调查其地层构造（图6.22）,查清其性质和对路线的影响。对软弱层型、构造型和松软土侵蚀型的垭口,只要注意岩层产状及水的影响,路线通过一般问题不大。对断层破碎带型及断层陷落型垭口,一般应尽量避开;必须通过时,应查清破碎带的大小及程度,选择有利部位通过,并采取工程措施（如设置挡土墙、明洞）保证路基稳定。对地质条件差的垭口,局部移动路线或采取工程措施亦不能保证安全时,应予放弃。

2. 过岭标高选择

路线过岭,可采用路堑或隧道通过。过岭标高越低,路线越短,路堑或隧道就越深、越长,工程量也越大。因此,过岭标高应结合路线等级、垭口地形、地质以及两侧展线方案、过岭方式等因素,经技术、经济比较选定。这些因素互相影响,故应全面分析各种可能的比较方案,作出合理选择。过岭方式主要有如下几种。

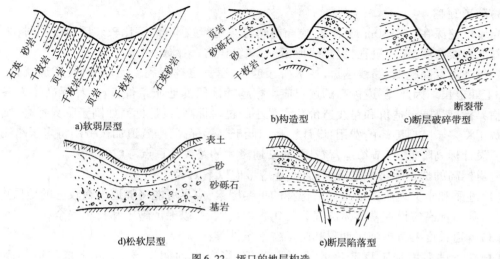

图 6.22 垭口的地层构造

1) 浅挖低填

对宽而缓的垭口,有的达到数公里,偶有沼泽出现,宜采用浅挖低填的方式过岭,过岭标高基本是垭口标高。

2) 深挖垭口

当垭口比较瘦削时,常用深挖的方式过岭。深挖垭口,虽土石方工程较集中,但因降低了过岭标高,缩短了展线长度,总工程量不一定增加。即使有所增加,也可从改善行车条件、节约运营费中得到补偿。对垭口挖深,应视地形、地质、气候条件以及展线对垭口标高的要求等因素确定。地质条件良好时,一般挖深在 25~30m 以内。垭口越瘦,越宜深挖。

过岭标高是越岭线布局的重要控制因素,不同的过岭标高有不同的展线方案。如图 6.23 所示,路线通过垭口,因选用不同的挖深有三种可能方案。甲方案挖深 9m,需要设两个回头曲线;乙方案挖深 13m,需一个回头曲线;丙方案挖深 20m,可顺山势布线,不需回头曲线。因此,丙方案线形好,且路线最短,有利于行车和节约运营费用。

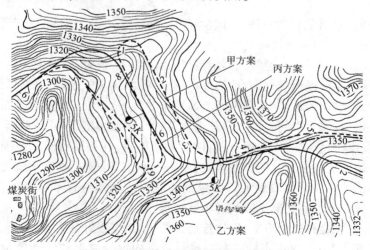

图 6.23 垭口采用不同挖深的展线布局方案

深挖垭口工程量集中,要处理大量废方,施工条件差,影响施工期限,运营期边坡病害较多,稳定性差,这些都应在选定过岭标高时充分考虑。

3)隧道穿越

当垭口挖深在 25～30m 以上时,应与隧道方案进行技术、经济比较。垭口瘦削时,采用隧道能降低路线高度,缩短里程,提高线形指标,减轻积雪、结冰影响。

一般隧道标高越低、路线越短,技术指标越高、运营也越有利。但标高低,隧道就长,造价就高,工期也长。因此,隧道标高的选定应根据越岭地段的地质条件,以临界标高作为参考依据。临界标高是隧道造价和路线造价总和最小的过岭标高,设计标高如高于临界标高,则路线展长费用将多于隧道缩短的费用;设计标高如低于临界标高,则隧道加长费用将多于路线缩短费用。设计标高降低,可节约运营费用,对交通量大的路线为重点考虑的因素。

隧道标高的选定除考虑经济因素外,还应考虑以下因素:

(1)地质和水文地质条件是标高选择的重要因素,应尽可能将隧道设在较好的地层中;

(2)隧道标高应设在常年冰冻线和常年积雪线以下,以保证施工和行车安全;

(3)隧道长度要考虑施工期限和施工技术条件等;

(4)在不过多增加工程造价的情况下,要适当考虑远期发展,尽可能将隧道标高降低一些。

3. 垭口两侧路线展线

展线是为使山岭区路线纵坡能符合技术标准,利用地形延伸路线长度来克服高差的布线方法。

1)展线布局

越岭线的高程主要是通过垭口两侧山坡上的展线来克服的,路线布局应以纵坡为主导。越岭线利用有利地形、地质,避让不良地形、地质,是通过合理调整纵坡和设置必要的回头实现的,而回头曲线的布置,也要根据纵坡选定。只有符合纵坡标准的路线方案,才能成立。因此,展线布局必须从纵坡的安排开始,其工作步骤如下:

(1)拟定路线大致走法。在视察或踏勘阶段确定的主要控制点间进行广泛勘察,调查周围地形及地质情况,以带角手水准粗略勘定纵坡作为指引,利用有利地形、地质,拟定路线大致走法。

(2)试坡布线。试坡的目的是进一步落实初拟路线走法的可能性,发现和加密中间控制点,发现局部比较方案,拟定路线布局。

试坡由已定的控制点开始,通常先固定垭口,由上而下,视野开阔,便于利用有利地形。试坡选用的平均纵坡,应根据标准规定;地形曲折、小半径曲线多的地段,可略低于规定值。在试坡过程中,遇到必须避让的地物、工程艰巨与地质不良地段,以及拟用作回头的地点,应将路线最适宜通过的位置,暂作为中间控制点。若适宜位置与试坡线接近,并与前面一个暂定控制点间的纵坡不超过最大纵坡或过于平缓,可将该点大致里程、高程及可活动范围进行记录,供调整落实时参考。若该点与试坡线的高差较大,则应返回重新试坡,或修改前面暂定控制点,认为合适后再向前试坡。如经修改后的路线纵断面或路线行经位置不尽合理,应另寻比较线。这是通过试坡发现控制点和局部比较线的大致过程。

主要控制点间,可能有几个方案,经比选后保留 1～2 个较好的方案,进行下一步工作。

(3)分析、落实控制点,决定布局方案。控制点有固定控制点和活动控制点之分:一种是位置和高程都不能改变,如工程特别艰巨地点的路线和某些受限制很严的回头地点,必须利用的桥梁,必须通过的街道等;另一种是位置固定,高程可以活动,如垭口、重要桥位等;第三种是位置、高程都可活动,如侧沟展线的跨沟地点,宽阔平缓山坡的回头地点等。

第一种情况较少,第二、三种情况居多,多数控制点是有活动余地的,但活动范围大小不一。对活动范围小的控制点,可视为固定控制点,将位置、高程确定;再研究固定控制点之间活动范围较大的控制点,通过适当调整,满足线形和工程经济要求。

调整活动控制点通常有两种方式:

①活动性较大的回头地点,可从前后两个固定控制点以适当纵坡分别放坡交会得出。

②两固定控制点间的非回头活动控制点,在其可活动范围内调整,以使固定控制点间纵坡尽量均匀。

2)展线方式

越岭线的展线方式主要有自然展线、回头展线、螺旋展线三种。

(1)自然展线。

自然展线是以适当的纵坡,顺着自然地形,绕山嘴、侧沟来延展距离、克服高差的布线方式。自然展线的优点是方向符合路线基本走向,行程与升降统一,路线最短。与回头展线相比,其线形简单,技术指标一般较高,特别是路线不重叠,对行车、施工和养护均有利。如路线所经地带地质稳定,无割裂地形阻碍,布线应尽可能采用自然展线。自然展线的缺点是避让艰巨工程或不良地质的自由度不大,只有调整纵坡这一途径。如遇到高崖、深谷或大面积地质病害很难避开时,不得不采取其他展线方式。

(2)回头展线。

回头展线是路线沿山坡一侧延展,选择合适地点,用回头曲线作方向相反的回头后再回到该山坡的布线方式。

当控制点间高差大,靠自然展线无法取得需要的距离以克服高差,或因地形、地质条件限制,不宜采用自然展线时,路线可利用有利地形设置回头曲线进行展线,如图6.24所示。

图6.24 利用狭窄山坡设置回头展线

回头展线的优点是便于利用有利地形,避让不良地形、地质和难点工程;其缺点是在同一坡面上,下线重叠,尤其靠近回头曲线前后的上、下线相距很近,对行车、施工和养护都不利,因此不得已时方可采用这种展线方式。

回头地点对回头曲线工程量和使用质量的影响很大,应慎重选择。回头曲线的形状取决于回头地点的地形,一般利用以下三种地形设置:

①直径较大、横坡较缓、相邻有较低鞍部的山包或平坦的山脊,如图6.25a)、图6.25b)所示。

②地质、水文地质良好的平缓山坡,如图6.25c)所示。

③地形开阔、横坡较缓的山沟或山坳,如图6.25d)、图6.25e)所示。

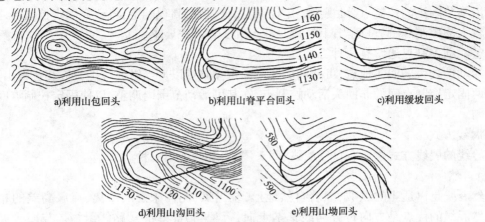

图6.25 适宜设回头曲线的有利地形

为消除或减轻回头展线对行车、施工和养护的不利影响,要尽量将回头曲线间的距离拉长,以分散回头曲线、减少回头个数。回头展线对不良地形、地质的避让有较大自由度,但不应遇到难点工程,不分困难大小和能否克服就轻易回头,致使路线在小范围内重叠盘绕。对障碍应作具体分析,当突破一点而有利于全局时,应设法突破。

(3)螺旋展线。

螺旋展线是当路线受到限制,需要在某处集中提高或降低某一高度才能充分利用前后有利地形或位置,而采用的螺旋状展线方式。螺旋展线一般多在山脊利用山包盘旋,以隧道跨线,如图6.26中实线所示;或在山谷内就地迂回,用桥跨线,如图6.27中实线所示;也可在山体内以隧道方式旋转。

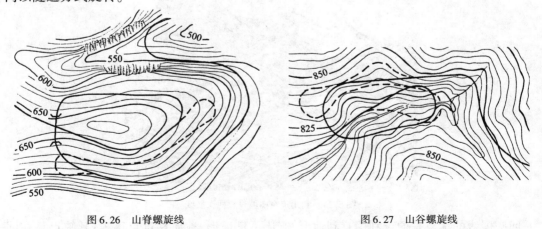

图6.26 山脊螺旋线　　　　　　　图6.27 山谷螺旋线

相比回头展线,螺旋展线具有线形较好、避免路线重叠等优点,但因建隧道或高长桥,造价较高,因而较少采用。必须采用时,应根据路线性质和任务,与回头展线方式作详细比较。

3)展线示例

越岭线展线布局的基本形式是利用山谷与山脊展线。

(1)利用山谷展线。

图 6.28 是反复跨主沟的山谷展线,图中③、⑤、⑦处是试坡确定的较合适回头地点,可视为固定控制点;②、④、⑥是由①、③、⑤、⑦分别交会的跨沟地点。

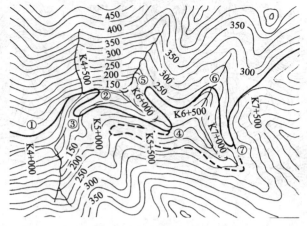

图 6.28 反复跨主沟的山谷展线

图 6.29 是利用侧沟的山谷展线,图中③、⑤、⑦为山嘴,受限较大,可视为固定控制点;②、⑥及侧坡上④点,有较大活动范围,布线时可分别由两端放坡交会而定。

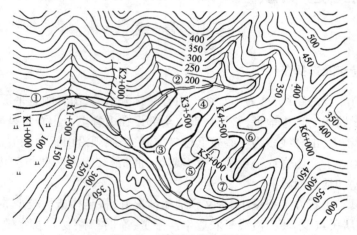

图 6.29 利用侧沟的山谷展线

(2)利用山脊展线。

图 6.30 所示是利用支脉山脊展线。经试坡,①点受标高控制较严;③、⑤点下方横坡陡峻,路线不宜再低,视为固定控制点;②、④能稍许活动,布线时分别由①、③、⑤交会而定。采用这种方式布线,要求选择宽肥的山脊或山嘴,否则路线重叠次数很多。有条件时,应选择适当地点突破右侧山沟,将路线引向其他坡面布设。

(3)利用山坡展线。

一般应尽量避免利用一面山坡往返多次盘绕。在受地形限制而无其他方案时,可选择横坡平缓、地质条件好、布线范围较大的山坡设线。布线时应尽可能突破难点,扩大布线范围和避免上、下两个回头曲线并头。图 6.31 是一个路线布局不好的例子,路线未充分利用地形尽量拉长回头曲线间距离,致使叠线多达 5~6 次,并多次出现上、下线并头。

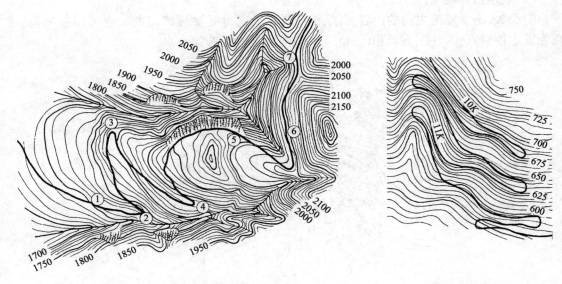

图 6.30　利用支脉山脊展线　　　　图 6.31　山坡展线

一条较长的越岭线,因地形变化,常是各种展线方式综合运用。布线时应利用地形特点因地制宜选用展线方式,充分发挥其优点。

三、山 脊 线

1. 山脊线的特点及选择条件

大体上沿山脊布设的路线,称为山脊线。山脊又称分水岭,山脊顺直平缓、起伏不大、岭肥脊宽的地形是布设路线的理想地带,路线大部或全部设在山脊上。山脊常是峰峦、垭口相间排列,有时相对高差较大,山脊线多为一些较低垭口控制,路线须沿山脊的侧坡在垭口之间穿行,线位大部分设在山坡上。山脊线一般线形大多起伏、曲折,其起伏和曲折程度视山脊的形状、控制垭口间的高差和地形而异。

山脊线一般具有土石方工程量小、水文和地质情况好、桥涵构造物较少等优点。山脊线线位较高,一般远离居民点,不便为沿线工农业生产服务;有时筑路材料及水缺乏,施工困难;地势较高,空气稀薄,容易形成云雾、积雪、结冰等情况,对行车和养护不利。山脊线方案主要应考虑以下条件决定取舍:

(1)山脊的方向不能偏离路线总方向过远;
(2)山脊平面不能过于迂回曲折,纵面上各垭口间的高差不过于悬殊;
(3)控制垭口间山坡的地质情况较好,地形不过于陡峻零乱;
(4)上下山脊的引线要有合适的地形可利用,这是能否采用山脊线的主要条件之一。

完全具备上述条件的山脊不多,很长的山脊线比较少,且仅常作为沿河线或山坡线的局部比较线及越岭线两侧路线的连接段。

2. 山脊线布局

山脊线布局主要解决控制垭口选择、侧坡选择和试坡布线三个问题。

1)控制垭口选择

每一组控制垭口代表一个山脊线的方案。选择控制垭口是山脊线选线的关键,当山脊方向顺直、起伏不大时,几乎每个垭口都可暂定为控制点。如地形复杂、各垭口高低悬殊,则高垭口之间的低垭口一般为路线的控制点,突出的高垭口可舍去;在有支脉横隔时,对于相距不远、并排的几个垭口,只选择其中一个与前后联系条件较好的垭口。

控制垭口的选择还应与山脊两侧山坡的布线条件综合考虑,在侧坡选择和试坡布线中,对初步选定的控制点加以取舍、落实。

2)侧坡选择

山脊的侧坡是山脊线的主要布线地带。应选择布线条件较好的一侧,以保证平、纵线形好、工程量小和路基稳定。坡面整齐、横坡平缓、地质情况好、无支脉横隔的向阳山坡较为理想。除两侧坡优劣明显外,两侧都要比较取舍。同一侧坡可能有不同的路线方案,可通过试坡布线决定。多数初选的控制垭口,在侧坡选择过程中可决定取舍,少数则需在试坡布线中落实。

如图 6.32 所示,A、D 两垭口是由前后路线所定的固定控制点,其间 B、C、E 等垭口,哪个选为中间控制点,取决于路线布设在山脊的哪一侧。位于左侧的甲线舍 C、E 而取 B 垭口,位于右侧的乙线舍 B 而取 C 或 E 垭口。C、E 垭口的取舍以及甲、乙方案的比选,则由试坡布线解决。

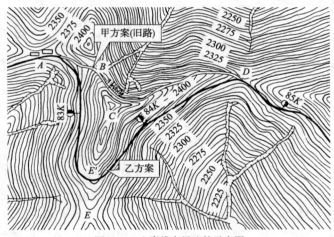

图 6.32 山脊线布局比较示意图

3)试坡布线

在两固定控制点间布线,力求距离短捷、坡度和缓。山脊线有时因控制点间高差很大,需要展线;有时避免路线过于迂绕,要采用起伏坡,以缩短距离。山脊线难免有曲折、起伏,但不应过于急促、频繁,平、竖曲线和视距等指标应尽量高些,以利于行车安全。

山脊布线常有三种情况:

(1)控制垭口间平均纵坡不超过限值。

两控制垭口间,地形、地质无大障碍时,应以均匀坡度沿侧坡布线。如控制垭口间平均纵坡较缓,而其间遇有障碍或难点工程时,可加设中间控制点,调整纵坡避让,中间控制点和各垭口间仍以均匀坡度布线。如图 6.32 中的甲线,AB、BD 两段,地面自然坡度上、下坡很陡,适当挖深 B 垭口后,才分别获得 $+5.5\%$ 和 -5% 较合理的纵坡;BD 段两次跨冲沟,需要防治,工程量稍大。如欲减小防治工程,要在冲沟头上方加设中间控制点,将使 B 到 D 的一段纵坡过陡,故不宜采用。

(2)控制垭口间有支脉横隔。

路线穿过支脉,要在支脉上选择合适垭口作为中间控制点。该垭口应不使路线过于迂绕,合理深挖后两翼路线纵坡都不超过规定,路线能在较好地形、地质地带通过。有时在支脉上选择的控制垭口虽能满足纵坡要求,但线形过于迂绕,为缩短距离,控制点可不选在垭口上。

图6.32中乙线是穿支脉的路线,支脉上有C、E两个垭口。先考虑C垭口。因其位置过高,合理深挖后两翼路线纵坡仍超过规定,故放弃C垭口。E的两翼自然纵坡均低于规定值,为保证纵坡符合要求,应尽量缩短距离,从低垭口D以5%~5.5%的纵坡向垭口E试坡,定出控制点位置E',AE'之间按均匀坡度(约3%)布线。

(3)控制垭口间平均纵坡。

根据地形、地质条件,采用填挖、旱桥、隧道等工程措施提高低垭口、降低高垭口,也可利用侧坡、山脊有利地形设置回头展线或螺旋展线,如图6.33所示。

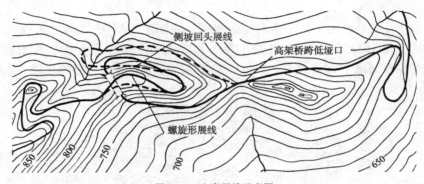

图6.33 山脊展线示意图

知识点5 丘陵区选线

丘陵区是介于平原区和山岭区之间的地形,其地形特征是山丘连绵、岗坳交错、此起彼伏、山形曲折迂回、岭低脊宽、山坡较缓、相对高度不大、横坡不太陡、山脉和水系不如山岭区明显。丘陵区包括缓峻颇为悬殊的微丘和重丘两类地形。

图6.34 丘陵区路线

微丘区起伏较小,地面自然坡度在20°以下,山丘、沟谷分布稀疏,坡形缓和,相对高差在100m以内,而且有较宽的平地可以利用。

重丘区起伏频繁,相对高差较大,地面自然坡度在20°以上,山丘、沟谷分布较密,而且具有较深的沟谷和较高的分水岭,路线平、纵面部分受地形的限制。

丘陵区路线特点是:局部方案多,且为充分适应地形,路线纵断面有起伏,平面也以曲线为主,如图6.34所示。

一、丘陵区路线布设原则

丘陵区选线,应根据丘陵区地形特点,选出方向顺直、工程量少的路线方案。

1. 微丘区选线应充分利用地形,处理好平、纵线形的组合

微丘区不应迁就微小地形,导致线形迂回曲折;也不宜采用长直线,导致纵面线形起伏。路线应与地形相适应,避免高填深挖,破坏自然景观。

2. 重丘区选线应注意的事项

1) 注意利用有利地形减少工程量

路线应随地形变化布设,在定平、纵面线位时,应注意横向填挖平衡。横坡较缓地段,可采用半填半挖或填多于挖的路基;横坡较陡的地段,可采用全挖或挖多于填的路基。应注意挖方边坡的高度,防止挖方边坡过高。同时应注意纵向土、石方平衡,以减少废方与借方。

2) 注意平、纵组合合理设计

不应只顾纵坡平缓,而使路线弯曲、平面标准过低;或只顾平面顺直、纵面平缓,而造成高填深挖,工程过大;或只顾经济,过分迁就地形,而使平、纵面采用极限或接近极限指标。

3) 注意少占耕地不占良田

(1) 路线宜靠近山坡,少占耕地不占良田,但应防止靠近山坡增大工程。可做出不同方案,征求地方意见后选定。

(2) 当路线通过个别高台地或垭口时,应结合地质、水文条件,做深挖与隧道方案比选,以节约耕地、减少道路病害。

(3) 当路线跨越宽阔沟谷或洼地时,应结合用地做旱桥与高填方案比选。

(4) 应结合灌溉系统及流量要求修建桥涵,避免水害。

对冲沟比较发育的地段,二级及以上公路可采用高路堤或高架桥的直穿方案;三级、四级公路则宜采用绕越方案。对地质不良地段,应考虑绕避通过,不得已时应尽量调整平、纵线形,合理掌握标准,尽量少扰动,并采取必要工程防护措施及排水设施,确保边坡及路基稳定。

二、路线布设方式

丘陵区地形复杂,布线方法应随路线行经地带的具体地形而采用不同的布线方式。根据经验,可概括为三类地形地带和相应三种布线方式。

1. 平坦地带——走直线

两已知控制点间地势平坦,应按平原区以方向为主导的原则布设。如其间无地物、地质障碍,或应趋就的风景、文物以及居民点,路线应走直线;如有障碍,或应趋就的地点,则加设中间控制点,相邻控制点间仍以直线相连,路线转折处设长而缓的平曲线。

2. 较陡横坡地带——走均坡线

均坡线是两控制点之间顺自然地形,以均匀坡度定的地面点连线,如图 6.35 所示。均坡线须多次试放才能获得。

在具有较陡横坡地带的两已定控制点间,如无地物、地形、地质障碍,路线应沿均坡线布线;如有障碍,则在障碍处加设控制点,相邻控制点间仍沿

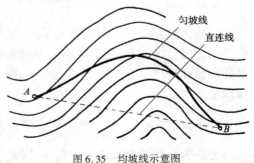

图 6.35 均坡线示意图

均坡线布线。

上述两类地带的布线方式，与前述平原区和山岭区无明显区别。

3. 起伏地带——走直连线和均坡线之间

起伏地带也属具有横坡的地带，特点是地面横坡较缓、均坡线迂回。

1）两已定控制点间包括一组起伏

路线交替跨越丘梁和坳谷，两相邻梁顶（或谷底）间存在一组起伏。对于此类地形布线，如沿直连线走，路线最短，但起伏很大，为减缓起伏，将出现高填深挖，增加工程量；如沿均坡线走，纵坡较缓，但路线绕长过多，也不经济。这种"硬拉直线"和"弯曲求平"的做法，都不可取。

如路线走在直连线和均坡线之间，则比直连线的起伏小，比均坡线的距离短，且工程较省。路线在平面上的具体位置，应根据路线等级，做到平、纵、横合理组合。

对较小起伏地带，先应纵坡和缓，再考虑平面与横断面。低级路工程宜小，平面上稍迂回增长距离是可行的，即路线可离直连线远些；高等级公路则尽可能缩短距离，使路线离直连线近些。

较大起伏地带，两控制点间梁谷高差不同，高差大的侧坡坡度常成为决定因素。应根据采用的合理纵坡，结合梁顶挖深和谷底填高确定路线的平面位置。

2）两已定控制点间有多组起伏

两已定控制点间有多组起伏时，需在每个梁顶（或谷底）定出控制点，再按上述方法处理各组起伏。

已定控制点间的起伏组数越多，直连线和均坡线间范围越大、路线方案越多。可分别从两已定控制点向中间布线，逐步减少包括的起伏组数。

两已定控制点间，有时因地形、地质、地物障碍，路线会突破直连线与均坡线的范围。为避让障碍所定的中间控制点，应视为增加的已定控制点，将原已定控制点间的路线分为两段，分别按"走直连线"和"走均坡线之间"的原则布线。

三、平、纵线形及其组合

总结丘陵区选线的实践经验，应注意以下几点。

1. 平面

平面上不强拉长直线，尽量采用与地形协调的长缓平曲线，路线转折不过于零碎、频繁，相距不远的同向曲线尽可能并为一个单曲线或复曲线，反向曲线间应有一定长度的直线段，或采用S形曲线。

2. 纵断面

起伏地带路线采用起伏坡型是缩短里程或节省工程的有效方法。但起伏不应过频繁和急剧，坡长宜长，纵坡宜缓，避免锯齿型坡和短距离的"驼峰"和"凹陷"。陡而长的纵坡要利用地形插设缓和坡段。竖曲线宜长而缓，相距不远的同向竖曲线尽量连接，反向竖曲线间最好有一段均坡。

3. 平、纵组合

长陡下坡尽头避免设小半径平曲线。对平、竖曲线位置，当两者半径很大时，设在何处对行车影响不大;在起伏地形如梁顶、沟谷等处,使暗弯与凸型竖曲线、明弯与凹型竖曲线结合,能增进行车安全感和路容美观。但要注意两者半径都应大些,特别是明弯与凹型竖曲线重合处,因车速都较高,半径过小会增加驾驶难度。最不好的情况是:凸型竖曲线与小半径平曲线相隔很近,因为凸竖曲线阻碍视线,驾驶员不能预先看到前方的平曲线,可能措手不及,发生事故。为避免这种情况,要把平、竖曲线重合起来,即使多费些工程也是应该的。

知识点6 特殊地区选线

一、滑坡地段选线

滑坡发生时,大量土体下滑推移,埋没路基或其他建筑物,修复困难,造成行车中断,对公路危害极大。

对技术复杂、工程量大、采用整治措施也不能确保稳定的大型滑坡,路线应绕避。在河谷地段,可移到滑坡的对岸通过,或在滑动面底部适当位置以隧道通过。

对中小型滑坡,如经整治能确保稳定,工程投资有显著节省时,可考虑在其下部以低填方或其上部以浅挖方通过。

当路线位置受到控制,无法绕避滑坡地段(含可能产生滑坡地段)时,必须采取有效的工程措施,以确保施工和运营的安全。

二、多年冻土地区选线

路基冻害主要表现为融沉和冻胀。一般遭受冻害的是松散土及粉状土的路堑及不填不挖路基。路堑冻害常导致边坡滑动、侧沟挤坏,若遇埋藏冰层易形成泥槽。石质路堑有裂隙水时,冬季冻结形成冰锥,危及行车安全。桥涵建筑物的冻害,主要为基础凸起和下沉。桥涵附近的冰锥、冰丘可能产生冰塞,挤压桥涵。

路线通过山坡时,应尽量选在平缓、干燥、向阳的地带。该处多年冻土埋藏较深,水分蒸发量大,地表及地下水含量相对较小,冻害和其他病害较轻。但阳坡的融解层深度大,在山坡较陡、节理发达、风化严重的阳坡选线时,要注意绕避不良地质地段。

路线通过山岳、丘陵地区时,宜选择在融冻坡积层缓坡的上部。沿着大河河谷定线时,宜选在高台地上,以较短的距离通过多年冻土边缘地带。避免沿融区附近的多年冻土边缘地带布线。

路线宜选择在岩石、卵石土、砾石土、砂和含水量小的黏土、黏砂土、砂粒土等少冰冻土地带。在多冰冻土的地层通过时,应避让腐殖土、黏砂土、粉砂地段,尤其避免在饱冰、富冰冻土的含冰土层中通过。对厚层地下冰、热融滑坍、热融湖(塘)、冰锥冰丘、沼泽等不良地质地段应尽量绕避。

路线应尽量采用填方,尽可能避免挖方、零断面或低填浅挖断面,如受条件限制时,应缩短路段长度。在饱冰冻土和厚层地下冰地段,应避免以挖方通过。大、中桥宜选在大河的融区地段或基底为少冰冻土的河段,避免将一座桥设在融区和冻土两种不同的地基上。隧道应尽量避免穿过地下水发育的地层。洞口位置应避开热融滑坍、冰锥、冰丘以及厚层地下冰等不良地质地段。

三、雪害区选线

路线应绕避频率高、危害严重的雪崩地段,无法绕避时可采用稳定山坡积雪、改变雪崩运动方向、减缓雪崩运动和清除积雪等治理措施,高速公路和一级公路可采用防雪走廊、明洞、隧道等遮挡构造物。

风吹雪地段,线位应沿与风雪主导风向平行或小于30°交角方向布设。风口段路线尽量以直线通过,如必须设置曲线时应采用凸面迎风曲线;纵断面应尽量采用低路堤线位,路基边坡应采用缓于1∶4的流线型边坡,总体布局应考虑储雪场、积雪平台等布设的位置。

四、黄土地区选线

路线应尽量设在黄土塬、宽谷阶地、平缓斜坡以及比较稳定的沟谷地带,尽量绕避陷穴与冲沟发育的塬边和斜坡地带。路线通过湿陷性黄土地区时,应尽量选择湿陷性轻微、地表排水条件较好的地区通过。路线跨越黄土深沟时,应结合地形,降低填土高度。当沟谷宽敞、谷坡稳定平缓时,可沿沟坡绕向沟谷上游以降低填高。当沟谷深窄、谷坡陡峻且不稳定,绕线困难,同时沟谷不长,沟底纵坡较陡时,可将线位移向沟脑附近来降低填高。

选线时应对高填与高桥进行综合比较。高填存在下沉量大、多占耕地等缺点,在工程造价差别不大时,应尽量采用高桥方案。但需考虑基底不均匀下沉的影响。在跨越深沟时,应尽量降低线位高度,并选在墩台地基较好的地段通过。

选线时应对深挖与隧道进行综合比较。工程造价差别不大时,应采用隧道方案。黄土隧道应绕避不良地质地段,尽量设在土质较好的老黄土层中,并防止偏压。

五、软土和泥沼地区选线

软土和泥沼都具有压缩性高和强度低的特点,对工程建筑物造成滑坍和沉陷等危害。公路建成后路基常有下沉,造成路面过早破坏,给行车、养护带来很大困难。

在软土和泥沼地区选线时应进行全面比较。在技术经济指标相差不大时,应采用绕避方案。如软土或泥沼范围较小,工程处理能确保安全,工程投资较省时可以路堤通过。路线必须通过软土、泥沼地区时,路线应尽量选择在软土、泥沼最窄,泥炭、淤泥较浅,沼底横坡不大,地势较高及取土条件较好的地段通过。

软土、泥沼地区,以修建路堤为宜,且路堤高度不宜超过极限高度。在淤泥和泥炭较厚、沼底横坡较陡、路基处理工程困难地段,应考虑建桥的比较方案。

河谷软土地带或古盆地的中央部位软土层较厚,土颗粒较细,含水较多,基底松软,路线宜绕避,选择在边缘地区通过,但也要注意绕开土质软硬差别极大的边缘地段。

在宽广的软土地区,路线应尽量避免沿排水管道边缘或湖塘边缘布线,因这些地方为水流浸润,地基较软弱,基底两侧的变形也不均匀,对路基的稳定不利。

六、人为坑洞地区选线

人为坑洞是指因人的活动所挖掘的地下洞穴,如矿区的采空区、采煤洞、淘砂洞、淘金洞、窑洞、坎儿井、地下渠道和墓穴等。选线时如对此类地区重视不够,工程措施考虑不周,通车后将导致公路建筑产生病害,严重影响行车安全。

路线应尽量绕避人为坑洞地区,尤其是人为坑洞密集地区和处理工程复杂的大型人为坑洞以及需修建桥梁、隧道、立交等重要建筑物地段,更应绕避。当绕避有困难时,路线应尽量选择在矿层薄、埋藏深、倾角缓和垂直于矿层走向等有利地带通过,并采取措施确保公路安全。

路线通过小型坑洞时,应采取适当的工程措施。对埋藏浅的坑洞应挖开回填。对不易开挖的坑洞,应使用必要的勘探方法,查明坑洞情况,加以处理。

对正在开采或计划开采的矿区,为避免压矿,路线应尽量绕避。如必须通过时,须与有关部门协商,选择通过矿体长度最短的部位,并采取措施,保证安全。

七、盐渍土地区选线

地表 1m 以内土层中易溶盐含量大于 0.5% 的土称为盐渍土。盐渍土对路基工程的影响主要有以下几点:

(1)因盐渍土中有盐分,在夯实过程中,其最佳密实度随含盐量的增加而减小。含盐量超过一定限度时,就达不到路基的标准密实度,使路基下沉、变形。

(2)盐渍土中水分和温度随气候条件的变化而变化,使土体中盐分溶解与结晶交替,土体膨胀与收缩循环,破坏了稳定性,这种现象在日温差大的干旱内陆地区较突出。

(3)松散和膨胀作用。松散多发生于表层 0.3m 内,土层疏松,足踏可下陷。松散是因表土受昼夜温差变化引起。膨胀常发生于表层 1m 内,个别到 3m 深,因土体膨胀使路面拱起,危害较大。

盐渍土地区选线,应尽量选在排水条件良好、地下水位低、含盐量小、通过地段短和地势较高等有利地段。内陆盐渍土地区路线宜在砾石带、砂土灌丛带通过。冲积平原盐渍土地区路线,宜远离河岸边的湿盐渍土地区,而在地下水位较深的干燥地带通过。

湿盐渍土地区,地下水位高,排水困难,路基基底一般需填渗水土或采取抬高路堤等措施,造价较高,应尽量绕避。如必须通过时,应将路线设置在地势较高和工程地质条件较好的地段;对一般盐渍土或干盐渍土地区,含盐量一般较轻,可考虑以路堤通过。

当降低地下水位有困难,且不易取得渗水土做填料时,宜采用抬高路堤的方法通过。此时路肩高程应考虑冻前地下水位、毛细水上升高度、临界冻结深度和一定的安全距离。

八、崩塌、岩堆地段选线

山坡陡峻、裂隙发育、岩层倾向公路的地段,或构造复杂、岩块松动的陡坡,因雨水侵蚀、温度变化或受其他外力作用可能产生崩塌。崩塌一般出现在峡谷陡坡地段,它直接威胁公路安全,尤其是大型崩塌来势凶猛,破坏力大。悬崖及陡坡上部,岩石经物理风化作用后,通过重力或暴雨搬运至山坡或坡脚的松散堆积体,叫作岩堆。岩堆往往由崩塌错落形成,亦可由缓慢堆积形成,在河谷中较为常见。在岩堆地段修筑公路,易发生顺层牵引坍滑,影响公路稳定性。

在山体不稳、岩层破碎的陡峻山坡,或预计人工开挖使稳定条件破坏,将发生较大规模崩塌,且工程处理困难的地段,应尽量绕避。若采用修建明洞、在稳定岩层内修建隧道等措施通过,需经比较后选定。在崩塌范围不大,且性质不严重,采取清理山坡危石以及其他有效工程措施能保证安全时,可考虑在崩塌影响范围内通过。

对处在发展阶段或较大范围松散、稳定性差的岩堆,路线宜向山体内移,以隧道在堆积体范围外的基岩中通过,或外移设桥通过,或考虑跨河至对岸的绕避方案。对稳定的岩堆,路线以低路基或浅路堑通过时,应避免深挖高填,以免破坏岩堆的稳定性。

九、泥石流地段选线

泥石流是一种携带大量固体物质,如黏土、砂、砾石、块石等骤然发生的洪流,主要发生在地质不良、地形陡峻的山区。

对严重泥石流集中地段,应考虑绕避。当沿河两岸均有泥石流时,则应选泥石流较轻微的一岸通过,必要时可多次跨河绕避。

路线跨越泥石流沟时,首先应考虑从流通区或沟床比较稳定、冲淤变化不大的洪积扇顶部以桥跨越。但这种方案平面线形一般较差,纵坡起伏大,沟口两侧路堑边坡容易发生崩塌、滑坡等病害。此外,还应注意目前流通区有无转化为堆积区的趋势。

路线必须通过泥石流时,应尽量避免穿过沉积区,二级及以上公路宜在通过区设桥跨过,并留有足够孔跨及净高。如受高程控制不能设桥时,不宜设计为路堑,可以明洞或隧道通过,但应将明洞或隧道的进出口设在泥石流影响范围外,并有足够埋藏深度。

只有泥石流不严重、技术上可以处理,并经比选,方能采用在沉积区通过的方案。在沉积区,宜分散设桥,不宜改沟合并设桥。一般对山前区泥石流,路线宜在沉积区下方通过,山区泥石流路线宜在沉积区上方通过,如必须通过洪积扇下方时,应以不受大河影响为度。

知识点7 定 线

一、纸 上 定 线

1. 纸上定线的工作步骤

纸上定线在室内大比例尺地形图上进行,对不同的地形条件,定线考虑的侧重点不同。平原、微丘区地形平坦,路线一般不受高程限制,定线中重点是正确绕避平面上的障碍,力争控制点间路线短捷顺直;而山岭、重丘区地形复杂,横坡陡峻,定线时要利用有利地形,避让艰巨工程、不良地质地段或地物等,都涉及调整纵坡问题,且山区纵坡又限制较严,因此山岭、重丘区定线的重点是安排好纵坡。

1)平原、微丘区定线步骤

(1)定导向点。

在选线布局确定的控制点之间,根据平原、微丘区路线布设要点,通过分析比较,确定可穿越、应趋就和该绕避的点和活动范围,建立一些中间导向点。

(2)试定路线导线。

参照导向点,试穿出一系列直线并交出交点,或直接将导向点作为交点,试定出路线导线。

(3)初定平曲线。

读取交点坐标计算或直接量测转角和交点间距,其中纸上定线转角宜用正切法量测计算,初定圆曲线半径和缓和曲线长度,计算平曲线要素。

(4)定线。

检查各技术指标是否满足《标准》和《规范》要求,以及平曲线线位是否合适,不满足时应调整交点位置或圆曲线半径或缓和曲线长度,直至满足为止。

2)山岭、重丘区定线步骤

(1)定导向线。

①分析地形,找出各种可能的走法。在地形图上仔细研究路线布局阶段选定的主要控制点间的地形、地质情况,选择有利地形(如平缓顺直的山坡、开阔的侧沟、利于回头的地点等),拟定路线各种可能的走法。如图 6.36 所示,图左侧地形较陡,图右侧地形较缓,A、D 为两控制点,B 点为可利用的山脊平台,C 点为应避让的陡崖,则 A—B—C—D 为路线的一种可能走法。走法须由放坡试定,纸上定线的放坡用两脚规或绘图程序进行。

②放坡定坡度线。由等高距 h 和选用的平均纵坡 $i_{均}$(5.0%~5.5%,视地形曲折程度和高差而定),按 $a = h/i_{均}$ 计算等高线间平距 a。如图 6.37 所示,使两脚规的张开度或绘图程序的步距等于 a(按地形图比例尺),从图 6.38 中某一固定点(如 A 点)开始,沿拟定走法依次截取每根等高线得 a、b、c 等点,在 B 点附近回头(如图中 j 点)后再向 D 点截取,当最后一点的位置和标高都与 D 点接近时,说明该方案成立,否则应修改走法(如改变回头位置)或调整 $i_{均}$(在 5.0%~5.5% 内),重新放坡至方案成立为止。

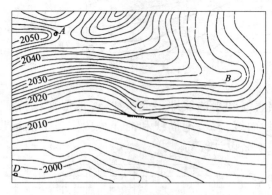

图 6.36 定路线方案

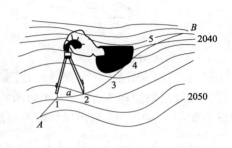

图 6.37 绘制均坡线基本方法

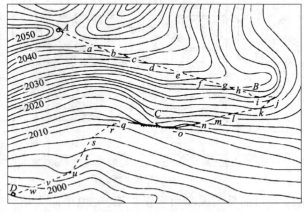

图 6.38 绘制均坡线

连线 $Aab \cdots D$ 为具有平均纵坡的折线,称为均坡线,它验证了一种走法的成立,并可发现一些中间控制点,为下一步工作提供依据。

③确定中间控制点,分段调整纵坡,定导向线。分析坡度线利用地形、避让地物或不良地质情况,找出应穿或应避的中间控制点。如图 6.39 所示,在 B 点处利于回头的地点未能利用,在 C 点处的陡崖未能避让,若调整 B、C 两点前后的纵坡(可在最大和最小纵坡间选用,但不轻

易采用极限值且不出现反坡),能避开陡崖和利用有利回头地点,因此可将 B、C 两点定为中间控制点。再仿照放坡分段调整纵坡试定均坡线,各段均坡线的连线 $Aa'b'\cdots D$ 为具有分段安排纵坡的折线,称为导向线,它利用了有利地形,避开了不利障碍,示出了路线将行经的大概部位。

图 6.39 定导向线

(2)一次修正导向线。

①试定平面和纵断面。参照导向线定出直线和平曲线即平面试线,按地形变化特征点量出或读取桩号及地面标高,点绘纵断面图的地面线,参考地面线和前面分段安排的纵坡设计,理想纵坡如图 6.40 所示,量出或读取各桩的概略设计标高。

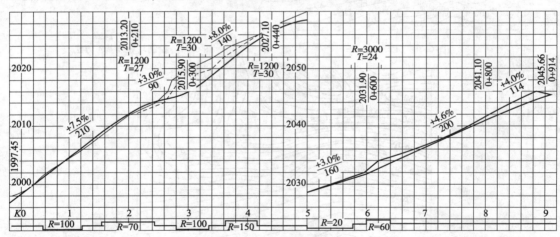

图 6.40 纸上定线纵断面图

②定一次修正导向线。目的是用纵断面修正平面,避免纵向大填大挖。在平面试线各桩的横断面方向上点出与概略设计标高相应的点,这些点的连线是具有理想纵坡、中线上不填不挖的折线,称为一次修正导向线。当纵断面上填挖过大时,应进行修改。在图 6.41 中 K0+200 和 K0+400 之间,实线地面线挖方较大,该段纵坡已近极限值无法调整,如将路线移到崖顶通过,平面线形变化不大,但挖方工程减少很多,如图 6.41 中虚线地面线(平面图中修正导向线未示出)所示。

③二次修正导向线。目的是用横断面最佳位置修正平面,避免横向填挖过大。对一次修

正导向线各点绘制横断面图,用路基模板逐点找出最经济或起控制作用的最佳中线位置及其可移动范围,如图 6.41 中的①、②。根据最佳位置的性质分别用不同符号点回到平面图上,这些点的连线是具有理想纵坡、横向位置最佳的平面折线,称为二次修正导向线(小比例尺地形图上显示不出最佳位置时可不做)。

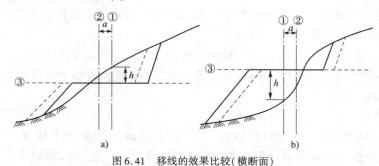

图 6.41 移线的效果比较(横断面)

(3)定线。

定线是在二次修正导向线的基础上进行。二次修正导向线是一条平面折线,它不满足技术标准的要求,必须适当取直,并用平曲线连接,定出中线的确切位置。定线必须根据二次修正导向线上各特征点的性质和可活动范围,经过反复试线才能定出满足要求的中线(图 6.42)。定线的具体操作可采用直线形定线法或曲线形定线法。

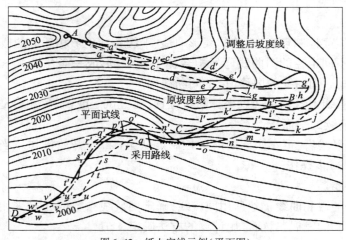

图 6.42 纸上定线示例(平面图)

纸上定线是一个反复试线修改的过程,试线中是修改纵坡还是改移中线位置或两者都改,应对平、纵、横三方面充分研究后确定。在一定程度上,试线越多,最后的成品质量越高,直到无论修改哪一方都不能显著节省工程或增进美观时,才可认为纸上定线工作结束。中线定出以后就可以进行纵断面、横断面以及相关内容设计。

2. 直线形定线方法

路线上每一条直线的方向,平原、微丘区应以布局确定的控制点为依据,山岭、重丘区应参照导向线试定,最终路线要经过多方面分析比较才能确定。核查所定直线的长度是否满足《规范》规定,应采用本定线方法设置平曲线,计算直线长度,若不满足规定时应调整直线或平曲线,直至满足为止。

1)路线标定

道路中线确定后,为标定路线,需根据试定的直线、圆曲线半径及缓和曲线计算平曲线要素、曲线主点桩和加桩里程等。需要计算逐桩坐标时,应采集各交点的坐标。通常交点坐标的采集方法有两种。

(1)直接采集法:在绘有格网的地形图上读取各交点的坐标,一般只能估读到米,适用于交点前后直线方向和位置限制不严的情况。

(2)定前后直线间接推算法:在绘有格网地形图上先固定交点前后的直线(即在直线上读取两点坐标),再用相邻直线相交的解析法计算交点坐标,一般适用于交点前后直线方向和位置限制较严的情况。

2)曲线设置

曲线设置是在定出直线和交点后进行,工作任务是确定圆曲线半径 R 及缓和曲线长度 L_s。曲线设置应根据技术标准和地形条件,通过试算或反算确定。试算是根据经验先初定 R 和 L_s,计算曲线要素切线长 T、外距 E 和平曲线长度 L,检查线形是否满足技术标准和线位是否适应地形条件,当不满足时应调整 R 或 L_s 或二者都调整,直至满足为止。反算是根据控制较严的切线长 T(或外距 E)和试定的 L_s 计算半径 R,取整并判断 R 是否满足标准要求,否则应进行调整。试算或反算的结果经调整后仍然不能满足技术标准时,应调整路线导线。

3. 曲线形定线方法

1)定线步骤

(1)参照导向线或控制点,徒手绘制线形顺适、平缓并与地形相适应的概略线位。

(2)用直尺或不同半径的圆曲线弯尺拟合徒手线位,形成一条由圆弧和直线组成的具有错位(即设缓和曲线后圆曲线的内移值)的间断线形。

(3)在圆弧和直线上各采集两点坐标固定位置,通过试定或试算,用合适的缓和曲线将它们顺滑连接,形成连续的平面线形。

对纸上定线有经验者,可参照导向线或控制点从第(2)步开始操作。当在电子地图上定线时,可直接从第(3)步操作。

2)确定回旋线参数

曲线形定线法的缓和曲线仍然采用回旋线,确定回旋线参数值 A 是采用曲线形定线法的关键。随着计算工具的发展,目前常用计算的方法确定 A 值。

定线操作是一个由粗到细的工作过程。因近似法计算中只保留了级数展开式中的第一项,所以计算简单但精度不高,适用于初定线位或精度要求不高的定线。解析法精度较高但计算复杂,需在计算机上计算,适用于精细定线。

二、现 场 定 线

1. 现场定线的工作步骤

平原、微丘区现场定线工作步骤与纸上定线基本相同,不同之处是交点坐标或转角及交点间距应经实测获得。山岭、重丘区现场定线的指导原则与纸上定线相同,但定线条件不同,工作步骤有所不同。山岭、重丘区现场定线是采用带角手水准进行的。带角手水准如图6.43所示,使用时用手水准瞄准前方目标,旋转指针使气泡居中,此时指针所指的度数即为视线倾角,该倾角可换算为纵坡,$1°\approx1.75\%$,此法用于量测已知两点间的坡度。手水准的另一种用法是已知一点和坡度,寻找该坡度上的另一点目标,即放坡测量。下面以山区越岭线为例说明现场定线的工作步骤。

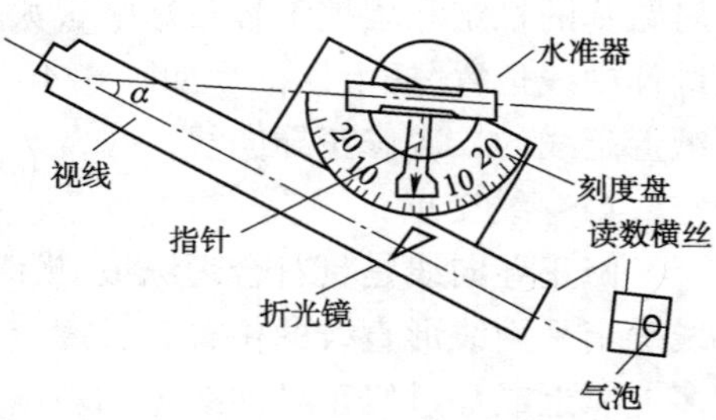

1) 分段安排路线

在选线布局阶段定下的主要控制点之间,沿拟定方向用手水准,逐段粗略定出沿线应穿越或应趋避的一系列中间控制点,使路线方案更加明确。

图 6.43 带角手水准示意图

2) 放坡、定导向线

现场定线的放坡是用手水准在现场定出坡度点的作业过程,其目的是解决控制点间纵坡的合理安排问题,也是现场设计纵坡的操作。在纵坡安排和选择坡度值时应考虑以下几点要求:

(1) 纵坡要满足《标准》和《规范》要求。如坡长限制、缓和坡段、合成坡度等要求,并力求两控制点间坡度均匀,避免出现反坡。

(2) 应结合地形选用坡度。尽可能不用最大纵坡,但也不宜太缓,以接近两控制点间均坡线为宜,在地形整齐地段可稍大些,曲折多变处宜稍缓些。

放坡由受限较严的控制点开始,按手水准的第二种用法,一人持手水准对好选用纵坡相当的角度,立于控制点处指挥另一持花杆的人在山嘴或山坳等地形变化处、计划变坡处以及顺直山坡每隔一定距离处上下横向移动,找到二人距地面同高点后定点,插上坡度旗或在地面做标记,以该点为固定点继续向前放坡。如果一边放坡一边进行后续工作,应先放完一定长度(一般不应小于 4~5 条导线边长)的坡度点后,利用返程进行下一步操作。通过放坡定出坡度点的连线如图 6.44 中的 $A_0A_1A_2\cdots$,相当于纸上定线的一次修正导向线,起到指引路线方向的作用,称其为导向线。

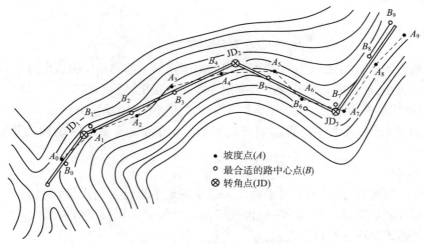

图 6.44 放坡定线示意图

放坡时,前找点人应能估计平曲线的大概位置和半径,对因标准限制路线不可能自然绕过的窄沟或山嘴应"跳"过去,而当能够绕行时坡度要放缓,以便坡度折减。

3) 修正导向线

坡度点是概略的路基设计标高。由于各点的地面横向坡度陡缓不一,平面线位横向移动对路基的稳定和填挖工程量影响很大,故应根据路基设计要求,在各坡度点的横断方向上选定最佳中线位置,插上标记。如图 6.44 所示,这些点的连线 $B_0B_1B_2\cdots$ 称为修正导向线,相当于纸上定线的二次修正导向线。

4) 穿线交点

修正导向线是具有合理纵坡、横断面上位置最佳的一条折线。穿线工作要根据修正导向线确定平面线形直线的位置和长度定出路线导线,并考虑平纵组合问题。所穿直线应尽可能多地靠近或穿过修正导向线上的坡度点,特别要满足控制较严的点,适当裁折取直,使平、纵、横三面合理组合。试穿出与地形相适应的若干直线,延长这些直线所得交会点,即为路线导线,如图 6.44 中 JD_1—JD_2—$JD_3\cdots$。需要定线人员反复试穿和修改才能定出合理的路线。

5) 曲线插设

曲线插设是指根据地形条件和技术标准,在各交点处设置圆曲线和缓和曲线的操作。现场定线面对自然地形的曲线插设,要比纸上定线面对地形图的曲线插设困难得多。地形复杂的山区道路,曲线在路线总长中占较大比例,且是在地形困难处,需要设置曲线的地方。对于单交点、双交点或虚交点曲线,其曲线插设和调整相对简单,曲线插设方法与纸上定线相同。但回头曲线在现场插设比较复杂,应按一定的步骤插设,以免造成外业返工过多。

凡设回头曲线的地方,地形对路线都带有强制性。如图 6.45 所示,主曲线和前后辅助曲线的纵面、平面相互约束,插线必须反复试插试算,才能得到满意的结果。

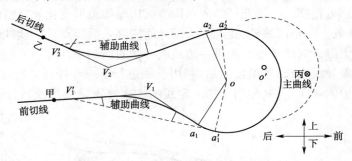

图 6.45 回头曲线插法示意图

不同的地形条件,主曲线平面位置可活动的范围不同。如利用山包或山脊平台回头时,可活动的范围比较小,插线应先根据坡度点确定主曲线位置定,然后确定前后切线线位及辅助曲线,插法视具体地形选用虚交、双交点或多交点形式。当利用山坳、山坡回头时,主曲线位置一般有较大活动余地,其大体位置参照导向线选定,确切线位要根据纵坡估算填挖工程量确定。

6) 设计纵断面

现场定线的纵坡设计,一般是对平面线形基本确定后进行。要求设计纵坡不仅满足工程经济和技术标准的规定,还应考虑平、纵面线形配合。因此必须反复试验修改,才能得出满意的结果。检查修改时应注意以下几点:

(1) 只调整纵坡即能满足要求时,按需要调整纵坡线。

(2) 靠调整纵坡无法满足需要时,应综合考虑决定调整方案,平面线形可采用纸上移线办法解决。

(3) 工程经济性与平、纵配合矛盾很大时,应结合路线等级、工程量大小等因素具体分析,确定调整方案。

2. 纸上移线

1）纸上移线的条件

在公路定线过程中，往往由于定线时考虑不周、地形条件限制或其他原因，难免产生因平面中线位置不当致使工程过大或线形不够理想等问题。此时可在分析研究已定路线平、纵、横图纸资料的基础上，考虑移动路线，使设计达到经济合理的要求，它对提高设计质量、降低工程费用起着一定的作用。当路线设计出现以下情况时，应考虑纸上移线。

（1）当平曲线半径选择过小，以致影响纵坡折减或平面线形前后不协调，或平、纵线形配合矛盾突出时，应采取调整交点位置，加大半径或减少弯道的方法进行移线。

（2）因路线中线位置不当而使工程量过大、边坡过高，或需设置高挡墙和砌石工程时，仅靠调整纵坡无法达到目的，应考虑纸上移线。

纸上移线应在实测横断面的范围内进行。对纸上移线的原因与情况，应在纸上移线平面图上作出扼要说明。

2）纸上移线的方法和步骤

（1）绘制移线路段大比例尺（一般采用1∶200～1∶500）路线平面图，注出交点编号、曲线起止点以及各桩位置。

（2）根据移线目的，在纵断面图上试定纵坡，算出各桩的填挖值。

（3）根据纵断面图上各桩填挖值，在横断面图上找出各桩最经济或控制性的路基中心线位置。量出偏移原中心线的距离（即移距），分别用不同的符号标记在平面图上。

（4）在"保证重点、照顾一般"的原则下，参照平面图上标记，经反复试定修改，定出改移后的导线。用正切法算出各交点偏角，并使移线与原线角度闭合。拟定平曲线半径，计算平曲线要素，绘出平曲线。

（5）根据移线起点与原线桩号里程的对应关系，推算移线后各新桩的桩号里程，计算出长短链值，并标注在移线终点。

（6）按各桩在平面图上的移距，在相应各横断面图上绘出移线后的中桩位置，并注明新桩号。

（7）根据横断面图上移线前后中桩处的相对高差，在原纵断面图上点绘移线后地面线（用虚线表示），重新设计纵坡及竖曲线，如图6.46所示。

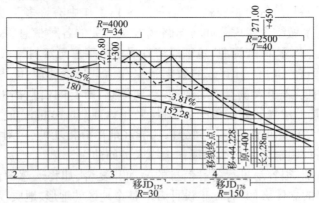

图6.46 移线纵断面图

（8）设计路基横断面，并计算土石方数量。

3)断链

在丈量过程中或者纸上移线后,出现桩号与实际里程不符的现象,称为断链。断链有"长链"和"短链"之分,当路线桩号长于地面实际里程时叫短链,反之叫长链。其桩号写法举例如下。

长链:K3+110 = K3+105.35,即长链4.65m;

短链:K3+100 = K3+105,即短链5m。

移线时,若移距较大,断链长度较长,会对纵坡度产生较大影响,则需计入断链。若移距不大或路线纵坡度较缓,则可不计断链,但需推算与移线平面起止点相应的原线上的桩号,以便计算超高和加宽,移线终点不标注长短链。

值得注意的是,纸上移线的资料主要从原线的横断面上取得,由于一般横断面施测范围有限,且离中线越远误差越大,故移距不能太大,一般以小于3~5m为好。移距很大时,应在定出移改导线后,实地放线重测。

知识点8 "3S"技术在道路选线中的应用

公路建设项目质量的好坏、投资的多少以及运营的完善与否,直接取决于道路选线工作是否周全,设计方案是否合理,二者是相辅相成、相互影响的。目前已提出了"数字化地球"的概念,并通过"3S"技术来实现,即:

(1)丰富的全球地理信息系统(GIS)。

(2)精确的全球卫星定位系统(GPS)。

(3)先进的遥感测设系统(RS)。

一、GIS 在道路选线中的应用

(1)利用 GIS 的数据采集与地理数据库管理功能,对选线所需的基础资料进行统一管理和分类处理。

路线方案的确定,需要考虑众多的影响因素,除地形、地质、水文、气象等自然条件因素外,还有施工条件、技术条件等,也要考虑路线在政治、经济和国防上的意义。各因素之间的关系复杂、相互制约。传统的选线方法,在工作过程中,选线人员需要携带和处理大量的地形图和其他资料文献(交通资料、地区经济资料、发展规划等),工作中有许多不便,选线工作量巨大,且很难对全部影响因素做综合考虑。如将与路线方案有关的各种信息,如遥感图像、地形图、地质、水文、土地利用、交通、矿产资源、地区经济发展水平等信息资料输入地理系统中,实现图文资料的数字化管理,使 GIS 进行有效的数据组织和信息分析处理,能大大提高信息的利用率。同时,由于 GIS 中录入了大量有关的地理、空间信息,所有的信息都采用数字地图的方式存放,选线人员可在其上建立研究对象的数学模型,进行预测或分析评价。

(2)利用 GIS 强大的空间查询与空间分析功能和地形分析功能,可对信息进行加工处理,将影响路线方案的各种因素形象化地展现在选线人员面前。

采用地理信息系统,很容易进行各种信息的叠加和复合,如将遥感图像与地形信息叠加,形成可供全方位观测的立体影像,有助于设计者对整个地区的地形、地质、水文和地貌等特征有一个完整的概念;将遥感图像与数字高程模型复合,形成立体的卫星图像,将数字高程模型按地表的状况,分层设色,GIS 将生成如实物模型的地貌景观立体图,使选线工作变得直观、灵活。

在地理信息系统的支持下,设计者可按设想任意布设或修改路线方案,对每个方案,GIS可很快计算出路线里程、工程量等,可实时生成路线断面图。通过预先设定的某些目标函数,系统自动进行路线的平纵断面优化。因此,可快速、方便地进行路线方案的比选。

(3)利用 GIS 的制图功能,输出设计用图纸。GIS 可方便地用于地图的制作,通过图形编辑清除图形采集的错误,根据用户要求和地物类型对数字地图进行整饰、添加符号(包括颜色和注记),通过绘图仪输出,得到精美的全要素地形图。还可根据用户的需要,分层输出各种专题地图,如行政区划图、土壤利用图、道路交通图、等高线图等。也可通过空间分析得到一些特殊的地学分析用图,如坡度图、坡向图、剖面图等。

GIS 对传统选线的作业流程皆可协助处理,并提高工作的效率与减少不必要的时间损耗,让传统的图文作业凭借计算机的处理,使图文密切结合,以可视化的方式进行。

二、GPS 在道路选线中的应用

在道路选线工作中,GPS 的主要作用是对航空照片和卫星图像等遥感图像进行定位和地面矫正。遥感数据在精度上还不够,需要 GPS 辅助矫正。目前 GPS 在动物活动监测、生活环境图、植被图的制作方面得到广泛应用;在景观生态规划过程中,由于要借助大量遥感数据,因此 GPS 的辅助功能也日益突出。随着 GPS 技术的快速发展和产品的更新换代,新一代具备 RTK(实时动态定位)系统功能双频 GPS 接收机的诞生,为当今公路测设事业注入了新的活力。最新的 RTK 技术在公路测设中具备以下几个功能和作用。

1. 绘制大比例尺地形图

公路选线多是在大比例尺(1:1000 或 1:2000)带状地形图上进行的。用传统方法测图,先要建立控制点,然后进行碎部测量,绘制成大比例尺地形图。这种方法工作量大、速度慢、花费时间长。用实时 GPS 动态测量可以完全克服这个缺点,只需在沿线每个碎部点上停留 1~2min,即可获得每点的坐标、高程。结合输入的点特征编码及属性信息,构成带状所有碎部点的数据,在室内即可用绘图软件成图。由于只需要采集碎部点的坐标和输入其属性信息,而且采集速度快,因此大大降低了测图难度。

2. 道路中线放样

设计人员在大比例尺带状地形图上定线后,需将道路中线在地面上标定出来。采用实时 GPS 测量,只需将中桩点坐标输入到 GPS 电子手簿中,系统软件就会自动定出放样点的点位。由于每个点测量都是独立完成的,不会产生累计误差,且各点放样精度趋于一致。

道路路线主要是由直线、缓和曲线、圆曲线构成。放样时,只要先输入各主点桩号(ZH、HY、QZ、YH、HZ),然后输入起止点的方位角 a_1、a_2,直线段距离 D_1、D_2,缓和曲线长度 L_{s1}、L_{s2},圆曲线半径 R,即可进行放样操作。这种方法简单实用,比传统的弦线拨角法要快速得多。另外,如果需要在各直线段和曲线段间加桩,只需输入加桩点的桩号就能自动计算放样元素。

3. 道路的横、纵断面放样和土石方数量计算

(1)纵断面放样时,先把需要放样的数据输入到电子手簿中(如各变坡点桩号、直线正负坡度值、竖曲线半径),生成一个施工测设放样点文件,并储存起来,随时可以到现场放样测设。

(2)横断面放样时,先确定出横断面形式(填、挖、半填半挖),然后把横断面设计数据输入电子手簿中(如边坡坡度、路肩宽度、路幅宽度、超高、加宽、设计高),生成一个施工测设放样点文件,储存起来,并随时可以到现场放样测设。同时,软件可以自动与地面线衔接进行"戴帽"工作,并利用"断面法"进行土石方数量计算。通过绘图软件,可绘出沿线的纵断面图和各点的横断面图。因为所用数据都是测绘地形图时采集而来的,不需要到现场进行纵、横断面测量,大大减少了外业工作。必要时可用动态 GPS 到现场检测复合,这与传统方法相比,既经济又实用,前景十分广阔。

4. 桥梁结构物放样

对于在江河上修建的大跨径桥梁,采用传统光学仪器和全站仪来定位是比较困难的,因为江面过宽、雾气较大,易造成仪器读数误差。另外,江面情况变化多端、观测浮标位置飘浮不定,影响定位精度。GPS 在这方面发挥了一定的优势。因为 GPS 采用的是空间三点后方距离交会法原理来定位,不受江面外界情况干扰,点与点之间不要求必须通视,简捷方便,精度高,大大提高了作业效率。它的平面坐标定位精度为 5mm ± 1ppm,基线长度有几米到几十千米,符合桥梁控制网的精度要求。同样,对隧道控制网、立体交叉控制网也可以采用 GPS 的方法进行精确定位。

<h3 style="text-align:center">三、RS 在道路选线中的应用</h3>

20 世纪 70 年代末,铁路选线开始应用遥感图像,RS 技术陆续应用到选线工作中。遥感图像具有宏观、逼真、直观、丰富的信息,为进行地形地貌、地质构造和地物的识别分析提供了可靠依据,具有其他方法无可比拟的优势。通过对高分辨率卫星图像的判释,查明路线经过地区的工程地质条件,并进行图像处理,通过计算机制图,绘制出彩色工程地质遥感判释图和水文地质遥感判释图,必要时进行少量有针对性的调查工作,为路线方案研究与比选提供依据。在道路定测、施工过程中,对地质复杂地段、路线重点工程地区开展遥感调查,为工程技术决策提供科学依据,RS 对保证施工顺利进行起到了重要作用,这方面已有很多成功应用的实例。此外,在应用遥感技术进行不良地质现象遥感解译预测,建立道路病害动态变化分析和区域预测模型,建立道路病害数据库等方面均进行了大量应用研究,并取得了重要成果。在道路勘测设计各阶段,以及道路建设中的各类工程和各类专业工作中,均可应用各种比例尺的航摄图像和卫星遥感图像,通过图像判释和图像处理,提供工程需要的有关资料,弥补其他勘测手段的不足,已成为道路工程中应用 RS 技术的一大特色。

应用 RS 技术开展道路选线工作,需要考虑设计阶段的具体要求。因各阶段工作所依据的基础资料及文件要求深度不同,具体工作方法与详略程度也不同。

1. 在工程预可行性研究阶段

利用航测遥感技术的优势,在大面积范围内进行方案研究、论证和比选。运用遥感图像进行地貌、地层岩性、地质构造、不良工程地质现象(滑坡、崩塌、泥石流等)判释,初步进行工程地质的区分,现场踏勘、验证,编制 1:10000 ~ 1:50000 工程地质略图。利用遥感图像还可进行控制路线方案大、中桥位置的选择。该阶段遥感工程地质判释的要求如下:

(1)遥感图像的判释工作应先于工程地质测绘,并贯穿调查全过程;
(2)卫星图像和航摄图像结合使用;
(3)除常规目视判释外,应充分利用遥感信息多时相、多波段的特点,采用数字图像处理

技术,突出有效信息,提高判释水平和效果;

(4)对室内判释成果应进行野外检查、验证;

(5)判释内容应包括宏观地貌单元、地貌形态、成因类型,判定地形、地貌与地质构造、地层岩性、工程地质条件的关系等;

(6)遥感判释的最终成果是提交与调查比例尺相应的工程地质判释图和文字说明。

2. 在工程可行性研究阶段

遥感技术的应用以大比例尺遥感图像为主,深化对工程地质的判释、调绘工作,采取综合勘探手段,获取所需的工程地质及水文地质资料。该阶段遥感工程地质判释的要求如下:

(1)遥感图像的判释工作可与该阶段的工程地质测绘提前或同步进行,并贯穿调查全过程;

(2)尽量使用不同时相、不同种类、多种波段的图像;

(3)在室内详细判释的基础上进行全野外检查验证,将地面地质观测与判释紧密结合,充分利用单张航片进行实地布点,并结合地形图、GPS进行定位;

(4)判释内容较预可阶段更为齐全、详细;

(5)最终成果资料应包括遥感工程地质判释报告、综合遥感工程地质平面图、剖面图、工点工程地质图、不良地质、特殊地质资料汇总表、遥感影像图和其他基础资料。

3. 在初测阶段

遥感图像、航摄图像先于大比例尺地形图,为各有关专业提供沿线地区的自然模型。路线技术人员根据批准的路线方案在图像上进行初步选线,其他有关专业技术人员进行室内判释、调绘工作,并制定现场验证、测绘方案,指导现场调查、搜集资料。实践表明:采用航测遥感技术,由于外业不测地形,有效地减少了外业工作量,地质测绘和钻探工作量大大减少。不仅提高了勘测设计质量,而且经济效益显著。

以上分别简要叙述了三者在道路选线中的应用,但要更好地发挥"3S"技术的优势,有赖于 GIS、GPS 与 RS 结合而成为一个完整的体系,其中 GIS 技术是主体。

知识点9 路线线形安全性评价

一、安全性评价方法概述

概括地讲,目前用于交通安全评价的方法主要有两类:一是基于数据统计和分析的评价方法,如交通事故统计分析方法、交通冲突分析方法、运行速度差分析方法;二是基于现场观测和专家打分的方法,该种方法主要是通过构建合适的评价指标体系,在现场踏勘的基础上,由评分专家按照一定的打分规则对交通设施存在的安全隐患进行打分,并通过相应的数学处理,得出安全评价结论。

1. 事故数据分析方法

交通事故数据是反映交通设施安全水平的重要指标,采用事故数据分析法进行交通安全评价一直是国内外交通安全评价的首选方法。根据统计得到的原始事故数据,以事故数、事故率为指标,可以方便地进行交通安全评价。但这种方法有如下不足之处:

(1)事故数据获得的周期过长,使得安全评价的时效性差,特别是当改善措施实施后,不能在短时间内获取满足分析需要的事故数据,因此往往无法判断改善措施的实施效果。

(2)事故数据的统计和录入存在较大误差,使得用于安全分析的原始数据不能够真正反映交通设施的实际安全状况。

(3)事故数据只是交通设施平均安全状况的体现,不能够直接反映其存在的安全隐患,使得后续的交通安全改善工作往往缺乏足够的针对性。此外,由于我国的道路交通安全工作起步较晚,对事故数据的积累不足以满足微观分析的需要,因此在工程应用中,较多采取非事故的评价方法。

2. 交通冲突分析方法

和事故分析法相比,交通冲突分析方法有着数据获取周期短、样本量大的明显优势,且交通冲突与交通事故之间的相关性已经得到验证。因此,理论上说交通冲突分析方法是研究交通安全问题较为合理的手段,但值得考虑的是,常规的冲突观测方法(人工现场观测和录像观测)在实际应用时会受到较大限制,特别是需要采集的冲突样本量较大时,由于目前我国高速公路监控系统尚处于起步建设阶段,依据监控设备实现冲突数据的自动记录和判读在现阶段还不具备可操作性。

3. 运行速度差分析方法

运行速度差分析方法是近年来国内外普遍推广采用的一种交通安全评价方法,其基本假定是车辆的运行是连续的,且运行速度的变化和事故之间有着某种必然的联系。因此,通过采集不同路段单元典型断面的车速,得到车辆运行速度的变化趋势,可以作为评价其交通安全状况的一种手段。国内外的研究成果表明,当车辆在2个连续断面运行车速差的绝对值$|\Delta V|<10\text{km/h}$时,认为车辆在该路段范围内运行安全状况较好;当$10\text{km/h}<|\Delta V|<20\text{km/h}$时,安全状况一般;当$|\Delta V|>20\text{km/h}$时,安全状况较差。

4. 交通安全诊断的方法

交通安全诊断的方法是在现场踏勘的基础上,对预先设定的能够综合反映交通设施安全状况的指标进行打分,进而对可能存在的安全隐患进行鉴别,并以此完成安全评价工作的一种方法。但如何从普通路段、进出口匝道众多的指标中,选择能够反应整体安全性的指标是交通安全诊断方法的关键环节。该种研究方法的优点是可操作性强,一定程度上克服了事故数据不足和冲突数据较难大规模采集的弊端,同时还能充分发挥专家经验,得到的相关结论还可以为交通安全改善工作提供直接依据。其不足之处在于,专家打分存在较大的主观性,因此,安全评价的结果在准确性和可信度上会受到一定程度的影响。此外,大量数据的分析处理对数学方法和工作人员的要求较高,不利于评价方法的推广和普及。

二、设计要素评价标准

设计速度为80km/h及以下的公路应进行运行速度协调性评价。运行速度协调性评价应符合下列规定:

(1)运行速度协调性评价应包含相邻路段运行速度协调性评价和同一路段运行速度与设计速度协调性评价。

(2)运行速度应按照规范要求提供的方法进行预测,并应根据项目所在地区特点对计算模型进行参数标定。条件不具备时,相关参数可按规范取值。

(3)相邻路段运行速度协调性采用相邻路段运行速度差值的绝对值$|\Delta V_{85}|$及运行速度梯度的绝对值$|\Delta l_v|$进行评价。相邻路段运行速度协调性评价标准应符合表6.3的规定。

相邻路段运行速度协调性评价标准　　　　表6.3

相邻路段运行速度协调性	评价标准	对策与建议
高速公路、一级公路		
好	$\|\Delta V_{85}\|<10\text{km/h}$ 且 $\|\Delta l_v\|\leq10\text{km/(h·m)}$	—
较好	$10\text{km/h}\leq\|\Delta V_{85}\|<20\text{km/h}$ 且 $\|\Delta l_v\|\leq10\text{km/(h·m)}$	相邻路段为减速时,宜对相邻路段平纵面设计进行优化,或采取安全改善措施
不良	$\|\Delta V_{85}\|\geq20\text{km/h}$ 或 $\|\Delta l_v\|>10\text{km/(h·m)}$	相邻路段为减速时,应调整相邻路段平纵面设计;当调整困难时,应采取安全改善措施
二级公路、三级公路		
好	$\|\Delta V_{85}\|<20\text{km/h}$ 且 $\|\Delta l_v\|\leq15\text{km/(h·m)}$	—
不良	$\|\Delta V_{85}\|\geq20\text{km/h}$ 或 $\|\Delta l_v\|>15\text{km/(h·m)}$	相邻路段为减速时,应调整相邻路段平纵面设计;或采取安全改善措施

(4)运行速度与设计速度协调性采用同一路段运行速度与设计速度的差值进行评价。当差值大于20km/h时,应根据运行速度对该路段的相关技术指标进行评价。

(5)对于改扩建公路,应对新建路段与利用的既有路段整体考虑,评价运行速度协调性。

三、运行速度的计算方法

1. 确定运行速度的方法

1)路段实测回归法

该法通过现场实测多条路段某车型的实际行驶速度,经回归分析建立道路几何要素与运行速度的关系模型,对其进行相关性分析和验证,根据模型预测各种线形要素和组合线形所对应的运行速度。

路段实测回归模型是建立在实测数据基础上的,因实测数据的局限,各影响因素对运行速度的影响可能因地域的不同而异,模型的推广应用有一定局限性。

2)理论预测法

根据汽车动力性能的加、减速行程计算基于纵断面线形的行驶速度,根据圆曲线半径计算公式反算弯道上允许行驶速度。将纵断面和平面分别预测的速度比较后取较小值,作为平、纵线形组合的运行速度。该法没有考虑竖曲线以及横断面的影响。

2. 运行速度计算

我国《公路项目安全性评价规范》(JTG/T B05—2015)(以下简称《安评规范》)中采用路

段实测回归模型来预测高速公路和一级公路的运行速度,其他等级公路参照使用。

运行速度的计算方法采用《安评规范》中推荐的方法,其计算方法如下。

1)划分分析路段

根据圆曲线半径和纵坡的大小将整条路线按平直路段、纵坡段、小半径平曲线段和弯坡组合段四种分析单元进行划分。

(1)平直路段:指平面线形为直线或半径大于1000m的平曲线,且纵坡小于3%;或纵坡大于3%,但坡长大于200m的路段为平直路段,但坡长小于等于200m的路段为短平直路段。

(2)纵坡段:指平面线形为直线或半径大于1000m的平曲线,且纵坡大于等于3%的路段。

(3)小半径平曲线段:指平面线形为半径小于等于1000m的平曲线,且纵坡小于3%路段。

(4)弯坡组合路段:指平面线形为半径小于等于1000m的平曲线,且纵坡大于等于3%的路段。

(5)隧道路段宜为驶入隧道洞口前200m至驶出隧道后100m。

(6)互通式立体交叉区主线路段宜为减速车道渐变段起点至加速车道渐变段终点,匝道路段宜为匝道与主线连接点到匝道终点。

当直线段位于两小半径平曲线之间,且长度小于临界值200m时,则该直线视为短直线,车辆在此路段上的运行速度保持不变。

2)运行速度V_{85}的测算

任选一个方向测算运行速度V_{85},确定与设计路段衔接的相邻路段速度,作为本路段的初始运行速度V_0,根据所划分的路段类型,按平直路段、纵坡段、小半径平曲线段和弯坡组合路段等分别测算运行速度V_{85}。

图6.47为某高速公路一个路段的左幅运行速度图。

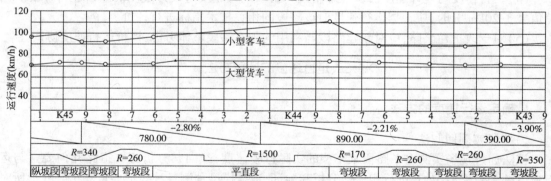

图6.47 运行速度图

四、线形设计的评价

1. 公路平面评价

(1)应根据运行速度,对采用接近最小半径的圆曲线进行评价。

(2)宜结合运行速度、视觉条件等,对回旋线参数及长度、曲线间直线长度、平曲线长度进行评价。

(3)应对回头曲线前后线的连续性和均衡性、回头曲线间距等进行评价。

(4)宜对卵形曲线、复合曲线等特殊曲线进行评价。

2. 视距评价

1）评价内容

高速公路、一级公路应评价停车视距,对向双车道的二级及以下等级公路应评价会车视距和超车视距;景观设计布置的树木或灌木及其长大后的视距;对必须设置防炫板的路段应按照运行车速计算值逐渐进行视距检查。

2）评价准则

设计速度对应的视距应不小于采用运行速度计算值计算的小客车停车视距。在以货车交通量为主以及其他货车或大型客车可能多发事故的路段,设计视距应同时满足按货车运行速度计算值计算的货车停车视距要求。当设置防炫板后不能满足视距要求时,应通过加宽中央分隔带或增大横向净距等办法来满足视距要求;在小半径路段,应按照运行车速计算值评价中央分隔带和路侧护栏设置后对视距的影响;当不能满足视距要求时,可通过加大平曲线半径、改善纵断面设计、加宽中央分隔带或土路肩的方法来满足视距要求。

3. 纵断面评价

当路段运行速度计算值与设计速度之差大于 20km/h 时,应按照运行速度计算值调整相应路段的坡度、坡长及竖曲线半径值。

4. 横断面评价

（1）当路段运行速度计算值与设计速度之差大于 20km/h 时,应按运行速度计算值的标准调整相应路段的路基横断面宽度。

（2）路基横断面宽度变化时应设置渐变段。渐变段宜结合互通式立交桥或其他交叉口渐变段一并考虑,应避免在一般路段中进行变化。

（3）当爬坡路段坡顶货车运行速度计算值低于设计速度 20km/h,或不能满足设计服务水平要求时,应评价设置爬坡车道的必要性。对于已设置爬坡车道的路段,应对爬坡车道的长度、宽度以及标志、标线等进行评价。

（4）当运行速度计算值大于设计速度 20km/h 时,应按运行速度计算值的标准相应调整路基横断面宽度。如因路段长度过小而未调整,且右侧硬路肩宽度在较长路段范围小于 2.50m 时,应评价设置紧急停车带的必要性。

（5）在长大下坡路段连续 4km 以上路段未设置停车区、加水冷却区等服务设施时,应根据沿线地形条件和交通组成特点,评价在下坡路段设置紧急避险车道的必要性。对于已经设置紧急避险车道的路段,应对紧急避险车道的设置间距、平纵面线形、长度、横断面宽度、路面材料、排水系统以及防撞护栏、标志、标线等进行评价。

5. 合成坡度评价

当路段运行速度计算值与设计速度之差大于 20km/h 时,应调整相应路段的纵、横坡度,使该路段的合成坡度满足运行速度计算值标准规定的最大合成坡度要求。

6. 超高评价

超高设计评价应按照运行车速计算值,结合项目所在地的水文、气候等自然条件,对超高横坡度值的采用、超高渐变过渡段的位置及过渡方式的选择、其他不良平纵线形条件对超高产生的负面影响等进行行车安全性评价。

（1）一般纵坡路段，当采用路段运行速度计算值计算的超高横坡度大于设计速度对应的超高横坡度时，应加大超高横坡度。

（2）大纵坡路段上的超高，应按照运行车速和设计采用的超高值，对横向力系数进行检查，对部分曲线的超高进行调整。当下坡坡度大于3%时，超高值宜增加。

（3）一般超高横坡度，应根据项目所在地的气候条件、养护水平和运行车速进行综合评价。

（4）最大超高横坡度，高速公路、一级公路采用的最大值不宜超过8%，在积雪冰冻地区，最大值不宜大于6%。

（5）位于大坡度的下坡路段平曲线超高横坡度宜适当提高。

（6）超高渐变段宽度应包括硬路肩全宽，超高渐变段长度应根据超高渐变段宽度增加而相应加长。

（7）对纵断面为平坡或接近平坡的路段进行超高渐变评价时，应采取措施消除或缓解平坡段的排水问题。

7. 平纵面线形组合评价

（1）在路面上任一点按规定视高看到的障碍物最高点的距离不得小于停车视距。

（2）当竖曲线的半径与平曲线的半径比值小于20时，应按照驾驶员的视线高度进行透视图检查，结合运行速度和视距要求，确保视距范围内不出现暗凹，也应避免在前方更远视线上出现暗凹。

（3）对路线透视图逐段进行检查，行车视线范围内地形与平面线形迹象应清晰、连续，路面和路侧状况不应形成暗凹等模糊不清或误导信息。

习　题

6.1　道路路线定线的方法有哪些？
6.2　道路路线方案比选通常采用的方法有哪些？
6.3　叙述道路选线的方法与步骤。
6.4　影响道路路线选择的自然因素主要有哪些？其关系如何？
6.5　选线一般经过哪几个步骤？每步需解决的主要问题是什么？
6.6　平原区道路选线的特点是什么？选线时要处理好路线与哪几个方面的关系？
6.7　越岭线选线的要点有哪些？如何选择过岭垭口？
6.8　沿河（溪）线选线时，应注意的问题主要有哪些？
6.9　山脊线道路选线的要点是什么？
6.10　丘陵区道路选线的要点是什么？
6.11　沿溪线高、低线位的特点有哪些？
6.12　简述均坡线、导向线、修正导向线的定义及其作用。
6.13　道路路线安全性评价的方法有哪些？
6.14　道路路线线形安全评价的内容主要有哪些？

单元 7　道路平面交叉设计

本单元摘要：本单元主要介绍平面交叉口设计的基本要求,平面交叉的类型、设计依据和步骤;交叉口的主要形式及其适用范围;交叉口范围内的交通组织设计;交叉口的平面和视距设计;交叉口的立面设计等内容。

知识点 1　概　　述

一、平面交叉设计的基本要求和内容

1. 交叉口设计的基本要求

（1）在确保安全的前提下,使车辆和行人在交叉口能以最短的时间顺利通过,并兼顾环境道路景观要求。

（2）交叉口设计应根据相交道路的功能、性质、等级、设计速度、设计小时交通量、流向及自然条件等进行,合理选择交叉形式,满足交通需求,使工程经济。

（3）规模合理,适度超前,节省用地,并使前期工程为后期扩建预留用地。

（4）正确设计交叉口立面,保证转弯车辆的稳定,同时保证交叉口范围内的地面水迅速排除。

2. 交叉口设计的主要内容

（1）选择交叉口的交通管理方式和交叉口的类型。

（2）进行交通组织,布置各种交通设施,包括设置专用车道和组织渠化交通。

（3）通行能力与服务水平分析。

（4）交叉口的平面设计,确定各组成部分的几何尺寸,包括行车道的宽度、转角曲线的转弯半径、各种交通岛及绿化带的尺寸等。

（5）验算交叉口的行车视距,保证安全通视条件。

（6）交叉口立面设计与排水设计。

二、平面交叉的类型及其适用范围

平面交叉的形式应根据相交道路的功能、等级、交通量、交通管理方式、用地条件和工程造价等因素确定。常见的形式有"十"字形,"T"字形及其演变而来的 X 形、Y 形、错位、多路交叉等。这些交叉口在平面上的几何图形,由规划道路网和街坊建筑的形状所决定,一般不易改变。在具体设计中,常因相交道路的功能、交通量、交通管理和组织方式,将交叉口设计成各具交通特点的形式,可归纳为加铺转角式、分道转弯式、扩宽路口式及环形交叉式四类。

1. 加铺转角式

加铺转角式交叉口是用适当半径的单圆曲线或复曲线平顺连接各个转角构成的平面交叉,如图 7.1 所示。此类交叉口形式简单、占地少、造价低、设计方便,但行车速度低、通行能力小。加铺转弯式交叉口适用于车速低、交通量小,转弯车辆少的次要道路或地方道路;若斜交不大时,也可用于转弯交通量较小的主要道路与次要道路交叉。设计时主要解决合适的转角曲线半径和足够视距的要求。

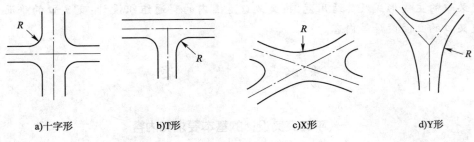

a)十字形　　　　b)T形　　　　c)X形　　　　d)Y形

图 7.1　加铺转角式交叉口

2. 分道转弯式

分道转弯式交叉口是指采用设置导流岛、划分车道等措施,使转弯车辆分道行驶的平面交叉,如图 7.2 所示。此类交叉口转弯车辆,尤其是右转弯车辆行驶速度和通行能力较大。分道转弯式交叉口适用于车速较高、转弯车辆较多的主要道路。设计时主要解决分道转弯半径、保证足够的视距和满足导流岛端部半径的要求。

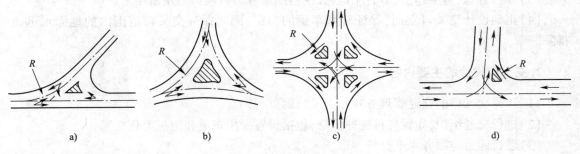

a)　　　　b)　　　　c)　　　　d)

图 7.2　分道转弯式交叉口

3. 扩宽路口式

扩宽路口式交叉口是指在接近交叉口的道路两侧展宽或增辟附加车道的平面交叉。可单增右转或左转车道,也可同时增设左、右转车道,如图7.3所示。此类交叉口可减少转弯交通对直行交通的干扰,车速较高、事故率低、通行能力大,但占地多、投资较大。扩宽路口式交叉口适用于交通量较大、转弯车辆较多的干线公路和城市主干路。设计时主要解决扩宽的车道数和位置,也要满足视距和转角曲线半径的要求。

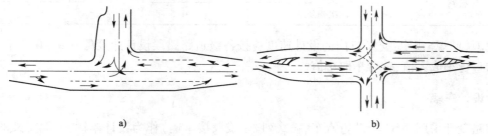

图7.3 扩宽路口式交叉口

4. 环形交叉式

环形交叉是指多条道路交会处设有中心岛的平面交叉。在交叉口中央设置中心岛,用环道组织渠化交通,使进入环道的所有车辆一律按逆时针方向绕岛单向行驶,直至所要去的路口离岛驶出,如图7.4所示。

环形交叉的优点是:驶入交叉口的各种车辆可连续不断地单向运行,没有停滞,减少了车辆在交叉口的延误时间;环道上行车只有分流与合流,消灭了冲突点,提高了行车的安全性;交通组织简便;对多路交叉和畸形交叉,用环道组织渠化交通更为有效;中心岛绿化可美化环境。

环形交叉的缺点是:占地面积大,城区改建困难;增加了车辆绕行距离,特别是左转弯车辆;一般造价高于其他平面交叉。

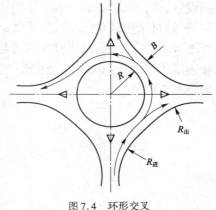

图7.4 环形交叉

三、平面交叉的设计依据

1. 交叉口的设计速度

交叉口的交通岛、附加车道和转角曲线等各部分的几何尺寸均取决于设计速度。交叉口的设计速度与路段设计速度密切相关,二者速差大时会因减速过快而影响行车安全,速差小而路段车速又高时仍有行车危险,对环形交叉还涉及造成用地过多和左转绕行过长等问题。

平面交叉范围内主要道路的设计速度,宜与路段设计速度相同。相交道路的功能、等级相同或交通量相近时,平面交叉范围内直行车道的设计速度可适当降低,但不应低于路段的70%。当主要道路与次要道路相交时,次要道路因交角等原因改线,或因条件受限采用较低的线形指标时,可适当降低设计速度。

转弯车道的设计速度应根据路段设计速度、交通量、交叉类型、交通管理方式和用地情况等因素综合确定,或按变速行驶需要而定。交叉范围车辆变速的加、减速度值见表7.1。

加、减速度值（单位：m/s²） 表7.1

道路类别		加 速 度	减 速 度
城市道路		1.5	3.0
公路	主要公路	1.0	2.5
	次要公路	1.5	3.0

我国《城规》规定：交叉口内的设计速度应按各级道路路段设计速度的0.5~0.7倍计算，其中的直行车取大值，转弯车取小值。

2. 设计车辆

道路设计采用小客车、载重汽车、鞍式列车（或铰接车辆）作为设计车辆，平面交叉的设计也采用这三类车辆作为设计依据。平面交叉转弯曲线的线形和路幅宽度应以设计车辆转弯时的行迹作为设计控制，其转弯时的行迹与行驶速度有关。

各级公路的平面交叉应以16m总长的鞍式列车进行控制设计，以5~15km/h转弯速度行驶的鞍式列车转弯行迹如图7.5所示。左转弯曲线采用5~15km/h行驶速度的鞍式列车控制设计；通行大型车辆比例很小的公路，可采用5km/h行驶速度的鞍式列车控制设计，条件受限制时，可采用载重汽车（总长12m）以较低速行驶的行迹设计。公路等级低、交通量不大时，可不设右转弯车道，其行驶速度可与左转弯车道相同或略高一些。设置分隔的右转弯车道，行驶速度不宜大于40km/h；当主要公路设计速度小于或等于60km/h时，右转弯行驶速度不宜低于其50%。

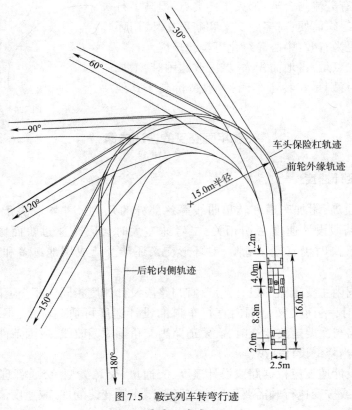

图7.5 鞍式列车转弯行迹

城市道路的平面交叉应根据道路与交通的性质、交通组成等情况,选择合适设计车辆的转弯行迹作为设计控制。

3. 设计交通量

平面交叉设计多采用相交道路设计小时交通量作为交叉口设计交通量,并根据实测的转弯车辆比例决定各路口的左转、右转和直行交通量。对缺乏观测资料的交叉口和新建交叉口,可参照条件相似交叉口的交通量观测值类推确定。平面交叉设计年限不一定等于道路设计年限,其值应根据相交道路交通量的发展趋势和交通管理方式决定,有时道路未达到设计年限,其交通量已较大,一般形式的平面交叉已无法适应,需要改扩建或修建立体交叉。

确定设计交通量时,还应考虑其他影响通行能力的诸因素,如车辆种类、自行车及行人交通等。

4. 通行能力

平面交叉设计必须使其设计服务水平下的通行能力满足交叉口的设计交通量要求,而且不同的交通管理方式,交叉口的通行能力不同,计算方法也不同,相关内容可参考交通工程有关文献。

四、平面交叉的间距要求

平面交叉的间距应根据公路功能、等级,及其对行车安全、通行能力和交通延误的影响确定。

一级公路、二级公路作为干线公路时,应优先保证干线公路的畅通,采取排除纵、横向干扰措施,平面交叉应保持足够大的间距,必要时可设置立体交叉。

一级公路、二级公路作为集散公路时,应合理设置平面交叉,宜将街道式的地方公路或乡村道路布置在与干线公路相交的次要公路上,或与干线公路平行而只提供有限出、入口的次要公路上。

一级公路、二级公路的平面交叉最小间距应符合表7.2的规定。三级公路、四级公路平面交叉最小间距以不小于150m为宜。

公路平面交叉最小间距(单位:m)　　表7.2

公路技术等级	一级公路			二级公路	
公路功能	干线公路		集散公路	干线公路	集散公路
	一般值	最小值			
间距	2000	1000	500	500	300

五、平面交叉的设计步骤

1. 收集资料

(1)测量资料。收集或现场实测交叉口及其周围区域的工点大比例尺地形图(1:200~1:1000),详细标注附近地坪及建筑物高程。收集交叉口的控制高程和控制坐标。

(2)交通资料。包括规划交通量及通行能力。改建交叉口,还应收集交通现状资料(直行、右转、左转交通量)及交通事故发生的情况。

(3)道路资料。与交叉口相连道路的等级、宽度、半径、纵坡、横坡等平、纵、横设计或规划资料。

(4)用地资料。可供交叉口使用的用地范围及条件。

(5)水文资料。区域排水方式,已建或拟建地下、地上排水管渠的位置和尺寸。

2. 交叉口方案设计或形式的确定

对大型复杂的平面交叉或改建平面交叉,可根据收集的资料及要解决的主要交通问题,拟定交叉口的位置、形式及交通管理方式,并用不同道路条件与交通管理方式组合成多种设计方案。对每一方案应进行概略计算与设计,绘制草图,并进行方案比较,确定采用方案。

对简单或方案明确的平面交叉,可不进行方案比选,直接选择平面交叉的形式,进行详细设计。

3. 详细设计

详细设计是指根据推荐的方案或选定的形式做细部设计,其设计内容有:

(1)确定交通管理方式。对设置信号灯的平面交叉,根据初拟的道路条件,设计计算交通管制的具体方法和控制参数。

(2)根据规划交通量及管理方式检验交叉口通行能力,计算车道数,确定各部分几何尺寸和平面设计参数,根据交通组织布置附加车道、交通岛等(城市道路交叉口还有停车线和人行横道等)。

(3)绘制平面设计图。将上述设计成果绘制在交叉口的大比例尺地形图上,构成平面交叉设计详图。交叉口的设计范围一般为转角圆曲线的切点以外5~30m,用于过渡处理。平面设计完成后,需检查交叉口的视距和用地条件。

(4)进行立面设计,计算工程数量。

(5)编制工程概(预)算。

通过详细设计,提出全部工程实施的设计文件和设计图纸资料。通常一个平面交叉的施工图应有交叉口平面设计图与立面设计图。若调整被交叉道路的纵坡,则还应提供被交叉道路的纵断面图。

知识点2　平面交叉口的交通组织

一、平面交叉口的交通流特性

1. 交通组织设计原则

交叉口的交通组织设计的基本任务,就是保证相交道路上的车流和行人的交通安全,并提高交叉口的通行能力。其设计方法归纳起来就是:正确组织不同去向的车流,设置必需的车道数,合理布置交通岛、交通信号灯及地面各种交通标志等,使车辆在交叉口能按渠化交通的原则组织起来,有序而迅速地通过交叉口。

交叉口交通组织设计的基本原则如下:

(1)优先合理组织机动车交通;

(2)组织行人交通应以保证行人安全为前提,同时注意使行人交通尽量少地干扰其他交通方式;

(3)保证非机动车快速、安全地通过交叉口,同时将着眼点放在减少非机动车对机动车的干扰和如何提高非机动车的通过能力上。

2. 交通流特性比较

各种交通方式在通过交叉口时,其交通流特性有明显的区别,见表7.3。

交通流特性比较分析表 表7.3

状 态	机 动 车	非机动车	行 人
排队状态	按车道顺序依次排列	交错/紧密型排队	交错/紧密型排队
起动反应	一般需2~3s的反应时间	反应时间几乎可以忽略,集团式进入交叉口	反应时间可以忽略,集团式进入交叉口
起动后的运行状态	车速快速提高,速度差较大,驶出交叉口时速度较高	速度相差不大,以膨胀的状态驶出进口道	以均匀的速度缓慢通过人行横道
交通流强弱式	强势	弱势	弱势

根据以上分析可以明确,非机动车和行人可以放在一起考虑,形成慢速交通,而不应该与机动车混合通行。这样既可以避免非机动车和行人与机动车的相互干扰,又有益于提高非机动车和行人流的安全性。

二、机动车交通组织

车辆交通组织的目的就是保证交叉口上车辆和行人的交通安全、通畅,提高交叉口的通行能力。常用的交通组织方法有限定车流行驶方向、设置专用车道、渠化交叉口、实行信号管制等方法。通过交通分析可知,影响交叉口通行能力和行车安全的主要因素是冲突点,而冲突点又源自左转及直行车辆,其中以左转车辆所产生的冲突点最多。因此交叉口车辆交通组织设计的关键在于解决左转车辆和直行车辆的交通组织。

交叉口车辆交通组织的方法如下。

1. 设置专用车道

组织不同行驶方向的车辆在各自的车道上分道行驶,互不干扰。根据行车道宽度和左、直、右行车辆的交通量大小可作出多种组合的车道划分,如图7.6所示。

(1)左转、直行、右转方向车辆数均匀,各设一条专用车道;

(2)直行车辆较多且左转、右转也有一定数量时,设两条直行车道和左转、右转各一条车道;

(3)左转车多而右转车少时,设一条左转车道,直行和右转车共用一条车道;

(4)左转车少而右转车多时,设一条右转车道,直行和左转共用一条车道;

(5)左转、右转车辆都较少时,分别与直行车合用车道;

(6)行车道宽度较窄,不设专用车道,只画快、慢车分道线;

(7)行车道宽度很窄,单向只设一条车道。

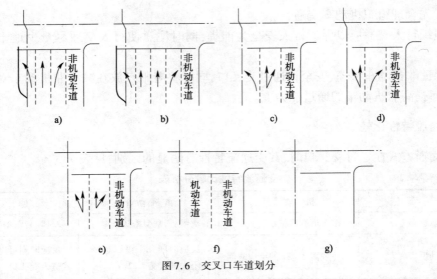

图 7.6 交叉口车道划分

平面交叉应保证进口道车道数与出口道车道数平衡，原则上出口道车道数必须大于或等于进口道车道数。若平面交叉的直行车道数是 2，则直行方向的出口道也需要 2 条及以上车道。同样，需设 2 条左转车道时，左转方向的出口道也需要 2 条及以上车道。这种设置有利于出入口车道位置对应和出入口通行能力对应，可避免出口拥堵和发生追尾、碰撞事故。平面交叉还应保证进口道直行交通流在交叉口范围内不改变驾驶方向即可驶入出口车道。

2. 左转车辆交通组织

左转弯车辆是引起交叉口车流冲突的主要原因。合理组织左转弯车辆的交通，是保证交通安全、提高交叉口通行能力的有效方法。左转弯车辆交通组织方法可采用以下几种形式：

(1) 设置专用左转车道。

(2) 实行交通管制。

通过信号灯控制或交通警手势指挥，在规定时间内不准左转或允许左转。

(3) 变左转为右转。

①环形交通：利用环道组织逆时针单向交通，变左转为右转，使冲突车流变为分流与合流，如图 7.7a) 所示。

②街坊绕行：使左转车辆环绕邻近街坊道路右转行驶实现左转，如图 7.7b) 所示。该法绕街坊行程增加很多，通常仅用于左转车辆所占比例不大，旧城道路扩宽困难，或在桥头引道纵坡大的十字形交叉口，为防止车辆高速下坡时直角转弯发生事故而采用。

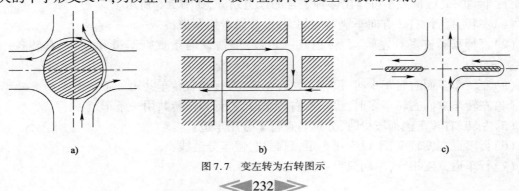

图 7.7 变左转为右转图示

③远引掉头:利用中间带开口远引掉头实现左转,如图7.7c)所示。左转车辆在禁左交叉口右转后,从下游中央分隔带开口处掉头直行,间接实现左转。远引掉头一般要求中央分隔带宽度不小于4m。

3. 组织渠化交通

渠化交通的主要作用是保证行车安全,具体表现在以下几点:

(1)利用画线或分隔带、交通岛等,把不同方向和速度的车辆划分车道行驶,使行人和驾驶员很容易看清互相行驶的方向,避免车辆相互侵占车道和干扰行车路线,因而可减少车辆相互碰撞的机会,增加行车安全性,如图7.8a)所示。

(2)利用交通岛的布置,限制车辆行驶方向,使斜交对冲的车流变为直角交叉或锐角交叉,如图7.8b)、图7.8c)所示。

(3)利用交通岛的布置,限制车道宽度,控制车速,防止超车,如图7.8d)、图7.8e)所示。

(4)可利用渠化交通设置的交通岛或分隔带,设置各种交通标志,并可作为行人过街时避让车辆的安全岛。

在交通量较大、车速较高的交叉口利用交通岛组织渠化交通时,还需考虑设置变速车道和等候车道,如图7.8f)所示,以满足左转弯车辆转向行驶和变速行驶的需要。

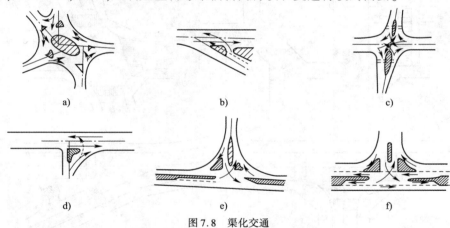

图7.8 渠化交通

4. 实行信号管制

采用自动控制的交通信号指挥系统,提高行车速度和通行能力。当前开发了各类自动控制的交通信号指挥系统,有红黄绿信号灯式、数字式、箭头数字式或混合式信号系统,其主要目的是在时间上分离不同方向的车辆,提高行车速度和通行能力。

5. 调整交通组织

当旧城道路改建困难时,可对城市道路网综合考虑,采取改变交通路线、限制车辆行驶、控制行驶方向、组织单向交通,以及适当封闭一些主要干道上的支路等措施,简化交叉口交通,提高整个道路网的通行能力。

三、交叉口行人及非机动车交通组织

公路设计中常较少考虑行人和非机动车交通。但对城市道路而言,因有大量行人和非机

动车交通存在,合理组织行人和非机动车交通,是消除交叉口交通阻塞、保障交通安全的有效方法。

1. 行人交通组织

行人交通组织的主要任务是组织行人在人行道上行走,在人行横道线内安全过街,使人、车分离,干扰最小。

人行道通常对称布置在车行道两侧。交叉口内相邻道路的人行道互相连通,并将转角处人行道加宽,以适应人流集中转向的需要。为使行人安全、有序地穿过车行道,应在交叉路口设置人行横道。交叉范围的人行道和人行横道相互连接,共同组成可达任意方向的步行道网,尽量不将吸引大量人流的公共建筑的出入口设在交叉口上。

人行横道一般可布置在交叉口人行道的延续方向后退 4~5m 的地方,如图 7.9a)所示。当转角半径较大时可将人行横道设在圆弧段内,如图 7.9b)所示。原则上人行横道应垂直于道路设置,可使行人过街距离最短;但如道路斜交时,为避免行人不拐直角弯及扩大交叉口交通面积,人行横道可与相交道路平行,如图 7.9c)所示。T 形和 Y 形交叉口人行横道可按图 7.9d)、图 7.9e)设置。

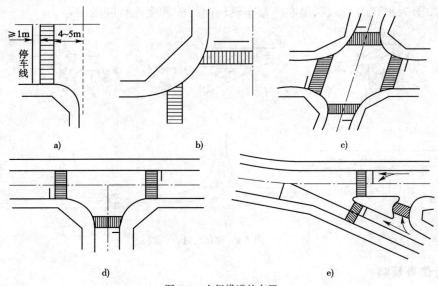

图 7.9 人行横道的布置

人行横道的宽度主要取决于过街人流量的大小,一般应比路段人行道宽些。其最小宽度为 4m,当过街人流量较大时,可适当加宽,但不宜超过 8m。

在设置信号灯控制或设置停车标志的交叉口,应在路面上标划停车线,指明停车位置。对无人行横道的交叉口,在不影响相交道路交通的条件下,停车线应尽量靠近交叉口,以减少交叉口的范围,提高通行能力。当有人行横道时,停车线应布置在人行横道线后至少 1m 处,并应与人行横道平行,如图 7.9 所示。

2. 非机动车交通组织

1)非机动车交通组织的基本原则

(1)自行车交通应该与机动车交通进行空间和时间的分离,如果没有条件分离,也必须留出适当的空间,使自行车与机动车分开行驶。

(2)采取必要措施使自行车以较低的速度有序进入交叉口。

(3)应尽量使自行车处于危险状态的时间减少到最小。

(4)如果空间允许,对自行车暂停的地方应提供实物隔离的措施。

(5)为了简化驾驶员在交叉口观察、思考、判断以及采取措施的过程,自行车交通与机动车交通的冲突点应尽量远离机动车交通之间的冲突点。

(6)当自行车与机动车在交叉口等待路灯或者通过交叉口时,应该尽量保证相互之间能看得见,特别是自行车通过交叉路口时,应尽可能使机动车驾驶员预知自行车的行驶路线和方向。

(7)当自行车在交叉口等待时,应提供一个安全的停车位置。

2)自行车渠化设计方法

基于自行车交通的基本特性、自行车在道路交叉口的交通管理原则和提高通行能力等方面的考虑,为了充分利用交叉口的时间和空间资源,交叉口内自行车通行空间优化设计方法,可以分别采取右转弯专用车道、左转弯专用车道、左转自行车二次过街、停车线提前、自行车与行人一体化设计等方法。

知识点3 交叉口平面与视距设计

一、平面交叉处道路的平面线形

平面交叉范围内两相交道路应正交或接近正交,平面线形宜为直线或大半径曲线,尽量避免采用需设超高的圆曲线半径。但由于进口道线形、地形特征以及周围用地的开发等条件限制,难以做到正交时,则应保证不小于70°,改建交叉口特殊情况下可达60°,否则应进行平面交叉的扭正设计。图7.10列出了5种斜交的扭正方法。

图7.10 平面交叉斜交扭正示意图

图7.10中a)和b)是对一条交叉道路的扭正改线,一般对功能等级较低的道路进行改造,使其垂直交叉。该法缺点是次路的重新定线所增加的几个曲线段会成为危险路段,应与减速措施和前置警告标志相结合。

图7.10中c)和d)是将斜交改成错位交叉。错位交叉是指两个相距很近的反向T形交叉相连接的交叉形式。c)为逆错位,其中次路的改线,提供了右转连续进入,而穿越的车辆离开主路时,必须左转弯重新进入次路,故对主路的干扰较大,只用于与中、小交通量的次要道路交叉。d)为顺错位,次路线形的连续性比c)好,因为穿越的车辆等待主路直行车辆的间隙安全左转进入主路后,只需右转弯重新进入次路,故对主路上的直行交通干扰较小。若次路交通量较大时,需要的交织段较长,设计中应尽量避免。

图7.10中e)为道路曲线段斜交的处理措施,该交叉口是曲线与其一条切线相交而成。这种改线能改善交叉处的视线,但给转弯车辆带来的反向超高,影响了车辆行驶的平顺性(尤

其当圆曲线超高较大时)。因此,应设置足够的超高过渡段,且最彻底的解决方法是避免在具有超高的曲线段设置交叉口。

二、平面交叉的转弯设计

为保证右转车辆能以一定速度顺利转弯,交叉口转角处的缘石或行车道边缘应做成圆曲线或复曲线,圆曲线的半径 R_1 称为转角半径,如图 7.11 所示。

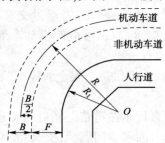

图 7.11 转角半径计算图式

在未考虑机动车道加宽的情况下,转角半径 R_1 为:

$$R_1 = R - \left(\frac{B}{2} + F\right) \tag{7.1}$$

$$R = \frac{V_1^2}{127(\mu \pm i_h)} \tag{7.2}$$

式中:B——机动车道宽度,m,一般采用 3.5m;
F——转弯处的非机动车道宽度,m,无非机动车道时,$F=0$;
R——右转车道中心线半径,m;
V_1——右转弯设计速度,km/h,可取路段设计速度的 0.5 ~ 0.7 倍,计算时可用 0.6 倍;
μ——横向力系数,取值为 0.15 ~ 0.20;
i_h——交叉口路面横坡度,一般采用 2%。

城市道路平面交叉口转角路缘石宜为圆曲线。根据《城市道路交叉口规划规范》(GB 50647—2011)的规定,交叉口转角路缘石的转弯最小半径宜按表 7.4 的规定确定。

交叉口转角路缘石转弯最小半径 表 7.4

右转弯计算行车速度(km/h)		30	25	20	15
路缘石转弯半径(m)	无非机动车道	25	20	15	10
	有非机动车道	20	15	10	5

各级公路平面交叉的转弯设计通常以 16m 总长的鞍式列车进行控制设计,鞍式列车转角曲线路面内缘的最小半径见表 7.5。

转角曲线路面内缘的最小半径 表 7.5

转弯速度(km/h)	15	20	25	30	40	50	60	70
最小半径(m)	15	20(15)	25(20)	30	45	60	75	90
最小超高(%)	2	2	2	2	3	4	5	6
最大超高(%)				一般值为6,极限值为8				

注:条件受限制时,可采用括号内的值。

公路交叉口转角曲线路面内缘的线形应符合车辆转弯时的行迹。简单非渠化平面交叉以载重汽车为主,转弯路面边缘可采用半径为 15m 的圆曲线。以鞍式列车控制设计时,相交路面的边缘应采用如图 7.12 所示的复曲线,相应半径 R_1、R_2 的取值见表 7.6。渠化平面交叉的右转车道,其内侧路面边缘应采用三心圆复曲线。

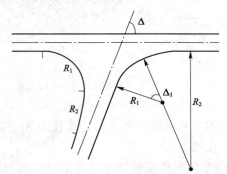

图 7.12 以鞍式列车控制设计时简单交叉口的转弯设计

R_1、R_2 的取值 表 7.6

$\Delta(°)$	R_1	R_2	Δ_1
70~74	18	80	53°30′~58°50′
75~84	17	80	58°55′~68°00′
85~91	16	80	69°00′~75°00′
92~99	15	80	76°00′~83°00′
100~110	14	90	84°00′~95°00′

注:$\Delta(°)$ 代表路线交叉角;Δ_1 代表交叉口转角曲线路面内边缘复曲线中小半径圆弧所对应的圆心角。

三、平面交叉的视距设计

1. 视距三角形

为保证交叉口行车安全,驾驶员在进入交叉口前的一定距离内,应能看到相交道路上的行车情况,以便能及时采取措施顺利驶过或安全停车。这段必要的距离应该大于或等于停车视距 S_T。

由相交道路上的停车视距所构成的三角形称为视距三角形。在该范围内不能有任何阻挡驾驶员视线的障碍物,如图 7.13 所示。视距三角形应以最不利的情况绘制,绘制的方法和步骤如下。

(1)确定停车视距 S_T。可用前述停车视距计算公式计算,也可以根据相交道路的设计速度按表 7.6 选用。

(2)找出行车最危险冲突点。不同形式交叉口的最危险冲突点不尽相同。常见十字形和 T 形(或 Y 形)交叉口的最危险冲突点可按下述方法确定:

①对十字形交叉口,如图 7.13a)所示,最靠右侧第一条直行机动车道的轴线与相交道路最靠中线的第一条直行车道的轴线所构成的交叉点为最危险冲突点。

②对 T 形(或 Y 形)交叉口,如图 7.13b)所示,直行道路最靠右侧第一条直行车道的轴线

与相交道路最靠中线的一条左转车道的轴线所构成的交叉点为最危险冲突点。

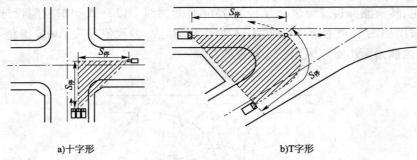

a)十字形　　　　　　　　　　　　b)T字形

图 7.13　视距三角形

(3)从最危险冲突点向后沿行车轨迹线各量取停车视距 S_T。

(4)连接末端构成视距三角形。

当条件受限不能保证由停车视距构成的视距三角形时,应保证主要道路的安全交叉停车视距和次要道路至主要道路边车道中线 5~7m 所组成的视距三角形,如图 7.14 所示。安全交叉停车视距值规定见表 7.7。

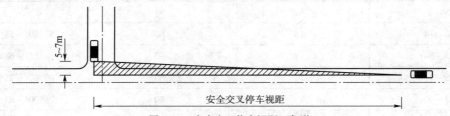

图 7.14　安全交叉停车视距三角形

安全交叉停车视距　　　　　　表 7.7

设计速度(km/h)	100	80	60	40	30	20
停车视距(m)	160	110	75	40	30	20
安全交叉停车视距(m)	250	175	115	70	55	35

对信号交叉口,各进口道的车辆受信号控制,速度低且直接冲突少,因此信号交叉口的视距只要满足任一条车道路口停车线前第一辆车的驾驶员看到相邻路口第一辆车即可,如图 7.15 所示。

2. 识别距离

为保证车辆能够安全、顺利地通过交叉口,应使驾驶员在交叉口之前的一定距离能识别交叉口的存在及交通信号和交通标志等,该距离随交通管制条件而异。

1)无信号控制交叉口

无信号控制的交叉口,多是等级低、交通量小及车速不高的次要交叉口,识别距离可采用各相交道路的停车视距。

2)有信号控制交叉口

有信号控制的交叉口,识别距离为使正常行驶的驾

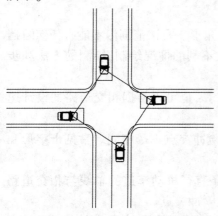

图 7.15　信号交叉通视三角区

驶员能看清交通信号和显示内容,有足够时间制动减速直至停车的距离。但这种制动停车并非紧急制动,识别距离可由下式计算:

$$S_s = \frac{V}{3.6}t + \frac{V^2}{26a}(\text{m}) \tag{7.3}$$

式中:S_s——交叉口的识别距离,m;

V——路段设计速度,km/h;

a——减速度,m/s^2,取 $a = 2\text{m/s}^2$;

t——识别时间,s。

识别时间 t 包括驾驶员的反应时间和制动生效时间。在公路上识别时间可取 10s;在城市道路上因交叉口较多,驾驶员对其存在已有思想准备,识别时间可取 6s。

3) 停车标志控制交叉口

停车标志控制交叉口,一般为主要道路与次要道路交叉,主次关系明确,且对标志的识别要比对信号容易,可采用式(7.3)及识别时间为2s计算。

信号控制及停车标志控制交叉口的识别距离见表7.8,在此范围内不应有任何障碍物。

交叉口的识别距离(单位:m) 表7.8

设计速度(km/h)	信号控制交叉口				停车标志控制交叉口	
	公路		城市道路		计算值	采用值
	计算值	采用值	计算值	采用值		
80	348	350	—	—	—	—
60	237	240	171	170	104	105
40	143	140	99	100	54	55
30	102	100	68	70	35	35
20	64	60	42	40	19	20

知识点4　环形交叉设计

环形交叉适用于多条道路相交或转弯交通量较大,且地形较平坦的交叉口。在快速道路和交通量大的干线道路、有大量非机动车和行人交通、位于斜坡较大地形以及桥头引道上均不宜采用。按规划需修建立体交叉处,近期可采用平面环形交叉作为过渡形式,并预留远期改建为立交的可能性。

环形交叉的通行原则要求"入口让路",即驶入车辆要等候环行车流出现间隙时才插入行驶。一般适用于一条四车道道路和一条双车道道路相交或两条高峰小时交通量增加不明显的四车道道路相交且行人和非机动车流量较小的交叉口。

环形交叉设计时主要解决中心岛的形状和半径、环道的布置和宽度、交织段长度、交织角、进出口曲线半径和视距要求等问题。

一、环形交叉的形式

环形交叉的组成如图7.16所示。环形交叉根据中心岛的大小和交通组织原则等分成两种形式。

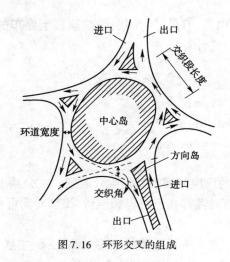

图 7.16 环形交叉的组成

1. 普通环形交叉

普通环形交叉具有单向环形车道,其中包括交织路段,中心岛直径大于 25m。

2. 入口让路环形交叉

入口让路环形交叉具有单向环形车道,中心岛直径为 5~25m。

二、普通环形交叉

1. 中心岛的形状

中心岛的形状应根据交通流特性、相交道路的等级和地形地物等条件确定。原则上应保证车辆能以一定速度安全、顺适完成交织运行,有利于主要道路方向车辆行驶,满足交叉所在地形、地物和用地条件的限制。

中心岛的形状一般多用圆形,有时也用长圆形、圆角方形和菱形;主次道路相交时宜采用椭圆形;交角不等的畸形交叉可采用复合曲线形。此外,结合地形、地物和交角等,也可采用其他规则或不规则几何形状的中心岛。

2. 中心岛的半径

中心岛的半径应满足设计速度的要求,并按相交道路的条数和宽度,验算相邻道口之间的距离是否符合车辆交织行驶的要求。下面以圆形中心岛为例,介绍中心岛半径的计算方法。

1) 按设计速度要求计算

设计速度要求的中心岛半径 R 仍按圆曲线半径公式计算,但因绕岛车辆紧靠中心岛宽度为 b 的车道中间行驶,距中心岛边缘 $b/2$,故实际采用的中心岛半径应按式(7.4)计算。

$$R = \frac{V^2}{127(\mu \pm i_h)} - \frac{b}{2} \tag{7.4}$$

式中:R——中心岛半径,m;
b——紧靠中心岛的车道宽度,m;
μ——横向力系数,建议大型车辆取 $\mu = 0.10 \sim 0.15$,小型车辆取 $\mu = 0.15 \sim 0.20$;

i_h——环道横坡度,%,一般采用1.5%或2.0%,紧靠中心岛行车道的横坡向中心岛倾斜时,i_h值为正,反之为负;

V——环道设计速度,km/h,据实测资料显示,公共汽车为路段速度的0.5倍,载重车辆为0.6倍,小型车辆为0.65倍。

2)按交织段长度要求计算

所谓交织是指两股车流汇合、交换位置后又分离的过程。驶入环岛和驶出环岛的两辆车,在环道行驶时相互交织,交换一次车道位置所行驶的距离,称为交织长度。交织长度的大小主要取决于车辆在环道上的行驶速度。当相邻路口之间有足够的距离,使驶入环岛和驶出环岛的车辆在环道上均可在合适的机会相互交织连续行驶时,该段距离称为交织段长度。交织段长度大致可取相邻道路机动车道外侧边缘延长线与环道中心线交叉点之间的弧长,如图7.17所示。

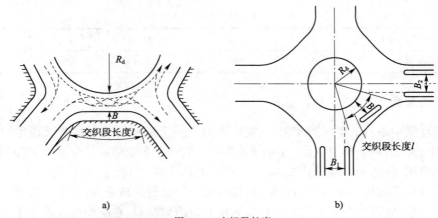

图7.17 交织段长度

中心岛半径必须满足两个路口之间最小交织段长度的要求,否则,在环道上行驶中需要互相交织的车辆就要停车等候,不符合环形交叉连续行驶的交通特征。环道上不同车速所需要的最小交织段长度见表7.9。

最小交织段长度　　　　　　表7.9

环道设计速度(km/h)	50	45	40	35	30	25	20
最小交织段长度(m)	60	50	45	40	35	30	25

按交织段长度要求的中心岛半径R_d,可近似地按交织段长度所围成的圆周大小推导,计算公式为:

$$R_d = \frac{n(l+B_p)}{2\pi} - \frac{B}{2} \tag{7.5}$$

式中:n——相交道路的条数;

l——相邻路口之间的交织段长度,m;

B——环道宽度,m;

B_p——相交道路的平均路宽,m,中心岛为圆形、交汇道路为十字正交时,$B_p=(B_1+B_2)/2$,其中B_1和B_2分别为相邻路口行车道宽度。

由式(7.5)可知,为保证最小交织段长度的要求,交叉口相交道路的条数越多,则中心岛的半径就越大,从而增加交叉口的用地面积和车辆在环道上的绕行距离,既不经济也不合理。

因此,环形交叉的相交道路数以不多于6条为宜。

对4条路相交的环形交叉,一般用式(7.4)和式(7.5)分别计算中心岛半径,选取较大者。对中心线夹角差别较大或多路交叉口,也可先按式(7.4)确定中心岛的半径R,再按下式验算交织段长度要求:

$$\left. \begin{array}{l} l = \dfrac{2\pi}{n}\left(R + \dfrac{B}{2}\right) - B_p \\ \text{或 } l = \dfrac{\pi\alpha}{180}\left(R + \dfrac{B}{2}\right) - B_p \end{array} \right\} \quad (7.6)$$

式中:α——相交道路中心线的夹角,°,当夹角不等时,用最小夹角验算。

当用式(7.6)计算的l大于最小交织段长度时,符合要求;否则,须增大R并重新验算,直至符合要求为止。根据实践经验,中心岛最小半径见表7.10。

中心岛最小半径　　　　　　　　　　　　　　　　表7.10

环道设计速度(km/h)	40	35	30	25	20
中心岛最小半径(m)	60	50	35	25	20

3. 环道的宽度

环道即环绕中心岛的单向行车带,其宽度取决于相交道路的交通量和交通组织方式。一般地,靠近中心岛的一条车道供绕行使用,最靠外侧的一条车道供右转弯使用,中间的1~2条车道供交织使用,环道上一般设计3~4条车道。实践证明,车道过多,易使行车混乱,导致不安全。当环道车道数从2条增加到3条时,通行能力提高最为显著;而当车道数增加到4条以上时,通行能力增加得很少。因为车辆在绕岛行驶时需要交织,在交织段长度小于2倍的最小交织段长度(考虑占地和经济性,一般不可能超过2倍)范围内,车辆只能顺序行驶,不可同时出现大于2辆车交织。不论车道数设计多少条,在交织断面上只能起到1条车道的作用。

因此,环道的车道数一般采用3条为宜;如交织段长度较长时,环道车道数可布置4条;若相交道路的行车道较窄,也可设2条车道。

如采用3条机动车道,每条车道宽3.50~3.75m,并按前述曲线加宽中单车道部分的加宽值;当中心岛半径为20~40m时,环道机动车道的宽度一般为15~16m。

对非机动车交通,可与机动车混行或分行布置,为保证交通安全,减少相互干扰,一般以分行为宜,可用分隔带(或墩)或标线等分隔。非机动车道宽度应视具体情况而定,一般不小于相交道路中的最大非机动车行车道宽度,也不宜超过8m。

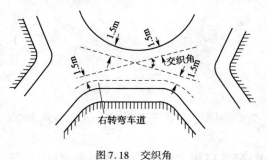

图7.18 交织角

4. 交织角

交织角是驶入环岛车辆轨迹与驶出环岛车辆轨迹的平均相交角度。它以距右转机动车道外缘1.5m和中心岛边缘1.5m的两条切线交角来表示,如图7.18所示。

交织角的大小取决于环道的宽度和交织段长度。环道宽度越窄,交织段长度越大,则交织角越小,行车越安全。但交织段过长会导致中心岛半径增大、占地增加。根据经验,交织角以控制在 20°~30°为宜。通常在交织段长度已有保证的条件下,交织角多能满足要求。

5. 环道外缘线形及进出口曲线半径

从满足交通需要和工程节约考虑,环道外缘平面线形不宜设计成反向曲线形状,如图 7.19 中虚线所示。据观测,这种形状在环道的外侧约有 20% 的路面(图 7.19 中阴影部分)无车辆行驶,既不合理也不经济。

环道进、出口的曲线半径取决于环道的设计速度。为使进环车辆的车速与环道车速相适应,应对进环车辆的车速加以限制。一般进口曲线半径采用接近或小于中心岛的半径,且各相交道路的进口曲线半径不要相差太大。环道出口曲线半径可比进口曲线半径大一些,以使车辆加速驶出环道。

6. 环道的横断面

环道的横断面形状对平稳行车和路面排水有很大影响,横断面的形状取决于路脊线的选择。通常环道横断面的路脊线设在交织车道的中间,若机动车与非机动车之间设有分隔带,其路脊线也可设在分隔带上。环道路脊线通过设于进、出口之间的三角形方向岛或直接与交会道路的路脊线相连,如图 7.20 所示,图中虚线为路脊线,箭头指向为排水方向。应在中心岛的周围设置雨水口,以保证环道内不产生积水。另外,进、出环道处的横坡度宜缓一些。

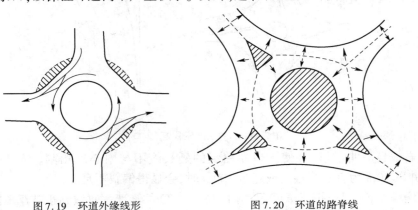

图 7.19　环道外缘线形　　　　图 7.20　环道的路脊线

三、入口让路环形交叉

1. 入口让路环形交叉口的行驶规则

入口让路环形交叉将入口视为"支路",到达入口的车辆发现左方环道上有车辆,且无插入间隙时,应在入口等候,伺机入环。当环行车流出现间隙时,为使等候车辆能有效使用这一间隙,入口处应为不同去向的车辆提供等候车道,左转弯车辆等候在靠左的车道上,右转弯车辆等候在靠右的车道上。入口让路的规定,改变了环形交叉连续运行的特性,但可减少不必要的交织运行,防止环道交通拥塞。因此,长的交织段对提高通行能力不再是唯一的影响因素,因入口拓宽,车流的活动空间增大,使环行车流间的间隙得以充分利用,具有较大的通行能力。当入口和环道上交通量较大时,环行车流间的间隙较小,甚至没有,导致入口等待车辆过多和时间过长,此时环形交叉已不适应交通量需求,应改造为其他交叉形式。

2. 中心岛的形状和半径

入口让路环形交叉应根据设计车辆的转弯行迹、环道车道数及各岔路的路幅宽度(包括中央分隔带宽度)确定中心岛的直径。因交叉口为不同流向的车流提供尽可能宽的通道,故必须压缩中心岛的直径,以增加环道上的车道数,但直径一般不应小于10m,最小可采用5m。

中心岛一般由路缘石围成,其形状除特殊需要外,均应为圆形。环形交叉的中心岛面积较小时,可采用齐平式或微凸式;当面积较大时,应采用浅碟式,环道内侧应设缓边坡,不应沿岛缘(紧靠行车道)设置深的排水沟。

3. 出入口设计

为提高入口让路环形交叉的通行能力,入口要为不同去向的车辆分别提供等候车道,应增辟车道做成喇叭状。增辟的车道数至少为1条,最多为2条,入口车道总数不大于4条。停车线处车道宽度为3.0m,增辟车道起点车道宽度为2.5m,拓宽有效长度为25m,如图7.21所示。

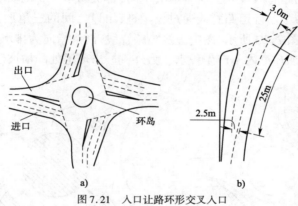

图7.21 入口让路环形交叉入口

入口应右偏且呈曲线形,并使入口左路缘的延长线不与中心岛相割。入口曲线半径为10~100m,并以20m为宜。当接近或超过100m时,会显得偏斜不足。

出口不增辟车道,但应拓宽车道,并用1:15~1:20的渐变率收敛到正常车道的宽度。

入口与邻接的出口之间应尽量避免采用短的反向曲线,而应采用直线圆角形。必要时可增大出口曲线半径。三路交叉中相邻的入口和出口间距较长时,可采用反向曲线。

4. 环道的宽度

环道宽度应为各相交道路中最大入口宽度的1.0~1.2倍,一般环道宜为三车道的宽度。当某个入口的右转弯交通量占50%或达到300pcu/h时,应增辟与环道间有"V"形标线导流岛分隔的右转弯车道。

5. 入口让路环形交叉的视距

(1) 左方视距:对到达"让路"停车线的车辆,其驾驶员应能清楚地看到左方直至前一个入口或左方50m(取其中小者)范围内环道的整个宽度。

(2) 前方视距:对到达"让路"停车线的车辆,其驾驶员应能清楚地看到前方直至下一个出口或前方50m(取其中小者)范围内环道的整个宽度。

(3)环行视距:对环道上行驶的车辆,其驾驶员应能清楚地看到前方直至下一个出口或前方50m(取其中小者)范围内环道的整个宽度。

入口让路环形交叉的其他设计与普通环形交叉类似。

知识点5　平面交叉口的拓宽设计

当相交道路交通量较大、转弯车辆较多而车速又高时,若交叉口进口道仍采用路段上的车道数,会导致转弯车辆和直行车辆受阻,分流与合流困难,且易发生交通事故。此时应设置转弯车道,以改善交叉口的通行条件,提高通行能力。

拓宽的车道数主要取决于进口道的各向交通量、交通组织方式和车道的通行能力等。一般应比路段单向车道数多增加1~2条。

进口道车道的宽度,应尽量与路段保持一致。因占地等限制需要变窄车道宽度时,最窄不得小于3.0m,一般在3.0~3.5m。

交叉口拓宽设计主要解决拓宽车道的设置条件、设置方法以及长度计算三个问题。

一、设置条件

拓宽车道包括右转车道和左转车道两种。

1. 右转车道的设置条件

1)公路平面交叉

主要公路设计速度大于或等于60km/h时,应在主要公路上增设减速分流车道和加速合流车道。

两条一级公路相交或一级公路与交通量大的二级公路相交时,其右转弯运行应设置经渠化分隔的右转车道。

一级公路、二级公路的平面交叉中,符合下列情况之一者应设置右转车道:
(1)斜交角接近于70°的锐角象限;
(2)交通量较大,右转弯交通会引起不合理的交通延误时;
(3)右转弯车流中重车比例较大时;
(4)右转弯行驶速度大于30km/h时;
(5)互通式立体交叉连接线中的平面交叉右转弯交通量较大时。

2)城市道路平面交叉口

高峰小时一个信号周期进入交叉口的右转车辆多于4辆时,应增设右转车道。

2. 左转车道设置条件

1)公路平面交叉

四车道公路除左转交通量很小外,均应在平面交叉范围内设置左转车道。

二级公路符合下列情况之一者,应设置左转车道:
(1)与高速公路或一级公路互通式立体交叉连接线相交的平面交叉;
(2)非机动车较多且未设置慢车道的平面交叉;
(3)左转弯交通会引起交通拥堵或交通事故时。

2)城市道路平面交叉

高峰小时一个信号周期进入交叉口的左转车辆多于 3 辆或 4 辆(小交叉口为 3 辆,大交叉口为 4 辆)时,应增设左转车道。

二、设置方法

1. 右转车道设置方法

车道等宽的右转车道设置方法比较简便,且方法固定。即在进口道的右侧或同时在出口道的右侧拓宽右转车道,如图 7.22 所示。

2. 左转车道设置方法

左转车道是向进口道左侧拓宽的,依相交道路是否设置中间带和中间带的宽窄程度不同,可按以下方法设置左转车道:

(1)宽型中央分隔带。当路口的中央分隔带宽度大于拟设左转车道必需的宽度时,可将道口一定长度的中央分隔带压缩宽度,增辟出左转车道,如图 7.23 所示。

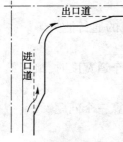

图 7.22　拓宽右转车道

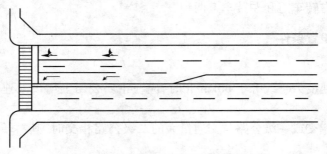

图 7.23　压缩中央分隔带设置左转车道

(2)窄型中央分隔带。当路口设有较窄中央分隔带且宽度不足以容纳整个左转车道时,可同时压缩中央分隔带和减小车道宽度(图 7.24),保证左转车道的宽度。为使左转交通与直行明确分离,应设置鱼肚形导流带。

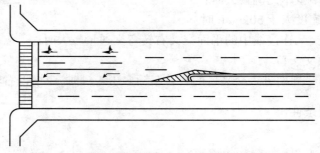

图 7.24　压缩中央分隔带和减小车道宽度设置左转车道

(3)无中央分隔带。当路口不设中央分隔带时,可通过车道中心单黄线(或双黄线)向左偏移半个车道和减小车道宽度,设置左转车道,如图 7.25 所示,一般可采用鱼肚形导流带。

为避免直行车辆误入左转车道,应采用左转车辆从直左车流分出的方式设置左转车道,并配以完善的指示标志、标线提前预告。左转车辆必须进行车道变换后驶入左转车道,不宜将直行车道直接设置为左转车道,如图 7.26 所示。

原来的车道中心线

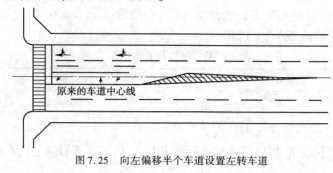

图 7.25　向左偏移半个车道设置左转车道

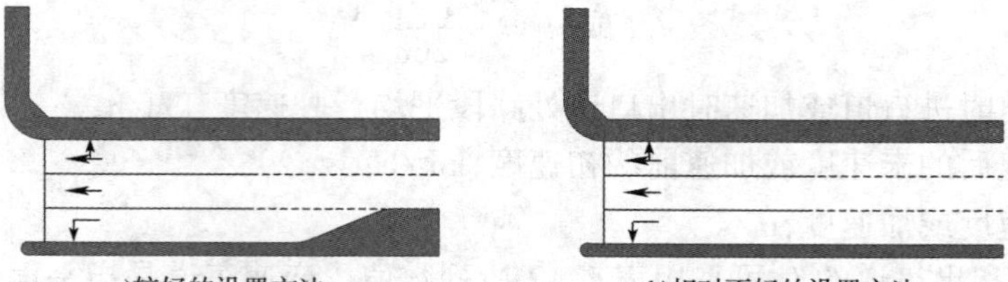

a)较好的设置方法
b)相对不好的设置方法

图 7.26　正确的左转车道设置

应使左转车道在对向路口对称布置,如图 7.27 所示。

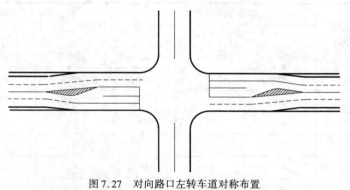

图 7.27　对向路口左转车道对称布置

三、拓宽车道的长度

1. 车道等宽的右转车道长度

进口道设置右转车道后,为不影响横向相交道路上的直行车流,在出口道应设加速车道,如图 7.28 所示。进口道处右转车道的长度应满足右转车辆减速所需长度,保证右转车不受等候车队长度的影响;出口道的加速车道应保证加速所需长度。

l_d
l_b或l_s
l_r
l_p
l_a
l_d

图 7.28　车道等宽的右转车道长度

1)渐变段长度 l_d

渐变段长度 l_d 可按转弯车辆以路段平均行驶速度 V_A 侧移行驶计算,即

$$l_d = \frac{V_A}{3.6J}B \qquad (7.7)$$

式中:V_A——路段平均行驶速度,km/h;

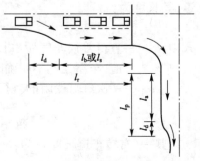

B——右转车道宽度,m;

J——车辆行驶时变换车道的侧移率,m/s,一般取 $J = 1.0$ m/s。

最小渐变段长度可按表 7.11 选用。

最小渐变段长度　　　　　　　　　　　　　　表 7.11

设计速度(km/h)	100	80	60	40
最小渐变段长度(m)	60	50	40	30

2）减速所需长度 l_b 和加速所需长度 l_a

进口道减速所需长度 l_b 和出口道加速所需长度 l_a 可用下式计算：

$$l_b(\text{或})l_a = \frac{V_A^2 - V_R^2}{26a} \tag{7.8}$$

式中：V_A——减速时进口道或加速时出口道处路段平均行驶速度,km/h;

V_R——减速后的末速度或加速前的初速度,km/h;

a——减速度或加速度,m/s²。

进口道的 l_b 和出口道的 l_a 可采用表 7.12 所列数值。变速车道是指平面交叉在需要加速合流和减速分流处,为适应加减速而设置的附加车道。

变速车道长度　　　　　　　　　　　　　　表 7.12

类别	设计速度(km/h)	减速所需长度 l_b(m) $a = -2.5$m/s²			加速所需长度 l_a(m) $a = 1.0$m/s²		
		到停车	到20km/h	到40km/h	从停车	从20km/h	到40km/h
主要道路	100	100	95	70	250	230	190
	80	60	50	32	140	120	80
	60	40	30	20	100	80	40
	40	20	10	—	40	20	—
次要道路	80	45	40	25	90	80	50
	60	30	20	10	65	55	25
	40	15	10	—	25	15	—
	30	10	—	—	10	—	—

3）等候车队长度 l_s

右转车道长度应能保证使右转车辆从直行车道最长等候车队的尾车后驶入拓宽的右转车道,其长度为：

$$l_s = nl_n \tag{7.9}$$

式中：l_n——直行等候车辆所占长度,m,一般取 6~12m,小型车辆取最低值,大型车辆取最高值,车型比例不明确时,一般可取 7m;

n——一次红灯受阻的直行车辆数,可用下式计算：

$$n = \frac{每条直行车道通行能力 \times (1 - 右转车比例)}{每小时周期数/该向红灯占周期长的比例}$$

其中,右转车道长度 l_r 为：

$$l_r = l_d + \max(l_b, l_s) \tag{7.10}$$

式中：l_r——右转车道长度，m；
l_d——渐变段长度，m；
$\max(l_b, l_s)$——减速所需长度 l_b 和等候车队长度 l_s 中取大值。

4）出口道加速车道长度 l_p

$$l_p = l_d + l_a \tag{7.11}$$

式中：l_p——出口道加速车道长度，m；
l_a——加速所需长度，m。

2. 左转车道长度

左转车道长度由渐变段长度 l_d、减速所需长度 l_b 或等候车队长度 l_s 组成，即采用式（7.10）计算。

但式（7.9）中的 n 应为左转等候车辆数。对信号控制交叉口，可用下式计算：

$$n = \frac{\text{一条车道的通行能力} \times \text{车道数} \times \text{左转车比例}}{\text{每小时的周期数}}$$

对无信号控制交叉口，考虑到车辆到达的随机性，n 可按平均每分钟左转弯车辆数的 2 倍取用，即等候车队长度按式（7.12）计算，且不应小于 30m。当左转弯交通量很小时，可不考虑等候车队长度。

$$l_s = 2n l_n \tag{7.12}$$

当左转车道位于右偏曲线路段时，应缩短渐变段长度。当交叉口间隔较小或其他特殊原因不能容纳所需长度的左转车道时，减速车道长度可适当减小，但左转车道的总长度不应小于 60m。

四、交叉口车道宽度

交叉口的车道宽度根据交通安全、效率、通行能力等来确定。对于公路交叉口来说，由于往往不存在信号管制，车辆很少存在停车等待的情况，所以交叉口车道宽度（包括转弯车道）应尽量与路段车道宽度相同。其中，左转车道设置可参考表 7.13，当右转车道为变宽车道时，应按图 7.28 所示的宽度与渐变率设置。

左转车道宽度（单位：m） 表 7.13

车道分隔带类型	车道分划线	宽度大于0.5m 的标线带	实体岛	
左转车道宽度	3.5	3.25	3.0	3.25
左路缘带宽度	0	0	0.5	0.3

对于城市道路，由于交叉口往往采用信号管制，车辆行驶速度不稳定，而且受到周边用地限制，因此在设计时，尤其是现有道路改建时，交叉口车道宽度不应太宽，否则会降低交叉口储存能力，而且车道太宽时，小型车辆会可能产生插队的情况，反而引起交通流紊乱。因此一般而言，交叉口进口道大型车辆比例比较小时可以采用 2.75m 的宽度；出口道由于车速较高，其宽度一般较进口道宽，具体可以根据实际情况确定。城市道路进出口道的参考设计宽度见表 7.14。

城市道路进、出口道设计宽度参考（单位：m） 表 7.14

类 型	进口道	出口道
设计宽度	2.75 ~ 3.25	3 ~ 3.5

知识点6　交叉口的立面设计及案例

交叉口立面设计(也称竖向设计)是通过调整交叉口范围的行车道、人行道及附近地面等有关各点的设计高程,合理确定各相交道路之间及交叉口和周围建筑物之间共同面的形状,以符合行车舒适、排水迅速和建筑艺术三方面要求的设计工作。

一、交叉口竖向设计的原则

交叉口竖向设计的目的是使行车平顺、稳定,同时保证排水通畅,还要协调好交叉口附近建筑物的高程及地下管线、照明和绿化等问题。交叉口竖向设计应遵循以下原则:

(1)相同技术等级道路相交时,一般维持各自的纵坡不变,而改变其横坡度。

(2)主要道路与次要道路相交时,主要道路的纵、横断面均维持不变,调整次要道路横坡和纵坡,以保证主要道路的交通便利。

(3)设计时至少应有1条道路的纵坡方向背离交叉口,以利于排水。如遇盆状地形,所有道路纵坡方向都倾向交叉口时,可将中心部抬起。否则在进交叉口之前应设置雨水口和排水管道,以保证交叉口的排水要求。

(4)在交叉口范围内布置雨水口时,一条道路的雨水不应流进交叉口的人行横道或流入另一条道路,也不能使交叉口内产生积水。因此,雨水口应设在人行横道之前或低洼处。

(5)交叉口范围内横坡要平缓些,一般不大于路段横坡,以利于行车。

(6)交叉口竖向设计高程应与周围建筑物的地坪高程协调一致。

二、相交道路纵断面线形设计

(1)平面交叉范围内两相交道路的纵面应尽量平缓,纵面线形应大于最小停车视距要求。

(2)主要道路在交叉范围内的纵坡应在0.5%~3%的范围内。次要道路紧接交叉的引道部分应以0.5%~2.0%的上坡连接,此坡段至主要道路的路缘至少为25m,如图7.29所示。

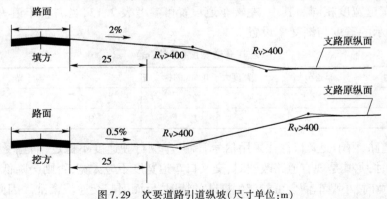

图7.29　次要道路引道纵坡(尺寸单位:m)

(3)主要道路在交叉范围内为超高曲线时,次要道路的纵坡应服从主要道路的横坡。若次要道路在交叉前后一定长范围内纵坡的趋势与主要道路的横坡相反,则次要道路在引道的一定范围内应设置S形竖曲线,如图7.30所示。

(4)次要道路与主要道路交叉时,应优先保证主要道路的横坡,使其贯穿整个交叉口区域。应调整次要道路纵坡和横坡,以适应主要道路。

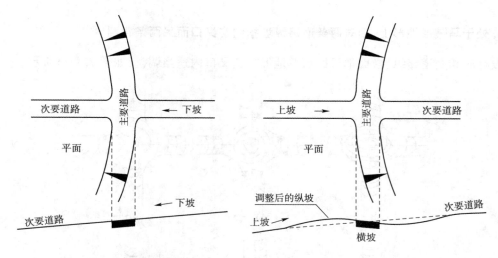

a) 不需调整次要道路纵坡　　　　　　　b) 调整次要道路纵坡

图 7.30　主要道路设超高时次要道路引道纵坡

三、交叉口立面设计的基本形式

交叉口立面设计的形式,主要取决于交叉范围相交道路的纵坡、横坡及地形。以十字形交叉口为例,按其所处地形及相交道路纵坡方向,可划分为六种基本形式,如图 7.31 所示。

1. 处于凸形地形上,相交道路的纵坡方向均背离交叉口

设计时交叉口内纵面保持不变,适当调整接近交叉口的路段横坡,让雨水流向交叉口四个转角的街沟或路基外排除,如图 7.31a) 所示。

2. 处于凹形地形上,相交道路的纵坡方向均指向交叉口

这种形式路面水都向交叉口集中,排水困难,应尽量避免。若因地形限制,必须时应设置地下管道排水,为防止雨水汇集到交叉口中央,应适当改变相交道路的纵面,以抬高交叉口中央高程。最好在相交道路纵坡设计时,将一条主要道路的变坡点设在远离交叉口的地方,保证有一条道路的纵坡方向能背离交叉口,如图 7.31b) 所示。

3. 处于分水线地形上,有三条道路纵坡方向背离一条指向交叉口

设计时将纵坡指向交叉口的路脊线在入口处分为三个方向,相交道路的横断面不变,如图 7.31c) 所示。

4. 处于谷线地形上,有三条道路纵坡度方向指向交叉口而一条背离

设计时与谷线相交的道路进入交叉口前,在纵断面上产生转折而不利于行车,应尽量使纵坡转折点远离交叉口,并在该处插入竖曲线,如图 7.31d) 所示。

5. 处于斜坡地形上,相邻两条道路纵坡指向交叉口而另两条背离

设计时相交道路的纵坡均不变,而将两条道路的横坡在进入交叉口前逐渐向相交道路的纵坡方向变化,使交叉口上形成一个单向倾斜面,如图 7.31e) 所示。

6. 处于马鞍形地形上，相对两条道路纵坡指向交叉口而另两条背离

设计时相交道路纵、横坡都可按自然地形在交叉口内适当调整，如图7.31f)所示。

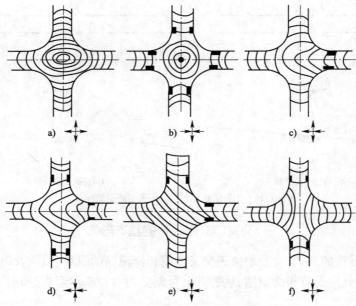

图7.31　交叉口立面设计的基本形式

以上为典型十字形交叉口立面设计形式，对其他形式的交叉口，立面设计原则相同。立面设计的使用效果与相交道路纵坡方向的组合有很大关系，如要获得交叉口理想的立面设计，应在道路纵断面设计时，考虑交叉口立面设计的要求，创造良好的条件。

四、交叉口立面设计的方法

对简单的沥青路面交叉口，通常采用特征断面法；对水泥混凝土路面交叉口和大型、复杂的沥青路面交叉口，一般采用高程图法。

1. 特征断面的确定和特征点高程的计算

交叉口的特征断面与选定的路脊线密切相关。路脊线应根据相交道路的等级和交叉角等因素确定，既要考虑行车平顺，又要考虑整个交叉口的均衡美观。

1) 相同(或相近)等级道路相交时的特征断面

相同(或相近)等级的道路相交，立面设计时一般维持各自的纵坡不变，改变其横坡度。对X形交叉口和交叉角大于75°的T形交叉口，路脊线通常是对向行车轨迹的分界线，即行车道的中线；对斜交过大的T形交叉口(或Y形交叉口)，其路中线不宜作为路脊线，应加以调整。

(1) X形、T形交叉口的特征断面。

X形交叉口和T形交叉口分别被相交道路的中线分割成四部分和三部分，每部分的立面设计方法相同。下面以图7.32、图7.33中$A_1OA_2B_2EB_1$部分为例，介绍特征断面的确定和特征点高程的计算。

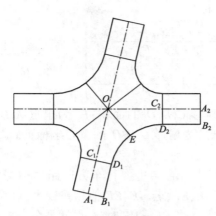
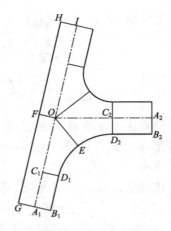

图 7.32 X 形交叉口的特征断面　　　图 7.33 T 形交叉口的特征断面

X 形、T 形交叉口的特征断面位置应满足：

①位于各相交道路进入交叉口前的路段上，即交叉口范围的边界线处，如 B_1A_1 断面和 B_2A_2 断面。

②位于转角曲线的切点处，如 C_1D_1 断面和 C_2D_2 断面。

③位于交叉口对角线处，如 OE 断面。

路脊线上、交叉口入口处及转角曲线切点处的特征控制点 O、A_1、B_1、C_1、D_1、C_2、D_2、A_2、B_2、F、G、H、I 等的高程，均可根据相交道路的纵面线形和路拱横坡度值求得。

E 点的设计高程在公路平面交叉中应满足对角线上行车平顺和排水的要求，城市道路平面交叉还必须满足圆弧 D_1D_2 间的排水要求，即圆弧 D_1D_2 间的纵坡必须 $\geqslant 0.3\%$。交叉口无导流岛时，因转角曲线半径较小，曲线短而难以采用合适的超高，在特殊困难情况下除设置排水所必需的横坡外，可不设超高，一般对角线 OE 的横坡宜控制在 $0.3\% \sim 2\%$。记 $D_1D_2 = l$，$D_1E = l_1$，D_1、D_2 设计高程分别记为 D_{1z}，D_{2z}，则当行车平顺和排水要求均满足的条件下，E 点的设计高程 E_z 可按下式计算：

$$E_z = D_{1z} + \frac{D_{2z} - D_{1z}}{l} \cdot l_1 \tag{7.13}$$

(2) Y 形交叉口的特征断面。

①路脊线的调整。

Y 形交叉口斜交角过大，其原设计路中线不宜作为设计路脊线，路拱所分路面区域不均衡，应予以调整。调整时要求两转角曲线的切点在被交线上的里程相等。调整后新的路脊线如图 7.34 中的 EA、ED 和 EC，其中心控制点 E 的位置选定，应考虑行车平顺和交叉口布局的匀称、美观。通过多方案的选择和计算表明，可取多边形 $OC_1D_1D_2A_2A_1O$ 的重心 E 作为调整后路脊线新的交会点。

路脊线调整时先建立以 O 点为原点，以 OA_1 为横轴 x，以 OO_1 为纵轴 y 的局部直角坐标系 xOy，图中 R_1、R_2 分别为转角曲线 1、转角曲线 2 的半径，b_1 为主线的路面宽度，b_2 为被交线的路面宽度，θ_1 为交叉口的交叉角，则在

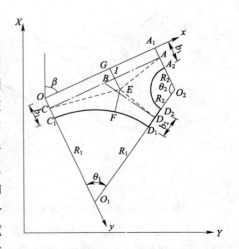

图 7.34 Y 形交叉口路脊线的调整

xOy 坐标系中多边形 $OC_1D_1D_2A_2A_1O$ 的重心坐标为:

$$\left.\begin{aligned} x_E &= \frac{\sum F_i x_i}{\sum F_i} = \frac{F_0 \cdot x_{0E} - F_1 \cdot x_{1E} - F_2 \cdot x_{2E}}{F_0 - F_1 - F_2} \\ y_E &= \frac{\sum F_i y_i}{\sum F_i} = \frac{F_0 \cdot y_{0E} - F_1 \cdot y_{1E} - F_2 \cdot y_{2E}}{F_0 - F_1 - F_2} \end{aligned}\right\} \quad (7.14)$$

式中:F_0 为梯形 $A_1O_2O_1O$ 的面积;F_1 为扇形 $C_1D_1O_1$ 的面积;F_2 为扇形 $A_2D_2O_2$ 的面积;(x_{0E},y_{0E}) 为梯形 $A_1O_2O_1O$ 的重心坐标;(x_{1E},y_{1E}) 为扇形 $C_1D_1O_1$ 的重心坐标;(x_{2E},y_{2E}) 为扇形 $A_2D_2O_2$ 的重心坐标。

采用重心法确定的重心 E 点位置,还要基本符合与主要行车方向路面边缘线的距离相等,如图 7.34 中的 GE、EF,若 GE、EF 值相差较大,可在 EG 线方向适当移位至满足要求。当 $GE = EF$ 时,E 点就是中心控制点。

②特征断面的确定与特征高程的计算。

Y 形交叉口的特征断面与 T 形交叉口类似,只是路脊线调整后对角线处的特征断面改为 EH、EF 断面,如图 7.35 所示。

特征点 A、C、D 以及 GE 与中线 AC 的交点 I 的高程可分别根据相交道路的纵面线形求得,E 点的高程为:

$$h_E = h_I + IE \cdot |i_z| \quad (7.15)$$

式中:h_I——I 点设计高程;
i_z——主线的路拱横坡。

H、F 点高程的确定与十字形、T 形交叉口的方法相同,不再赘述。

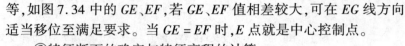

图 7.35 Y 形交叉口的特征断面

2) 主要道路与次要道路相交时的特征断面

主要道路与次要道路相交时,主要道路的纵横断面均维持不变,而将次要道路的双坡横断面,逐渐过渡到与主要道路纵坡相一致的单坡横断面,此时,路脊线的交点 O 移到次要道路路脊线与主要道路路面边线的交点 O_1(或 O_2)处(图 7.36、图 7.37)。为适应主要道路的横断面,应适当调整次要道路的纵断面,紧接主要道路处的纵坡宜根据主要道路的横坡、纵坡及交叉角计算得到的综合值(与合成坡度类似)或按图 7.32、图 7.33 的要求调整。

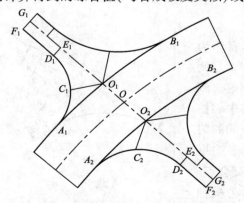
图 7.36 主次道路相交的四路交叉口的特征断面

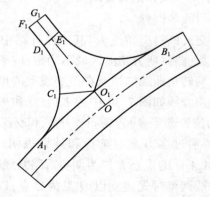
图 7.37 主次道路相交的三路交叉口的特征断面

主、次道路相交的四路和三路交叉口的特征断面仍是三种位置,即次要道路进入交叉口的路段上,如 F_1G_1、F_2G_2 断面;转角曲线与次要道路的相切处,如 D_1E_1、D_2E_2 断面;主要道路边线与次要道路路脊线交汇的对角线处,如 O_1C_1、O_2C_2 断面。

特征点 A_1、O_1、B_1、A_2、O_2、B_2 的高程可根据主要道路的纵面线形和横坡值计算;E_1、G_1、D_1、F_1 点的高程根据 O_1 点的设计高程和 O_1G_1 的纵坡及次要道路的横坡确定,E_2、G_2、D_2、F_2 点的高程根据 O_2 点的设计高程和 O_2G_2 的纵坡及次要道路的横坡确定。C_1、C_2 点高程分别由 O_1、A_1、D_1 点和 O_2、A_2、D_2 点高程考虑满足行车的平顺和排水要求确定,计算方法同前。

3) 渠化右转车道的特征断面与超高过渡

对渠化右转车道或右转弯附加路面,因右转弯曲线一般需设超高,其特征断面位置的确定和高程的计算与上述方法不同。渠化右转车道上特征断面的位置,取决于右转弯曲线超高过渡段起止点位置以及与相交道路的连接。通常右转车道上宽度和横坡的变化处为特征断面位置。

渠化右转车道上各处高程和横坡应满足右转车道与相交道路的平顺连接、右转弯曲线设置超高以及整个交叉范围内路面排水和视觉的需要。右转车道上高程的计算以右转车道左路缘线作为设计控制。当以左路缘线高程控制设计导致右转车道曲线内缘出现影响视觉的"下陷"(当超高较大时)或造成边沟设计困难时,在不妨碍路面排水的前提下,应适当调整左路缘线的高程。

道路为直线时,渠化右转车道转弯曲线的超高过渡方式如图 7.38 所示;道路为曲线时,渠化右转车道转弯曲线的超高过渡方式如图 7.39 所示。

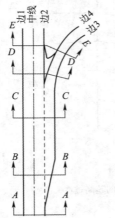
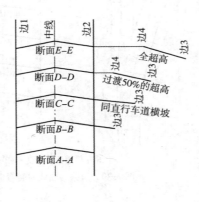

a) 等宽式变速车道

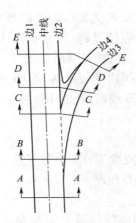
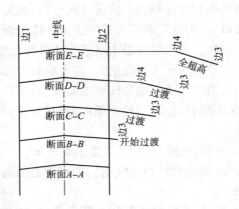

b) 渐变式变速车道

图 7.38 道路为直线时转弯曲线的超高过渡

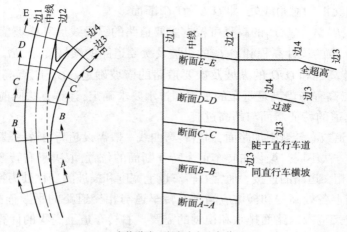

a) 右偏道路，渐变式变速车道

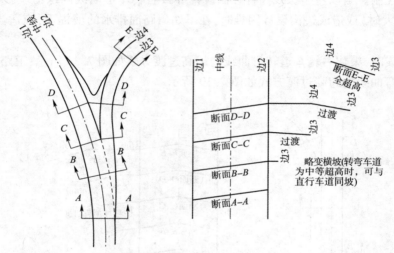

b) 左偏道路，渐变式变速车道

图 7.39 道路为曲线时转弯曲线的超高过渡

2. 交叉口设计高程的加密

确定了路脊线和特征断面上的设计高程后，便可大概反映交叉口的立面形状。对简单的沥青路面交叉口，采用特征断面法提供交叉口特征断面的定位里程、尺寸和设计高程，由此构成交叉口高程控制。对水泥混凝土路面交叉口和大型、复杂的沥青路面交叉口，采用简单的特征断面法不能完整表达交叉口的立面，必须加密交叉口范围内的设计高程，即采用高程图法。加密设计高程常用的方法是增加计算辅助线，采用高程计算线网；若使用计算机辅助设计平面交叉，可采用曲面模型（如双线性孔斯曲面）进行立面设计。

1) 圆心法

如图 7.40 所示，在路脊线上，按施工要求每隔一定距离或等分定出若干点，并与转角曲线的圆心连成直线（只连到转角曲线上），即得圆心法高程计算线网。

2) 等分法

如图 7.41 所示，将路脊线等分为若干份，相应将转角曲线也等分为相同份数，连接对应点，即得等分法高程计算线网。

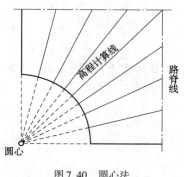
图 7.40　圆心法

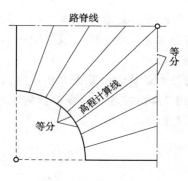
图 7.41　等分法

高程计算线所在位置是用于计算该断面路拱设计高程的依据。标准路拱横断面是与车辆行驶方向垂直的,应尽量使高程计算线与路拱横断面的方向一致,同时也便于计算。当等级相同或相近的道路相交时,采用等分法或圆心法高程计算线网均可;主要道路与次要道路相交的交叉和渠化右转车道的转弯曲线处,推荐采用圆心法高程计算线网。

每条高程计算线上高程点的数目,可根据路面宽度、施工需要确定。对路宽、坡陡、施工精度要求高的,高程点可多些;反之则少些(图 7.42、图 7.43)。

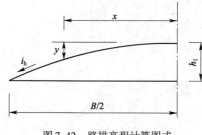
图 7.42　路拱高程计算图式

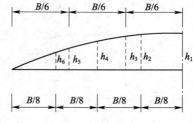
图 7.43　高程点数划分

高程计算线上两端的设计高程可根据特征断面上特征点的高程、相交道路的纵坡及转角曲线的纵坡求得。计算线上高程点的计算公式与所选用的路拱形式有关,当采用直线形路拱时,可根据每条高程计算线上两端的设计高程,采用线性插值方法计算;当采用抛物线形路拱时,可用下列公式计算：

$$y = \frac{h_1}{B}x + \frac{2h_1}{B}x^2 \tag{7.16}$$

$$y = \frac{h_1}{B}x + \frac{4h_1}{B^3}x^3 \tag{7.17}$$

式中：h_1——高程计算线两端(其中一端在路脊线上)的高差或路拱高度,m,$h_1 = \frac{B}{2} \cdot i_h$ 其中

　　　i_h 为路拱横坡(%);

　　B——行车道宽度,m。

以上两式可根据路面类型选用。一般宽 14m 以下的次高级路面和中级路面可用式(7.16)计算;宽 14m 以上的高级路面采用式(7.17)计算。

五、平面交叉口立面设计案例

下面以一个案例说明平面交叉口的立面设计。

【例7-1】 已知相交道路的路中心线、街沟纵坡 $i_1 = i_3 = 3\%$，路面横坡 $i_2 = 2\%$，车行道宽度 $B = 15\text{m}$，路缘石半径 $R = 10\text{m}$，交叉口中心高程 $h_A = 2.05\text{m}$，等高线间距采用 0.10m，试绘制交叉口的竖向设计图。

所采用的竖向设计方法是画方格线网，并把路缘石曲线上的高程点平均分配。交叉口的竖向设计图（图 7.44）可按下列步骤绘制：

(1) 画路段上的设计等高线。

$$l_1 = \frac{h}{i_1} = \frac{0.10}{0.03} = 3.33(\text{m})$$

$$l_2 = \frac{B}{2} \cdot \frac{i_2}{i_3} = \frac{15}{2} \times \frac{0.02}{0.03} = 5(\text{m})$$

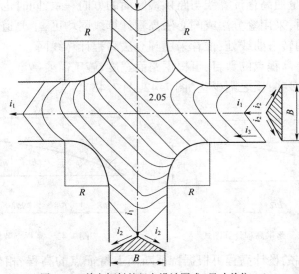

图 7.44　单向倾斜的竖向设计图式（尺寸单位：m）

(2) 画交叉口上的设计等高线。

① 根据交叉口中心高程，求出 F_3、N、F_4 三点高程。

$$h_N = h_A - L_{AN} \times i_1 = 2.05 - 17.5 \times 0.03 = 1.52(\text{m})$$

$$h_{F_3}(h_{F_4}) = h_N - \frac{B}{2} \times i_2 = 1.52 - \frac{15}{2} \times 0.02 = 1.37(\text{m})$$

同理，可求出 $h_{E_4}(h_{E_1}) = 2.43\text{m}$，$h_{F_1}(h_{F_2}) = 2.43\text{m}$，$h_{E_2}(h_{E_3}) = 1.37\text{m}$。

② 根据 A、F_4、E_4 点的高程，求交叉口范围内等高点的变化。

$$h_{C_4} = \frac{(h_{F_4} + Ri_1) + (h_{F_4} - Ri_1)}{2}$$

$$= \frac{(1.37 + 10 \times 0.03) + (2.43 - 10 \times 0.03)}{2}$$

$$= \frac{1.67 + 2.13}{2} = 1.90(\text{m})$$

同理，可求出 $h_{C_2} = h_{C_4} = 1.90\text{m}$，$h_{C_3} = 1.67\text{m}$，$h_{C_1} = 2.13\text{m}$；$h_{D_2} = h_{D_4} = 1.84\text{m}$，$h_{D_3} = 1.52\text{m}$，$h_{D_1} = 2.16\text{m}$。

③根据 F_4、D_4、E_4 各点高程,求出路缘石曲线上的各个等高点。

F_4D_4、D_4E_4 的弧长:$L = \frac{1}{8}(2\pi R) = \frac{1}{8} \times (2 \times 3.1416 \times 10) = 7.85(\text{m})$

F_4D_4 间应有设计等高线为:$\frac{1.84 - 1.37}{0.10} \approx 5(\text{条})$

等高线的平均间距为 $\frac{7.85}{5} = 1.57(\text{m})$

同理,D_4E_4 间应有设计等高线为 $\frac{2.43 - 1.84}{0.10} \approx 6(\text{条})$

等高线的平均间距为 $\frac{7.85}{6} \approx 1.31(\text{m})$

F_3D_3、D_3E_3 设计等高线为 $\frac{1.52 - 1.37}{0.10} \approx 2(\text{条})$

等高线的平均间距为 $\frac{7.85}{2} \approx 3.93(\text{m})$

F_1D_1、D_1E_1 设计等高线为 $\frac{2.43 - 2.16}{0.10} \approx 3(\text{条})$

等高线的平均间距为 $\frac{7.85}{3} \approx 2.62(\text{m})$

④根据 A、M、K、G、N 各点高程,分别求出路脊线 AM、AK、AG、AN 的等高点(计算略)。

⑤根据以上求出的各点高程绘出等高线,经合理调整后即得如图 7.45 所示的竖向设计图。

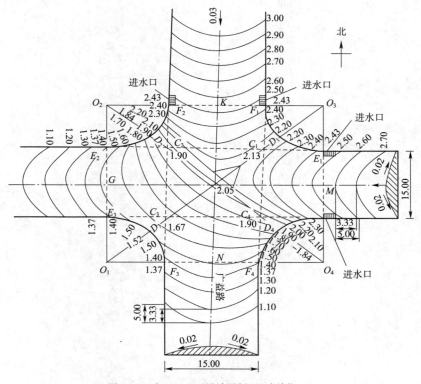

图 7.45 交叉口立面设计图例(尺寸单位:m)

习 题

7.1 道路平面交叉口的形式主要有哪些？适用条件分别是什么？
7.2 试述平面交叉口设计的主要内容。
7.3 何为渠化交通？渠化交通的作用是什么？
7.4 何为视距三角形？应如何进行绘制？
7.5 何为环形交叉？简要说明其优缺点及其适用性。
7.6 环形交叉口的中心岛半径是如何确定的？
7.7 交叉口竖向设计的基本原则是什么？
7.8 十字形交叉口根据相交道路纵坡方向的不同，竖向设计主要可分为哪几种基本形式？

单元 8　道路立体交叉设计

本单元摘要：本单元主要介绍道路立体交叉的组成、设计原则及设计内容；立体交叉的主要类型；匝道的类型、线形标准和设计要点；立体交叉出入口、变速车道和辅助车道设计等内容。

知识点 1　概　　述

道路立体交叉是指两条或多条路线（道路与道路、道路与铁路、道路与其他交通线路）在不同平面上相互交叉的连接方式，又叫道路立交枢纽。由于立交处设置有跨线结构物（桥梁、隧道或地道）和转向的匝道，使相交路线的交通流在平面和空间上分隔，车辆转向行驶互不干扰，从而保证了交叉口行车的快速、安全和顺畅，从根本上解决了道路交叉口的交通问题。道路立交枢纽是现代道路的重要交通设施，也是实现交通立体化的主要手段。

一、立交组成

立体交叉的主要组成部分如图 8.1 所示。

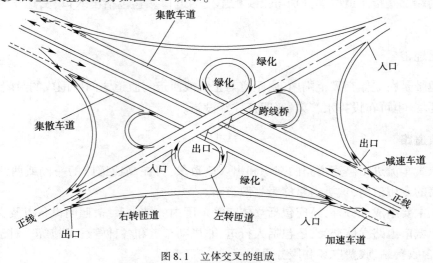

图 8.1　立体交叉的组成

1. 跨线构造物

跨线构造物是立体交叉实现车流空间分离的主体构造物,指设于地面以上的跨线桥(上跨式)或设于地面以下的地道(下穿式)。

2. 正线

正线是组成立体交叉的主体,指相交道路(含被交道路)的直行车行道。正线主要包括连接跨线构造物两端到地坪标高的引道和立体交叉范围内引道以外的直行路段。

根据相交道路等级不同,正线可分为主要道路(简称主线)和次要道路(简称次线)。

3. 匝道

匝道作为立体交叉的重要组成部分,是供上、下相交道路的转弯车辆行驶的连接道。匝道按其作用的不同可分为右转匝道和左转匝道。

4. 出口与入口

由正线驶出,进入匝道的道口称为出口;反之,由匝道驶入正线的道口为入口。

5. 变速车道

变速车道是为适应车辆行驶的需要,而在正线右侧的出入口附近增设的附加车道。它可分为减速车道和加速车道。

6. 辅助车道

辅助车道是在高速道路立体交叉的分、合流附近,为使匝道与高速道路车道数平衡和保持正线的基本车道数而在正线外侧所设置的附加车道。

7. 匝道的端部

匝道的端部是指匝道两端分别与正线相连接的道口。它包括出入口、变速车道和辅助车道等。

8. 绿化地带

绿化地带是在立体交叉范围内,由匝道与正线或匝道与匝道之间所围成的封闭区域,一般用以美化环境,也可布设排水管渠、照明杆柱等设施。

9. 集散道路

为了减少车流进出高速道路的交织和出入口数量,可在高速道路的一侧或两侧设置与其平行且分离的专用道路,这类道路称为集散道路。

除以上主要组成部分外,还应包括立体交叉范围内的排水系统、照明设备以及交通工程设施等。对于城市道路立体交叉,还包括人行道、非机动车道和各种管线设施等。对于收费立体交叉,则包含收费站、收费广场和服务设施等。

二、立体交叉的布置规划

1. 立体交叉位置的选定

一般应根据下列条件选定立体交叉。

(1)相交道路的等级:高速公路同其他各级道路相交,必须采用立体交叉;一级公路与交通量大的其他道路相交,应采用立体交叉;其他各级道路间的交叉,在交通条件需要或有条件的地点,可采用立体交叉。

(2)相交道路的性质:国家及省属主干线公路之间及其与交通繁忙的一般公路相交时,应设置互通式立体交叉。

(3)相交道路的任务:高速公路、一级公路与通往大城市、重要政治或经济中心、重点工矿区、重要港口、机场、车站和游览胜地及重要交通源的公路相交处,应设置互通式立体交叉。

(4)相交道路的交通量:一级公路为干线公路且被交公路为四车道,按各种车辆折合成小客车的年平均昼夜交通量达到10000辆以上;城市道路当进入交叉口的交通量达4000~6000辆/h(小型客车),相交道路为四车道以上,且对平面交叉采取交通管理及交通组织措施均难以改善交通状况时,可设置互通式立体交叉。

(5)人口数量:在人口超过3万人的城市附近或互通式立体交叉影响范围的人口超过4.5万人时,可设置互通式立体交叉。

(6)地形条件:当交叉处地形条件适宜修建立体交叉,且与平面交叉相比不会过多增加工程造价时,可考虑采用立体交叉。如高填方路段与其他道路交叉处,较高的桥头引道与滨河路交叉处等。

(7)经济条件:经对投资成本、运营费用和安全性分析,设置互通式立体交叉的效益投资比和社会效益等大于设置平面交叉时,可修建互通式立体交叉。

2. 立体交叉的间距

确定互通式立体交叉间距时,主要应考虑以下影响因素。

(1)满足交通密度的要求:相邻立体交叉之间保持合适的间距,能均匀分散交通,使整条道路和区域交通流被各立体交叉均衡、合理负担。立体交叉间距过大,不仅难以满足交通需要,且会影响高速道路功能的发挥;间距过小,则会使行车速度和通行能力降低,导致交通运行困难,交通事故发生的可能性增加,建设投资加大。

(2)满足交织段长度的要求:相邻立体交叉之间要有足够的交织路段,以在相邻立体交叉出入口之间设置足够长度的加、减速车道。交织路段是从前一立体交叉匝道上车辆驶入正线的合流点到下一立体交叉正线上车辆驶入匝道的分流点之间的距离。

(3)满足设置交通标志的要求:相邻立体交叉之间应保证足够的距离,使在此距离内能设置若干预告标志,以便连续不断地告知驾驶员下一立体交叉和出口的位置。

(4)驾驶员操作顺适的要求:互通式立体交叉,尤其是多层式立体交叉由于其平面线形连续变化,纵断面多有起伏,如间距过短,对驾驶操作顺适、交通流稳定及景观均不利。

对互通式立体交叉的间距,高速公路规定,在大城市、重要工业园区附近的平均间距宜为5~10km,其他地区宜为15~25km,最小间距不宜小于4km。因路网结构或受地形条件及其他特殊情况限制,经论证相邻互通式立体交叉的间距需适当减小时,其上一互通式立体交叉加速车道渐变段终点至下一互通式立体交叉减速车道渐变段起点之间的距离不应小于1000m,且应设置完善、醒目的标志、标线和视线诱导标等交通安全设施;小于1000m时,且经论证必须设置时,应将两者合并设置为复合式互通式立体交叉;最大间距不宜大于30km;超过时,应在适当位置设置与主线分离的"U形转弯"设施。非高速公路互通式立体交叉的最小间距,可参照高速公路的规定执行,条件受限时,经对交织段的通行能力验算后可适当减小。

城市道路规定两座互通式立体交叉的最小间距按正线设计速度为80km/h、60km/h、50km/h和40km/h,分别采用1km、0.9km、0.8km和0.7km。

三、立体交叉选型

1. 影响立体交叉形式选择的因素

影响立体交叉形式选择的因素可概括为道路、交通、环境及自然条件,具体内容如图8.2所示。

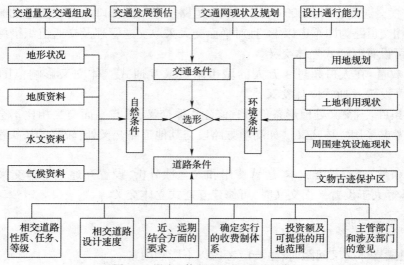

图8.2 影响立体交叉形式选择的因素

2. 立体交叉形式选择的基本原则

(1)立体交叉选形应根据路网布局和规划,力争一条道路上立体交叉形式统一,进、出口匝道通用、一致。

(2)立体交叉选形应考虑相交道路的等级、性质、任务和交通量等,确保行车安全通畅和车流的连续。相交道路等级高时应采用互通式立体交叉;交通量大、设计速度高的行车方向,要求线形指标高、路线短捷、纵坡平缓;车辆组成复杂时还要考虑个别交通特性的需要。在城市道路上,若使机动车与非机动车都很大的车流分离行驶,可采用三层式或四层式立体交叉。

(3)立体交叉选形应与所在地的自然条件和环境条件相适应,充分考虑区域规划、地形地质条件、可能提供的用地范围、文物古迹保护区、周围建筑物及设施分布现状等。在满足交通要求的前提下综合分析研究,力求合理利用地形、地质条件,减少征地、拆迁,工程运营经济,与周围环境相协调,造型美观,结构新颖合理。

(4)立体交叉选形应全面考虑近、远期结合,既要满足近期交通的要求、减少投资,又要考虑远期交通发展的需要和改扩建提高的可能,使前期工程为后期所利用。

(5)立体交叉选形应考虑是否收费和实行的收费制式。若是收费立体交叉,应根据转弯交通量大小,确定连接线所在的象限,按变速车道长度要求确定连接线的具体位置。连接线两端三路交叉的形式应根据相交道路的功能、等级及场地限制条件等确定。

(6)立体交叉选形要考虑工程实施,造型和工程投资两者兼顾,有利施工、养护和排水,尽量采用新技术、新工艺、新结构,以提高工程质量、缩短工期和降低成本。

(7)立体交叉选形要和匝道布置全面考虑、分清主次。立体交叉形式在考虑相交道路平、纵面线形的同时,还应考虑匝道平面线形的布设和竖向标高的要求。处理好主要道路与次要道路的关系,先应满足主要道路的要求,后考虑次要道路。选形要与立体交叉线形、构造物、总体布局及环境相配合。如在处理竖向位置时,道路与铁路相交,以铁路上跨为宜,减小净空高度;高速道路与其他道路相交,原则上高速道路不变或少变,其他道路抬高或降低;城市道路立体交叉以非机动车道不变或少变,以利于行人和非机动车通行。

(8)选形应与定位相结合。立体交叉形式随所在位置的地形、地物及环境条件而异,通常是先定位后选形,并使选形与定位相结合。

3. 立体交叉形式选择的方法步骤

1)初定立体交叉的基本形式

先应选择立体交叉的总体布局。如采用收费还是不收费立体交叉,分离式还是互通式立体交叉。分离式立体交叉采用上跨式还是下穿式,互通式立体交叉采用完全互通式、部分互通式还是环形。立体交叉采用二层式、三层式还是四层式,主线是上跨还是下穿被交线。城市立体交叉机动车与非机动车是分离行驶还是混合行驶,是否考虑行人交通等。在此基础上进一步选择立体交叉的基本形式,如三路相交的喇叭形、子叶形、Y形,四路相交的苜蓿叶形、部分苜蓿叶形、X形、环形、菱形或其他组合形式等。

根据影响立体交叉的主要因素,表8.1列举了常用立体交叉形式的选择条件(相交道路按六车道计,交通量为当量小客车数),可供参考。

互通式立体交叉形式的选择 表8.1

立体交叉形式	设计速度(km/h)			交叉口总通行能力(辆/h)	占地面积(万 m^2)
	直行	左转	右转		
定向形立体交叉	80~100	70~80	70~80	13000~15000	8.5~12.5
苜蓿叶形立体交叉	60~80	30~40	30~40	9000~13000	7.0~9.0
部分苜蓿叶形立体交叉	30~80	25~35	30~40	6000~8000	3.5~5.0
菱形立体交叉	30~80	25~35	25~35	5000~7000	2.5~3.5
三、四层式环形立体交叉	60~80	25~35	25~35	7000~10000	4.0~4.5
喇叭形立体交叉	60~80	30~40	30~40	6000~8000	3.5~4.5
三路环形立体交叉	60~80	25~35	25~35	5000~7000	2.5~3.0
三路子叶形立体交叉	60~80	25~35	25~35	5000~7000	3.0~4.0
三路定向形立体交叉	80~100	70~80	70~80	8000~11000	6.0~7.0

公路互通式立体交叉的形式,应根据各方向的交通量,结合地形、地物、交通条件综合考虑而定,并遵循以下几点原则:

(1)直行和转弯交通量均较大,相交公路的设计速度较高,并要求用较高的速度集散时,可采用定向形或半定向形立体交叉,也可采用涡轮形立体交叉。

(2)高速公路与一级公路相交,且不设收费站时,可采用组合形立体交叉。交通量大时,可采用定向和半定向匝道,部分方向左转弯交通量不大时可采用环形匝道。

(3)两条一级公路相交,宜采用苜蓿叶形、环形或组合形立体交叉。

(4)高速公路与一级公路或交通量大的二级公路相交,且设置收费站时,宜采用双喇叭形立体交叉。

(5)高速公路与交通量小的二级公路相交,宜采用在被交道路上设置平面交叉的单喇叭形、部分苜蓿叶形立体交叉。匝道上不设收费站时,宜采用菱形立体交叉。

(6)一级公路与二级、三级、四级公路相交,因交通转换而设置互通式立体交叉时,宜采用菱形、部分苜蓿叶形立体交叉。

2)立体交叉几何形状及结构的选择

立体交叉的几何形状及结构对整个立体交叉中车辆运行速度、运行距离、行车安全和舒顺、行车视距、视野范围、交通功能、服务水平和通行能力等影响很大。在立体交叉基本形式的基础上,应通过仔细研究,对立体交叉的总体结构布局和匝道布设进行安排,如跨线构造物的布置,出入口的位置,匝道布设的象限,内外匝道采用整体式或分离式断面,匝道的平、纵、横几何形状及尺寸,变速车道的布置等。

3)立体交叉方案比选

经过立体交叉基本形式和几何线形及结构的选择,会产生多种有比较价值的立体交叉方案,必须经过对多方案的技术、经济、效益比较,选择合理的立体交叉形式和适当的规模,以得出满足交通功能要求、适合现场条件、工程量小、造型美观而投资少的立体交叉方案。对于复杂的大型立体交叉,还应制作透视图或通过三维仿真进行检查比较。

四、立体交叉设计步骤

1. 初拟方案

根据立体交叉处的道路、交通和自然条件,在地形图上绘出各种可能的立交方案。方案应满足立交设计的基本要求,符合立交所在地的地形条件、规划要求及有关规定。

2. 确定比较方案

对初拟方案进行初步分析比较,应考虑线形是否顺适、半径能否满足、各层间可否跨越、拆迁是否合理。一般选 2~4 个比较方案。

3. 确定推荐方案

在 1∶1000 或 1∶2000 地形图上按比例绘出各比较方案,完成初步平纵设计、桥跨方案布置和概略工程量计算,做出各方案比较表。比较时应考虑立交主线和匝道的布设是否满足交通的流畅、安全,各匝道的平、纵、横线形设计及其相互配合是否适当、协调,立交桥的结构、布置是否合理,设计和施工的难易程度,整体工程的估价,养护、运营条件以及立体交叉的造型和绿化等。全面比较后一般确定1~2个推荐方案。

4. 确定采用方案

视需要对推荐方案做出模型或透视图，征询有关方面意见，全面综合权衡造价与方案、近期与远期、局部与全局的关系，也可采用分期修建方案，最后定出采用方案。

5. 详细测量

对采用方案进行实地放线和详细测量，进一步收集技术设计所需的所有资料。

6. 技术设计

完成全部施工图设计和工程预算。

以上1~4步为初步设计阶段，当可选方案较少或简单明了时可酌减步骤，5~6步为施工图设计阶段。

知识点2 道路与道路立体交叉分类

一、按相交道路的跨越方式分类

按相交道路的跨越方式不同，立体交叉可分为上跨式和下穿式两类，如图8.3所示。

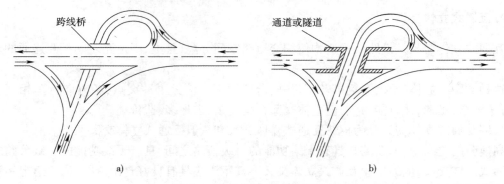

图8.3 上跨式和下穿式立体交叉

1. 上跨式

上跨式是用跨线桥从被交道路或其他线形工程上方跨过的交叉方式。这种立体交叉施工方便、造价较低、排水易处理，但占地大、引道较长、跨线桥影响视线。

2. 下穿式

下穿式是用通道（或隧道）从被交道路或其他线形工程下方穿过的交叉方式。这种立体交叉占地较少、立面易处理、对视线和周围景观影响小，但施工期较长、造价较高、排水困难。

对上跨式和下穿式立体交叉的选用，要根据相交道路的功能、等级，立体交叉所处位置的地形、地质、排水、施工、周围景观等因素，经技术、经济比较后确定。一般上跨式立体交叉宜用于市区以外或周围有高大建筑物处；下穿式立体交叉多用于市区或被交道路为高路堤处。

二、按立体交叉的交通功能分类

立体交叉按其交通功能不同，分为分离式立体交叉和互通式立体交叉两类。

1. 分离式立体交叉

分离式立体交叉仅设跨线构造物（跨线桥或通道）一座，是上、下各层道路与道路（或其他线形工程）间互不连通的交叉方式，如图8.4所示。

这种类型的立体交叉结构简单、占地少、造价低，但相交道路的车辆不能转弯行驶。

分离式立体交叉的设置应根据道路网规划、相交道路的功能、等级、交通量、地形和地质条件、经济与环境因素等确定。

符合下列条件者应设置分离式立体交叉：高速公路同其他各级道路交叉，除因交通转换而设置互通式立体交叉外，均必须设置分离式立体交叉；具有干线功能的一级公路同其他各级道路交叉，除因交通转换而设置互通式立体交叉外，为减少平面交叉，应采用分离式立体交叉；二级、三级、四级公路间的交叉，直行交通量很大或地形条件适宜，且不考虑交通转换时，可设置分离式立体交叉；道路与干线铁路交叉，应采用分离式立体交叉。

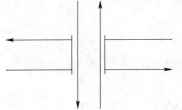

图8.4　分离式立体交叉

2. 互通式立体交叉

互通式立体交叉是设跨线构造物使相交道路空间分离，且上、下道路之间相互连通的交叉方式。

这种类型的立体交叉，车辆可转弯行驶，全部或部分消灭了冲突点，各方向行车相互干扰小，行车安全、迅速，通行能力大，但立体交叉结构复杂、占地多、造价高。

公路互通式立体交叉分为枢纽互通式立体交叉和一般互通式立体交叉两类。

高速公路之间、高速公路与具有干线功能的一级公路之间、具有干线功能的一级公路之间的互通式立体交叉，应为枢纽互通式立体交叉。其匝道应具有良好自由流线形，匝道上不设置收费站，匝道端部不出现穿越冲突。

高速公路、一级公路与其他道路相交时应采用一般互通式立体交叉。其匝道上可设置收费站，且高速公路出入口以外允许设置平面交叉。

根据交叉处车流轨迹线的交叉方式和几何形状不同，互通式立体交叉又可分为部分互通式立体交叉、完全互通式立体交叉和环形立体交叉三种。

1) 部分互通式立体交叉

相交道路的车流轨迹线之间至少有一个平面冲突点的立体交叉称为部分互通式立体交叉。它是一种低级形式的立体交叉，一般多用于主要道路（主线）与次要道路（次线）相交，当个别方向的交通量很小或分期修建，或受地形、地物及路网规划限制某个方向不能布设匝道时。其代表形式有菱形立体交叉和部分苜蓿叶形立体交叉等。

(1) 菱形立体交叉：指设有四条单向匝道通向被交道路，在次要道路的连接部存在平面交叉的互通式立体交叉。图8.5a)为三路菱形立体交叉，图8.5b)为四路菱形立体交叉。

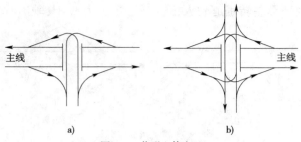

图 8.5 菱形立体交叉

这种立体交叉能保证主线直行车流快速畅通;左转车辆绕行距离较短;主线上有高标准的单一进出口,交通标志简单;主线下穿时匝道纵坡便于驶出车辆减速和驶入车辆加速;形式简单,仅需一座跨线构造物,用地和工程费用节省。但次线与匝道连接处为平面交叉,影响通行能力和行车安全。菱形立体交叉适用于城市主要道路与次要道路相交且用地困难的情况,而公路上采用较少。

布设时,应将平面交叉设在次要道路上,主要道路上跨或下穿应视地形和排水条件确定,一般以下穿为宜。次要道路上可通过渠化或设置交通信号等措施组织交通。

(2)部分苜蓿叶形立体交叉:指部分左转弯方向不设环形左转匝道,而呈不完全苜蓿叶形的立体交叉。如图 8.6 所示,可根据转弯交通量的大小或场地限制,采用图示任一形式或其他变形形式。

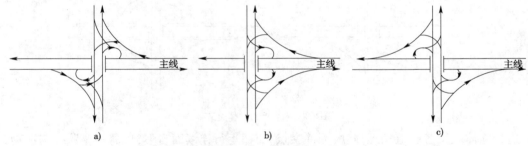

图 8.6 部分苜蓿叶形立体交叉

这种立体交叉可保证主线直行车流快速畅通;单一的驶出方式简化了主线上的标志设置;仅需一座跨线构造物,用地和工程费用较节省;便于分期修建,远期可扩建为全苜蓿叶形立体交叉。但次要道路上为平面交叉,影响通行能力和行车安全,且有停车等待和错路运行的可能。部分苜蓿叶形立体交叉适用于主要道路与次要道路相交的情况。

布设时,应使转弯车辆的出入尽量少妨碍主线交通,平面交叉应设在次要道路上,必要时可在次要道路上组织渠化交通或设置信号控制。

2)完全互通式立体交叉

相交道路的车流轨迹线全部在空间分离的交叉称为完全互通式立体交叉。它是一种比较完善的高级形式立体交叉,匝道数与转弯方向数相等,各转弯方向均有专用匝道,无冲突点,行车安全、迅速,通行能力大。但占地面积大、造价高。完全互通式立体交叉适用于高速道路之间或高速道路与其他交通量大的道路相交。其代表形式有喇叭形、苜蓿叶形、子叶形、Y形、X形、涡轮形、组合形等。

(1)喇叭形立体交叉:指用一个环形(转向约为 270°)左转匝道和一个半定向式左转匝道组成的完全互通式立体交叉。如图 8.7 所示,是三路立体交叉的代表形式。喇叭形立体交可分为 A 型和 B 型,经环形左转匝道驶入正线(或主线)为 A 型,驶出时为 B 型。

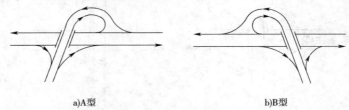

图 8.7　喇叭形立体交叉

这种立体交叉除环形匝道适应车速较低外,其他匝道都能为转弯车辆提供较高速度的定向或半定向运行;只需一座跨线构造物,投资较省;无冲突点和交织,通行能力大,行车安全;造型美观,行车方向容易辨别。但环形匝道线形指标较低,行车速度低。喇叭形立体交叉一般适用于高速道路与一般道路相交的 T 形交叉。

布设时,应将环形匝道设在交通量较小的方向上,主线左转弯交通量大时宜采用 A 型,反之可采用 B 型。一般道路上跨时对转弯交通视野有利,下穿时宜斜交或弯穿。

(2)苜蓿叶形立体交叉:指用四个对称的环形左转匝道实现各方向左转车辆运行的全互通式立体交叉,是四路交叉常用互通式立体交叉之一。其中,图 8.8a)所示为标准形,图 8.8b)所示为带集散车道形。

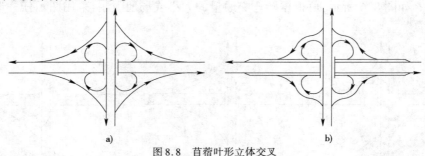

图 8.8　苜蓿叶形立体交叉

这种立体交叉各匝道相互独立,无冲突点,交通运行连续而自然,仅需一座跨线构造物,可分期修建。但立体交叉占地面积大,左转车辆绕行距离长,环形匝道适应车速较低,且跨线桥上、下存在交织,限制了立体交叉的通行能力。一般在高速道路之间或城市外围环路上的不收费立交中采用。

布设时,为消除正线上的交织、避免双重出口而使标志简化、提高通行能力和行车安全,常在正线的外侧增设集散车道,使出入口及交织段布置在集散车道上,成为带集散车道的苜蓿叶形立体交叉。

(3)子叶形立体交叉:指用两个环形匝道实现车辆左转的全互通式立体交叉,如图 8.9 所示。

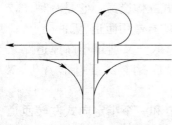

图 8.9　子叶形立体交叉

这种立体交叉只需一座跨线构造物,造价较低,匝道对称,造型美观。但交通运行条件不如喇叭形好,正线上存在交织,左转车辆绕行长,多用于苜蓿叶形立体交叉的前期工程。布设时以主线下穿为宜。

(4)Y 形立体交叉:指用定向匝道或半定向匝道实现车辆左转的全互通式立体交叉。其中,图 8.10a)所示为定向 Y 形,图 8.10b)所示为半定向 Y 形,图 8.10b)中右图为三层式。

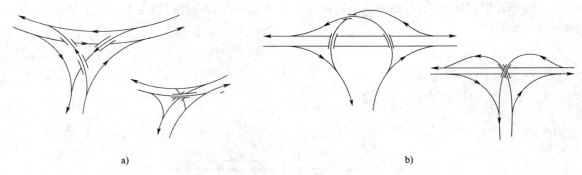

图 8.10 Y 形立体交叉

这种立体交叉能为转弯车辆提供高速的定向或半定向运行,通行能力大;无交织,无冲突点,行车安全;行车方向明确,路径短捷,运行流畅;正线外侧占地宽度较小。但跨线构造物多,造价较高。Y 形立体交叉适用于各方向交通量都很大的三路互通式立体交叉。

布设时,定向 Y 形立体交叉的正线在交叉范围内,应为双向分离式断面,或拉开适当的距离,以满足左转匝道纵坡和桥下净空要求,在正线设计时就应充分考虑立体交叉布设的要求。半定向 Y 形立体交叉适用于正线双向行车道之间不必拉开或难以拉开的情况。

(5) X 形立体交叉:又称半定向式立体交叉,是由四条半定向左转匝道组成的高级全互通式立体交叉。图 8.11a)所示为对向左转匝道对角靠拢布置,图 8.11b)所示为对向左转匝道对角拉开布置。

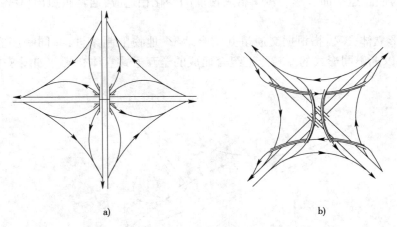

图 8.11 X 形立体交叉

这种立体交叉各方向转弯车辆转向明确,自由流畅;出口或入口单一,便于车辆运行和简化标志;无冲突点,无交织,行车安全;适应车速高,通行能力大。但层多桥长,造价高,占地面积大。一般多用于高速道路之间、各左转弯交通量大、车速要求高、通行能力大的枢纽互通式立体交叉。

图 8.11a)所示形式的转弯匝道线形更为流畅,转弯半径更大,适应的车速更高,桥梁建筑长度缩短,但总的建筑高度增加,匝道桥与跨线桥集中布设使结构更复杂。布设时,宜将直行车道分别布置在较低层,而将对角左转匝道布置在高层。另外,图 8.11b)所示形式,可以合理利用空间高差的变化,以降低立体交叉的建筑高度,但要避免一条匝道几次上下起伏变化,以一次升降坡为宜。

(6)涡轮形立体交叉:指由四条半定向式左转匝道组成的一种高级全互通式立体交叉,如图 8.12 所示。

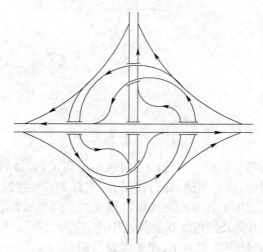

图 8.12 涡轮形立体交叉

这种立体交叉匝道纵坡和缓,适应车速较高;车辆进出正线安全通畅;无冲突,无交织,通行能力较大。但左转弯车辆绕行距离较长,运营费用较高;需建两层式跨线构造物 5 座,造价较高;占地面积大。涡轮形立体交叉适用于高速道路之间转弯速度要求较低的枢纽互通式立体交叉。

布设时,为使匝道平面线形与汽车行驶速度的变化相适应,通常匝道出口线形应比入口线形好。

(7)组合形立体交叉:指根据交通量并结合地形、地物限制条件,在同一座立体交叉中采用两种或两种以上不同形式的左转匝道组合而成的全互通式立体交叉。如图 8.13 所示。

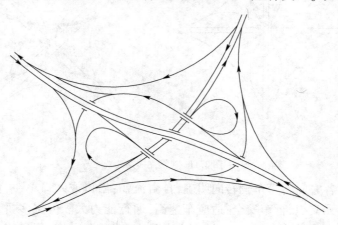

图 8.13 组合形立体交叉

这种立体交叉正线双向行车道在立体交叉范围不拉开距离的情况下,左转匝道多为环形和半定向式匝道,组合形式多样;匝道布设形式与交通量相适应;充分利用地形、地物,因地制宜。组合形立体交叉适用于一个或两个左转弯交通量较小的枢纽互通式立体交叉。

布设时,应合理设置环形左转匝道,尽量使结构紧凑,减少占地。

3)环形立体交叉

环形立体交叉是指主线直通,次线及主线转弯车辆环绕中心岛交织运行的互通式立体交叉。其中,图8.14a)、图8.14b)、图8.14c)分别为三路、四路、多路环形立体交叉。

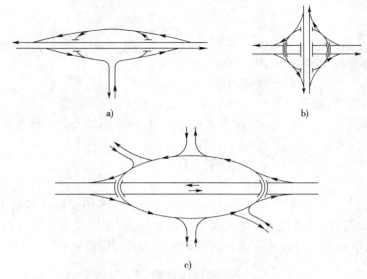

图8.14 环形立体交叉

环形立体交叉由平面环形交叉发展而来,为保证主线直行车流快速、畅通,将主线下穿或上跨中心岛。次要道路的直行车流和交叉口的左转车流一律绕中心岛做单向逆时针行驶,车流在环道内相互交织,直至所去的路口离去。

环形立体交叉能保证主线直通;无冲突点,交通组织方便;结构紧凑,占地较少。但次要道路的通行能力受环道交织能力的限制,车速受到中心岛半径的影响,构造物较多,左转车辆绕行距离长。环形立体交叉适用于主要道路与次要道路交叉,以用于5条以上道路相交为宜。

布设时,应让主线直通,中心岛可采用圆形、椭圆形或其他形状。

三、按其他方式分类

立体交叉还可按以下几种方式分类。

1. 按几何形状分类

(1)T形立体交叉,如喇叭形、子叶形立体交叉等;
(2)Y形立体交叉,如定向Y形、半定向Y形立体交叉等;
(3)十字形立体交叉,如菱形、苜蓿叶形、定向形立体交叉等。

2. 按交汇道路的条数分类

(1)三路立体交叉,由三条道路交会于一处的立体交叉;
(2)四路立体交叉,由四条道路交会于一处的立体交叉;
(3)多路立体交叉,由五条及五条以上道路交会于一处的立体交叉。

3. 按层数分类

(1)双层式立体交叉;

(2)三层式立体交叉;
(3)多层式立体交叉。

4. 按用途分类

(1)公路立体交叉,指城镇范围以外的立体交叉;
(2)城市道路立体交叉,指城镇范围以内的立体交叉;
(3)公铁立体交叉,指道路与铁路的立体交叉;
(4)人行立体交叉,有供行人(有时含非机动车)横跨道路的人行天桥或人行地道。

知识点3 匝道设计

匝道是互通式立体交叉不可缺少的组成部分,是供上、下相交道路转弯车辆行驶的连接道。匝道设计合理与否,直接关系立体交叉功能的发挥、行车的安全畅通、运营的经济和工程的投资等。因此,应按匝道设计依据进行合理的安排布置,并使用合适的线形。

一、匝道设计依据

匝道设计依据主要有互通式立体交叉的类型及主线的线形指标、匝道设计速度、设计交通量及通行能力。互通式立体交叉的类型是确定匝道设计速度的主要依据,主线的线形指标决定匝道的端部设计,匝道的设计速度和设计交通量是确定匝道平纵线形指标和横断面几何尺寸的主要依据,而匝道的通行能力则是检验匝道适应交通的能力。

1. 互通式立体交叉的类型及主线的线形指标

互通式立体交叉分为枢纽互通式立体交叉和一般互通式立体交叉。互通式立体交叉范围内主线线形的主要技术指标规定见表8.2。

互通式立体交叉范围内主线的线形指标   表8.2

设计速度(km/h)			120	100	80	60
圆曲线最小半径(m)		一般值	2000	1500	1100	500
		极限值	1500	1000	700	350
最小竖曲线半径(m)	凸形	一般值	45000	25000	12000	6000
		极限值	23000	15000	6000	3000
	凹形	一般值	16000	12000	8000	4000
		极限值	12000	8000	4000	2000
最大纵坡(%)		一般值	2	2	3	4.5(4)
		最大值	2	2	4(3.5)	5.5(4.5)

注:当主要道路以较大的下坡进入互通式立体交叉,且所接的减速车道为下坡,同时后随的匝道线性指标较低时,主要道路的纵坡不得大于括号内的值。

2. 匝道设计速度

匝道设计速度是匝道线形受限路段所能保证的最大安全速度,主要根据互通式立体交叉的类型、匝道的形式、转弯交通量的大小以及用地和建设费用等条件选定。受经济性限制,匝道设计速度应低于正线,但降低不应过多,以免车辆在离开或进入正线时急剧减速或加速,导致行车危险和不顺畅,降低通行能力。匝道设计速度的期望值以接近主线平均行驶速度为宜,当受用地或其他条件限制时,可适当降低,一般为主线设计速度为50%~70%。

公路和城市道路互通式立体交叉匝道设计速度的规定分别见表8.3和表8.4。

公路互通式立体交叉匝道设计速度(单位:km/h)　　　　　表8.3

匝道类型		直连式	半直连式	环形匝道
匝道设计速度	枢纽互通式立交	80、70、60、50	80、70、60、50、40	40
	一般互通式立交	60、50、40	60、50、40	40、35、30

城市道路互通式立体交叉匝道设计速度(单位:km/h)　　　　　表8.4

被交道路设计速度	主线设计速度				
	120	80	60	50	40
80	60~40	50~40	—	—	—
60	50~40	45~35	40~30	—	—
50		40~30	35~25	30~20	—
40			30~20	30~20	25~20

选用匝道设计速度时应注意以下几点:

(1)满足最佳车速的要求。

为保证行车安全和通行能力的要求,并考虑占地及行驶条件,匝道设计速度宜接近最大通行能力时的车速,即最佳车速V_K(km/h),其简化计算公式为:

$$V_K = 3.6\sqrt{\frac{L + L_0}{C}} \tag{8.1}$$

式中:L——车长,m;

L_0——安全距离,m,一般取5~10m;

C——制动系数,s^2/m,一般取0.15~0.30。

最佳车速V_K一般为40~50km/h。

(2)按匝道的不同形式选用。

同一座互通式立体交叉各匝道的设计速度可不同,应根据匝道的形式选用。右转匝道宜采用上限或中间值;直接式左转匝道宜采用上限或接近上限值;半直接式宜采用接近中间值;环形可采用下限值。环形匝道半径过大时,占地较大,可适当降低采用值,一般采用30~40km/h,以不超过50km/h为宜。

(3)接近收费站或平面交叉的末端,匝道设计速度可酌情降低。

(4)适应分、合流处车辆行驶的需要。

匝道与主线的分、合流处应有较高的设计速度。驶出匝道分流端的设计速度不小于主线设计速度的50%~60%;驶入匝道与加速车道连接处的设计速度应保证车辆行驶至加速车道末端的速度能达到主线的70%。

(5)适应车辆连续减速或预加速的需要。

匝道设计速度采用较低值时,匝道接近分、合流鼻端处,应设置一定长度的路段,以适应较高速度连续减速或预加速的需要。

(6)考虑匝道的交通组织。

双向无分隔带的匝道应取同一设计速度;双向独立的匝道依交通量的不同可分别选用不同的设计速度。

3. 设计交通量

匝道设计交通量是指远景设计年限的交通量。互通式立体交叉的设计年限一般与高速公路相同,为20年。匝道设计交通量是确定匝道类型、设计速度、车道数、几何形状、部分互通式或完全互通式以及是否分期修建等的基本依据。设计交通量主要根据相交道路的交通量,结合交通调查资料,通过分析、预测,推算设计年限的年平均日交通量,作为设计依据。设计时一般采用设计小时交通量。将匝道单向日交通量换算为设计小时交通量时,应采用日交通量乘以设计小时交通量系数计算。

设计小时交通量的推算方法与相交道路相同。其交通组成以及直、左、右行方向的交通量,用交通量流向流量分布图表示。图8.15为某交叉口交通量流向流量分布图。

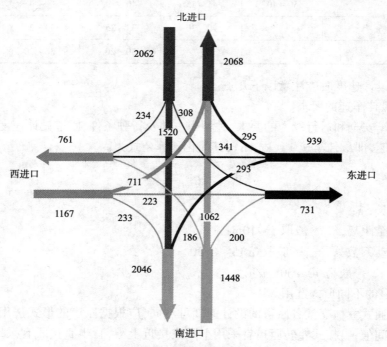

图8.15 交通量流向流量图(单位:pcu/h)

4. 通行能力

匝道的通行能力取决于匝道本身和出、入口处的通行能力,以三者之中较小者作为采用值。通常出口和入口的通行能力与匝道本身通行能力相比甚小,故匝道的通行能力主要受匝道出口或入口处通行能力的控制,并受主线通行能力、车道数、设计交通量等影响。单车道匝道的最大设计通行能力为1200pcu/h,单车道环形匝道设计通行能力为800~1000pcu/h。

二、匝道的分类

根据匝道的功能及其与正线的关系、匝道横断面的车道类型不同,一般有以下两种分类方法。

1. 按匝道的功能及其与正线的关系分类

按匝道的功能及其与正线的关系不同,分为右转匝道和左转匝道两类。

1)右转匝道

车辆从正线右侧驶出后直接右转约90°,到被交道路的右侧驶入。右转匝道一般不设跨线构造物,如图8.16所示。根据互通式立体交叉的形式和用地等限制条件,右转匝道可以布设为单(复)曲线、反向曲线、平行线或同向曲线四种。右转匝道属右出右进的直接式匝道,其特点是形式简单,右出右进,出入直接,方向明确,线形适顺,行车速度和线形指标较高,行程较短,行车安全。

2)左转匝道

车辆须转约90°~270°穿越对向车道及被交道路,除环形匝道外至少需要一座跨线构造物。按匝道布设与相交道路的关系不同,左转匝道可分为直接式、半直接式、间接式三种类型。

(1)直接式。

直接式又称定向式或左出左进式,如图8.17所示。左转车辆直接从行车道左侧分流驶出,左转约90°,到被交道路行车道的左侧合流驶入。其优点是线形简捷,转向明确,匝道长度最短,运营费用低;没有反向迂回,自然流畅,指标较高;适应车速高,通行能力较大。缺点是跨线构造物较多;正线对向行车道之间须有足够间距或设计成不等高的路基以上跨或下穿;重型车辆和慢速车辆从左侧高速驶出困难,到被交道路行车道左侧高速驶入困难且不安全。

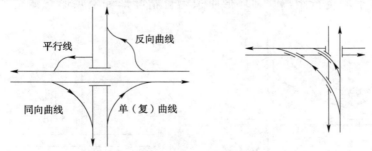

图8.16 右转匝道示意图　　图8.17 直接式左转匝道(左出左进)

因直接式左转匝道存在左出、左进的问题,且与我国右侧行驶规则不适应,除左转交通量很大或设计条件适宜外,一般不宜采用。图中两种形式可视经济性、线形指标及用地等比较选用。

(2)半直接式。

半直接式又称半定向式,按车辆由相交道路的进出方式可分为三种基本形式。

①左出右进式。

如图8.18所示,左转车辆从行车道左侧直接分流驶出后左转弯,到被交道路时由右侧合流驶入。与左出左进式匝道相比,右进改善了左进的缺点,车辆驶入安全,但仍存在左出问题;匝道上车辆略有绕行;驶出道路对向行车道之间须有足够间距;跨线构造物多。应视地形、地物限制条件确定采用。

②右出左进式。

如图 8.19 所示,左转车辆从行车道右侧分流右转驶出,在匝道上左转,到被交道路后直接由行车道左侧合流驶入。右出改善了左出的缺点,车辆驶出安全,但仍存在左进问题,驶入道路对向行车道间须有足够间距,其余特征与左出右进式匝道相同。

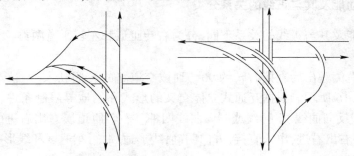

图 8.18　左出右进式左转匝道　　　图 8.19　右出左进式左转匝道

③右出右进式。

如图 8.20 所示,左转车辆从行车道右侧分流右转驶出,在匝道上左转,到被交道路时由行车道右侧合流驶入。这是常用左转匝道形式,消除了左出、左进的缺点,行车安全方便,但匝道绕行长,跨线构造物最多。应视地形、地物及线形等条件而定。

(3)间接式。

间接式即环形或环圈式,如图 8.21 所示。左转车辆驶过正线跨线构造物后,从行车道右侧向右回转约 270°达到左转的目的,在被交道路的右侧驶入。特点是右出右进,分合自然,行车安全;匝道上不需设置跨线构造物,造价最低;但匝道线形指标低,适应车速低,通行能力较小,占地较大,左转车辆绕行距离长。环形匝道为苜蓿叶形和喇叭形立体交叉的标准组成部分。

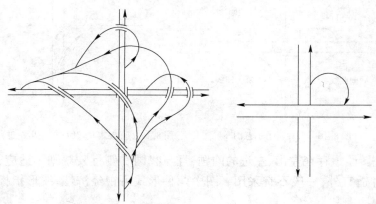

图 8.20　右出右进式左转匝道　　　图 8.21　环形左转匝道

2. 按匝道横断面的车道类型分类

按匝道横断面的车道类型不同,可分为以下四种。

1)单向单车道匝道

如图 8.22a)所示,这是一种常用的匝道形式。无论右转匝道或左转匝道,当转弯交通量较小,且未超过单车道匝道的设计通行能力时,都可采用这种形式。

2)单向双车道匝道

如图8.22b)所示,同向两车道可以采用划线方式分隔,主要适用于右转匝道或左转匝道的交通量较大、超过单车道匝道设计通行能力的情况。

3)双向双车道匝道

如图8.22c)所示,对向两车道采用划线方式分隔。当右转匝道和左转匝道的转弯交通量均较小、未超过单车道匝道的设计通行能力,且用地较紧张时采用。

4)对向分隔式双车道匝道

如图8.22d)所示,对向两车道之间采用中央分隔带隔离,适用于转弯交通量满足通行能力要求,且用地允许的情况。

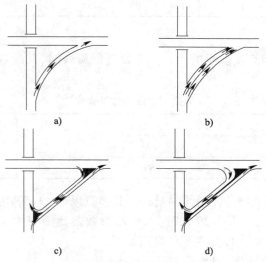

图8.22 按匝道横断面的车道类型不同分类

三、匝道线形设计标准

1. 匝道平面线形指标

互通式立体交叉匝道的平面线形指标,应根据互通式立体交叉的形式、匝道设计速度、交通量、地形和用地条件,以及造价等因素确定,并保证车辆能连续安全地运行,达到工程及运营经济。

1)匝道圆曲线半径

匝道圆曲线半径的大小取决于匝道的设计速度,同时应考虑经济性、安全性和舒适性。公路立体交叉匝道圆曲线最小半径的规定见表8.5。通常应选用大于一般值的半径,当受地形条件或其他特殊情况限制时,方可采用极限值。冰冻积雪地区不得采用极限值。

公路立体交叉匝道圆曲线的最小半径　　　　　　表8.5

匝道设计速度(km/h)		80	70	60	50	40	35	30
匝道圆曲线最小半径(m)	一般值	280	210	150	100	60	40	30
	极限值	230	175	120	80	50	35	25

城市道路立体交叉匝道圆曲线最小半径及平曲线最小长度的规定见表 8.6。选用时宜采用大于或等于表列超高 $i_h=2\%$ 的最小半径,有条件的地方可采用不设超高的最小半径。

城市道路立体交叉匝道圆曲线的最小半径及平曲线最小长度　　　　表 8.6

匝道设计速度(km/h)	60	50	45	40	35	30	25	20
横向力系数 μ		0.18			0.16		0.14	
超高 $i_h=6\%$ 的最小半径(m)	120	80	65	50	40	30	20	15
超高 $i_h=4\%$ 的最小半径(m)	130	90	75	60	45	35	25	20
超高 $i_h=2\%$ 的最小半径(m)	145	100	80	65	50	40	30	20
不设超高的最小半径(m)	180	125	100	80	60	45	35	30
平曲线最小长度(m)	100	85	75	65	60	50	40	35

2)匝道回旋线参数

缓和曲线形式采用回旋线。匝道及其端部设置回旋线时,其参数及长度宜不小于表 8.7 的规定。

匝道回旋线参数及长度　　　　表 8.7

匝道设计速度(km/h)	80	70	60	50	40	35	30
回旋线参数 A(m)	140	100	70	50	35	30	20
回旋线长度(m)	70	60	50	40	35	30	25

回旋线长度应不小于超高过渡所需的长度,其参数以 $A\leqslant 1.5R$ 为宜。反向曲线间两个回旋线,其参数宜相等或相近。相差较大时,大小两参数之比不宜大于 1.5。径相衔接的复曲线,其大小半径之比不应大于 1.5,否则应设回旋线。

3)分流点处匝道最小曲率半径

驶出匝道的分流点处,因从正线分离后行驶速度较高,应具有较大的曲率半径,并使其后的曲率变化与行驶速度的变化相适应,如图 8.23 所示。

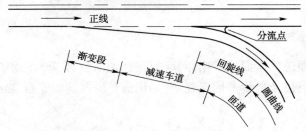

图 8.23　分流点处匝道曲率半径和曲率过渡

在分流点处,匝道平曲线最小曲率半径的规定见表 8.8。

分流点匝道平曲线最小曲率半径　　　　表 8.8

主线设计速度(km/h)		120		100	80	60
分流点处的设计速度(km/h)		80	70	65	60	55
最小曲率半径(m)	一般值	450	350	300	250	200
	极限值	400	300	250	200	150

注:一般互通式立体交叉可将上表分流点处的设计速度降低 5km/h,取用对应的规定值。

2. 匝道纵断面线形指标

1) 匝道最大纵坡

因受上下线标高的限制,同时为克服高差、节省用地和减少拆迁,并考虑匝道上车速较低,匝道纵坡一般比正线纵坡大。公路立体交叉匝道最大纵坡见表8.9。

公路立体交叉匝道最大纵坡　　　　　　　　　　　　　　　表8.9

匝道设计速度(km/h)		80	70	60	50	40	35	30
最大纵坡(%)	出口匝道 上坡	3		4		5		
	出口匝道 下坡	3		3		4		
	入口匝道 上坡	3		3		4		
	入口匝道 下坡	3		4		5		

匝道最大纵坡,因地形困难或用地紧张时可增大1%;出口匝道的上坡、入口匝道的下坡路段,在非冰冻积雪地区特殊困难情况下可增加2%。

城市道路立体交叉匝道的最大纵坡不应大于表8.10的规定。若机动车与非机动车在同一匝道上混行,考虑非机动车的行车要求,最大纵坡应按非机动车车行道的规定,一般不宜大于3%。

城市道路立体交叉匝道最大纵坡　　　　　　　　　　　　　表8.10

匝道设计速度(km/h)		80	≤60
最大纵坡(%)	冰冻地区	4	4
	非冰冻地区	4	5

2) 匝道竖曲线最小半径及最小长度

匝道各设计速度对应的竖曲线最小半径及长度见表8.11。

匝道竖曲线的最小半径及最小长度　　　　　　　　　　　　表8.11

匝道设计速度(km/h)			80	70	60	50	40	35	30
竖曲线最小半径(m)	凸形	一般值	4500	3500	2000	1600	900	700	500
		极限值	3000	2000	1400	800	450	350	250
	凹形	一般值	3000	2000	1500	1300	900	700	400
		极限值	2000	1500	1000	700	450	350	300
竖曲线最小长度(m)		一般值	100	90	70	60	40	35	30
		极限值	75	60	50	40	35	30	25

设计时应尽量采用大于或等于一般值的竖曲线半径,特殊困难时可适当减小,但不得低于表8.11所列极限值。

3. 匝道横断面及加宽

1) 匝道横断面

匝道横断面由行车道、路缘带、硬路肩和土路肩(城市道路不设)组成,对向分隔的双车道匝道还应包括中央分隔带。不同类型的匝道横断面如图 8.24 所示。

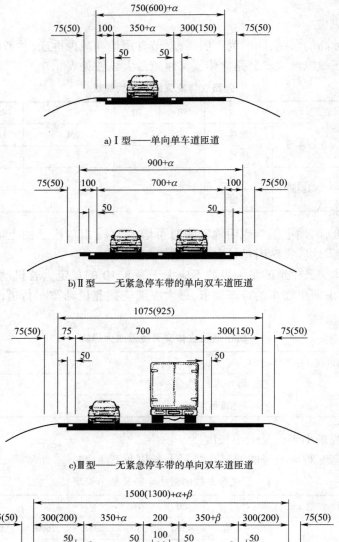

图 8.24 匝道横断面类型(单位尺寸:cm)

注:α、β 为曲线上的加宽值。

当匝道按高速公路延续路段设计时,应采用高速公路分离式断面。

2)横断面类型的选用

(1)单向匝道横断面类型和变速车道的选择应符合下列规定:

匝道横断面类型和变速车道的车道数宜根据匝道设计速度、设计小时交通量和匝道长度,根据表 8.12 选取。

单向匝道横断面类型和变速车道数选择条件　　　　　表 8.12

匝道设计速度（km/h）	80	70	60	50	40	35	30	匝道长度（m）	匝道横断面类型	变速车道的车道数
匝道设计小时交通量 DDHV（pcu/h）	DDHV<400	DDHV<400	DDHV<400	DDHV<400	DDHV<400	DDHV<400	DDHV<400	≤500	Ⅰ	单车道
								>500	Ⅱ	单车道
	400≤DDHV<1500	400≤DDHV<1400	400≤DDHV<1300	400≤DDHV<1200	400≤DDHV<1100	400≤DDHV<900	400≤DDHV<800	≤350	Ⅰ	单车道
								>350	Ⅱ	单车道
	1500≤DDHV<1800	1400≤DDHV<1700	1300≤DDHV<1600	1200≤DDHV<1500	1100≤DDHV<1400	900≤DDHV<1350	800≤DDHV<1300	不限	Ⅱ	双车道
	1800≤DDHV<2900	1700≤DDHV<2600	1600≤DDHV<2300	1500≤DDHV<2000	1400≤DDHV<1700	1350≤DDHV<1500	—	不限	Ⅲ	双车道

注：1. 匝道长度指分、合流鼻端之间的长度。
　　2. 当匝道设计小时交通量大于单车道设计通行能力，但匝道采用双车道时，变速车道宜取单车道。
　　3. 当匝道设计小时交通量大于或等于单车道设计通行能力时，变速车道应取双车道。
　　4. 当减速车道上游或加速车道下游主线设计小时交通量接近主线设计通行能力时，应对分、合流区通行能力进行验算，当不能满足设计通行能力要求时，宜增加变速车道长度或车道数；必要时，可调整横断面类型。

（2）对向匝道横断面类型的选用应符合下列规定：

对向匝道各单向车道数及横断面类型宜符合表 8.12 的有关规定。

当对向双车道匝道连接多车道公路时，宜采用Ⅳ型。

当对向双车道匝道连接双车道公路时，可采用Ⅱ型。

匝道各组成部分的宽度：公路立体交叉车道宽度采用 3.50m，城市道路立体交叉当匝道设计速度≥40km/h 时，采用 3.75m 或 4.00m；当设计速度<40km/h 时，采用 3.50m；城市道路机动车与非机动车混行的匝道，非机动车车道宽应视交通量而定。路缘带宽度为 0.50m。左侧硬路肩（含路缘带）宽度为 1.00m。右侧硬路肩（含路缘带）宽度，设供紧急停车用硬路肩时为 3.00m，条件受限制时可采用 1.50m，但对向分隔式双车道宜采用 2.00m；不设供紧急停车用硬路肩时为 1.00m。土路肩的宽度为 0.75m；条件受限制时，不设侧护栏者可采用 0.50m。中央分隔带的宽度应不小于 1.00m。

匝道的车道、硬路肩宽度与正线不同时，应设置渐变率为 1/20～1/40 的过渡段。

3）匝道的加宽及其过渡

匝道圆曲线路段路面加宽的通行条件应符合表 8.13 的规定。

匝道路面通行条件　　　　　表 8.13

匝道横断面类型	通 行 条 件	
	一般通行条件	特殊通行条件
单向单车道（Ⅰ型）	当路肩停有载重汽车时，铰接列车能慢速通过	当路肩停有小型客车时，铰接列车能慢速通过
对向分隔式双车道（Ⅳ型）		
无紧急停车带的单向双车道（Ⅱ型）	两辆铰接列车能慢速并行或错车通过	铰接列车与载重汽车能慢速并行或错车通过
有紧急停车带的单向双车道（Ⅲ型）		

匝道圆曲线的加宽值,应根据匝道类型、路面标准宽度、通行条件所需宽度和圆曲线半径等确定。当采用表8.13中一般通行条件时,匝道圆曲线路段的路面加宽值可由表8.14查取。

匝道圆曲线的加宽值 表8.14

匝道圆曲线半径 R(m)				路面加宽值(m)
单向单车道(Ⅰ型)	无紧急停车带的单向双车道(Ⅱ型)	对向分隔带双车道(Ⅳ型)		
		曲线内侧车道	曲线外侧车道	
—	—	25≤R<26	—	3.50
—	25≤R<26	26≤R<27	—	3.25
—	26≤R<27	27≤R<28	—	3.00
—	27≤R<28	28≤R<30	—	2.75
—	28≤R<30	30≤R<32	25≤R<26	2.50
25≤R<27	30≤R<31	32≤R<35	26≤R<29	2.25
27≤R<29	31≤R<33	35≤R<38	29≤R<32	2.00
29≤R<32	33≤R<35	38≤R<42	32≤R<36	1.75
32≤R<35	35≤R<37	42≤R<46	36≤R<40	1.50
35≤R<38	37≤R<39	46≤R<53	40≤R<46	1.25
38≤R<43	39≤R<42	53≤R<60	46≤R<55	1.00
43≤R<50	42≤R<46	60≤R<73	55≤R<67	0.75
50≤R<58	46≤R<50	73≤R<92	67≤R<85	0.50
58≤R<70	50≤R<55	92≤R<123	85≤R<117	0.25
R≥70	R≥55	R≥123	R≥117	0

注:1. Ⅳ型匝道的圆曲线半径为中央分隔带中心线半径,其余为车道中心线半径;
  2. 当Ⅰ型匝道与Ⅳ型匝道在相同半径圆曲线路段衔接时,应采用Ⅳ型匝道的单侧加宽值;
  3. 当通行条件或匝道路面标准宽度有变化时,加宽值应重新计算确定;
  4. 当Ⅲ型匝道硬路肩宽度为3.00m且圆曲线半径大于32m时,可不加宽。

4. 匝道的超高及其过渡

1) 超高值

当匝道圆曲线半径小于表8.15中规定半径时,圆曲线路段应设置超高,不同路段横坡度的路段之间应设置超高过渡段。

不设超高的匝道圆曲线最小半径 表8.15

匝道设计速度(km/h)		80	70	60	50	40	35	30
不设超高的圆曲线最小半径(m)	反向横坡≤2%	2500	2000	1500	1000	600	500	350
	2%<反向横坡≤2.5%	3350	2600	1900	1300	800	600	450

匝道圆曲线路段的超高值可根据匝道设计速度、最大超高和圆曲线半径,由表8.16选取。

匝道圆曲线路段超高值　　　　　　　　　表 8.16

匝道设计速度（km/h）	80		70		60		50		40		35		30		超高(%)
最大超高(%)	8	6	8	6	8	6	8	6	8	6	8	6	8	6	
圆曲线半径 R（m）	230≤R<290	—	175≤R<240	—	120≤R<160	—	80≤R<100	—	50≤R<60	—	35≤R<40	—	25≤R<30	—	8
	290≤R<390	—	240≤R<320	—	160≤R<220	—	100≤R<140	—	60≤R<90	—	40≤R<60	—	30≤R<40	—	7
	390≤R<510	230≤R<290	320≤R<420	175≤R<230	220≤R<300	120≤R<160	140≤R<200	80≤R<100	90≤R<130	50≤R<70	60≤R<90	35≤R<50	40≤R<60	25≤R<30	6
	510≤R<660	290≤R<430	420≤R<560	230≤R<360	300≤R<400	160≤R<250	200≤R<270	100≤R<160	130≤R<180	70≤R<100	90≤R<130	50≤R<70	60≤R<90	30≤R<50	5
	660≤R<900	430≤R<660	560≤R<770	360≤R<560	400≤R<560	250≤R<400	270≤R<380	160≤R<260	180≤R<260	100≤R<170	130≤R<190	70≤R<120	90≤R<130	50≤R<80	4
	900≤R<1330	660≤R<1050	770≤R<1130	560≤R<910	560≤R<830	400≤R<670	380≤R<570	260≤R<460	260≤R<400	170≤R<320	190≤R<290	120≤R<230	130≤R<210	80≤R<160	3
	1330≤R<2500	1050≤R<2500	1130≤R<2000	910≤R<2000	830≤R<1500	670≤R<1500	570≤R<1000	460≤R<1000	400≤R<600	320≤R<600	290≤R<500	230≤R<500	210≤R<350	160≤R<350	2

2）超高过渡段

匝道上直线与超高圆曲线之间，或两超高不同的圆曲线之间，应设置超高过渡段。超高过渡段长度应根据匝道的设计速度、横断面类型、旋转轴的位置以及超高渐变率等因素确定。超高过渡段长度计算公式与正线相同。匝道超高渐变率规定见表 8.17。

匝道超高渐变率　　　　　　　　　表 8.17

匝道设计速度(km/h)	匝道超高渐变率			
	单向单车道		单向双车道及非分隔式对向双车道	
	左侧路缘带外边线	行车道中心线	左侧路缘带外边线	行车道中心线
80	1/200	1/250	1/150	1/200
70	1/175	1/235	1/135	1/185
60	1/150	1/225	1/125	1/175
50	1/125	1/200	1/100	1/150
≤40	1/100	1/150	1/100	1/150

当匝道超高过渡段位于凹形竖曲线底部或纵坡小于0.5%的路段时,在横坡接近水平状态附近的排水困难路段,其超高渐变率应不小于表8.18的规定。

排水困难路段匝道最小超高渐变率　　　　　　表8.18

断面类型		匝道最小超高渐变率	
		单向单车道对向分隔式双车道	单向双车道对向非分隔式双车道
旋转轴位置	行车道中心线	1/800	1/500
	左路缘带外边线	1/500	1/300

匝道超高过渡应平顺和缓,不产生扭曲突变。超高过渡方式可根据实际条件,采用以行车道中线或以左路缘带外边线旋转,沿超高过渡段逐渐变化,直至达到圆曲线内的全超高。

3)超高设置方式

超高过渡段设置方法视匝道平面线形而定。设置回旋线时,超高过渡在回旋线全长或部分范围内进行;无回旋线时,可将所需过渡段长度的1/3~1/2插入圆曲线,其余设在直线上;两圆曲线径相连接时,可将过渡段的各半分别置于两圆曲线内。

5.匝道的视距

互通式立体交叉区域应具有良好的通视条件,保证必要的识别视距和停车视距。

(1)识别视距:为使驾驶员及时发现互通式立体交叉的出口,按规定行迹驶离主线,防止误行,避免撞击分流鼻,保证行驶安全,互通式立体交叉的引道上应保证对出口位置的判断视距,这一视距应为识别视距。

主线分流鼻之前应保证判断出口所需的识别视距,应大于表8.19的规定。条件受限制时,识别视距应大于1.25倍的主线停车视距。

识别视距　　　　　　表8.19

主线设计速度(km/h)	120	100	80	60
识别视距(m)	350~460	290~380	230~300	170~240

当驾驶员需接收的信息较多,判断出口的存在或至出口的距离时,宜采用表中较大(接近高限)值。

(2)停车视距:单向单车道匝道主要满足停车视距;单向双车道匝道一般快、慢车分道行驶,可不考虑超车视距;对向双车道匝道一般应设中间隔离设施,也不存在会车和超车问题。所以,匝道全长范围内应满足停车视距要求。停车视距应不小于表8.20所列数值,积雪冰冻地区应不小于括号内的数值。

匝道停车视距　　　　　　表8.20

匝道设计速度(km/h)	80	70	60	50	40	35	30
停车视距(m)	110(135)	95(120)	75(100)	65(70)	40(45)	35	30

四、匝道的线形设计要点

1.匝道平面线形设计

1)一般要求

(1)匝道平面线形应与车辆行驶速度由高到低再到高逐渐变化的过程相适应。

(2)匝道平面线形应与交通量相适应,转弯交通量大的匝道应采用较高的平面线形指标,行车路径应尽量短捷。

(3)分、合流处的匝道应具有良好的平面线形和通视条件,分流处应比合流处具有更高的平面线形指标。

(4)直接式匝道纵断面起伏时,凸形竖曲线前后的平面线形应一致,或具有良好的线形诱导,严禁在小半径凸形竖曲线后接反向平曲线。

(5)应尽量避免不必要的反弯。

2)匝道平面线形

匝道平面线形要素仍是直线、圆曲线及缓和曲线,但因匝道通常较短,难以争取到较长直线,故多以曲线为主。

匝道圆曲线半径的大小,在考虑立体交叉的形式、匝道的布设、用地规模、拆迁数量和工程造价等条件下,应与匝道设计速度、超高值以及行车安全和舒适性相适应。一般应采用较大的圆曲线半径和较小的超高值,选用大于一般值的半径,当受地形条件或其他特殊情况限制时,方可采用极限值。若采用较小半径的单曲线或环形左转匝道,除圆曲线半径满足极限值规定外,还应有足够的匝道长度,以保证曲率的缓和过渡和上、下线的展线长度要求。匝道圆曲线最小值可近似按下式计算:

$$R_{\min} \geqslant \frac{57.3H}{\alpha \cdot i} \tag{8.2}$$

式中:H——上、下线要求的最小高差,m;

α——匝道的转角,°;

i——匝道的设计纵坡,%。

对以曲线为主的匝道,在平面线形设计中应以回旋线作为主要的线形要素加以灵活应用。直线与圆曲线、圆曲线与圆曲线(同向曲线或反向曲线)之间均应以适当的回旋线平顺连接。回旋线的参数和长度,以及相邻回旋线参数的比值应满足设计规范要求。一般应尽量采用较大的回旋线参数或较长的回旋线长度,只有在条件受限时方可采用最小值。

3)匝道平面线形的布设

根据车辆在匝道上的行驶特性及匝道平面线形的构成不同,不同形式的匝道,其平面线形的布设会有所差异。

右转匝道和直接式左转匝道,一般宜采用单曲线或多心复曲线、同向曲线、卵形曲线。

半直接式左转匝道,其平面线形可由反向曲线与单曲线或卵形曲线等组合而成。

环形左转匝道,其简单的平面线形是采用单曲线,它设计简便,但与匝道上车速的变化不适应。最好采用曲率半径由大到小再到大的水滴形或卵形曲线,以满足车速变化要求,但设计计算比较复杂。另外,考虑减少占地和造价,环形匝道常采用较小的圆曲线半径。

2. 匝道纵断面线形设计

1)一般要求

(1)匝道同正线连接处,纵断面线形应连续,避免线形的突变,尽量同正线保持基本一致。

(2)匝道纵坡应平缓,并避免不必要的反坡。

(3)出口匝道宜为上坡匝道,以使车辆自然减速。

(4)上坡加速或下坡减速的匝道,应尽量采用较缓的纵坡,避免采用最大纵坡,以保证行车畅通和安全。

（5）匝道中设收费站时，邻接收费广场的路段，其纵坡应平缓，不得以较大的下坡紧接收费广场。

（6）匝道及端部纵坡变化处应采用较大半径的竖曲线。分、合流点及其附近凸形竖曲线的半径还应满足识别视距要求，以能看清前方的路况。

2）匝道纵断面线形

匝道纵断面线形多受其两端相连接正线的标高、纵坡大小及坡向限制，当匝道跨越匝道或正线时，还要受跨线处标高的控制。不同形式的匝道，纵断面的布设会有所差异。

右转匝道纵断面线形常由一个以上竖曲线组合而成，但纵坡较小，起伏不大，竖曲线半径较大。左转匝道一般由反向或同向竖曲线组成，反向竖曲线的上端多为凸形，下端多为凹形，中间宜插入直坡段，也可直接连接；同向竖曲线宜加大半径，连成一个竖曲线或复合竖曲线。

匝道纵坡设计应尽量平缓，最好一次起伏，避免多次变坡。出口处竖曲线半径应尽可能大一些，以便驾驶员误行或其他原因要倒车时不致造成危险或引起阻塞。入口附近的纵断面线形必须有同正线一致的平行区段，以确保驾驶员能看清正线，安全驶入。

3. 匝道平、纵线形组合设计

匝道平、纵线形组合设计的基本要求是使匝道立体线形平顺无扭曲、视野开阔、行车安全舒适、视觉美观，并与正线衔接处及周围环境协调配合。平、纵线形组合设计的原则和要点与正线基本相同，但应注意出、入口处平、纵组合的处理。

在出口处，若越过凸形竖曲线以下坡驶入匝道，坡顶之后的平曲线不应突然出现在驾驶员眼前，应将凸形竖曲线加长以增大视距，使驾驶员能及早发现平曲线的起点和方向，并有足够的安全运行时间。在入口处，若由匝道上坡驶入正线时，应使连接正线的匝道（一般长度至少60m）纵断面与邻近正线基本一致，以保证通视三角区要求。

知识点 4　匝道端部设计

端部是指匝道两端分别与正线连接的道口，包括出入口、变速车道及辅助车道等。两端道口和中间部分匝道共同组成一条完整的匝道。从主要道路出入的道口应是自由流畅式，而次要道路上的道口有时则是有或无信号控制的平面交叉。端部设计的一般原则是：出入顺适、安全、线形与正线协调一致；出入口应视认方便；正线与匝道通视良好。

一、出口与入口设计

互通式立体交叉主线的出入口一般应设置在主线行车道的右侧。出口位置应明显，易于识别，宜将出口设置在跨线构造物之前；设置在其后时，出口至跨线构造物的距离不应小于150m。为便于车辆减速，出口最好位于上坡路段。入口宜设在主线的下坡路段，以利于重型车辆加速，并在匝道汇入主线之前保持主线100m和匝道60m的通视三角区，如图8.25所示。

主线与匝道分流鼻处，为给误行车辆提供返回的余地，行车道边缘应设置偏置加宽，用圆弧连接主线和匝道的路面边缘，并用路面标线引导行驶方向，如图8.26所示。偏置加宽值和分流鼻端圆弧半径见表8.21。分流鼻处的加宽路面收敛到正常路面的过渡长度 Z_1 和 Z_2，应不小于依据表8.22所列渐变率计算的值。

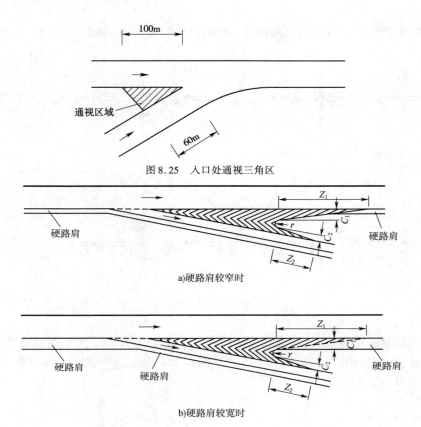

图 8.25 入口处通视三角区

a)硬路肩较窄时

b)硬路肩较宽时

c)主线分岔时

图 8.26 分流鼻处的铺面偏置加宽

分流鼻偏置值与鼻端半径(单位:m)　　　　　　　　　　表 8.21

分流方式	主线偏置值 C_1	匝道偏置值 C_2	端部半径 r
驶离主线	2.5~3.5	0.6~1.0	0.6~1.0
主线分岔	≥1.8		0.6~1.0

分流鼻端偏置加宽渐变率　　　　　　　　　　表 8.22

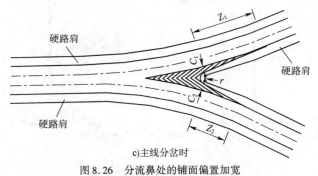

设计速度(km/h)	120	100	80	60	≤40
渐变率(l/m)	1/12	1/11	1/10	1/8	1/7

高速公路宜采用相对一致的出口形式。有条件的时候分流端宜统一设置在交叉口之前,并

宜采用单一的出口形式。图 8.27a)所示为一致的出口形式,图 8.27b)所示为不一致的出口形式。

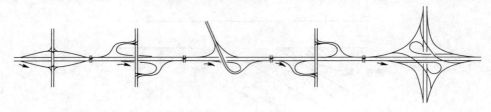

a)一致的出口形式

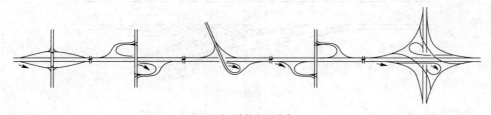

b)不一致的出口形式

图 8.27　出口形式的一致性示意图

当分流交通量主次分明时,次交通流应采用一致的分流方向。次交通流宜统一于主交通流的右侧分流,不宜采用左、右交替分流方式。图 8.28a)所示为一致的分流方向,图 8.28b)所示为不一致的分流方向。

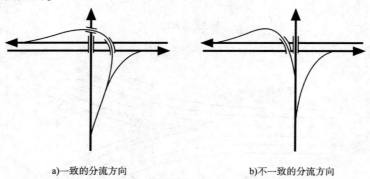

a)一致的分流方向　　　　　　　b)不一致的分流方向

图 8.28　分流方向的一致性示意图

二、变速车道设计

变速车道包括减速车道和加速车道。车辆由正线驶入匝道时减速所需的附加车道称为减速车道;车辆从匝道驶入正线时加速所需的附加车道称为加速车道。

1. 变速车道的形式

变速车道分为直接式与平行式两种,如图 8.29 所示。

1)直接式变速车道

直接式变速车道是由正线斜向以一定角度渐变加宽,形成一条与匝道连接的附加车道。其特点是线形平顺并与行车轨迹吻合,对行车有利,但变速车道起点不易识别。

2)平行式变速车道

平行式变速车道是在正线外侧平行增设的一条附加车道。其特点是车道划分明确,行车容易辨认,但车辆行驶轨迹呈反向曲线,对行车不利。平行式变速车道端部应设渐变段与正线连接。

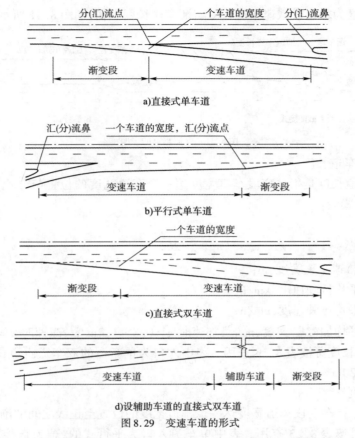

图 8.29　变速车道的形式

变速车道为单车道时,减速车道宜采用直接式,加速车道宜采用平行式;变速车道为双车道时,加、减速车道均应采用直接式。减速车道接小半径环形匝道时宜采用平行式。

《城规》规定,立体交叉直行方向的交通量较大时,变速车道可采用平行式;直行方向的交通量较小时,变速车道可采用直接式。

2. 变速车道的横断面

变速车道横断面由左侧路缘带(与正线车道共用)、行车道、右路肩(含右侧路缘带)组成,各组成部分宽度如图 8.30 所示。城市道路可不设右路肩,但应保留路缘带。

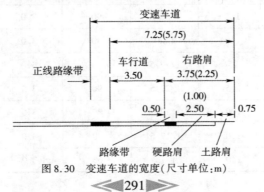

图 8.30　变速车道的宽度(尺寸单位:m)

3. 变速车道的长度

变速车道长度为加速或减速车道长度与渐变段长度之和,如图 8.31 所示。

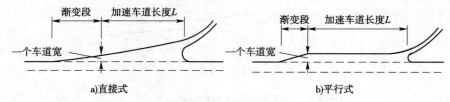

图 8.31 变速车道的平面

1) 加(减)速车道长度

加(减)速车道长度是指渐变段车道宽度达一个车道宽度的位置与分流或合流鼻端之间的距离,其计算公式为:

$$L = \frac{V_1^2 - V_2^2}{26a} \tag{8.3}$$

式中:L——加(减)速车道宽度,m;
V_1——正线平均行驶速度,km/h;
V_2——匝道平均行驶速度,km/h;
a——汽车平均加(减)速度,m/s²,加速时 $a = 0.8 \sim 1.2 \text{m/s}^2$;减速时 $a = 2 \sim 3 \text{m/s}^2$。

加、减速车道长度可按表 8.23 查用。表中入口为单车道的双车道匝道,其加速车道的长度应增加 10m 或 20m。

2) 渐变段长度

渐变段长度是指渐变段车道宽度达一个车道宽度的位置至正线之间的渐变长度。渐变段的长度和渐变率可按表 8.23 查用。表中单车道入口为平行式的,若为直接式可采用括号内数值。

变速车道长度及有关参数　　表 8.23

变速车道类别		主线设计速度 (km/h)	变速车道长度 (m)	渐变率 (l/m)	渐变段长度 (m)	主线硬路肩或其加宽后的宽度 C_1 (m)	分、汇流鼻端半径 r (m)	分流鼻处匝道左侧硬路肩加宽 C_2 (m)
出口	单车道	120	145	1/25	100	3.5	0.60	0.60
		100	125	1/22.5	90	3.0	0.60	0.80
		80	110	1/20	80	3.0	0.60	0.80
		60	95	1/17.5	70	3.0	0.60	0.70
	双车道	120	225	1/22.5	90	3.5	0.70	0.70
		100	190	1/20	80	3.0	0.70	0.70
		80	170	1/17.5	70	3.0	0.70	0.90
		60	140	1/15	60	3.0	0.60	0.60

续上表

变速车道类别		主线设计速度（km/h）	变速车道长度（m）	渐变率（l/m）	渐变段长度（m）	主线硬路肩或其加宽后的宽度 C_1（m）	分、汇流鼻端半径 r（m）	分流鼻处匝道左侧硬路肩加宽 C_2（m）
入口	单车道	120	230	-(1/45)	90(180)	3.5	0.6(0.55)	—
		100	200	-(1/40)	80(160)	3.0	0.6(0.75)	—
		80	180	-(1/40)	70(160)	2.5	0.6(0.75)	—
		60	155	-(1/35)	60(140)	2.5	0.6(0.70)	—
	双车道	120	400	-(1/45)	180	3.5	0.63	
		100	350	-(1/40)	160	3.0	0.63	
		80	310	-(1/37.5)	150	2.5	0.67	
		60	270	-(1/35)	140	2.5	0.50	

下坡路段的减速车道和上坡路段的加速车道，其长度应根据主线平均纵坡，按表 8.24 中的修正系数予以修正。

坡道上变速车道长度的修正系数 表 8.24

主线平均纵坡（%）	$i \leqslant 2$	$2 < i \leqslant 3$	$3 < i \leqslant 4$	$i > 4$
下坡减速车道修正系数	1.00	1.10	1.20	1.30
上坡加速车道修正系数	1.00	1.20	1.30	1.40

变速车道长度的选用除应符合以上规定的最小长度要求外，还应结合正线的运行速度、交通量、大型车辆比例等，对变速车道长度进行验算，必要时增长变速车道的长度。

城市道路变速车道长度按《城规》规定值选用。

三、辅助车道

在高速道路的全长或重要节点之间的较长路段内，必须保持一定基本车道数。同时，在正线与匝道或匝道与匝道的分、合流处必须保持车道数目的平衡，二者之间通过辅助车道协调。

1. 基本车道数

基本车道数是指一条道路或其某一区段内，根据交通量和通行能力要求所必需的一定数量车道数。基本车道数在相当长的路段内不应变动，不应通过互通式立体交叉而改变基本车道数，目的是防止因修建立体交叉而可能形成交通瓶颈，造成立体交叉的交通功能难以发挥。

2. 车道平衡原则

立体交叉处正线的车流量必然会因分、合流的存在而发生变化，分流减少、合流增大。为适应车流量的变化，保证车流畅通和工程经济，在分、合流处的车道数应保持平衡。车道平衡的原则为：

(1) 两条车流合流后正线上的车道数应不少于合流前交会道路上所有车道数总和减 1；

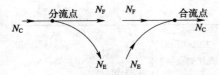

图8.32 分、合流处车道数的平衡

(2)正线上的车道数应不少于分流后分岔道路的所有车道数总和减1;

(3)正线上一个方向的车道数每次减少不应多于1条。

如图8.32所示,根据车道平衡原则,分、合流处车道数应按车道数平衡公式进行计算,以检验车道数是否平衡:

$$N_C \geqslant N_F + N_E - 1 \tag{8.4}$$

式中:N_C——分流前或合流后的正线车道数;

N_F——分流后或合流前的正线车道数;

N_E——匝道车道数。

3. 辅助车道设置

在分、合流处,既要保持车道数平衡,又要保持基本车道数连续。二者发生矛盾时,可通过在分流点前或合流点后的正线上增设辅助车道的办法来解决,如图8.33所示。

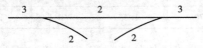

a)车道数平衡,但基本车道数不连续

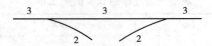

b)基本车道数连续,但车道数不平衡

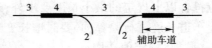

c)车道数平衡且基本车道数连续

图8.33 辅助车道

在基本车道数连续的条件下,一般单车道匝道能满足车道数平衡的要求;而设置双车道匝道时车道数不平衡,应增设辅助车道。

按正线的设计速度规定,辅助车道的长度见表8.25。

辅助车道的长度　　　　　　　　表8.25

主线设计速度(km/h)			120	100	80
辅助车道长度(m)	入口		400	350	300
	出口	一般值	580	510	440
		最小值	300	250	200
渐变段长度(m)	入口		180	160	140
	出口		90	80	70

当互通式立体交叉入口与下一个互通式立体交叉出口均设有或其中之一设有辅助车道时,若入口终点至出口起点的距离小于1000m,则应增长辅助车道而将两者贯通。当交通量

大、交织运行比例较高,且增加车道的成本不高时,即使此间距达 2000m,也宜采用贯通的辅助车道。

辅助车道的宽度与正线车道相同,且与正线车道间不设路缘带。辅助车道右侧的硬路肩,其宽度一般与正线路段的硬路肩相同;受用地或其他条件限制时可变窄,但不得小于 1.50m。

习　题

8.1　立体交叉的设置条件是什么?

8.2　进行立体交叉选型时,应考虑哪些因素的影响?

8.3　分离式立体交叉的适用条件是什么?

8.4　互通式立体交叉基本类型有哪些?

8.5　何为匝道?其类型与设计要点是什么?

8.6　何为变速车道?变速车道有哪些类型?

8.7　试绘制两快速道路宽 60m 的全苜蓿叶形互通式立体交叉的基本图式(尺寸自选)。

8.8　试绘制单喇叭形互通式立体交叉的示意图及交通流线。

8.9　简述辅助车道的作用及设计原则,并说明确定辅助车道的长度方法与步骤。

单元 9 道路排水设计及道路公用设施设计

本单元摘要: 本单元主要介绍道路排水系统的类型、组成及其排水设计;道路照明的标准及照明设计要点、人行天桥和人行地道的设计要点;道路公共交通停靠站、停车场及高速道路服务区等道路公用设施的布设等内容。

知识点 1 道路排水系统组成与布设

水不仅影响公路行车安全,而且会缩短道路使用寿命。路面上的水会造成路面湿滑,车辆行驶打滑、制动距离增大;路基、路面中渗入的水会造成路基、路面结构的损坏,降低公路使用年限。道路结构中水的来源主要包括地下水、地表水侵入和大气降水三个方面。

道路主要包括城市道路与公路两部分。城市道路受到周围建筑物等的高程限制,使得城市道路排水不能像公路排水那样方便可行,一般按所在地区的排水系统规划要求,通过路表的排水设施收集路面雨水并借助在道路下埋设雨水管道使收集的雨水系统排放。公路位于城市范围之外,同时考虑到经济因素,其排水的要求可以适当地降低,其排水方式分两种情况:一是当路基横断面为路堑时,路域范围内的水汇集于边沟排放;二是路基横断面是路堤时,主要以横向漫流的形式向路堤分散排水,或设置拦水带与急流槽进行集中排放。

虽然城市道路排水和公路排水系统在排水设施、周围环境条件等方面存在差异,但从总体设计角度考虑,两种道路排水系统的总体设计目标、思路与方法基本相同,主要包括路基排水、路面结构排水及道路表面排水三部分。

一、路基内部排水系统

道路路基内部排水系统设计主要包括分隔带排水设计和盲沟布设方案的确定两部分内容。

1. 分隔带排水设计

水是影响路基路面的强度与稳定性的重要因素。按照《城市道路路基设计规范》(GJJ 194—2013)要求,为保证路基的强度和稳定性不受地下水及地表水的影响,要求路基保持干燥或中湿状态。保证路基范围内的土基湿度降低到一定的合理范围内是路基排水的最重要的任务。路基排水系统可以使路基常年处于干燥或中湿状态,进而保证路基及其上的结构层的强度和稳定性。

通常情况下降落在中央分隔带内的雨水有以下5种变迁方式：入渗、地表径流、植物截留、洼地填蓄和蒸发，如图9.1所示。

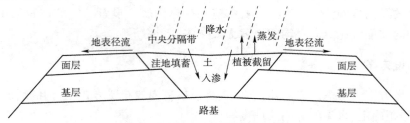

图9.1 中央分隔带降水变迁示意图

《公路排水设计规范》(JTG/T D33—2012)根据分隔带宽度、绿化要求等对中央分隔带排水作出以下规定：第一种是对于宽度小于3m并且表面采用铺面封闭的中央分隔带排水，如图9.2所示。这种情况下，降落在分隔带上的表面水通过排向两侧行车道予以排除，其坡度与路面的横坡度相同。

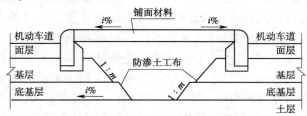

图9.2 设铺面中央分隔带防排水系统示意图

第二种是对于宽度大于3m、表面凸起且无铺面封闭中央分隔带(图9.3)。降落在分隔带上的表面水主要分两部分：一部分形成表面径流向两侧流向车行道，并由路表面排水设施排走；另一部分表面水则主要是向下渗入分隔带土体内。可通过在分隔带内设置地下排水设施(盲沟和管)汇集渗入水，并通过隔一定间距设置的横向排水管将盲沟内的水排引出路界。

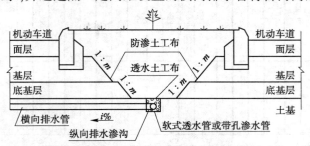

图9.3 无铺面中央分隔带防排水系统示意图

第三种是对于表面无铺面且未采用表面排水措施的中央分隔带，降落在分隔带上的表面水下渗，由分隔带内的地下排水设施排除。如图9.3所示，在路基内部排水系统中，考虑到由中央分隔带下渗的雨水可能侧向渗入路基，所以在中央分隔带和行车道路基之间应设置防渗土工布，阻止下渗雨水进入行车道路基。下渗雨水只能向下方运动，渗入埋设在分隔带的纵向盲沟中。

纵向盲沟一般在分隔带和位于道路两侧的绿化带下沿道路行车方向埋设。为了使纵向盲沟的水排出路域范围，每隔一定距离应设置与纵向排水管相接的横向排水管。当地下水位较高时，为满足将基范围内的地下水及时、有效地排出，应将横向排水管改为盲沟(盲沟)，以增加排水能力。这就要求路基排水系统尤其是横向盲沟具有更高的安全性。因为横向排水管改为横向盲沟后,如果横向盲沟排水不畅,会导致绿化带下渗水滞留在横向盲沟内,进而将直接危及横向盲沟上面路基的稳定性,并引发相应的路基灾害。无论是位于中央绿化带及道路两边的绿化带下的纵向盲沟,还是横向盲沟,都应该在盲沟底部设置一定的适宜的坡度,理论上要求横向盲沟的坡度应比纵向盲沟的坡度更大一些。

2. 盲沟布设方案

盲沟的布设方案中考虑的方面比较多,主要包括盲沟的布置方式、盲沟的断面形状及尺寸设计、盲沟的间距确定、盲沟的标高及坡度等。

1) 盲沟的布置形式

盲沟在道路施工时可以及时排水、施工结束后可以控制地下水位和绿化带排水等。工程上要求盲沟既要满足以上功能,又要力求简单、方便施工。路基排水的方向是影响盲沟布置方案的主要因素。如果在城市道路车行道设置井盖,不仅会影响行车舒适性,而且影响路面的形象,不利于美观。所以城市道路一般将雨水排水管道放置在道路两侧的绿化带或路肩处,而不是埋设在行车道下。这样做既保持了行车的舒适性,也满足了方便养护和维修的需要。通过设置雨水口,把路面雨水侧向收集起来,并排至位于两侧绿化带土路肩处的雨水管道内。因此,这就决定了盲沟的排水方向是由路中央至两侧路肩处。为了有效地收集中央绿化分隔带和两侧土路肩绿化带的下渗水,可以在中央绿化带中心线和快车道边缘处沿道路纵向布置三条平行的纵向盲沟。沿道路纵向每隔一定的距离设置一条横向盲沟,其作用是将中央绿化带纵向盲沟的水引至两侧盲沟,并通过设置连接管(PVC 管)与雨水管道连通。横向盲沟不仅具有输水功能,而且还具有收集路基地下水的集水功能。盲沟布设平面图如图 9.4 所示。

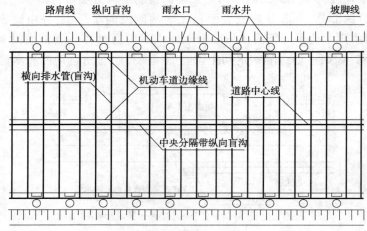

图 9.4　盲沟布设平面图

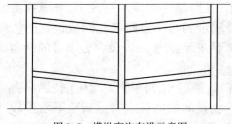

图 9.5　横纵盲沟布设示意图

考虑到水力路径最短和施工放样的方便可行性,通常将横向盲沟与纵向盲沟垂直相交布置。但是当道路的纵坡较大时,为了有利于改善水力条件,可以将纵坡路段的横向盲沟与纵向盲沟成一定的斜交角度布置,如图 9.5 所示。

2) 盲沟的间距

由于纵向盲沟的数量较少(一般为 3 条),所以纵向盲沟的间距主要取决于道路横断面的布置形式。而对于横向盲沟间距,则需要通过实际的水力计算确定,必要时须通过试验进行验证。由于横向盲沟的水流与两侧纵向盲沟的水流汇合后排入雨水井,因此雨水井间距是控制横向盲沟的间距的主要因素。横向盲沟间距的选择一定要满足其排水能力的要求。具体地说,就是每个横向盲沟的排水能力要大于设计工况下其上游的中央绿化带下渗雨水量和其侧向的地下水渗入量。由于前者的流量远大于后者,一般按绿化带下渗雨水量作为计算流量,将考虑盲沟侧向地下水渗入量后的总流量作为校核流量。

对于盲沟的水力坡度,一般来说是由道路本身的坡度而定。横向盲沟通常取道路的横坡,纵向盲沟的坡度一般大于3‰,在极不利情况下也可设为平坡。

3)盲沟的标高、坡度

盲沟可以隔断路基内地下水和路基内部毛细水上升,从而保证路基和路面结构保持适当的干湿程度,因此盲沟一般位于道路垫层之下的路基填土内部。一般情况下是先确定位于路床下的横向盲沟的高程和位于中央分隔带和两侧绿化带内的纵向盲沟的高程,一般按与横向盲沟沟底平接或沟顶平接的方式确定。横向盲沟的坡度和路面横坡度相同,纵向盲沟的坡度一般采用道路纵坡。

4)盲沟的断面形式

按构造和组成材料的不同,盲沟大致可以分为三种形式。其中,图9.6a)所示为填石盲沟;图9.6b)所示为结构下部设置排水管的形式;图9.6c)所示为下部设石砌排水空洞。以上三种形式的盲沟均由排水层(石缝或管、洞)、反滤层和封闭层所组成。

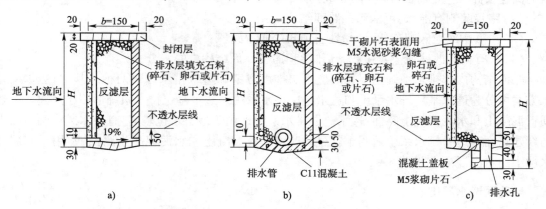

图9.6 盲沟构造图(尺寸单位:cm)

决定盲沟埋置深度的因素很多,主要有含水层介质的渗透系数、地下水位的高程以及地下水位需下降的深度等。对于需要较长地下引水的地段,应尽量考虑设置管式盲沟。如果盲沟长度过长,为了迅速排除纵向盲沟内的水流,而不至于使水流在盲沟中流动时间过长,应考虑加设横向排水管,使水流尽快分段排除。考虑到水管的构造和寿命、盲沟设计流速、沟底不至于产生淤积等问题,沟底纵坡设计应保证流速不大于1.0m/s,且最小纵坡不小于0.5%为宜。对于地下水位较大的情况,此种地段应考虑应用洞式盲沟,当缺乏水管时可采用石砌洞口的形式。盲沟设计水流量决定洞口大小尺寸,同时盲沟设计水流速决定盲沟沟底纵坡。盲沟的断面一般采用矩形和梯形,横向盲沟一般为矩形断面,底宽30cm,高为40cm;纵向盲沟一般采用倒梯形断面,尺寸为上底宽80cm,下底宽40cm,高为50cm。

在对盲沟进行设计时,设置反滤层的作用主要是防止含水层中土粒堵塞排水层。排水管可采用带槽孔的塑料管或水泥混凝土管。管径按设计流量确定,但最小内径宜为15cm(盲沟长度不大于150m时)或20cm(盲沟长度大于150m时)。

二、路面结构内部排水

虽然由于道路纵坡和横坡的作用,降落在路面上的雨水,很大部分可以通过流向路肩和路基以外予以排除,但是总有相当一部分雨水会通过各种形式渗入路面结构内。其中,包括沿路面接缝和裂缝的缝隙、路面混合料的孔隙、路面和路肩的接缝以及无铺面的路肩等形式由上到下渗入路面结构内。在地下水位较高时,地下水通过毛细作用由下到上渗流进入路面结构下部。另外,对于季节性冰冻地区,由于冻融作用的存在,积聚在路床上部而没有及时排除的自由水也会进入路面结构下部。如果路面结构内部没有排水设施,则无法将这些通过各种形式进入路面结构内部的水分及时排除,由于这些进入路面结构内的自由水在各种因素作用下向外渗流的速度很慢,这就决定了要将这些自由水排除需要的时间较长(一般需要数周或数月)。这就会使路面结构层或者部分路面结构层长期处于浸水状态。大量路面损坏状况调查以及路面使用的经验表明,造成或加速路面损坏的主要原因就是积滞在路面结构内而没有及时排除的自由水。

从工程经济和实际需要等方面综合考虑,并不是所有路面都需要设置路面内部排水系统,《公路排水设计规范》(JTG/T D33—2012)建议在以下条件下考虑设置路面内部排水系统:

(1)降水量600mm以上的湿润多雨地区,路床由渗透系数不大于10^{-4}mm/s的细粒土填筑的高速公路、一级公路或重要的二级公路;

(2)路基两侧有滞水,可能渗入路面结构内;

(3)严重冰冻地区,路基为由粉性土填筑的潮湿路段;

(4)现有路面改建或改善工程,需排除积滞在路面结构内的水分。

路面结构内部排水系统主要采用透水层排水方案和边缘排水方案两种。其中,透水层排水方案可分为透水基层排水系统和透水垫层排水系统。透水基层排水系统适用于新建或改建沥青混凝土和水泥混凝土路面;透水垫层排水系统适用于地下水位较高、有泉水或有临时滞水的新建路面。边缘排水系统适用于新建或改建沥青混凝土和水泥混凝土路面,常用于基层透水性小的水泥混凝土路面。

1. 路面透水层排水

透水层排水系统是在路面结构层内设置一层透水性材料作为基层或垫层。渗入路面结构内的水分,先通过竖向渗流进入排水层,然后由横向渗流进入路侧纵向排水沟的PVC带孔集水管,再由间隔一定距离布设的横向出水管排引至附近的雨水井,通过路基排水系统排出。公路透水层排水系统如图9.7所示。

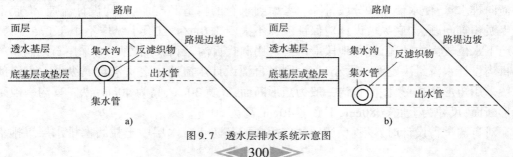

图9.7 透水层排水系统示意图

对于排水层的透水性材料,可选用不含或含少量细料的开级配碎石(或砾石)集料、沥青和水泥处治开级配碎石集料三类混合料,排水垫层的透水性材料选用不含或少含细料的开级配碎石(或砾石)集料。

排水基层的厚度按所需排放的水量和透水性材料的渗透性而定,通常变动为8~15cm(一般为10cm左右),其最小厚度不得少于6cm(沥青处治碎石)或8cm(水泥处治碎石)。

排水垫层按路基全宽设在其顶面。对于排水垫层的材料选择,一方面要满足透水性要求,另一方面还要满足反滤要求。排水垫层选用开级配集料(砂和砂砾石)的厚度一般为20cm。

虽然透水层排水系统具有迅速排除路面表面渗水的作用,但就目前而言,很少应用在高等级公路建设当中。其原因主要是:做排水基层时,虽然具有渗透系数大的特点,但刚度、强度较小;排水层中缺少细颗粒,可能造成基层稳定性较差;如果用于水泥混凝土路面的基层,则会因为刚度小、稳定性差,容易引起水泥混凝土板底脱空;如果用于沥青混凝土路面的基层,则会因为强度、刚度较小,稳定性差,容易引起面层底部拉应力过大,加速沥青路面各种裂缝的发展。

2. 路面边缘排水

路面边缘排水系统是将渗入路面结构的自由水,先沿路面结构层的层间间隙或某一透水层横向流入由透水性材料组成的纵向集水沟,并汇流入沟中的带孔集水管内,再由间隔一定距离布设的横向出水管排引出路基。例如位于市区之外的环线道路,其路面边缘排水系统结构如图9.8所示。

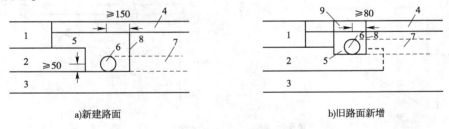

图9.8 边缘排水系统示意图(尺寸单位:mm)
1-面层;2-基层;3-垫层;4-路肩面层;5-集水沟;6-排水管;7-出水管;8-反滤织物;9-回填路肩面层

路面边缘排水系统常用于基层透水性小的路面。目前,我国高等级公路建设中通常采用的半刚性基层,均为透水性小的基层,因此,设置边缘排水系统,可以将面层、基层、路肩界面处滞留的自由水迅速排出路面结构。自由水在路面结构层内沿层间渗流的速度比向下渗流的速度慢很多。也就是说,利用路面边缘排水系统时,由于自由水的渗流时间较长,路面结构处于潮湿状态的时间比利用透水层排水系统时要长。

路面边缘排水系统由透水性填料集水沟、纵向排水管、横向出水管和反滤织物(土工布)组成。集水沟透水性填料也多由水泥处治集料组成,为了兼顾强度与排水的要求,一般采用大空隙水泥处治的开级配粗碎石。纵向排水管通常选用聚氯乙烯(PVC)或聚乙烯(PE)塑料管。横向出水管选用不带槽或孔的聚氯乙烯或聚乙烯塑料管。反滤织物可选用尼龙等制成的无纺织物,要满足透水性要求,但不能让细粒土随水一起透过。

三、道路表面排水

道路的表面排水是指利用道路本身的纵坡和横坡,经设置的各种形式的排水口将降落于路表的雨水引流至地下管网系统或边沟排水沟内,从而将雨水引流至路域范围以外。城市道路通过道路侧石和横坡构成的浅三角形边沟将路表水流汇集,然后经排水口流入雨水井,再引入地下管网系统。通过浅三角形边沟形式排水的流量包括了道路表面的水流和人行道以及经排水管流到人行道上的街区建筑顶面的水流。公路首先利用横坡与路缘石汇集路面积水,然后通过坡面漫流或急流槽等形式将路域范围内的表面汇集水流排至路侧设置的边沟或排水沟,最后雨水经边沟或排水沟引入河道、湖泊等自然水体。

1. 边沟

1) 浅三角形边沟

在道路工程中,受交通条件和道路功能设施的限制,常需要在道路右侧设置侧石和平石结构。浅三角形边沟就是由侧石结构、路肩和道路铺面构成的。由于道路横坡、纵坡的存在,路表水流向道路两侧边缘汇聚,由此就形成了具有一定宽度的浅三角形过水断面形式,如图9.9所示。

在城市道路路表水流量较大的区域或某些特殊区域,为了能够满足排水能力的要求或者能尽量减小过水断面的宽度,可通过在单一横坡的浅三角形边沟内加大路面横坡度,从而形成一定宽度的低洼区的方式来实现。如图9.10所示,此类边沟称为复合横坡的浅三角形边沟。低洼区根据地形及实际需要有两种方式设置,即连续设置或只在排水口的局部区域内设置。

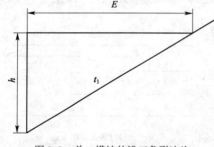
图9.9 单一横坡的浅三角形边沟

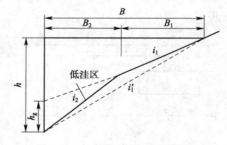
图9.10 复合横坡的浅三角形边沟

2) 锯齿形偏沟

(1) 道路中心线纵坡度小于0.3%时,可在道路两侧车行道边缘 1~3m 宽度范围内设锯齿形偏沟,以保证路面排水。锯齿形偏沟的缘石外露高度,在雨水口处 $h_g = 18 \sim 20 \text{cm}$;在分水点处 $h_w = 10 \sim 12 \text{cm}$。雨水口处与分水点处的缘石高差 $h_g - h_w$ 宜控制在 6~10cm。

(2) 缘石顶面纵坡宜与道路中心线纵坡平行。锯齿形偏沟范围的道路横坡度,随分水点和雨水口的位置而变。条件困难时,可调整缘石顶面纵坡度。

(3) 锯齿形偏沟的分水点和雨水口位置如图9.11所示,并按式(9.1)与式(9.2)进行计算。

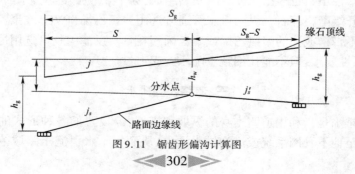
图9.11 锯齿形偏沟计算图

图中：S_g——相邻雨水口的间距，cm；

S、$S_g - S$——分水点至雨水口的距离，cm；

j——道路中心线纵坡度（小数）；

j_s——S 段偏沟底的纵坡度（小数）；

$j_{s'}$——$S_g - S$ 段偏沟底的纵坡度（小数）；

h_g——雨水口处缘石外露高度，cm；

h_w——分水点处缘石外露高度，cm。

$$S = (h_g - h_w)/(j_s - j) \tag{9.1}$$

$$S_g - S = (h_g - h_w)/(j + j_s') \tag{9.2}$$

3）矩形、梯形边沟

对于远离市区的公路，由于其本身受地形及地物的限制比城市道路要小得多，同时出于对排水能力、工程施工难易程度及经济性等方面的考虑，通常采用矩形和梯形边沟形式，如图 9.12 所示。对于矩形和梯形边沟，主要控制因素是沟底尺寸及边沟内水流深度。

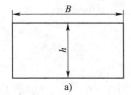
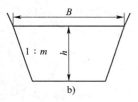

图 9.12 矩形和梯形边沟

2. 雨水口的设置

(1) 道路汇水点、人行横道上游、沿街单位出入口上游、靠地面径流的街坊或庭院的出水口等处均应设置雨水口。道路低洼和易积水地段应根据需要适当增加雨水口。

(2) 雨水口形式有平箅式、立式和联合式等。平箅式雨水口有路缘石平箅式和地面平箅式。路缘石平箅式雨水口适用于有路缘石的道路，地面平箅式适用于无缘石的路面、广场、地面低洼聚水处等。立式雨水口有立孔式和立箅式，适用于有路缘石的道路，其中立孔式适用于箅隙容易被杂物堵塞的地方。联合式雨水口是平箅与立式的综合形式，适用于路面较宽、有路缘石、径流量较集中且有杂物处。

(3) 雨水口的泄水能力，平箅式雨水口约为 20L/s，联合式雨水口约为 30L/s。大雨时易被杂物堵塞的雨水口，其泄水能力应乘以 0.5 ~ 0.7 的系数。多箅式雨水口、立式雨水口的泄水能力应经计算确定。

(4) 平箅式雨水口的箅面应低于附近路面 3 ~ 5cm，并使周围路面坡向雨水口。立式雨水口进水孔底面应比附近路面略低，雨水口井的深度宜小于或等于 1m。在冰冻地区应对雨水井及其基础采取防冻措施。在泥沙量较大的地区，可根据需要设沉泥槽。

(5) 雨水口连接管最小管径为 200mm。连接管坡度应大于或等于 10%，长度小于或等于 25m，覆土厚度大于或等于 0.7m。必要时雨水口可以串联，串联的雨水口不宜超过 3 个，并应加大出口连接管管径。雨水口连接管的管基与雨水管道基础做法相同。

(6) 雨水口的间距宜为 25 ~ 50m，其位置应与检查井的位置协调。连接管与干管的夹角宜接近 90°，斜交时连接管应布置成与干管的水流顺向。

(7) 平面交叉口应按竖向设计布设雨水口，并应采取措施防止路段的雨水流入交叉口。

知识点 2 公路排水设计计算与案例

一、水 文 计 算

设计径流量是道路排水设施设计的基本依据,与汇水面积、平均降雨强度、径流系数等因素有关。

1. 基本计算公式

路界内各项排水设施所需排泄的设计径流量可按式(9.3)计算确定:

$$Q = 16.67 \cdot \psi \cdot q_{p,t} \cdot F \tag{9.3}$$

式中:Q——设计径流量,m^3/s;
　　　ψ——径流系数;
　　　$q_{p,t}$——设计重现期和降雨历时内的平均降雨强度,mm/min;
　　　F——流域汇水面积,km^2。

2. 径流系数

径流系数是指径流量占总降水量的百分比,受降雨强度、降雨历时、地表覆盖状况、土壤种类和湿度等多种因素的影响,可按表9.1取值。当汇水区域有多种类型的地表时,应在分别为每种类型选取径流系数后,按相应的面积大小取加权平均值。其计算公式如下:

$$\psi = \frac{\psi_1 F_1 + \psi_2 F_2 + \cdots + \psi_n F_n}{F_1 + F_2 + \cdots + F_n} \tag{9.4}$$

式中:　　ψ——排水地区内的加权平均径流系数;
$F_1、F_2、\cdots、F_n$——排水地区内各种地面面积,$10^4 m^2$;
$\psi_1、\psi_2、\cdots、\psi_n$——相应各种地面的径流系数,可按表9.1取值。

径 流 系 数 ψ　　　　　　　　　　　　　　　　　　　表9.1

地 表 种 类	径流系数 ψ	地 表 种 类	径流系数 ψ
沥青混凝土路面	0.95	陡峻的山地	0.75 ~ 0.90
水泥混凝土路面	0.90	起伏的山地	0.60 ~ 0.80
透水性沥青路面	0.60 ~ 0.80	起伏的草地	0.40 ~ 0.65
粒料路面	0.40 ~ 0.60	平坦的耕地	0.45 ~ 0.60
粗粒土坡面和路肩	0.10 ~ 0.30	落叶林地	0.35 ~ 0.60
细粒土坡面和路肩	0.40 ~ 0.65	针叶林地	0.25 ~ 0.50
硬质岩石坡面	0.70 ~ 0.85	水田、水面	0.70 ~ 0.80
软质岩石坡面	0.50 ~ 0.75		

3. 设计降雨重现期和降雨历时内的平均降雨强度

设计降雨重现期根据公路等级和排水类型按表9.2取值。

设计降雨重现期(单位:年)   表9.2

公路等级	路面和路肩表面排水	路界内坡面排水	公路等级	路面和路肩表面排水	路界内坡面排水
高速公路、一级公路	5	15	二级及二级以下公路	3	10

当地气象站有10年以上自记雨量计资料时,宜利用气象站观测资料,经统计分析,确定相关参数后按式(9.5)计算设计重现期和降雨历时内的平均降雨强度。即:

$$q_{p,t} = \frac{c + d\lg P}{(t+b)^n} \qquad (9.5)$$

式中:$q_{p,t}$——设计暴雨强度,mm/min;

　　　t——降雨历时,min;

　　　P——设计重现期,年;

　　　d、c、n、b——参数,根据统计方法计算确定,决定于当地的气象数据。

当地缺乏自记雨量计资料时,可利用标准降雨强度等值线图和有关转换系数,按式(9.6)计算降雨强度:

$$q_{p,t} = c_p c_t q_{5,10} \qquad (9.6)$$

式中:$q_{5,10}$——5年重现期和10min降雨历时的标准降雨强度,mm/min,按公路所在地区查图获得;

　　　c_p——重现期转换系数,为设计降雨重现期降雨强度q_p与标准重现期降雨强度q_5的比值,按公路所在地区由表9.3获取;

　　　c_t——降雨历时转换系数,为降雨历时t的降雨强度q_t与10min降雨历时的降雨强度q_{10}的比值,按公路所在地区的60min转换系数c_{60}由表9.4获取。

重现期转换系数c_p 表9.3

地区		重现期P(年)			
		3	4	10	15
海南、广东、广西、云南、贵州、四川东部、湖南、湖北、福建、江西、安徽、江苏、浙江、上海、台湾		0.86	1.00	1.17	1.27
黑龙江、吉林、辽宁、北京、天津、河北、山西、河南、山东、四川西部、西藏		0.83	1.00	1.22	1.36
内蒙古、陕西、甘肃、宁夏、青海、新疆	非干旱区	0.76	1.00	1.34	1.54
	干旱区	0.71	1.00	1.44	1.72

注:干旱区约相当于5年一遇10min降雨强度小于0.5mm/min的地区。

降雨历时转换系数c_{60} 表9.4

c_{60}	降雨历时t(min)										
	3	5	10	15	20	30	40	50	60	90	120
0.30	1.40	1.25	1.00	0.77	0.64	0.50	0.40	0.34	0.30	0.22	0.18
0.35	1.40	1.25	1.00	0.80	0.68	0.55	0.45	0.39	0.35	0.26	0.21
0.40	1.40	1.25	1.00	0.82	0.72	0.59	0.50	0.44	0.40	0.30	0.25
0.45	1.40	1.25	1.00	0.84	0.76	0.63	0.55	0.50	0.45	0.34	0.29
0.50	1.40	1.25	1.00	0.87	0.80	0.68	0.60	0.55	0.50	0.39	0.33

降雨历时是指降雨引起的径流由汇水区最远点到设计控制点的汇流时间,其值为由汇水区最远点到排水设施处的坡面汇流历时与在沟或管内由入口时间到控制点时间的沟管径流历时之和。

1)坡面汇流历时

坡面汇流历时可按照下式计算确定:

$$t_1 = 1.445 \left(\frac{sL_p}{\sqrt{i_p}} \right)^{0.467} \quad (L_p \leqslant 370\text{m}) \tag{9.7}$$

式中:t_1——坡面汇流历时,min;

L_p——坡面流的长度,m;

i_p——坡面流的坡度;

s——地表粗度系数,按地表情况查表9.5获取。

地表粗度系数 s　　　　　　　　　　表9.5

地 表 状 况	粗度系数 s	地 表 状 况	粗度系数 s
沥青路面、水泥混凝土路面	0.013	牧草地、草地	0.40
光滑的不透水地面	0.02	落叶树林	0.60
光滑的压实土地面	0.10	针叶树林	0.80
稀疏草地耕地	0.20		

2)沟管内汇流历时

计算沟管内汇流历时,应在断面尺寸、坡度变化点或者有支沟(支管)汇入处分段,分别计算各段的汇流历时,再叠加而得,可按式(9.8)计算确定。当沿程有旁侧入流时,第一段沟管的平均流速可用该段沟管的末断面流速乘以折减系数0.75计算,其余各段可用上、下端断面流速的平均值计算。

$$t_2 = \sum_{m=1}^{n} \left(\frac{l_m}{60 v_m} \right) \tag{9.8}$$

式中:t_2——管沟内汇流历时,min;

m、n——地表粗度系数,按地表情况查表9.5获取。

l_m——第 m 段管沟的长度,m;

v_m——第 m 段管沟的平均流速,m/s,可用式(9.9)计算确定,也可按平均流速计算公式[详见式(9.11)]近似估算。

$$v_m = 20 i_m^{0.6} \tag{9.9}$$

其中,i_m——第 m 段管沟的平均坡度。

计算路表排水时,单向三车道及以下的路面汇流历时可取5min,单向三车道及以上的路面汇流历时按公式计算,可不计管沟内的汇流历时。

设计流量的具体计算可参照图9.13进行。

二、水 力 计 算

道路排水系统的计算设计应使排水沟渠的断面形状和尺寸,既能满足排泄设计流量的要求,又不致引起冲刷和淤积,所以要求沟渠的水力计算包括断面计算和流速检验两方面内容。

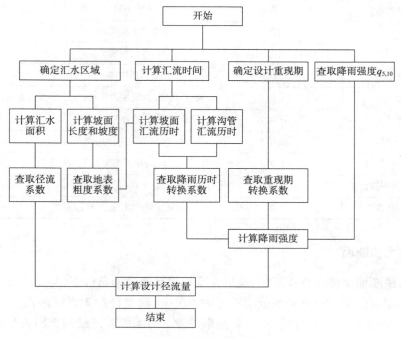

图9.13 设计径流量计算过程

1. 基本计算公式

沟的泄水能力Q_c可按式(9.10)计算:

$$Q_c = vA \tag{9.10}$$

式中:v——沟或管内的平均流速,m/s;

A——过水断面面积,m²,各种沟或管过水断面的面积计算可按《公路排水设计规范》(JTG/T D33—2012)获取。

2. 平均流速

沟或管内的平均流速,可按式(9.11)计算:

$$v = \frac{1}{n} R^{\frac{2}{3}} I^{\frac{1}{2}} \tag{9.11}$$

式中:n——沟壁或管壁的粗糙系数,可查表9.6获取;

I——水力坡度,无旁侧入流的明沟,水力坡度可采用沟的底坡;有旁侧入流的明沟,水力坡度可采用沟段的平均水面坡降;

R——水力半径,m,各种沟或管的水力半径计算式可参考《公路排水设计规范》(JTG/T D33—2012)附录B,即:

$$R = \frac{A}{\rho} \tag{9.12}$$

其中,ρ——过水断面湿周长,m。

沟壁或管壁的粗糙系数 n　　　　表9.6

沟或管类别	n	沟或管类别	n
塑料管（聚氯乙烯）	0.010	土质明沟	0.022
石棉水泥管	0.012	带杂草土质明沟	0.027
水泥混凝土管	0.013	砂砾质明沟	0.025
陶土管	0.013	岩石质明沟	0.035
铸铁管	0.015	植草皮明沟（流速为0.6m/s）	0.050~0.090
波纹管	0.027	植草皮明沟（流速为1.8m/s）	0.035~0.050
沥青路面（光滑）	0.013	浆砌片石明沟	0.025
沥青路面（粗糙）	0.016	干砌片石明沟	0.032
水泥混凝土路面（镘抹面）	0.014	水泥混凝土明沟（镘抹面）	0.015
水泥混凝土路面（拉毛）	0.016	水泥混凝土明沟（预制）	0.012

3. 最佳水力横断面

最佳水力横断面又称经济横断面，是指在既定设计流量的条件下，与允许最大流量相对应的水流最小横断面面积。在其他参数均不变的情况下，使设计的沟渠横断面具有最小的湿周长，可实现最佳水流断面。经计算，可得到沟渠底宽 b 与水深 h 的最佳比例关系为：

$$\frac{b}{h} = 2\left(\sqrt{1+m^2} - m\right) \tag{9.13}$$

根据式(9.13)，可得不同边坡率 m 条件下，沟渠的最佳宽深比（表9.7），可供设计沟渠断面时参考。

水力最佳断面的宽深比　　　　表9.7

边坡率 m	0	0.25	0.5	0.75	1.00	1.25	1.5	2.00	3.00
b/h	2	1.56	1.24	1.00	0.83	0.7	0.61	0.47	1.32

4. 沟和管的允许流速

明沟的最小允许流速为 0.4m/s，最大允许流速可根据沟壁材料和水深修正系数确定。不同沟壁材料在水深为 0.4~1.0m 时的最大允许流速，可查表9.8获取。其他水深的最大允许流速，应乘以表9.9中相应的水深修正系数。

明沟的最大允许流速（单位：m/s）　　　　表9.8

明沟类别	亚砂土	亚黏土	干砌片石	浆砌片石	黏土	草皮护面	水泥混凝土
允许最大流速	0.8	1.0	2.0	3.0	1.2	1.6	4.0

最大允许流速的水深修正系数　　　　表9.9

水深 h(m)	$h \leq 0.4$	$0.4 < h \leq 1.0$	$1.0 < h < 2.0$	$h \geq 2.0$
修正系数	0.85	1.00	1.25	1.40

三、公路工程排水设计案例

【例9-1】 胶东地区修建一条二级公路,路线纵坡为1%,路面横坡为2%,路基宽度12m,路面选用水泥混凝土面层,如图9.14所示。其中一段路线为岩石路堑,坡度为1:0.2,坡面流长度为15m。在边坡坡脚和路肩边缘之间设矩形边沟,试计算该边沟内的设计流速和设计径流量。

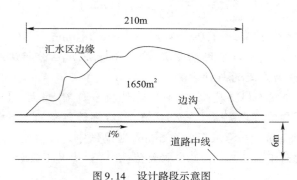

图9.14 设计路段示意图

解:(1)汇水面积和径流系数。

汇水区域在路堑坡面一侧的面积为1650m²。查表9.1,确定硬质岩石坡面径流系数ψ_1 = 0.70,水泥混凝土路面的径流系数ψ_2 = 0.90。汇水区域在路面一侧的面积为210×6 = 1260m²。

因此,总的汇水面积为F = 1650 + 1260 = 2910m²。根据式(9.4),汇水区的径流系数ψ = (1650×0.70 + 1260×0.90)/(1650 + 1260) = 0.787。

(2)汇流历时。

假设汇流历时为10min。

(3)降雨强度。

查表9.2可知,二级公路取设计重现期10年。

查表9.3可知,该地区10年重现期的重现期转换系数c_p = 1.22。查《公路排水设计规范》(JTG/T D33—2012)图9.1.7.1,胶东地区5年重现期10min降雨历时的降雨强度$q_{5,10}$ = 2.2;查《公路排水设计规范》(JTG/T D33—2012)图9.1.7.2,得该地区60min降雨强度转换系数c_{60} = 0.40。查表9.4,得10min降雨历时的转换系数c_{10} = 1.0。

故降雨强度$q_{p,t}$ = 1.22×1.0×2.2 = 2.68mm/min。

(4)设计径流量。

根据式(9.3)计算设计径流量:
$$Q = 16.67 \cdot \psi \cdot q_{p,t} \cdot F = 16.67 \times 0.787 \times 2.68 \times 2910 \times 10^{-6} = 0.1023 (\text{m}^3/\text{s})$$

(5)检验汇流历时。

根据表9.5,路堑边坡的粗度系数可取s = 0.02,水泥混凝土路面的粗度系数取s = 0.013。根据式(9.7),路堑边坡坡面坡度为1:0.2、坡面流长度为15m,坡面汇流历时为:

$$t_1 = 1.445 \left(\frac{0.02 \times 15}{\sqrt{5}}\right)^{0.467} = 0.57 (\text{min})$$

水泥混凝土路面横坡为2%,坡面流长度为6m,路面汇流历时为:

$$t_1 = 1.445 \left(\frac{0.013 \times 6}{\sqrt{0.02}}\right)^{0.467} = 1.09 (\text{min})$$

设边沟的底宽为 0.4m,水深为 0.4m,计算得到水力半径 $R=0.13$m。查表 9.6,岩石边沟的粗糙度系数 $n=0.035$。根据式(9.11),计算得到边沟内的平均流速为:

$$v = \frac{1}{0.035}0.13^{\frac{2}{3}}0.01^{\frac{1}{2}} = 0.75(\text{m/s})$$

根据式(9.8),沟管内汇流历时为:

$$t_2 = \frac{210}{60 \times 0.75} = 4.7(\text{min})$$

因此,总的汇流历时 $t = t_1 + t_2 = 1.09 + 4.7 = 5.8\text{min} < 10\text{min}$。

确定设计径流量的方法,可以采用推理法、统计分析法、地区分析法或现场评断法,本例中采用推理法,这是应用最为广泛的一种方法。

根据表 9.4,降雨历时 (t_1+t_2) 越短,降雨历时转换系数 C_t 越大,最后所求得的设计径流量就越大。降雨历时的确定可以先设定一个数值,之后再进行检验。本例中先设定为 10min,之后经计算得到 t 为 5.8min。如降雨历时取 5min,则偏保守。在确定 t_1 时,有 2 个数值即路堑边坡和混凝土路面的坡面汇流历时,这里应取大值,在这种情况下设计断面处的径流量才能达到最大。

知识点3 城市道路的排水水力计算与案例

一、设计流量计算

雨水管渠的设计流量一般按下式计算:

$$Q = q \cdot \psi \cdot F \tag{9.14}$$

式中:Q——雨水设计流量,L/s;
q——设计暴雨强度,$L/(s \cdot 10^4 m^2)$;
ψ——径流系数;
F——流域汇水面积,$10^4 m^2$。

采用式(9.14)计算时应注意,在流域内当有生产废水和生活污水排入雨水管渠时以及有上游的雨水管渠内的雨水流入设计管段时,都应将其计算在内。

1. 径流系数 ψ

某时段内的径流量(流入雨水管渠的雨水)与同一时段全部降雨量的比值,称为径流系数。影响径流系数的因素很多,主要包括排水地区的地面性质和地面覆盖。在城市排水地区,经常遇到不同种类的地面,所以排水地区的平均径流系数应按加权平均法计算,其计算公式如式(9.4),其中相应各种地面的径流系数,可按表 9.10 选用。

不同地面的径流系数 ψ 表 9.10

地 面 种 类	ψ	地 面 种 类	ψ
各种屋面、混凝土和沥青路面	0.90	干砌砖石路面	0.4
大块石路面和沥青表面处治路面	0.60	非铺砌的土地面	0.30
级配碎石路面	0.45	公园或草地	0.15

2. 汇水面积 F

每条管道都有它所服务的汇水面积,单位以 $10^4 \mathrm{m}^2$ 计。各设计管段的汇水面积的区界是根据地形地物决定的。计算汇水面积时,除街坊面积外还包括街道面积。

当地势平坦街坊四周的道路都有沟管时,可用各街角的分角线划分汇水面积,各汇水面积内的雨水分别流入相邻的雨水沟管(图 9.15)。

当地势向一边倾斜时,街坊的雨水流入低侧街道下的管道内(图 9.16)。一般不需要把街坊划分成几块面积,但大街坊的两边如都有雨水管道时,也可考虑使雨水流入街坊两侧的管道。

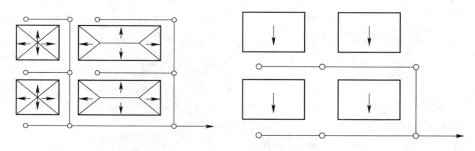

图 9.15　平坦地区汇水面积划分示意图　　图 9.16　地形倾斜汇水面积划分示意图

3. 设计暴雨强度 q

设计暴雨强度 q 一般是根据长期(10 年以上)的自动雨量记录资料进行计算的。因为降雨量的大小是以暴雨强度 i 表示,其单位为 mm/min。把暴雨强度 i 的单位换算成设计暴雨强度 q,单位为 $\mathrm{L}/(\mathrm{s} \cdot 10^4 \mathrm{m}^2)$,则有:

$$q = \frac{1 \times 10000 \times 10000}{10000 \times 60} \cdot i = 167i \tag{9.15}$$

根据长期雨量记录资料的统计分析,可以推求暴雨强度、降雨历时和设计重现期的关系式,即:

$$i = \frac{A_1(1 + C \lg T)}{(t + b)^n} \tag{9.16}$$

则有:

$$q = 167i = \frac{167 A_1 (1 + C \lg T)}{(t + b)^n} \tag{9.17}$$

式中：　i——暴雨强度,mm/min;

　　　　q——设计暴雨强度,$\mathrm{L}/(\mathrm{s} \cdot 10^4 \mathrm{m}^2)$;

　　　　t——降雨历时,min;

　　　　T——设计重现期,年;

A_1、C、n、b——参数,根据统计方法计算确定,决定于当地的气象条件。

我国幅员辽阔,各地气候条件不一,暴雨强度计算公式不一,现将部分城市的暴雨强度公式列出(表 9.11),供参考使用。

我国若干城市暴雨强度公式　　　　表9.11

城市名称	暴雨强度公式 $q[\text{L}/(\text{s}\cdot 10^4\text{m}^2)]$	$q_{20}[\text{L}/(\text{s}\cdot 10^4\text{m}^2)]$	资料年数(年)	城市名称	暴雨强度公式 $q[\text{L}/(\text{s}\cdot 10^4\text{m}^2)]$	$q_{20}[\text{L}/(\text{s}\cdot 10^4\text{m}^2)]$	资料年数(年)
北京	$q=\dfrac{2111(1+0.85\lg T)}{(t+8)^{0.70}}$	206	20	南京	$q=\dfrac{167(46.17+41.66\lg T)}{t+33+9\lg T-0.4}$	156	20
上海	$q=\dfrac{167\times 33.2(T^{0.3}-0.42)}{(t+10+7\lg T)^{0.82+0.071T}}$	198	41	济南	$q=\dfrac{4700(1+0.753\lg T)}{(t+17.5)^{0.898}}$	180	5
天津	$q=\dfrac{2334T^{0.52}}{(t+2+4.5T^{0.65})^{0.8}}$	170	14	杭州	$q=\dfrac{1008(1+0.73\lg T)}{t^{0.541}}$	199.5	6
广州	$q=\dfrac{1195(1+0.622\lg T)}{t^{0.523}}$	249	9	南昌	$q=\dfrac{1215(1+0.854\lg T)}{t^{0.80}}$	201	5
汉口	$q=\dfrac{784(1+0.83\lg T)}{t^{0.0507}}$	172	6	长春	$q=\dfrac{883(1+0.68\lg T)}{t^{0.604}}$	145	9
长沙	$q=\dfrac{776(1+0.75\lg T)}{t^{0.527}}$	160	6	丹东	$q=\dfrac{3950(1+0.78\lg T)}{(t+19)^{0.815}}$	200	8
太原	$q=\dfrac{817(1+0.755\lg T)}{t^{0.667}}$	19.5	7	大连	$q=\dfrac{617(1+0.81\lg T)}{t^{0.486}}$	144	8
南宁	$q=\dfrac{10500(1+0.707\lg T)}{t+21.1T^{0.119}}$	249	21	哈尔滨	$q=\dfrac{6500(1+0.34\lg T)}{(t+15)^{0.5}}$	155	10
贵阳	$q=\dfrac{167\times 11.3(1+0.707\lg T)}{(t+9.35T^{0.31})^{0.695}}$	173	17	齐齐哈尔	$q=\dfrac{684(1+1.13\lg T)}{t^{0.636}}$	102	10
昆明	$q=\dfrac{700(1+0.775\lg T)}{t^{0.498}}$	159	10	福州	$q=\dfrac{934(1+0.55\lg T)}{t^{0.542}}$	184	8
成都	$q=\dfrac{167\times 16.8(1+0.803\lg T)}{(t+12.8T^{0.231})^{0.768}}$	192	17	厦门	$q=\dfrac{850(1+0.745\lg T)}{t^{0.514}}$	182	7
重庆	$q=\dfrac{167\times 16.9(1+0.775\lg T)}{(t+12.8T^{0.076})^{0.77}}$	190	8	郑州	$q=\dfrac{767(1+1.04\lg T)}{t^{0.522}}$	161	5
银川	$q=\dfrac{242(1+0.83\lg T)}{t^{0.477}}$	58	6	塔城	$q=\dfrac{750(1+1.1\lg T)}{t^{0.85}}$	59	5
宝鸡	$q=\dfrac{342(1+0.95\lg T)}{t^{0.46}}$	86.3	5	天水	$q=\dfrac{458(1+0.745\lg T)}{t^{0.552}}$	93	7

注：q_{20}——重现期为1年，降雨历时为20min的暴雨强度，L/(s·10^4m^2)；T——设计重现期，年；t——设计降雨历时，min。

由式(9.16)、式(9.17)可以看出，当参数 A_1、C、n、b 已确定时，暴雨强度 i 或 q 取决于设计重现期 T 和设计降雨历时 t，现对这些因素进行讨论。

1) 设计重现期 T

设计重现期是指在一个较长的统计期限内，设计暴雨强度的降雨重新出现一次的平均时间间隔，单位为年。设计重现期越大，相应重现期暴雨强度的降雨出现的频率越小，则设计暴雨强度也越大，所要求的雨水管径也要随之增大；反之，则减小。若设计重现期选得过大将造成雨水管径过大，造价高，虽使用安全但长时间管道内并不满流，因而不经济；相反，若设计重现期选得小则雨水管将经常溢流，造成道路积水，影响正常交通。所以在设计时应恰当地选择设计重现期。

设计重现期的选择，应结合汇水地区的性质、地形特点、汇水面积大小和 q_{20} 值等因素来确定。在一个排水系统内,一般宜采用同一设计重现期,城市道路雨水管道的设计重现期为 0.5~3 年,重要地区或城市主干道可适当提高设计重现期。

在同一排水系统中,也可以采用不同的设计重现期,此时可按表 9.12 选用。

雨水管渠设计重现期(单位:年) 表 9.12

城镇类型	城 区 类 型			
	中心城区	非中心城区	中心城区重的要地区	中心城区地下通道和下沉式广场
特大城市	3~5	2~3	5~10	30~50
大城市	2~5	2~3	5~10	20~30
中等城市和小城市	2~3	2~3	3~5	10~20

注:1. 按表中所列重现期设计暴雨强度公式时,均采用年最大值法;
  2. 雨水管渠应按重力流、满管流计算;
  3. 特大城市指市区人口数在 500 万以上的城市;大城市指市区人口数在 100 万~500 万的城市;中等城市和小城市指市区人口数在 100 万以下的城市。

2) 设计降雨历时 t

设计暴雨所取的某一连续时段称为设计降雨历时,单位以 min 计。

雨水管渠的设计降雨历时,应采用管渠中形成最大径流量所需要的时间。那么,降雨经历多长时间管渠内的流量才是最大的呢?管渠的流量主要受暴雨强度 q 和汇水面积 F 的影响,而降雨历时同时影响着这两个因素。降雨历时 t 越小,q 越大,而 F 却越小。当降雨刚开始时,只有邻近雨水口很小面积的雨水才流到雨水口,随着降雨的继续,降雨历时逐渐增大,越来越多的地面上的雨水流到雨水口,即汇水面积 F 也在逐渐增大。实践证明,在一般条件下,当汇水面积上的雨水还没有全部集中到设计管段内的时候,降雨强度 q 随降雨历时减小的影响,不如汇水面积随降雨历时增加的影响大。当降雨历时超过了全部汇水面积的集水时间后,汇水面积不再增加,而暴雨强度 q 却还会随降雨历时的增加而减小。所以可以认为,在一次降暴雨过程中,只有在汇水面积达到最大时,即汇水面积中最远点的雨水流到设计管渠断面时,管渠内的流量才是最大的。

设计降雨历时包括地面汇流时间和管渠内流行时间两部分,一般可按式(9.18)计算:

$$t = t_1 + t_2 \tag{9.18}$$

式中:t_1——地面汇流时间,min,与流域面积大小、地面种类、坡度、覆盖情况等有关,一般 $t_1 = 5 \sim 15 \text{min}$;

  t_2——雨水在管渠内流行时间,min;其中 $t_2 = \dfrac{L}{60V}$,L 为计算管段长度单位为 m;V 为设计管渠内雨水的流速,单位为 m/s。

二、雨水管渠的水力计算

雨水管渠的水力计算,主要是根据已求得的设计流量,计算确定雨水管的管径和明渠的断面尺寸或校核管渠坡度和流速,从而定出各管道的管底标高和埋设深度,以便于施工。

雨水管渠水力计算的基本公式如下:

$$Q = \omega V \tag{9.19}$$

式中:Q——流量,m³/s;
  ω——水流有效面积,m²;

V——流速，m/s，其计算公式如下：

$$V = C\sqrt{Ri} \tag{9.20}$$

对于排水管道采用的材料一般为混凝土、钢筋混凝土和铸铁，$n = 0.013 \sim 0.014$，计算时通常采用 $n = 0.013$。

式中：C——流速系数，$C = \dfrac{1}{n} R^{\frac{1}{6}}$，其中 n 为雨水管渠粗糙系数，取值见表 9.13；

i——水力坡降或管渠底坡，$i = \dfrac{h}{l}$ 即管段的起点和终点的高差与该段长度之比；

R——水力半径，m。

雨水管渠粗糙系数 n 表 9.13

管渠类别	n 值	管渠类别	n 值	管渠类别	n 值
陶土管	0.013	钢管	0.012	干砌片石渠道	0.025~0.030
砼和钢筋砼管	0.013~0.014	水泥砂浆抹面渠道	0.013~0.014	土明渠(包括带草皮)	0.025~0.030
石棉水泥管	0.012	浆砌砖渠道	0.015	木槽	0.012~0.014
铸铁和管	0.013	浆砌片石渠道	0.017		

式(9.20)中，R 的计算公式如下：

$$R = \dfrac{\omega}{x} \tag{9.21}$$

式中：x——湿周，m。

在进行水力计算时，我们常用下列基本公式：

流量：
$$Q = \dfrac{1}{n} \cdot \omega \cdot R^{\frac{2}{3}} i^{\frac{1}{2}} \tag{9.22}$$

流速：
$$V = \dfrac{1}{n} \cdot R^{\frac{2}{3}} i^{\frac{1}{2}} \tag{9.23}$$

管道直径（满流）：
$$D = \sqrt{\dfrac{4Q}{\pi V}} \tag{9.24}$$

水流有效面积：当圆形断面管道满流时：

$$\omega = \dfrac{\pi D^2}{4} \tag{9.25}$$

当梯形断面管道满流时：
$$\omega = (b + mh_0)h_0 \tag{9.26}$$

式中：b——渠道底宽，m；

m——边坡系数；

h_0——正常水深，m。

水力半径：当圆形断面管道满流时：
$$R = \dfrac{D}{4} \tag{9.27}$$

当梯形断面管道满流时：
$$R = \dfrac{(b + mh_0)h_0}{b + 2h_0\sqrt{1 + m^2}} \tag{9.28}$$

式中符号意义同前。

【例 9-2】 已知某设计管段的设计流量 $Q = 367.8$ L/s，管底纵坡 $i = 0.002$，$n = 0.013$（满管），求管道直径 D 和设计流速 V。

解:管道满流时:

$$\omega = \frac{\pi D^2}{4}$$

水力半径:

$$R = \frac{D}{4}$$

由 $Q = \frac{1}{n} \cdot \omega \cdot R^{\frac{2}{3}} i^{\frac{1}{2}}$,得:

$$367.8 \times 10^{-2} = \frac{1}{0.013} \cdot \frac{3.142}{4} \cdot D^2 \left(\frac{D}{4}\right)^{\frac{2}{3}} \sqrt{0.002}$$

解得:$D = 0.669(\mathrm{m}) \approx 700(\mathrm{mm})$

$$V = \frac{1}{n} \cdot R^{\frac{2}{3}} \cdot i^{\frac{1}{2}} = \frac{1}{0.013}\left(\frac{0.7}{4}\right)^{\frac{2}{3}}\sqrt{0.002} = 1.076(\mathrm{m/s})$$

在管道设计中,为了减轻大量的计算工作,可按上述计算公式,绘制成计算诺模图。设计时可根据设计流量 Q、设计纵坡值 i,直接从图中查出管径 D 及设计流速 V。

三、城市道路雨水管渠的设计

1. 雨水管道布置的基本原则

雨水管道的总体布置,要根据城市总体规划、居住区的详细规划,结合地形、现状、道路网规划来确定,力求做到工程经济合理,管网疏密恰当,并避免埋深过大或过小,坡度过陡或过缓。一般应着重考虑以下问题:

(1)充分利用地形,分区就近排入水体。

规划雨水管道时,应尽量利用自然地形坡度,以最短的距离,以重力流排入附近的池塘、河流、湖泊或郊区灌溉系统。只有当水体位置较远,且地形平坦或地形不利的情况下,才需要考虑设置水泵站。当天然水体的水位高于管道出口时,可以设置出口泵站,这时要尽可能使经泵站排泄的雨水量减少到最低限度,以节约泵站设施的投资。

(2)雨水干管应沿排水地区低处布置。

在地形起伏较大的地区,雨水干管应结合主要道路走向沿山谷低处布置,两侧斜坡地可借支管连接。具体布置时,应先根据地形划分地面水径流的分水岭线,然后在相邻分水线之间,分别沿谷线低处布置。

(3)合理选择和布置出水口。

出水口可以结合地形、水体具体情况分散或适当集中布置。如图 9.17 所示,管道通向池塘和河流的出水口的构造比较简单,造价不高时,宜考虑分散布置。若河流水位变化很大,管道出水口离常水位很远时,出水口的建筑费用就很大,此时不宜采用过多的出水口,宜适当集中选择合适位置。

2. 雨水管道设计的步骤

(1)在 1:2000~1:5000 并绘有规划总图的地形图上,划分排水流域,规划雨水管道路线,确定水流方向。

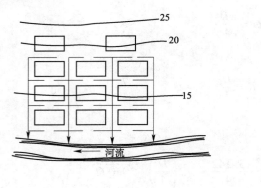
a) 分散布置

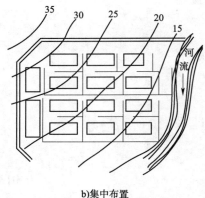
b) 集中布置

图 9.17 出水口布置方式示意图

(2) 划分各段管道的汇水面积,并确定水流方向。将计算面积及各段管道的长度,填写在图中。各支管汇水面积之和应等于该干管所服务的总汇水面积。

(3) 依地形图的等高线,确定各设计管段起讫点的地面标高;确定沿干管的控制点的高程,准备进行水力计算。

(4) 按整个区域的地面性质求出径流系数。

(5) 依道路、广场、建筑街坊的面积大小、地面种类、坡度、覆盖情况,以及街坊内部的排水系统等因素,计算起讫点地面集水时间。

(6) 根据区域性质、泄水面积、q_{20} 值、地形,以及漫溢后的损失大小等因素,确定设计重现期。

(7) 确定暴雨强度公式,并绘制单位径流量与汇水时间关系图。

(8) 确定设计流量。进行水力计算,确定管道断面尺寸、纵断面坡度,并绘制纵断面图。

(9) 编写必要的设计和施工说明。

四、雨水管道设计与计算示例

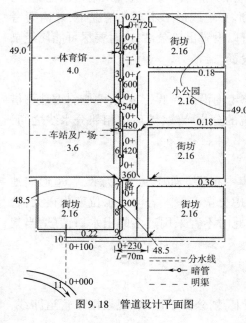

图 9.18 管道设计平面图

【例 9-3】 已知北京非中心城区某城市道路排水项目如下:设图 9.18 所示为干道及两侧街坊、广场、公园等排水管道的主干管道设计平面图;雨水管渠的粗糙率为 n:暗管 $n=0.013$(满管);明渠采用矩形断面,$n=0.025$。

解:(1) 按设计步骤,先定出干管流向、汇水面积、管道布置等。

(2) 管道开始汇流时间,由于街坊内部有排水系统,经估算,取 15min。

(3) 重现期采用 $T=2$ 年。

(4) 本地区暴雨强度计算公式为:

$$q=\frac{2111(1+0.85\lg T)}{(t+8)^{0.70}}=\frac{2651.15}{(t+8)^{0.70}}$$

(5) 求该区平均径流系数 ψ:

已知体育馆 40000m², 广场及车站 36000m², 主干道36400m²，街坊外部道路为级配碎石路面，面积共为9400m²，公园21600m²，总面积229800m²。故总平均径流系数为：

$$\psi = \frac{(4 \times 1.578 + 2.55 + 2.94 + 0.849 + 2.069 + 0.423)}{(4 \times 2.16 + 4 \times 3.6 + 2.16 + 3.64 + 0.94)} = \frac{15.143}{22.98} \approx 0.66$$

(6)进行水力和流量计算，详见表9.14。具体说明如下：

①1号井以上的汇水面积F_1为街坊面积加上1号井以上的街道汇水面积，$F_1 = 23700 \text{m}^2$；汇流时间$t = 15\text{min}$；设计重现期$T = 2$年；由此计算暴雨强度：

$$q = \frac{2651.15}{(15+8)^{0.7}} = 295.27 \ [\text{L}/(\text{s} \cdot 10^4 \text{m}^2)]$$

设计流量为：

$$Q = q \cdot \psi \cdot F = 295.27 \times 0.66 \times 2.37 = 461.87 (\text{L/s})$$

由1号井至2号井管底设计纵坡$i = 0.002$，经计算得管径$D = 800\text{mm}$，设计流速$V = 1.11\text{m/s}$。故管内流行时间为：

$$t_2 = \frac{L}{60V} = \frac{60}{60 \times 1.1} = 0.93(\text{min})$$

②2号井从以上的汇水面积$F_2 = F_1 + 2.0 + 0.42 = 4.79 \times 10^4 \text{m}^2$（增加体育馆面积的一半再加上街道汇水面积）。

汇流时间：

$$t = 15 + t_2 = 15.90(\text{s})$$

设计降雨强度：

$$q = \frac{2651.15}{(15.90+8)^{0.7}} = 287.41[\text{L}/(\text{s} \cdot 10^4 \text{m}^2)]$$

设计流量：

$$Q = q \cdot \psi \cdot F = 287.41 \times 0.66 \times 4.79 = 908.62(\text{L/s})$$

由2号井至3号井管底纵坡$i = 0.002$，计算得设计管径$D = 1000\text{mm}$，设计流速$V = 1.31\text{m/s}$。

其余各分段的计算方法同上，依此类推。

③如图9.18所示，由10号井至11号井，此段改为矩形明渠排水，其累积汇水面积$F = 22.98 \times 10^4 \text{m}^2$，聚积时间$t = 28.94\text{s}$，故降雨强度为：

$$q = \frac{2111(1+0.85\lg T)}{(t+8)^{0.70}} = 247.21[(\text{L}/(\text{s} \cdot 10^4 \text{m}^2)]$$

设计流量：

$$Q = q \cdot \psi \cdot F = 247.21 \times 0.66 \times 22.98 = 3749.45(\text{L/s}) = 3.75(\text{m}^3/\text{s})$$

设明渠底宽$b = 0.8\text{m}$；$i = 0.002$，边坡系数$m = 1.5$，雨水管渠粗糙率$n = 0.013$，根据式(9.19)及式(9.26)，查询表9.7，计算得设计水深：

$$h_0 = 1.3(\text{m}) = 1300(\text{mm})$$

设计流速：

$$V = \frac{Q}{\omega} = \frac{3.75}{(b+mh_0)h_0} = \frac{3.75}{(0.8+1.5 \times 1.3) \times 1.3} = 1.04(\text{m/s})$$

本城市道路排水项目计算成果详见表9.14。

表 9.14

雨水自流管渠计算

道路			排水面积		设计重现期（年）	设计降雨历时 (min)		设计流量计算			管渠		
检查井号	长度 L (m)	桩号	分段面积(F_i) $(10^4 m^2)$	累积面积 F $(10^4 m^2)$		汇流时间 t	管内流行时间 t_2	降雨强度 q (L/s/$10^4 m^2$)	径流系数 ψ	流量 $Q=Q\psi F$ (L/s)	直径 D 或高 H 宽 B (mm)	坡度 i (‰)	流速 V (m/s)
起讫													
1—2	60	0+720	2.37	2.37	2	15	0.90	295.27	0.66	461.87	800	2	1.11
2—3	60	0+660	2.42	4.79	2	15.90	0.76	287.41	0.66	908.62	1000	2	1.31
3—4	60	0+600	0.42	5.21	2	16.67	281.15	0.75	0.66	966.78	1000	2	1.33
4—5	60	0+540	2.42	7.63	2	17.42	0.69	275.31	0.66	1386.40	1100	2	1.46
5—6	60	0+480	4.54	12.17	2	18.11	0.61	270.22	0.66	2170.44	1350	2	1.63
6—7	60	0+420	0.42	12.59	2	18.72	0.61	265.85	0.66	2209.09	1350	2	1.64
7—8	60	0+360	4.94	17.53	2	19.33	0.57	261.68	0.66	3027.56	1500	2	1.77
8—9	70	0+300	0.42	17.95	2	19.90	0.66	257.96	0.66	3056.00	1500	2	1.77
9—10	130	0+230	2.65	20.6	2	20.55	1.09	253.78	0.66	3450.42	1500	2.5	1.99
10—11	100	0+100	2.38	22.98	2	21.64	0.93	247.21	0.66	3749.45	$H=1000$ $B=1200$	2	1.79

知识点4　高速公路服务区布设

高速公路应根据道路服务水平、交通量大小、路段长度、沿线地形、地物、景观、环保等，选择适当地点设置服务区，并合理确定服务区的功能和规模。服务区设施一般包括公共交通停靠站、停车场、服务区等。根据服务功能的不同，这些设施可以单独设置，也可以组合设置。根据服务需要，服务设施可以在高速公路沿线布设，也可以与互通式立体交叉配合布设。

一、公共交通停靠站的布设

随着我国高速公路的建设，中长途汽车客运及城市公共交通将是人们出行的主要运输方式，规划和设计高速公路时必须在沿线设置公共交通停靠站，以满足乘客上下车的需要。根据规划，公共交通停靠站可以设置在高速公路的互通式立体交叉处。

1. 布设形式

（1）在收费立体交叉的连接线上布设，如图9.19所示。这种布设形式适用于公共交通车辆离开或进入一条高速公路时采用。当高速公路与次要道路相交而在次要公路上采用平面交叉时，如图9.19a）所示，公共交通停靠站布设在平面交叉口与收费站之间连接线的两侧；当高速公路与高速公路相交时，如图9.19b）所示，公共交通停靠站布设在收费站之前或之后连接线的两侧。这种布设应注意上下车的乘客横穿连接线而影响交通和安全问题，必要时可在连接线上设置人行天桥或人行地道。

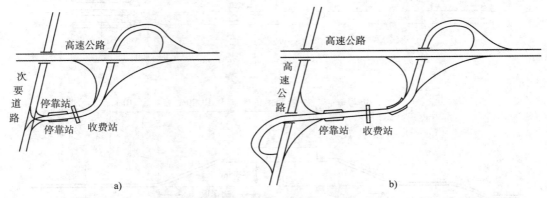

图9.19　在收费立体交叉连接线上布设停靠站

（2）在收费立体交叉内的高速公路上布设，如图9.20所示。这种布设形式适合公共交通车辆在高速公路上途经该立体交叉时采用。在立体交叉的三角地带（一般为绿化区），平行于高速公路增设公共交通停车车道。为了不影响高速公路主线车辆的正常行驶，应在主线与停车车道之间设置隔离带或用栅栏分隔，停车车道两端与出入口附近的匝道连接，形成港湾式停靠站。利用通道、梯道、盘道等组合设施，组织乘客进出立体交叉。这种公共交通停靠站与互通式立体交叉配合布设的形式，充分利用立体交叉匝道的变速车道作为公共交通车辆进出主线时变速行驶的通道，与公共交通停靠站布设在立交范围以外的路段上相比，大大减少了设置长度，节省了用地和投资；但由于设置了专用人行设施组织乘客进入或离开立体交叉范围的公共交通停靠站,又使投资有所增加。

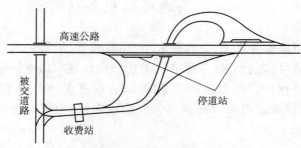

图 9.20 在收费立体交叉的高速公路上布设停靠站

2. 平面布设

布设在收费立体交叉连接线上的公共交通停靠站,可以利用收费站上车辆行驶速度低的特点,公共交通停靠站平面布设可不考虑车辆加、减速行驶的要求。一般情况下,当收费站各行驶方向外侧供大型车辆行驶的边车道车辆很少时,边车道可以作为公共交通停靠站,但在边车道右侧应增设公共交通停靠站的站台,站台长度不小于 20m,宽度不小于 2m,以供乘客候车,如图 9.21a)所示。如果收费站外侧的边车道兼作收费车道使用,应在边车道右侧增设公共交通停靠站,以不影响其他车辆进出收费站,其平面布设如图 9.21b)所示。

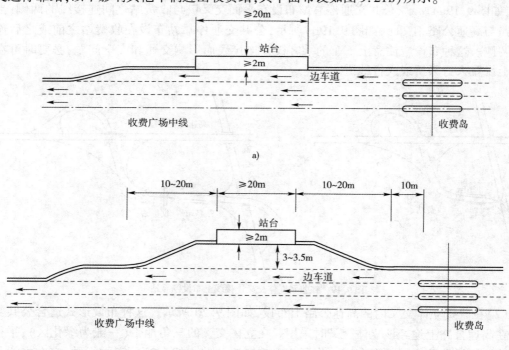

图 9.21 连接线上公共交通停靠站的平面布设

布设在收费立体交叉内高速公路上的公共交通停靠站,横向必须用隔离带与直行车道分离,另外公共交通停靠站两端应设足够长的二次变速车道,使车速与互通式立体交叉匝道的变速车道(一次变速车道)车速相适应。其平面布置如图 9.22 所示。二次变速车道的长度取决于匝道减速端出口或加速端入口处的行车速度及车辆的平均减速度或加速度。二次变速车道的长度可按式(9.29)计算：

$$L_2 = \frac{V_2^2}{26a} \tag{9.29}$$

式中：L_2——二次变速车道的长度，m；
　　　V_2——匝道减速端出口或加速端入口的行车速度，km/h；
　　　a——汽车平均减速度或加速度，m/s²。

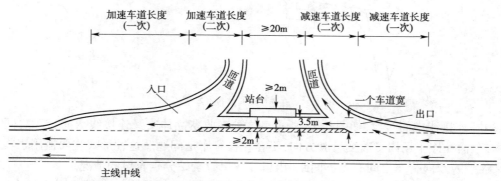

图9.22　收费立体交叉内高速公路上公共交通停靠站的平面布设

二、停车场的布设

高速公路应根据规划在互通式立体交叉范围内或沿线布设停车设施，以满足车辆停车、加油、维修及驾乘人员休息、进餐等需要。在高速公路沿线一侧或两侧布设停车设施需要专用征地，修建供车辆通行的构造物。高速公路的停车设施可与服务设施一同考虑，布设在互通式立体交叉范围内。在互通式立体交叉范围内的停车场可根据立体交叉的形式、用地条件，考虑交通便利及出入方便等因素，合理确定停车场的位置，而不影响互通式立体交叉的交通流量、交通安全和行车速度。互通式立体交叉与停车场结合的布设方式有以下几种：

（1）在连接线一侧布设，如图9.23所示。因另一侧车辆进出停车场须横穿车道，仅适用高速公路与次要道路相交、连接线上交通量较小的情况。

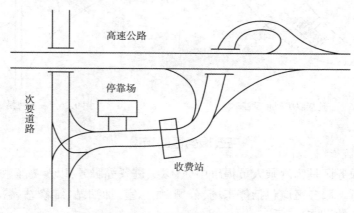

图9.23　在连接线一侧布设停车场

（2）在连接线两侧布设，如图9.24所示。连接线双向需停车的车辆互不干扰，可用于不同等级道路相交、不同交通量的情况。但停车后须在连接线上改变行驶方向的车辆，并横穿车道行驶。

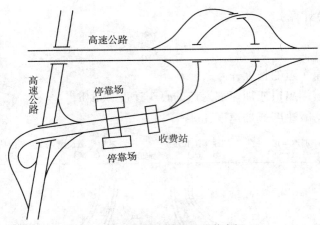

图 9.24　在连接线两侧布设停车场

(3) 在连接线中间布设,如图 9.25 所示。这种在收费立体交叉连接线双向行车之间布设停车场,车辆在停车场内可改变行驶方向,不存在横穿车道问题。这种形式主要适用于收费立体交叉连接线双向行车之间有足够间距、出口和入口收费站分别布设的情况。

(4) 在跨线桥下布设,如图 9.26 所示。在不收费互通式立体交叉范围内布设停车场,由于不收费立体交叉为连续交通流,为了使互通式立体交叉范围内封闭区域的车辆进出不阻碍正线和匝道车辆的正常行驶,停车场的出入口不宜设在主线或主要行驶方向的匝道上。一般当互通立体交叉采用上跨式或多层立体交叉时,引道较长且多用跨线桥,桥下空间可用于设置停车场。

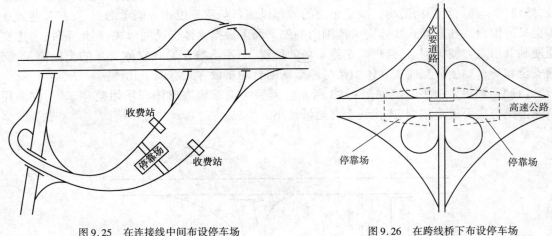

图 9.25　在连接线中间布设停车场　　　　图 9.26　在跨线桥下布设停车场

三、服务区的布设

高速公路的服务区是为驾乘人员提供中途休息、进餐等服务,以及为车辆停车、加油、维修等必要服务的场所。服务区应包括停车场、公厕、休息室、加油站、维修站、餐厅、商店、绿地等具有各自服务功能的设施。

1. 布设原则

(1) 服务区应尽可能与互通式立体交叉配合设置,利用互通式立体交叉的用地范围及用地条件等合理布设。服务区各种设施应功能齐全,各组成部分之间位置应合理。

（2）在保证互通式立体交叉的交通功能和线形布设不受影响的前提下,合理确定服务区的用地规模。服务区的用地规模应根据停车的车位数来确定。

（3）应根据互通式立体交叉进出交通量的大小、服务区规模、地形情况,合理确定其布置形式。

2. 布置形式

服务区可根据具体情况布设在互通式立体交叉范围主线的一侧或两侧。

1）主线一侧布设一个服务区

如图9.27所示,在互通式立体交叉范围内主线一侧布置一个服务区,供所有出入立体交叉需要服务的车辆使用。当出入互通式立交需要服务的交通量较小时,采用这种布置形式。其特点是占地较小,出入服务区的车辆只有分流与合流运行,不存在平面交叉,但需建两座跨线构造物,主线另一侧直行车辆使用服务区不便。

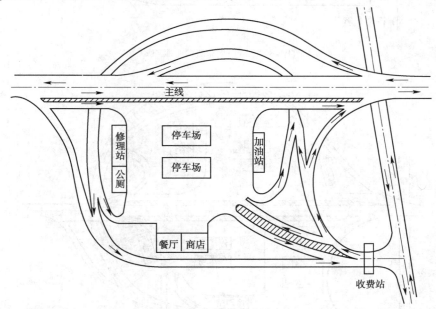

图9.27 主线一侧布置一个服务区

2）主线一侧布置两个服务区

如图9.28所示,在互通立体交叉范围内主线一侧布置两个服务区,分别供由收费站驶出和驶入两个方向需要服务的车辆使用。这种形式适用于出入互通式立体交叉需要服务的交通量较大,且主线一侧用地限制不严的情况。其特点是驶出和驶入的服务车辆分别使用各自的服务区,只有分流与合流运行,不存在平面交叉,只需一座跨线构造物,但占地面积较大,主线另一侧直行车辆使用服务区不便。

3）主线两侧各布置一个服务区

如图9.29所示,在互通式立体交叉范围内主线两侧各布置一个服务区,分别供主线两侧驶出和驶入需要服务的车辆使用。这种形式适用于出入互通式立体交叉需要服务的交通量较大、主线两侧用地限制不严的情况。其特点是两侧需要服务的出入车辆使用各自的服务区,可分散交通,适用服务的交通量大,只需一座跨线构造物,主线直行交通需要服务的车辆也可方便地使用服务区,由收费站驶入的右转车辆可采用定向匝道或平面交叉进入服务区,但立体交叉占地面积较大。

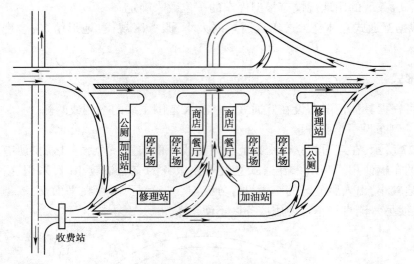

图 9.28　主线一侧布置两个服务区

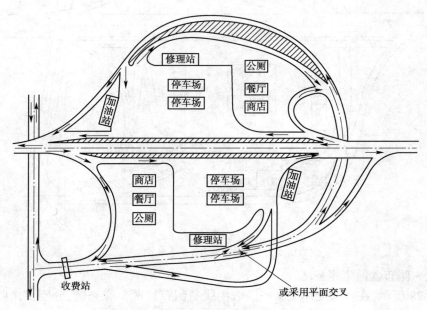

图 9.29　主线两侧各布置一个服务区

知识点 5　道路照明设计

道路及特殊地点应有照明设施,以保障交通安全、畅通,提高运输效率,防止犯罪活动,并对美化城市环境产生良好效果。道路照明设计应按照道路照明相关标准执行。

一、照明标准

为了保证道路照明能为驾驶员以及行人提供良好的视看环境,达到辨认可靠和视觉舒适的基本要求,道路照明应满足平均亮度(照度)、亮度(照度)均匀度和炫光限制三项指标。此外,道路照明设施还应有良好的诱导性。

(1)光的平均亮度(L_{av}),是指发光强度为1cd(坎德拉)的光源均匀分布在$1m^2$的照射面上所产生的视觉效果。光亮度单位为"cd/m^2"。

(2)光的平均照度(E_{av}),是指光通量(光能强度)为1lm(流明)的光源均匀分布$1m^2$的照射面上所产生的视觉效果。光照度单位为"L_x(勒克司)"。

(3)平均照度换算系数$L_x/(cd/m^2)$,沥青路面为15,水泥混凝土路面为10。

(4)亮度或照度的均匀度,是指亮度或照度的最小值与平均值之比。

道路照明标准应根据城市的规模、性质、道路分类,按表9.15选用。

道 路 照 明 标 准　　　　　　　　　　表9.15

级别	道路类型	亮度		照度		炫光限制	诱导性
		平均亮度(cd/m^2)	均匀度L_{min}/L_{av}	平均照度(L_x)	均匀度E_{min}/E_{av}		
Ⅰ	快速路	1.5	0.40	20	0.40	严禁采用非截光型灯具	很好
Ⅱ	主干路	1.0	0.35	15	0.35	严禁采用非截光型灯具	很好
Ⅲ	次干路	0.5	0.35	8	0.35	不得采用非截光型灯具	好
Ⅳ	支路	0.3	0.30	5	0.30	不宜采用非截光型灯具	好
Ⅴ	居住区道路	—	—	1~2	—	采用的灯具不受限制	—

表中所列的平均亮度(照度)为维持值。对于新安装灯具的,路面初始亮度(照度)值应比表中数值高30%~50%。对于表9.15所列数值,中、小城市视道路分类可降低一级使用;表中平均照度仅适用沥青路面,水泥混凝土路面的平均照度值相应降低20%~30%;表中各项数值仅适用于干燥路面。

二、照明系统的布置

道路系统的照明应根据规定选择光源和灯具,然后按道路断面和宽度采用不同的照明布局。尽量发挥照明器的配光特性,使配光合理、效率高,以取得较高的路面亮度、满意的均匀度,并注意尽量限制产生炫光。

1. 平面布置

1)照明器在道路上的布置

(1)沿道路两侧对称布置,如图9.30a)所示,适用于宽度超过20m、行人和车辆多的道路上,一般可获得良好的路面亮度。

(2)沿道路两侧交错布置,如图9.30b)所示,适用于宽度超过20m的主要道路上。这种布置无论在照度及均匀性方面,都比较理想。

(3)沿道路中心线布置,如图9.30c)所示,适用于道路两侧行道树分叉点较低、遮光较严重的街道。这种布置经济简单、照度比较均匀,但易产生炫光,维修麻烦。

(4)沿道路单侧布置,如图9.30d)所示,一般适用于宽度在15m以下的道路。其特点是经济简单,但照度不均匀。

(5)平曲线上布置照明器,路面较窄时在曲线外侧布置,路面较宽时在两侧对称布置,反向曲线路段灯具安装在一侧。在曲线半径小的曲线上应缩短灯距。

(6)坡道上照明器的布置应使灯具的开口平行坡道。在凸形竖曲线范围灯具的间距要适当缩小。

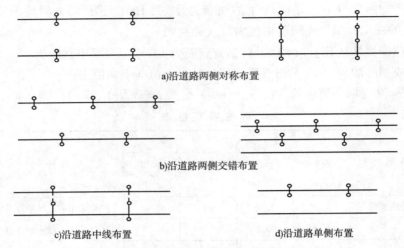

图 9.30 道路照明一般布置方式

2)照明器在交叉口的布置

对于 T 字形交叉口,照明器多安装在道路尽头的对面,既能有效地照亮交叉口,又有利于驾驶员识别道路。对于十字形交叉口,照明器安装在交叉口前进方向右侧。环形交叉口宜将灯具设在环道外侧。铁路平面交叉口,照明器安装在前进方向右侧。

2. 横向布置

照明器一般布置在人行道的绿带或分隔带的边上、灯杆竖在距路缘石 0.5~1.0m 处。照明器通过支架悬臂挑出在道路的上空,悬挑长度不宜超过灯具安装高度的 1/4,一般为 2~4m,如图 9.31 所示。

3. 照明器的安装高度和纵向间距

为保证路面亮度(照度)均匀度,并将炫光限制在容许范围内,灯具的安装高度、纵向间距和路面有效宽度应符合有关规定。

如图 9.32 所示,照明器的安装高度 h,纵向间距 L 和配光特性三者间的关系为:

$$E_A = \frac{I_\alpha \cos\alpha}{r^2} = \frac{I_\alpha \cos^3\alpha}{h^2} \tag{9.30}$$

式中:E_A——路面上任意点 A 的水平照度,L_x;

I_α——光源 O 在 α 方向的发光强度;

r——O 至 A 点的距离,m;

h——光源 O 的高度,m;

α——O 至 A 的连线与路面垂直方向的夹角,°。

照明器纵向间距一般为 30~50m,高度为 6~8m。

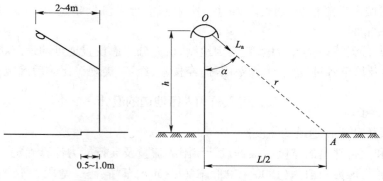

图9.31 照明器横向布置　　图9.32 照明布置关系

照明影响着道路安全性与行驶流畅和舒适度。在行人比较集中和存在路侧干扰及交叉干扰的市区及郊区,安装固定的照明设备是必要的。乡镇公路也可能需要,但其需要程度较城市街道和靠近市区的道路要小得多。一般认为乡镇公路很少需要照明,在运输特别繁忙和重要路段,可配置路灯;在有条件的交叉道口、人行横道等处可采用局部照明。一般情况下,由车辆本身的车灯提供照明。

三、立体交叉照明设计

为保证夜间通行条件,立体交叉范围内要有完善而良好的照明设施。立体交叉照明设计要求照度均匀、视野清晰、能够引导视线、照度标准应高于路段,并满足炫光限制要求。采用常规照明方式时,立体交叉应分别按照《城规》规定的平面交叉、曲线路段、坡道等相应照明办法,使各个部分的照明互相协调。各层道路上所产生的光斑应能衔接协调,使该处的照明均匀度不低于规定值。

当立体交叉的相交道路不设连续照明时,在立体交叉的平面交叉口、出入口、弯道、坡道等地段都应设置照明,且照明应延伸到立体交叉范围以外,并逐渐降低亮度水平形成过渡照明,以适应驾驶员的视觉要求。

对于环形立体交叉、环形匝道及大型立体交叉等,可采用高杆灯照明,不仅经济合理,而且照明效果良好。高杆灯照明是指灯具安装高度大于或等于20m的照明。其位置应满足布光要求,避免或减弱炫光,防止发生撞杆事故,保证行车安全。

知识点6　人行天桥和人行地道

一、人行天桥和人行地道的设置地点

为了保证行人交通安全,避免行人横穿干道而影响车速,在下列情况下宜设置人行天桥或人行地道:

(1)横过交叉口一个路口的步行人流量大于5000人次/h,且同时进入该路口的当量小客车交通量大于1200辆/h;

(2)通过环形交叉口的步行人流量达18000人次/h,且同时进入环形交叉的当量小客车交通量达到2000辆/h;

(3)行人横过快速道路时;

(4)铁路与城市道路相交,因列车通过一次阻塞步行人流量超过 1000 人次,或道口的关闭时间超过 15min 时。

选择修建人行天桥还是人行地道,要因地制宜,充分考虑设置地点的道路状况、交通条件、周围景观、地上及地下各种设施、工程费用等,经技术、经济、美观等比较后确定。

二、人行天桥和人行地道的设计

(1)人行天桥和人行地道的宽度。

人行天桥和人行地道的宽度应根据设计年限人流量及通行能力计算确定。人行天桥和人行地道的设计通行能力一般为(1800~2000)p/(h·m),车站、码头地段为1400p(h·m)。通常人行天桥和人行地道的宽度一般为 3.0~5.0m。此外还应考虑其宽度与道路宽度、交叉口大小及周围城市景观和建筑的配合、协调。

(2)人行天桥和人行地道梯道、坡道的设计。

由于通过人行天桥和人行地道出入通道的梯道或坡道时,行人的速度较低,通行能力受到影响,因此梯道或坡道宽度应大于桥面或地道宽度。梯道或坡道宽度应根据设计年限人流量确定。

人行天桥和人行地道宜采用梯道型升降方式。梯道坡度宜采用 1:2~1:2.5,常用踏步每级宽为 30cm,高为 15cm。递道高差大于或等于 3m 时应设平台,平台长度不小于 1.5m。

为便于自行车、儿童车、轮椅等的推行,可采用坡道型升降方式。坡道坡度不应陡于 1:7,坡道表面应防滑耐磨。冰冻地区应慎重选用。

对自行车较多,但由于地形状况及其他理由不能设坡道的情况,可采用梯道带坡道的混合型升降方式。混合型的坡度不应陡于 1:4。

梯道、坡道、平台及桥上应设扶手或护栏,扶手或护栏高度应大于或等于 1.1m。

(3)人行天桥的桥下净空应满足各种车辆及行人的通行需要。人行地道净空应大于或等于 2.5m。

(4)行人护栏的设置。

为了引导行人经由人行天桥或人行地道过街,应设置导流设施,其断口宜与人行天桥或人行地道两侧附近的交叉口结合。一般需在天桥或地道两端沿街设置 50~100m 的高护栏。

? 习　　题

9.1　简述道路路基内部排水系统组成及布置要点。

9.2　说明路面结构内部排水的作用及其设计要点。

9.3　道路表面排水主要包括哪些排水设施?主要设计内容有哪些?

9.4　叙述雨水管道设计的方法与步骤。

9.5　雨水管道布置的基本原则是什么?

9.6　简述高速公路服务区公共交通停靠站的布设形式、特点及使用场合。

9.7　高速公路服务区停车场的布设需要考虑哪些影响因素?

9.8　简述光的平均亮度与平均照度的区别与联系。

9.9　在确定人行天桥和人行地道的设置地点时,应考虑哪些因素的影响?

单元 10 道路外业勘测

本单元摘要：本单元主要介绍道路勘测设计的基本程序；道路初测和初步设计的任务、要求；道路定测和施工图设计的任务、要求等内容。

知识点 1　道路勘测设计的基本程序

我国基本建设包括经济建设计划、项目建议书、可行性研究、评审、设计任务书、初步设计、技术设计、施工图设计、施工、竣工验收、交付使用等程序。其中从设计任务书至施工图设计的工作属于勘测设计阶段，是基本建设的重要组成部分。

公路的勘测设计是指具体完成一条公路所进行的外业勘测和内业设计工作。外业勘测包括路线的视察、踏勘测量和详细的测量工作，内业设计包括路线设计和结构设计以及概预算编制等工作。

公路勘测是公路工程设计的依据和基础，而工程设计又是施工的依据和基础，所以公路勘测设计质量高低对整个公路建设质量起着决定性的作用。

一、勘测设计阶段的基本要求

（1）在测设中，要深刻领会建设要求，认真贯彻国家在公路建设方面的方针政策，加强整体观念，正确处理政治与经济、技术与自然条件、国家与集体、整体与局部、远景与近期的关系，使公路建设更好地为改革开放和经济建设服务。

（2）公路勘测在有条件时，应尽量利用航空摄影测量、地面立体摄影测量和已有的航测资料，并在技术成熟的情况下，优先选用先进仪器和最新测设手段，以提高测设速度和质量，提高测设效益。

（3）公路勘测设计必须从实际出发，深入现场，加强调查研究，广泛收集意见，充分掌握第一手资料，正确地作出判断，妥善解决公路技术要求与自然条件之间的矛盾，使所选的路线技术先进、经济合理、安全适用，既顺适通畅又坚固稳定。

（4）公路勘测设计必须坚持内外业相结合。通过室内对已有资料进行全面分析和方案探讨，做到心中基本有数，用以指导外业勘测；在外业工作中应考虑满足内业设计的需要，内、外业作业互相协调与配合。

(5)公路勘测设计应严格按标准测设。设计文件的编制，必须贯彻国家有关方针政策，按照基本建设程序和有关标准、规范、规程，进行精心设计，做到客观、公正、准确。

(6)设计必须贯彻"安全、耐久、节约、和谐"的设计理念。应遵循因地制宜、就地取材的原则；结合我国的经济、技术条件，吸取国内外先进经验，积极采用新技术、新材料、新设备、新工艺；节约用地，重视环境保护，注意与其他建设工程的协调，使设计的工程建设项目取得经济、社会和环境的综合效益。

(7)设计必须充分进行方案比选。对难以取舍和对投资有较大影响的方案，应进行同等深度的技术、经济等方面的比选，确定合理的设计方案。高速公路、一级公路改(扩)建工程应进行施工期间交通组织设计方案的论证与比选。

(8)公路基本建设项目进行分期修建时，应做好总体设计、一次设计、分期实施，处理好前、后期工程的相互衔接，避免造成工程废弃。

二、勘测设计阶段

1. 设计任务书

公路设计单位应根据批准的设计任务书和有关标准、规范进行勘测设计。设计任务书应依据批准的可行性研究报告编制，由建设单位主管部门下达。设计任务书包括以下基本内容：

(1)建设依据和意义；
(2)路线的建设规模和修建性质；
(3)路线的基本走向和主要控制点；
(4)工程技术标准和主要技术指标；
(5)确定设计阶段以及各阶段的完成时间；
(6)建设期限和投资估算，分期修建的应提出每期的建设规模和投资估算；
(7)施工力量的原则安排。

设计任务书经批准后，如建设规模、技术标准、路线基本走向等主要内容有变更时，应经原批准机关同意。

2. 设计阶段

我国《公路工程基本建设项目设计文件编制办法》规定：公路工程基本建设项目一般采用两阶段设计，即初步设计和施工图设计。对于技术简单、方案明确的小型建设项目，可采用一阶段设计，即一阶段施工图设计；而对于技术复杂、基础资料缺乏和不足的建设项目或建设项目中的特大桥、长隧道、大型地质灾害治理等，必要时采用三阶段设计，即初步设计、技术设计和施工图设计。

高速公路、一级公路必须采用两阶段或三阶段设计。

(1)两阶段设计。根据批准的设计任务书的要求，一般应通过踏勘测量，编制初步设计文件；根据批准的初步设计，通过详细测量，编制施工图设计。当技术方案较少或方案问题采用适当措施可以解决时，也可以通过详细测量，编制初步设计；根据批准的初步设计再通过补充测量编制施工图设计。

(2)三阶段设计。根据批准的设计任务书的要求，通过初测，编制初步设计；根据批准的初步设计，进行定测，编制技术设计；再根据审批的技术设计文件进行补充测量，编制施工图设计。初步设计编制设计概算、技术设计编制修正概算、施工图设计编制施工图预算。

(3)一阶段设计。根据批准的设计任务书的要求,进行一次性详细测量,据此编制施工图设计和施工图预算。

不论采用哪一种阶段设计,都要在勘测前进行可行性研究。

三、可行性研究

1. 可行性研究

可行性研究是基本建设前期工作的重要组成部分,是建设项目立项、决策的主要依据。可行性研究的目的是通过对与拟建项目投资效果有关的所有因素的综合研究分析,提出切实可行的决策和对策方案,以保证项目选择正确、方案科学、工期合理、投资可行、效益良好。公路建设项目可行性研究的任务,是在对地区社会、经济发展及路网状况进行充分的调查研究、评价、预测和必要勘察工作的基础上,对项目建设的必要性、经济合理性、技术可行性、实施可能性,提出综合性的研究论证报告。可行性研究按其工作深度的不同,可分为预可行性研究和工程可行性研究。

2. 预可行性研究报告与工程可行性研究报告

预可行性研究报告要求根据国民经济与社会发展规划和公路网布局规划,通过踏勘和调查研究,重点阐明建设项目的必要性,提出建设项目的规模、技术标准,进行简要的经济效益分析,审批后作为编制项目建议书的依据。

工程可行性研究报告是根据批准的项目建议书,通过必要的测量(高等级公路必须做)、地质勘探(大桥、隧道及不良地质地段等),在认真调查研究、占有必要资料的基础上,对于不同的建设方案从经济上、技术上进行综合论证,提出推荐建设方案,审批后作为编制设计计划任务书的依据。

3. 可行性研究报告的主要内容

公路建设项目可行性研究报告的主要内容应包括:建设项目依据、历史背景、建设地区综合运输网的交通运输现状和建设项目在交通运输网中的地位及作用,现有公路的技术状况及存在的问题;论述建设项目所在地区的经济特征,研究建设项目与经济发展的关系,预测交通量、运输量的发展水平;建设项目的地理位置,以及地形、地质、地震、气候、水文等自然特征;筑路材料来源及运输条件;论证不同建设方案的路线起讫点和主要控制点,对建设规模、标准等提出推荐意见;评价建设项目对环境的影响;测算主要工程数量和征地拆迁数量,估算投资,提出资金筹措方式;提出勘测设计和施工计划安排;确定运输成本及有关经济参数,进行经济评价、敏感性分析,对于收费公路、桥梁、隧道,还须做财务分析;评价推荐方案,提出存在问题和有关建议。

知识点2 道路初测和初步设计

一、初测的目的与任务

初步测量简称初测,它是两阶段设计的第一阶段。初测是在可行性研究的基础上进一步安排路线、落实路线局部方案的重要步骤。其任务是根据上级批准的设计任务书和可行性报告已确定的路线基本走向,进一步勘测落实初步选定路线,进行导线、高程、地形、桥涵及构造物、路线交叉、概算等的测量和勘查工作。初测的目的是通过踏勘测量为初步设计和概算编制以及进一步选定路线方案提供资料。

1. 准备工作

(1)应根据初测需要,搜集与项目相关的技术、经济、社会及自然条件等资料,具体如下:

①三角点、导线点、水准点、GPS 点等测量控制点及各种比例尺的地形图、航测图像等资料;

②沿线自然地理概况、地质、水文、气象、地震基本烈度等资料;

③沿线铁路、公路、航运、城建、农林、水利、电力、通信、文物、环保、国土资源、国防等部门与本项目有关的规划、设计、规定、科研成果等资料;

④对于改(扩)建的公路,还应搜集原有公路的测设、施工、养护、路况及交通量等资料。

(2)应根据批复的工程可行性研究初步拟定的路线起讫点、中间控制点及基本走向方案,在地形图、数字地面模型或航测图像上进行研究,初步确定初测的勘测方案。

(3)应根据初步确定的勘测方案编写工作大纲和技术设计书。在工作大纲中应写明测设组织形式、测设人员、人员分工、工作阶段划分、各阶段工期、质量保证措施等,在技术设计书中应写明资料搜集及可利用情况、仪器设备状况、测设内容、测设方法、测设深度、采用的技术标准及提供的资料等。

2. 现场踏勘

应根据准备阶段确定的初拟勘测方案,对下列主要内容进行现场踏勘:

(1)核查所搜集地形图的地形、地物的变化及对初拟方案的影响;

(2)沿线居民点、农田水利设施、主要建筑设施和不良地质的分布情况及对初拟方案的影响情况,并对初拟方案作出相应的调整;

(3)沿线各种地上(下)管线、重要历史文物、名胜古迹、旅游风景区、自然保护区、景观区(点)等的分布情况,并据此调整初拟方案或拟定相应的环保措施;

(4)对沿线重点工程和复杂的大桥、中桥、隧道、互通式立体交叉等,应逐一落实其位置与设置条件;

(5)对重要的路线方案、与地方规划或设施有干扰的方案,应征求当地政府或主管部门的意见;

(6)改建公路应对原有旧路的路线线形、路基、路面、桥涵、防护和排水系统、交通事故与主要病害情况进行踏勘。

对搜集的国家及有关部门布设的控制点的完好程度及可利用性进行检查,根据测区地形、植被覆盖情况,结合技术条件确定控制测量方案。

3. 控制测量

(1)各级公路的平面与高程控制测量等级选定、精度指标等应按相关规范要求执行。

(2)应根据公路等级、路线所在地区的地形和作业条件、拟投入的仪器设备、国家控制点的数量和分布位置等,确定测量控制网的精度等级、布网方式和作业方式。

(3)二级及二级以上公路必须进行平面与高程控制测量;三级、四级公路宜进行平面控制测量,应进行高程控制测量。路线平面控制测量宜采用导线测量形式,高程控制测量宜采用水准测量形式。

(4)可首先布设首级控制网,然后加密与公路、构造物等级相适应的控制网,也可以一次性布设与公路、构造物等级相适应的控制网。

4. 地形图测绘

各等级公路均应根据设计需要进行地形图测绘。地形图成果宜首选数字地形图,具体要求如下:

(1)根据路线所在地区的地形、地物和植被覆盖情况、公路等级及所具备的经济、技术条件等,确定地形图的测绘方式,地形图比例尺、等高距的选择、精度要求应按规范规定执行。测图比例尺一般应采用1:2000或1:1000,工点地形图可采用1:500~1:2000。

(2)地形图的测绘范围应根据公路等级、地形条件及设计需要等合理确定,应能满足线形优化及构造物布置的需要。二级及二级以上公路中线每侧不宜小于300m。采用现场定线法时,地形图的测绘范围中线每侧不宜小于150m。高速公路和一级公路采用分离式路基时,地形图应覆盖中间带;当两条路线相距很远或中间带为大河与高山时,中间地带的地形图可不测绘。

(3)无论采用平板测图,还是采用摄影方法测图,都应符合《公路勘测规范》(JTG C10—2007)的有关规定;当需建立数字地面模型时,还应符合《公路勘测细则》(JTG/T C10—2007)的有关规定。

(4)当公路等级低,且无须利用地形图进行纸上定线时,亦可利用纵、横断面资料,配合仪器测量现场勾绘地形图。

5. 路线勘测与调查

路线定线时,应充分了解并掌握沿线规划以及地形、地貌、地质、水文、气候、地下埋藏、地面建筑设施等情况。

(1)纸上定线应进行的勘测包括如下内容。

①应将具有特殊要求和控制的地点、必须绕避的建筑物或地质不良地带、地下建筑和管线等标注于地形图上;

②越岭路线需进行纵坡控制的地段,应在地形图上进行放坡,并将放坡点标示于图上;

③路线上一般地形变坡点的高程可从图上判读,对高程要求较严格的路段和地点,如河堤、铁路、立体交叉、水坝、干渠、重要管线交叉等应实测其高程,点绘纵断面图;

④应对高填深挖地段、大型桥梁、隧道、立体交叉以及需要特殊控制的地段进行实地放桩,进行纵、横断面测量;

⑤应在地形图上点绘或实测控制性横断面。

(2)现场定线应进行的勘测包括如下内容。

①现场定线一般只适用于三级、四级公路的线路选取;

②现场踏勘前,应在地形图上确定控制点、绕避点,选择路线通过的最佳位置;

③对越岭路线或受纵坡控制的路段,应选择好坡面及展线方式进行放坡试线;

④现场定线时,可采用直接定交点法、延长直线钉设转点或交点的方法确定路线交点位

置。直接定交点法一般可用于地形平坦、地面目标明显、路线受限不严或旧路改建等工程。延长直线钉设转点或交点时应符合以下要求：

a. 交点至转点或转点间距离，宜控制在 50～500m；当点间距离小于 50m 时，应设置远视点。

b. 正、倒镜的点位横向偏差每 100m 不应大于 5mm；当点间距离大于 400m 时，最大点位差不应大于 2cm。三级及三级以下的公路，点位差值可放至 2 倍，符合以上偏差范围公路时，可分中定点。

c. 延长直线时，前、后视距离宜大致相等。当距离小于 100m 时，应用测钎或垂球对点；当距离较远时，可用花杆对点，并以杆脚为照准目标，如有困难时至少应照准花杆的下半部分。

d. 选设的交点和转点作为测量控制点使用时，应进行护桩并按照二级平面控制测量的要求测定角度和长度。如交点和转点不作为测量控制点使用，应将交点和转点与路线控制测量点联测，求交点和转点坐标。

(3) 不管是纸上定线还是现场定线，均应根据专业调查需要，进行路线放线。路线放线可采用极坐标法、GPS RTK 法、链距法、偏角法、支距法等方法。

(4) 采用极坐标法、GPS RTK 法放线时，应符合《公路勘测细则》(JTG/T C10—2007) 的要求。

(5) 采用链距法、偏角法、支距法敷设中线时，应符合表 10.1 的要求。

中线放样闭合差　　　　　　　　　　　　　表 10.1

项　目	公　路　等　级	
	高速公路，一、二级公路	三级及三级以下公路
角度闭合差(″)	$30\sqrt{n}$	$60\sqrt{n}$
长度相对闭合差	1/2000	1/1000

注：n 代表测站数。

(6) 定线放桩的密度应满足勘测与调查的需要。放桩桩位、中桩高程及横断面测量精度要求按定测中路线中线敷设的要求执行。当能利用地形图的地形数据构建相当于 1:2000 地形图精度的数字地面模型时，中桩的高程和横断面可在数字地面模型上内插获得。

6. 路基、路面及排水勘测与调查

(1) 应根据沿线地形、地貌、地质构造、地震动峰值加速度系数、水文及水文地质等特征，对影响路基、路面及排水设计的相关因素和条件，进行勘测与调查。

(2) 路基、路面及排水应勘测与调查的内容如下。

①沿线地形、地貌、地质构造、地震动峰值加速度系数、水文及水文地质等特征。

②路线所在地区的公路自然区划及其特征。

③沿线气象资料，包括气温、风速、风向、降水量、日照期、年蒸发量、无霜期、冰冻期及冰冻深度、积雪期及积雪厚度，以及风吹雪和风吹沙对路基、路面的影响程度。

④沿线水系分布基本特征、相互关系及对路基、路面的影响。查明地表水、地下水、裂隙水等的位置、流量、流向，拟定设置排水沟(渠)的形式、进出水口的位置、排水沟渠的加固措施。

⑤沿线农田水利设施的现状、特点、发展规划，农田地表土的工程性质及厚度。公路通过农田、洼地，应调查地表的积水深度、积水时间，拟定路基排水和加固措施。

⑥沿线城镇供、排水系统和设施的现状、特点、发展规划,公路排水设计与城镇排水系统和设施的配合及利用条件。

⑦沿线地表积水,地表径流,地下水的水位、流量、流速、流向、移动规律、季节性变化及其对路基、路面稳定性的影响。搜集路面设计重现期内降雨量强度(mm/30min)资料,拟定路面排水措施。

⑧高填、深挖路基的位置、地形地貌特征及山体的稳定性。

⑨原有公路路基及路线附近既有工程填筑或开挖边坡坡度、高度及自然山坡的现状。

⑩路线附近既有工程路基、路面的工作现状及常见病害。

⑪路线所经地区植被的主要种类、茂密程度等。

⑫调查沿线当地路面材料的产量和质量,调查分析路线所在区域已有工程的路面结构类型、结构组合、材料级配组成以及路面使用状况,分析已有工程路面损坏、破坏的原因、机理。

(3)浸水路基应勘测与调查的内容如下。

①沿河路基和河滩路堤。

a. 沿河水位、水流特性及对路基的影响;

b. 河岸地形、地貌、地质构造、岩土特征;

c. 河流性质、发育阶段、河滩堆积物质及其颗粒组成、漂浮物、冲淤等及对路基稳定性的影响;

d. 河面宽度、河床能否压缩及压缩河床后对河流上、下游和河流两岸的影响。

②水库路基、沿湖(塘)路基、沿海路基及滞洪区、分洪区路基。

a. 水库路基应查明水库类型、等级、设计水位、水深、设计库容量、设计洪水频率、水库修建时间、库坝建筑材料及现状、水库淹没范围、水库泄洪对下游的影响、库区风向、风速、浪高、淤积等,并测量坝顶高程;

b. 沿湖(塘)路基、沿海路基应查明湖(塘)、海(潮)常水位、最高水位、水深、浪高及湖、海岸变迁、淤积等情况。

③滞洪区、分洪区路基应查明淹没时间、最高洪水位、浪高、洪水流动方向和规律。

(4)特殊地质及不良地质地段路基、路面勘测与调查的内容如下。

①特殊地质、不良地质地段的位置、特征、地形地貌生成原因、性质、发展规律、影响范围及对路基、路面的影响。

②软土、膨胀土等特殊岩土以及含水率高的黏土埋藏深度、土质及颗粒组成、含水率、液限、塑限等指标。

③对特殊地质、不良地质和特殊岩土地段应进行地质勘探。

(5)改河(沟渠)工程勘测与调查的内容如下。

①改河(沟渠)的河段起点及河道两岸的地理、地质环境。

②现有河(沟渠)道的水位(包括最高水位、中水位、低水位)、水深、流向、流速、宽度、横断面形状、河床纵坡坡度以及冲刷与淤积的情况。

③改移河(沟渠)道后对上、下游及两岸的影响。

④改河(沟渠)产生的废方废弃的位置及运距,原河道(沟渠)的处理措施或复垦的可能性。

⑤改河工程应进行必要的地质勘探,查明地质条件、土石成分,并拟定防护及导流的措施。

(6)改建公路路基、路面勘测与调查的内容如下。

①原有公路的等级、技术指标、修建年份和历次改建情况、路基宽度、路面宽度、路面结构

及各层厚度、交通类型及交通量、历年交通量增长率。

②原有人工构造物的位置、结构形式,路基、路面排水状况、排水构造物的工作状态。

③原有公路病害路段的位置、病害的类型、性质、范围等,确定防治措施。

④原有公路路基填、挖方边坡高度、边坡的稳定值。

⑤原有公路使用状况和养护资料。

⑥对原有公路路面、桥涵、排水及防护等人工构造物进行现场观测或技术鉴定,拟定利用或改造的措施。

(7)防护工程勘测与调查的内容如下。

①调查山坡土体的稳定性,坡面、坡脚受水流冲刷及地下水出露情况。

②山坡坡面变形特征(包括坡面滑移、剥落、坍塌等)。

③沿线既有防护工程的常用形式及防护效果。

④防护构造物设置位置、形式和长度,对地质条件特别复杂、防护工程规模较大的工点应进行控制测量,并测绘1:500~1:1000的地形图。

⑤根据设计要求进行地质勘探,查明基底地质条件。

(8)取土(料)及弃土勘测与调查的内容如下。

①取土(料)勘测与调查。

a. 路侧取土或线外取土坑的位置、土壤种类、工程性质、取土坑(场)表面覆盖物及厚度、取土深度及范围、取土方式、取土季节、估计可取土数量、占地及赔偿办法。

b. 沿线可供筑路的工业废渣的工程性质、储量、购买价格、路用价值等。

c. 评估路侧取土或线外取土后对路基、路面、农田灌溉和周围环境的影响,并确定防治措施或探讨综合开发与利用的可能性。

d. 取土坑(场)、工业废渣料场至上路桩号的距离、运输条件,修建便桥、便道的长度。

②弃土调查。

a. 计算路基开挖产生弃方的起讫桩号及弃方数量,确定可否运至附近低洼地废弃或就地废弃。

b. 弃方集中堆弃的位置、可堆弃的数量、占地及赔偿办法。

c. 弃方的运输条件、方式及运距,修建便桥、便道的长度,占地数量及赔偿办法。

d. 评估弃土场堆置弃土后对地表排水、农田灌溉和周围环境的影响,并确定防治措施。

7. 小桥涵勘测与调查

(1)小桥、漫水桥以及复杂涵洞、改沟工程、人工排灌渠道等,一般应放桩并实测高程与断面。当地形及水文条件简单时,可在1:2000地形图上查取或采用数字地面模型内插获取,但应进行现场校对。

(2)对小桥涵(包括漫水桥、过水路面、倒虹吸、渡槽)的勘测,应实地调查小桥涵区域排水体系、农田排灌、地形、地质、水文等自然条件,结合路基综合排水系统,现场核对拟定小桥涵位置、交角、结构类型、孔径及进出口形式等。

(3)应对桥涵位上游汇水区的地表植被、洼地滞流、土质吸水类别、水库(或湖泊)控制面积等地表特征进行调查,满足径流形成法和暴雨推理法计算流量的需要。

(4)凡拟建小桥涵址的上、下游附近有原建桥涵时,应对原有小桥涵的结构形式、洞口类型、各部分主要尺寸及基础埋置深度、修建年代、损毁修复等情况进行调查,并测量桥前水深、桥下泄洪流量、桥涵址的汇水面积等。

（5）应对初拟小桥涵的交角、结构类型、孔径、涵长、进出口形式等进行现场核对。

（6）改建工程的小桥涵,应查明原有桥涵的位置、结构形式、荷载标准、跨径、高度、长度、基础形式及埋置深度、修建年代、损坏修复情况及可利用程度。

8. 大、中桥勘测与调查

（1）初测前应搜集的资料。

①水文资料。

应搜集流域水系图、桥位以上流域面积、桥位所在河段河床及河岸变迁资料、桥位附近水文站历年实测最大流量及相应的水位、流速、糙率、水面比降、水文断面、含沙量和水位-流量、水位-面积、水位-流速关系曲线,以及特殊河段所需资料等。当桥上、下游有大型水利工程时,应搜集其设计、建设和使用情况的资料。

②气象资料。

应搜集桥位附近有关气象台、站历年最大风速和主要风向及频率,年、月、日平均气温和极端最高、最低气温,历年降水量、多年平均降水量、日最大降水量、最大 1h 降水量和最大 24h 降水量、降水天数,以及相对湿度和最大冻土深度等资料。

③流冰、流木资料。

应搜集桥位河段最高和最低流冰水位、封冻最高水位,冰厚、冰块最大尺寸、冰块的密度、流冰的速度、冰坝抬高水位的高度,流木最大长度,以及漂流物类型、尺寸等资料。

④通航资料。

应搜集桥位河段通航等级、通航船舶、船队长度、排筏最大宽度和长度、航运密度和发展情况,航道图、航迹线位置图,最高、最低通航水位、封冻停航水位,通航净空和通航孔数,以及航道整治、规划和船舶上、下行限制速度等资料。

（2）勘测与调查的资料,应能满足确定桥梁位置、孔径、交角、结构形式和桥位方案比较需要。

（3）现场踏勘及调查。

①应现场核查研究工程可行性研究所推荐的桥位方案。

②应调查桥位所在区域的农田排灌、河网规划,实地调查路线所经河段水文特点、地形、地物、地貌、工程地质、生态环境等条件。

③应调查河流的形态特征、水文、工程地质、通航要求和施工条件,以及地方工农业发展规划等,应在较大范围内对可能的桥位方案做相同深度的勘测与调查,满足技术、经济比较及方案论证的需要。

④应调查桥位附近埋设管线及人工构造物分布状况,确定其对桥位的影响。

（4）桥位控制测量。

①初测阶段可不专门布设桥梁平面和高程控制网,但在布设路线控制测量网时,应在每岸各布设 2 个以上平面控制点及 2～3 个高程控制点,平面控制点间距应大于 500m;河宽小于 100m 的桥梁可只在一岸设置 1 个高程控制点,满足桥梁平面和高程控制网加密的需要。

②布设的控制点应纳入路线控制测量进行施测。

（5）桥位地形图、水下地形图测量。

①桥位地形图、水下地形图测绘范围应能满足方案比较和桥梁布孔的需要,桥位地形图还

应满足桥头引道和调治构造物布置的需要。

②桥位地形图测量范围,一般上游应为桥长的 2～3 倍,下游应为桥长的 1～2 倍,沿桥轴线方向应测至两岸历史最高洪水位或设计水位以上 2m 或洪水泛滥线以外 50m,应能满足桥梁布孔、桥头引道和调治构造物布置的需要。

③桥位地形图的测绘应符合相关规定,测绘内容还应包括桥轴线、路线平面控制点、引道接线、洪水调查点、历史最高洪水泛滥线、测时流向、航标和船筏走行线、桥梁和建筑物平面布置等内容。

④改(扩)建桥梁的地形图测绘内容应增加既有桥梁墩、台和调治构造物的位置和高程。

(6)应实地放出桥轴线和引道,并进行纵、横断面测量。

(7)桥位方案确定后,应进行水文调查、测量、分析和论证。

(8)跨河位置、布孔方案等,应征求水利、航运等部门的意见。

9. 隧道勘测与调查

(1)相邻隧道洞口纵向间距小于表 10.2 规定时,宜作为一整座隧道进行勘测。

相邻隧道洞口纵向间距　　　　表 10.2

公路等级	高速公路、一级公路	二级公路	三级公路	四级公路
相邻隧道洞口纵向间距(m)	250	160	120	80

(2)隧道控制测量。

①初测阶段可不专门布设隧道平面和高程控制网,但在布设路线控制测量网时应在隧道进出口各布设 2 个以上平面控制点及 2～3 个高程控制点,平面控制点间距应大于 500m,满足隧道平面和高程控制网加密的需要。

②布设的控制点应纳入路线控制测量进行施测。

(3)隧道地形图测量。

隧道地形图测量范围,横向应为中线两侧各 200m 左右,当辅助工程需要或地质情况复杂时,可适当加宽;纵向为估计挖方零点以外不小于 200m,分离式隧道应测至整体式路基汇合点以外 100m。

(4)隧道定线及放桩。

①应在拟定的概略隧址范围内,对初拟各隧道轴线、不同洞口位置及相应连接线进行勘测与调查。

②应在实地放出洞口附近的中线,并现场核查和测绘洞口纵、横断面。

③隧道洞身段应根据地质勘察及钻探需要现场放桩。

(5)应搜集与调查隧址自然地理、环境状态、地形、地质、水文、气象、地震等资料。

(6)对于弃渣场地的勘测与洞渣的利用,应调查如下内容:

①场地容量及弃渣运输条件。

②场地的生态环境及地下水径流条件。

③场地附近各种设施情况及应采取的安全保护措施。

10. 路线交叉勘测与调查

(1)大型或复杂的交叉应进行平面和高程控制测量,平面和高程控制测量的等级和精度要求按照高速公路相应要求进行。

(2)公路与公路交叉应进行以下勘测与调查。

①互通式立体交叉。

a.相交公路勘测与调查的深度应与主线相同,勘测长度应满足互通式立交布置要求。

b.交叉位置地名、相交道路的名称、公路等级、里程、修建时间等。

c.叉角度、交叉点高程,相交公路的平纵线形、横断面形式、路面结构、各层厚度、路面现有状况、病害类型与程度、排水及防护工程、公路养护周期情况等。

d.交叉处的自然地理情况、相交道路在路网中的作用及发展规划。

e.互通式立交范围内的地形、地貌、植被、工程地质、水文地质条件及地物的种类与分布、土地资源条件等。

f.应核查可行性研究报告提供的交通量数据,可进行日交通量或高峰小时交通量观测。核查出现差异时,应进行补充调查,分析原因调整预测影响因素或重新进行起讫点(OD)调查。

g.当互通式立交范围较大,使用路线控制点不方便时,应补充控制测量,并应联系于主线控制网上。

h.互通式立交范围应实测地形图,测绘比例尺一般采用1:2000;有特殊需要时,比例尺可采用1:1000或1:500;地形简单、地物较少、互通立交区范围较大时,可采用1:5000比例尺地形图。测绘范围应满足互通式立交布置的需要(包括比较方案)。

i.互通式立交交叉点应实地放桩,地形、地物复杂的匝道或平面位置及高程受地物严格控制的匝道,均应实地放桩,根据需要进行高程或断面测量。

②分离式立交。

a.应调查相交公路提高等级的计划及交叉处的地区发展规划,路面结构及各层厚度,地形、地物、排水等条件。

b.交叉点确定后,应实地放桩。当主线上跨相交公路且不改建相交公路时,可只测量交叉角度、交叉点高程、相交公路的纵断面及横断面等;当相交公路需改建时,相交公路的勘测与调查应按相应等级公路勘测的要求进行,测量长度应满足改线及接线要求。

c.分离式立体交叉范围内需设置排水设施或改移水渠时,应确定改移位置,并测量纵、横断面;当地形图范围不能满足设计要求时,应补测地形图。

③平面交叉及公路与乡村道路交叉。

a.相交道路的性质、路基路面宽度、路面结构、排水条件、交通量及发展规划。

b.既有平面交叉改建时,还应调查分析包括交通延误及交通事故的数量、程度和原因在内的现有交叉使用情况。

c.拟定交叉位置、形式、交叉角度和采用的技术标准。

d.复杂的平面交叉应实地放桩,并根据需要进行高程或断面测量。

e.平面交叉需改道时,应按相应等级公路勘测的要求进行测量与调查。

(3)公路与铁路交叉勘测与调查。

①公路与铁路交叉应实地放桩,测量铁路轨面高程及交叉角度。

②应调查铁路名称、等级、轨道数、运行情况、交叉位置地名、交叉处铁路里程、铁路路侧附属设施及排水条件等,测量路基宽度及铁路路线纵坡坡度等。

③应调查交叉铁路的技术标准、发展规划,并拟定可能的交叉形式。

④平交时应调查并拟定铁路道口看守的位置,照明、通信、信号等设施线路接入的方式和位置。

⑤应配合业主或主管部门,与铁路主管部门协商交叉方案,并签署协议。

(4)公路与管线交叉。

①公路与管线交叉的位置、长度、交叉角度、悬空高度或埋置深度、杆塔高度以及受影响的长度等。

②管线的种类、技术标准、型号、规格、用途、编号、敷设时间等。

③对与公路平行或接近的管线,还应调查其平面位置、平行公路的长度、杆塔高度等。

④作为路线控制点的重要管线,应测量其平面位置,可根据需要测量其高程或纵、横断面图。

⑤重要管线交叉应配合业主或主管部门,与管线主管部门协商交叉方案及保护措施,并签署协议。

(5)各种交叉的位置、交叉形式、相交道路改移方案等,应征求地方政府或主管部门的意见。

11. 沿线设施勘测与调查

(1)应现场调查拟建沿线设施位置的地形、地貌、地物、植被、水文、地质等自然条件及与各类设施设计相关的技术条件。根据设计需要,重要的沿线设施应测绘比例尺为1:500～1:2000的地形图。当有特殊需要时,应实测拟建设施位置的断面图。拟建设施位置的测量、调查工作可与踏勘及路线勘测一并进行。

(2)管理、服务、养护、收费设施应进行以下勘测与调查,主要包括:

①管理、服务、养护、收费机构的生活、生产所需物资供应条件。

②设施区域内地表的土质条件,适应种植的树种、草种等。

③各站区大地电阻率及当地雷暴日天数。

④对场站联络道路、抢险车辆出入的联络道路及其附属工程,均应进行必要的勘测。

(3)安全设施应进行以下勘测与调查,主要包括:

①沿线地区性冰冻、雾障、积沙、积雪等小气候的位置、范围和季节性特点。

②行政区划界、城市、村镇、大型企业、厂矿、著名风景区、医院、学校、路线交叉口等的位置、规模及与路线的关系。

③坠石、急弯、陡坡、傍山等存在行车安全隐患路段的地形、地貌、植被、水文、地质等自然条件及可能的危害程度。

④隔离设施及安全护栏、护柱、护墙的设置条件。

⑤应现场核查安全设施设置的位置或路段。

12. 环境保护调查

环境保护主要调查内容如下:

(1)当地适种植被的品种、种植条件和生长状态。

(2)沿线园林工程常用的绿化、美化形式。

(3)沿线既有道路环保工程的现状及存在的问题。

(4)沿线国家生态保护区、野生动物保护区及野生动物种群、迁徙路径、栖息地点等。

(5)沿线水源保护区和湿地的面积、至路线的距离等。

(6)由于修建公路对原有的田间道路、排灌网络及其他地上设施的切割所造成的影响,噪声、废气的影响等。

13. 临时工程勘测与调查

对临时工程应进行以下调查,主要包括:

(1)沿线可供施工利用的已有道路情况和应修建的施工便桥、便道的位置及长度。

(2)沿线施工场地的位置、条件及可供施工利用的房屋。

(3)沿线电力、电信线路情况,并向有关部门了解路线附近的原有电力、电信设施和架设公路临时电力、电信线路的可能性,并估计其长度。

14. 工程经济调查

(1)沿线筑路材料调查,主要包括如下内容。

①沿线筑路材料料厂(场)的位置、生产规模及工艺、产品种类及规格、产品质量、产量、价格、供应地点、上路距离、运输方式等。

②自采加工材料料场应查明料场位置、材料品质、储藏量、料场覆盖层厚度、开采范围、料场工程地质条件和水文地质条件,并应进行必要的地质勘探。

③各种材料均应取样试验,确定其物理力学(化学)指标。

④大型自采料场应测绘1:1000～1:5000地形图及纵、横断面图。

⑤应拟定料场占地、便道占地及覆盖层废土的堆置场地的复垦、复耕或还林的措施。

(2)占用土地调查,应按设计的用地范围,以行政乡为单位进行土地的种类、所有人及使用人、常种作物和近三年产量调查。

(3)拆迁建筑物调查,主要包括如下内容。

①应调查需要拆迁的各类建筑物的位置、结构状况和数量,必要时应进行路线中线放线,测量路线距建筑物的距离、建筑物的尺寸等。

②与铁路、公路、水利、电力、电信及各种管道等发生干扰时,应调查归属、属性和数量,必要时会同主管部门现场勘察,协商处理方案。

(4)应调查沿线砍树、挖根、除草的位置、数量、疏密程度等。

(5)概算资料调查,应符合《公路基本建设工程概算、预算编制办法》的有关规定。应调查的资料和要求如下。

①概算编制的原则和依据应调查的内容:建设项目经审批的投资额度、资金来源、国内外贷款额度、利率和年度安排计划;施工组织及招、投标形式,施工期限及有关的计划与要求;概算编制的依据文件,包括交通运输部颁发的现行概(预)算编制办法和定额及省(自治区、直辖市)制定的、相应的补充规定;公路的分期修建方案及主线、支线、连接线、辅道等的编制原则与要求;有关合同、协议、纪要、技术经济法规性文件。

②应调查工程所在地区现行人工基本工资标准和各项工资性补贴费标准。

③外购材料价格及采运条件应调查的内容:主要外购材料的供应价格和供应地点;地方性外购材料(如砂、石、砖、瓦、石灰等)、工业废料等当地的市场供应价格及生产能力;材料的运输方式及运距;当地运输条件及可能承运的能力;各种运输方式的运杂费,包括运费、装卸费及可能发生的其他杂费和附加费;进口材料的种类、进口口岸、价格及税费。

④机械使用费应调查的内容:所在省(自治区、直辖市)对机械台班单价的调整系数标准;所在省(自治区、直辖市)征收施工机械养路费和车船使用税标准。

⑤水、电价格及其供应情况应调查的内容:可供施工用的电源、电价和电价中的地方附加费率标准和电源至工地的临时线路架设条件;水源到工地的距离及采运方式。

⑥征用土地和拆迁设施的补偿费用应调查的内容:搜集当地政府关于土地补偿费、青苗补偿费、安置补偿费,被征用土地上的建筑物、坟墓、水井、树木等附着物,文物保护、土地征收管理费、菜地开发基金及耕地占用税等应交税费的标准和文件;搜集拆迁建筑物和其他设施等补偿费用标准和办法;拆迁电力、电信设施或与铁路、水利等干扰所发生的工程费用,应与主管单位协商,通过现场勘察,确定拆迁的规模、数量及补偿标准或拆迁补偿费用的概算。

⑦主、副食运费补贴,应调查工地距最近的粮食、燃料、蔬菜、水供应地点的运距。

⑧应调查路线所经地区的海拔高度、气温、雨量、雨季和施工季节等有关资料。

⑨应调查工程所在地区可能发生并符合规定的应纳入概(预)算费用的地方性费用资料。

15. 内业工作

(1)应对下列各项外业资料进行检查、复核和签署,检查、复核内容包括测量方法的正确性、野外计算的正确性、记录的完整性等。

①控制点点标记。
②平面、高程控制测量野外记录手簿。
③地形图测量的记录数据。
④中桩放样记录手簿。
⑤中平测量记录手簿。
⑥横断面测量记录手簿。
⑦各专业勘测调查记录手簿。

(2)应对测绘资料进行限差检查并按规定进行计算,对测绘成果进行精度分析和评价。对于从其他部门搜集的资料,应检查、分析确定其可靠程度,做到正确取用。

(3)应对勘测成果进行内部自检和验收。

(4)应按专业分类编绘(制)外业勘测成果图表,并编制勘测报告。

(5)当方案调整时,应补充相应各项勘测调查资料。

16. 资料提交

(1)初测应提交如下基本资料。
①测量成果及计算等资料。
②各种调查、勘测原始记录及检验资料。
③勘测报告及有关协议、纪要文件。

(2)提交的勘测记录应为外业现场工作获得的原始记录(含电子记录文件)。各种图表及资料应清晰、签署完备。提交的勘测图表及资料可为电子文档(应有备份)。

(3)初测的图表及技术资料应首先由项目的设计任务承担单位进行验收,验收合格后,应编制初测成果清单,提请项目的交通行业主管部门或业主进行初测外业验收。

(4)初测应提交的勘测资料和相关图表、技术资料的内容和要求可参照《公路勘测细则》(JTG/T C10—2007)相关规定执行。

二、初步设计

1. 初步设计的目的

基本确定设计方案。必须根据批复的可行性研究报告、测设合同的要求,拟定设计原则,选定设计方案、拟定施工方案,计算工程数量及主要材料数量,编制设计概算,提供文字说明及图表资料。经审查批复后的初步设计文件,则为订购主要材料、机具、设备,安排重大科研试验项目,联系征用土地、拆迁,进行施工准备,编制施工图设计文件和控制建设项目投资等的依据。

当采用三阶段设计时,经审查批复的初步设计作为编制技术设计文件的依据。

2. 初步设计在选定方案时的要求

应对路线的走向、控制点和方案进行现场核查,征求沿线地方政府、建设单位及规划、土地、环保等相关部门的意见,基本落实路线布设方案。对建设条件复杂地段的路线、路基、路面、特大桥、大桥、特长及长隧道、互通式立体交叉、服务设施,一般应选择两个或两个以上的方案进行同深度、同精度的测设工作和方案比选,提出推荐方案。

3. 初步设计任务

(1)选定路线设计方案,基本确定路线位置;
(2)基本查明沿线地质、水文、气候、地震、矿产、文物等情况;
(3)基本查明沿线筑路材料的质量、储量、供应量及运输条件,并进行原材料、混合料的试验;
(4)基本确定路基标准横断面和高填深挖路基、特殊路基的设计方案及沿线路基取土、弃土方案;
(5)基本确定排水系统与支挡、防护工程的方案、位置、长度、结构形式和尺寸;
(6)基本确定路面设计方案、路面结构类型及主要尺寸;
(7)基本确定特大桥、大桥、中桥桥位、设计方案、结构类型及主要尺寸;
(8)基本确定小桥、涵洞等的位置、结构类型及主要尺寸;
(9)基本确定隧道位置、设计方案、结构类型及主要尺寸;
(10)基本确定路线交叉的位置、形式、结构类型及主要尺寸;
(11)基本确定交通工程及沿线设施各项工程的位置、形式、类型及主要尺寸;
(12)基本确定改(扩)建工程施工期间的交通组织方案;
(13)基本确定环境保护措施与景观设计方案;
(14)基本确定改路改渠等其他工程的位置、结构形式及主要尺寸;
(15)基本确定占用土地、拆迁建筑物及管线等设施的数量;
(16)提出需要试验、研究的项目;
(17)初步拟定施工方案及工期安排;
(18)论证确定分期修建的工程实施方案;
(19)计算各项工程数量;
(20)计算人工及主要材料、机具、设备的数量;

(21)编制设计概算。

知识点3　道路定测和施工图设计

一、定测任务内容及分工

1. 任务

定测即定线测量,是两阶段设计(或一阶段设计)施工图设计阶段的外业勘测和调查工作。其任务是根据上级批准的初步设计,具体核实路线方案,实地标定路线,并进行详细测量。其目的是为施工图设计和编制施工预算提供资料。

2. 内容

(1)沿初测拟定的路线走向和控制点进行补充勘测,对初步设计所定的方案进行反复研究与修改补充,如有变更应经上级主管部门批准。

(2)实地选定路线、测角、量距、曲线测设、钉桩、固定交点与转点桩位,如采用纸上定线应增加放线内容。

(3)引设水准点,进行路线纵断面测量和横断面测量。

(4)勾绘地形图。地形复杂需纸上定线时,则应实测地形图。

(5)测绘局部路段地形图,如大中桥桥位、渡口、隧道、大型防护工程、交叉口等工程设施地点的大比例地形图。

(6)大中桥桥位勘测与水文资料调查。

(7)小桥涵勘测与水文资料调查。

(8)路基路面及其他人工构造物设计资料调查与搜集。

(9)沿线土壤地质调查与筑路材料调查。

(10)占地、拆迁调查及预算资料搜集。

(11)征询有关部门对路线方案及占地拆迁等方面意见,并订立必要的协议。

(12)检查与整理外业资料,完成外业期间规定的内业设计工作。

二、定测的工作内容

1. 准备工作

(1)应搜集工程可行性研究、初设阶段勘测、设计的有关资料以及审查、批复意见。

(2)应根据任务的内容、规模和仪器设备情况,拟定勘测方案。

(3)应对初步设计所搜集的资料进行现场核查。

(4)应对沿线地形、地貌及地物的变化情况进行核查。

(5)应对初测阶段施测的路线平面、高程控制测量进行全面检查,并按以下规定执行:

①应对初测阶段设置的平面、高程控制点的点位分布情况进行全面检查。

②当控制点的点位分布满足设计要求时,应对其进行全面检测,检测成果与初测成果的差值在限差以内时,应采用原成果作为作业的依据。

③当个别段落控制点分布由于损坏或因方案变更造成不能满足设计要求时应进行补设,高程控制测量可采用同级控制加密,平面控制测量连续补点不大于3个时可进行同级加密,技术要求与精度应符合相关规定。

④当检测成果与初测成果的较差超出限差或控制点分布而不能满足设计要求时,应对整个控制网进行复测或重测,并应重新进行平差计算。

2. 路线中线敷设

(1)路线中线敷设位置的要求如下。

①路线中桩间距不应大于表10.3的规定。

中桩间距　　　　　　　　　　　　　　　　表10.3

直线(m)		曲线(m)			
平原、微丘	重丘、山岭	不设超高的曲线	$R>60$	$30<R\leq60$	$R\leq30$
50	25	25	20	10	5

注:表中R为平曲线半径,单位为m。

②路线经过下列位置应设加桩:路线纵、横向地形变化处;路线与其他线状物交叉处;拆迁建筑物处;桥梁、涵洞、隧道等构造物处;土质变化及不良地质地段起止点处;道路轮廓及交叉中心;省、地(市)、县级行政区划分界处;改(扩)建公路地形特征点、构造物和路面面层类型变化处。

③断链桩宜设于直线段,不宜设在桥梁、隧道、立交等构造物范围之内。断链桩上应标明换算里程及增减长度。

(2)路线中线敷设可采用极坐标法、GPS RTK法、链距法、偏角法、支距法等方法进行。高速公路、一级公路、二级公路宜采用极坐标法、GPS RTK法,直线段可采用链距法,但链距长度不应超过200m。

(3)中桩桩位精度应符合表10.4的规定。

中桩平面桩位精度　　　　　　　　　　　　表10.4

公路等级	中桩位置中误差(cm)		桩位检测之差(cm)	
	平原、微丘	重丘、山岭	平原、微丘	重丘、山岭
高速公路,一级、二级公路	≤±5	≤±10	≤10	≤20
三级及三级以下公路	≤±10	≤±15	≤20	≤30

(4)采用极坐标法、GPS RTK方法敷设中线时,应符合以下要求。

①中桩钉好后宜测量并记录中桩的平面坐标,测量值与设计坐标的差值应小于中桩测量的桩位限差。

②可不设置交点桩而一次放出整桩与加桩,亦可只放直、曲线上的控制桩,其余桩可用链距法测定。

③采用极坐标法时,测站转移前,应观测检查前、后相邻控制点间的角度和边长,角度观测左角一测回,测得的角度与计算角度互差应满足相应等级的测角精度要求。距离测量一测回,其值与计算距离之差应满足相应等级的距离测量要求。测站转移后,应对前一测站所放桩位重放1~2个桩点,桩位精度应满足表10.4的要求。采用支导线敷设少量中桩时,支导线的边

数不得超过 3 条,其等级应与路线控制测量等级相同,观测要求应符合单元 4 的相关规定,并应与控制点闭合,其坐标闭合差应小于 7cm。

④采用 GPS RTK 方法时,求取转换参数采用的控制点应涵盖整个放线段,采用的控制点应大于 4 个,流动站至基准站的距离应小于 5km,流动站至最近的高等级控制点应小于 2km。应利用另外一个控制点进行检查,检查点的观测坐标与理论值之差应小于桩位检测之差的 0.7 倍。放桩点不宜外推。基准站的选择应满足相关规范的要求。

(5)采用链距法、偏角法、支距法等方法测定路线中桩时,其闭合差应小于表 10.5 的规定。

距离偏角测量闭合差　　　　　　　　　　　　　　　表 10.5

公 路 等 级	纵向相对闭合差		纵向闭合差(cm)		角度闭合差(″)
	平原、微丘	重丘、山岭	平原、微丘	重丘、山岭	
高速公路,一级、二级公路	1/2000	1/1000	10	10	60
三级及三级以下公路	1/1000	1/500	10	15	120

3. 中桩高程测量

(1)中桩高程测量可采用水准测量、三角高程测量或 GPS RTK 方法施测,并应起闭于路线高程控制点。

(2)高程应测至桩志处的地面,读数取位至 cm,其测量的精度指标应符合表 10.6 的规定。

中桩高程测量精度　　　　　　　　　　　　　　　表 10.6

公 路 等 级	闭合差(mm)	两次测量之差(cm)
高速公路,一级、二级公路	≤30$\sqrt{L}$	≤5
三级及三级以下公路	≤50$\sqrt{L}$	≤10

注:L 为高程测量的路线长度,单位为 km。

(3)采用三角高程测定中桩高程时,每一次距离应观测一测回 2 个读数,垂直角应观测一测回。

(4)采用 GPS RTK 方法时,求解转换参数采用的高程控制点不应少于 4 个,且应涵盖整个中桩高程测量区域,流动站至最近高程控制点的距离不应大于 2km,并应利用另外一个控制点进行检查,检查点的观测高程与理论值之差应小于表 10.6 中两次测量之差的 0.7 倍。

(5)沿线中需要特殊控制的建筑物、管线、铁路轨顶等,应按规定测出其高程,其 2 次测量之差应小于 2cm。

4. 横断面测量

(1)高速公路、一级公路、二级公路横断面测量应采用水准仪-皮尺法、GPS RTK 方法、全站仪法、经纬仪视距法、架置式无棱镜激光测距仪法,无构造物及防护工程路段可采用数字地面模型方法、手持式无棱镜激光测距仪法;特殊困难地区和三级及三级以下公路,可采用手水准仪法、数字地面模型方法和手持式无棱镜激光测距仪法、抬杆法。

(2)横断面中的距离、高差的读数取位至 0.1m,检测互差限差应符合表 10.7 的规定。

横断面检测互差限差(单位:m) 表10.7

公路等级	距离	高差
高速公路,一级、二级公路	$L/100+0.1$	$h/100+L/200+0.1$
三级及三级以下公路	$L/50+0.1$	$h/50+L/100+0.1$

注:L为测点至中桩的水平距离,单位为m;h为测点至中桩的高差,单位为m。

(3)横断面测量的宽度应满足路基及排水设计、附属物设置等需要。

(4)采用无棱镜激光测距仪法测量时,其距离和高差应观测2次,2次读数之差不超过表10.7的规定时,取平均值作为最终观测值。

(5)横断面测量应逐桩施测,其方向应与路线中线切线垂直。

(6)横断面测量除应观测高程变化点之间的距离和高差外,还宜观测最远点到中桩的距离和高差,其与高程变化点之间的距离和高差总和之差不应大于表10.7的规定。

(7)高速公路、一级公路的分离式路基和二级、三级、四级公路的回头弯路段,应测出连通上、下行路线横断面,并应标注相关关系。

(8)横断面测量应反映地形、地物情况,横断面应在现场点绘成图并及时核对;采用测记法室内点绘时,必须进行现场核对。

(9)采用数字地面模型获取横断面数据时,其航空摄影成图及数字地面模型建立除应满足单元6的相关要求外,在航空图像控制测量时应对植被茂密的地段适当加密像控点,在图像调绘时应加强对沿线陡坎、植被、建筑物等的调查,并应对植被茂密、峡谷等地段进行横断面抽查,抽查比例应大于5%。

5.地形图测绘

(1)定测时应对地形图进行现场核对。对地形、地物发生变化的路段,应予修测;地形图范围不能满足设计要求时,应进行补测;变化较大时,应予重测。

(2)局部地区地物变动不大时,地形图修测可使用交会法;地形、地物变化较大或采用交会法施测较困难时,应利用导线点、图根点进行。

(3)原有导线点、图根点不能满足修测和补测需要时,应进行导线点(图根点)补测。

(4)修测或补测地形图的技术要求和精度应符合相关规定。

6.路基、路面及排水勘测与调查

(1)应对初测收集的资料实地进行核查,并进行补充和完善。

(2)应调查沿线筑路材料的种类、产地、储量、运距、采运条件及其有关的物理力学性质。

(3)应调查沿线农田水利设施的现状、特点、发展规划,农田地表土的性质及厚度等对路基、路面的影响。

(4)应调查沿线水系的分布及相互关系,地表水、地下水、裂隙水等的位置、流量、流向和流速,泉眼的位置和流量。公路通过农田、洼地时,应调查地表水的积水深度、积水时间。

(5)路基部分应根据路段所经过地区自然条件,进行下列各项勘测调查。

①沿河、湖(塘)、海、水库等地段路基,应调查洪水位、潮水位、波浪高、岸滩的冲刷和淤积情况、水流的流速、水的深度、水温变化、水的化学成分、水底地质情况、沿河山坡的稳定性等资料。在严寒地区,还应调查冰块移动的撞击情况和冻胀情况。

②对滑坡地段路基,应对滑坡体稳定性、滑坡规模、滑坡体现状等进行调查。

③对泥石流地段路基,应对泥石流最高流量、持续时间、重度、流速、松散固体物质、平均粒径、搬运的最大粒径、最大一次淤积量和淤积厚度等进行勘测调查。

④对岩溶地区,应调查岩溶分布范围、形态、现状与历史等情况。

⑤对软土及泥沼地区,应对软土及泥沼的分布范围、类型、厚度、成层情况和物理力学性质等进行调查。

⑥对多年冻土地区,应调查一年中冻结和融化的时间,积雪的时间和厚度(历年的平均值、最大值和最小值),年降水量、降水季节,年平均气温、年最低气温和最高气温,多年冻土层的分布、构造、土质和含冰状况,冻土的物理力学试验指标等。

⑦对膨胀土地区,应调查膨胀土的分布范围、厚度、物理化学、物理力学性质等。

⑧对黄土地区,应对黄土的抗剪强度、内摩擦角、黏聚力等力学特性及黄土边坡的稳定性等进行勘测调查。

⑨对盐渍土地区,应对路线通过地带盐渍土的分布范围、盐渍土的类型、盐渍土程度等进行勘测调查。

⑩对风沙地区,应对风沙地区的分布范围,沙丘移动的方向、方式和速度,沙的物理化学性质,植物覆盖率、当地沙生植物种类等进行调查。

⑪对雪害地区,应调查雪害地区的总降雪量、一次最大降雪量、最大及平均积雪深度、冬季气温及冻融时间、冬季现场积雪情况等资料。

(6)对路基防护的勘测与调查,主要包括如下内容。

①应现场确定路基边坡防护工程的位置、起讫桩号、防护长度和形式。

②设置防护工程的路段,应实地放出构造物轴线,进行高程测量和横断面测量。

③采用种草、铺草皮、撒播草籽、植树等边坡防护的路段,应调查边坡土质的适种性,适宜种植的草种、树种,种植季节及种植方式。

④应对路基防护路段边坡的土质、稳定性、含水率及植被情况等进行调查。

(7)对改移工程的勘测与调查,主要包括如下内容。

①应实地调查并确定改移河道、渠道、道路的位置和改移方案,改移河道水流流向、水位、河势、汇水面积,测量坝头、坝身、坝根横断面及轴线高程。

②实地测量出改移工程的起讫桩号,放出改移工程的轴线桩,并进行纵、横断面测量。改移公路、辅道、支线或连接线,应按相应等级公路要求进行桥涵、路基、路面、排水和其他工程的勘测与调查。

③改移工程的轴线应与路线控制测量联测。

④改移河道、主干沟渠及等级公路工程,应测绘比例尺为 $1:500 \sim 1:2000$ 的地形图,测绘范围应满足设计要求。

(8)路面调查主要包括如下内容。

①对该地区既有路面或相似路面的施工技术、施工控制和面层构造和材料进行调查。

②对路线所在地区已建公路的材料和混合料的性状、抗滑性、透水性、路面结构等进行调查。

③对项目所在地区可比路面的完整性、损坏程度和路面结构的相关性等方面进行调查。

(9)排水勘测与调查主要包括如下内容。

①对该地区已有的排水设施工作情况进行实地调查。

②根据设计原则并结合当地水文、气象等情况,确定路基、路面排水的方案和形式。

③调查、确定排水设施的形式、横断面尺寸、加固措施,并测量起讫桩号、长度、进出口位置。

④需进行特殊设计的集水、排水、输水工程设施,应实地放出轴线,进行纵、横断面测量,并根据需要,测绘比例尺为1:500~1:2000的地形图。

7. 小桥涵勘测与调查

(1) 在初测资料的基础上,对地质、水文、农田水利、气象等资料进行补充调查,并进行形态断面、河床比降、特征水位和汇水面积等测量工作。小桥涵河床比降测量,一般上游测100~200m,下游测50~100m。

(2) 根据批准的初步设计文件所确定的原则和方案,以及地质、水文、农田水利、气象和施工条件,确定小桥涵的结构类型、基础形式、埋置深度、孔径和必要的附属工程;根据路基、路线情况,确定小桥涵墩、台高度和位置。

(3) 小桥涵的位置和形式,应与路线平、纵面和路线排水系统相配合;同时注意附属工程的设置,保证水流顺畅,不致造成后患。

(4) 小桥涵址测量主要包括如下内容。

①小桥涵沿路线中线方向的断面测量,应与路线中线测量同步完成,并根据需要适当加密中桩,同时实测沟渠与路线的交角。地形复杂的小桥涵,应在路线中线两侧或河床两侧各施测一个或几个断面,其测量范围应能满足涵底纵坡和进、出水口设计、布置桥孔、调治防护工程、计算开挖土石方数量等的需要。

②小桥涵位于地质、地形复杂路段,布置比较困难或需进行改河、改道工程及环境协调等综合处理时,应测绘1:500~1:2000工点地形图。改河工程应按布设要求进行纵、横断面测量,在原河道相关范围内应进行河床纵坡和河床横断面测量。

(5) 改建公路利用原有小桥涵时,应进一步核查荷载标准、损坏程度和结构形式,测量其跨径、高度、长度、宽度和位置。

8. 大、中桥勘测与调查

(1) 定测阶段大、中桥的勘测工作,应根据批准的初步设计方案和审批意见,在初测的基础上进行详细的调查、测量和分析计算,对初步设计的有关资料进行核查和补充,解决初步设计留待定测解决的问题,为施工图设计和编制工程预算提供可靠资料。

(2) 进一步调查河流的形态特征、水文、工程地质、通航和水利要求以及气象与施工条件等资料。

(3) 桥梁平面控制测量主要包括如下内容。

①当路线平面控制测量的精度、控制点分布、控制点的桩志规格不能满足桥梁设计需要时,应在定测阶段布设桥梁平面控制测量网。

②桥梁的每一端附近应设置2个以上的平面控制点,并应便于放样和联测使用,控制点间应相互通视。

③桥梁平面控制测量精度和等级应符合相关规定,同时还应满足表10.8所列桥轴线相对中误差的要求。对特殊结构的桥梁,应根据其施工允许误差,确定控制测量的精度和等级。

桥轴线相对中误差　　　　　　　　　　　　　表10.8

测量等级	桥轴线相对中误差	测量等级	桥轴线相对中误差
二等	≤1/150000	一级	≤1/40000
三等	≤1/100000	二级	≤1/20000
四等	≤1/60000	—	—

④桥梁平面测量控制网采用的坐标系宜与路线控制测量相同，但当路线测量坐标系的长度投影变形对桥梁控制测量的精度产生影响时，应采用独立坐标系，其投影面宜采用桥墩、台顶平均设计高程面。桥梁平面测量控制网应采用自由网的形式，选定基本平行于桥轴线的一条长边作为基线边与路线控制点联测，作为控制网的起算数据。联测的方法和精度与桥梁控制网的要求相同。

⑤桥位平面控制测量，可采用多边形、双大地四边形、导线网形式。采用的观测方法、仪器设备、技术指标应满足确定的精度和等级要求。

⑥在桥轴线方向上，可根据需要每岸设置2个及以上的桥位控制桩，桥位桩放样精度应达到二级导线精度要求。桥位桩应设于土质坚实、稳定可靠、不被淹没和冲刷、地势较高、通视良好处。一般采用混凝土桩，山区有岩石露头处，可利用坚固的岩石设置，荒漠戈壁、森林、人烟稀少地区也可设置木质方桩。桥位控制桩宜纳入桥梁控制网进行平差计算。

⑦特大桥的桥梁专用控制点宜采用具有强制对中装置的观测墩，观测墩中应埋置钢管至弱风化层，观测墩的高度视通视条件而定，应保证相邻点间互相通视。

⑧初测阶段布设的路线平面测量控制网可以满足桥梁设计需要时，应进行下列工作：

a. 检查和校核初测阶段的勘测资料和成果，各项精度和要求应符合《规范》的规定。

b. 现场逐一检查平面控制点的完好程度。

c. 当检查确认所有标志完好时，方可进行检测。检测成果在限差以内时，采用初测成果；超限时应复测并重新计算。

d. 只恢复补设个别标志时，采用插网的形式；当恢复或补设的标志较多时，应重新布网并施测。

（4）桥梁高程控制测量主要包括如下内容。

①当路线高程控制测量的精度、控制点分布、控制点的桩志规格不能满足桥梁设计需要时，应在定测阶段布设构造物高程控制测量网。

②桥梁高程控制测量等级，应按相关要求确定。

③桥梁的每一端附近应设置2个以上高程控制点，并应便于放样和联测使用。

④桥梁高程控制测量宜采用独立网，并应采用与路线高程测量相同的高程系统。

⑤桥梁高程控制测量规范要求的跨河水准测量的方法进行，采用的仪器设备、技术指标应能满足确定的精度和等级要求。

⑥特大桥的高程控制点标志中应埋置钢管至弱风化层。

⑦初测阶段布设的路线高程测量控制点可以满足桥梁设计需要时，应进行下列工作：

a. 应对初测的水准点进行检查，对丢失、损坏以及位置不合适的水准点应进行补设；

b. 对新布设的水准点应进行补测，对原有水准点应进行检测。检测成果在限差以内时，采用初测成果；超出限差时，必须进行复测并重新计算。

(5)桥位地形图测量主要包括如下内容。

地形图的范围应能满足桥梁孔径、桥头引道、调治防护构造物设计和施工场地布置的需要。初测地形图或原有地形图范围不能满足要求时应补测;对地形、地物有明显变化的,应进行修测。当初测地形图完全不能满足设计需要时应重测。

(6)桥轴纵断面和引道测量主要包括如下内容。

①桥轴纵断面的测绘范围应测至设计洪水位以上,应能满足设计桥梁孔径、桥头引道、调治构造物布置的需要。

②地表起伏较大、地质复杂的桥址,应在桥轴线上、下游各6~20m测辅助纵断面,并在辅助纵断面范围内增测辅助横断面。

③桥轴纵断面陆上部分和引道、接线纵断面测量,各测点与起点间测距误差不应大于测段距离的1/2000,横向偏距不应大于0.1m。测点高程应用水准仪或三角高程测量,中间点的地面高程读至cm。

④桥轴纵断面水下部分的测量按相关规定执行。

(7)形态断面测量。

一般应在桥位上、下游各选一个断面进行测量,平原宽滩河流可测至历史最高洪水线以外水平距离50m,山区测至历史最高洪水位以上2~5m,测量精度按相关规定执行。

9. 隧道勘测与调查

(1)隧道方案的核查与落实主要包括如下内容。

①对隧道所在位置的地形、地质、水文地质、环境等内容进行核实和补充调查。

②隧道轴线、洞口、辅助坑道口的布置是否正确,洞内中线及其连接线的技术标准是否符合规定,平、纵、横面是否协调。

③隧道排水、附属设施、施工方案是否经济合理。

④检测初测所设的控制点,如有丢失或损坏应补测并联测。

⑤核查地形图是否满足设计要求。

(2)隧道洞顶及连接线路线定测主要包括如下内容。

①左、右行分离的隧道连接线起讫点,宜测至分离式路基与整体式路基会合处以外50m;当为较长分离式路基时,则每幅路基测至2个平曲线以外。

②洞顶路线中线桩,除公里桩、转点桩、平曲线特征桩、地形桩、地质桩外,其他桩可不测设。在洞口附近应根据地形、地质情况适当加桩,桩距应小于10m。

(3)横断面测量主要包括如下内容。

①洞身地段,当洞顶或洞身外侧覆盖层较薄或穿越地质不良地段时,应实测横断面。

②洞口地段中线上加桩均应施测横断面。

③连接线横断面测量与路线测量要求相同。

(4)洞外控制测量主要包括如下内容。

①对于中、长、特长隧道,当路线平面控制测量的精度和控制点分布不能满足隧道设计需要时,应在定测阶段布设隧道专用平面控制测量网。

②隧道平面控制测量可采用GPS测量、三角测量、三边测量、导线测量等方法,其等级和技术要求,应根据初设的隧道长度,按相应的规范值确定。

③隧道平面测量控制网采用的坐标系宜与路线控制测量相同,但当路线测量坐标系的长

度投影变形对隧道控制测量的精度产生影响时,应采用独立坐标系,其投影面宜采用隧道纵面设计高程的平均高程面。

④隧道平面测量控制网应采用自由网的形式,选定基本平行于隧道轴线的一条长边作为基线边与路线控制点联测,并将联测结果作为控制网的起算数据。联测的方法和精度与隧道控制网的要求相同。

⑤各洞口附近应设置2个以上相互通视平面控制点,点位应便于引测进洞。

⑥控制网的选点,应结合隧道平面线形及施工时放样洞口(包括辅助道口)投点的需要布设;结合地形、地物,力求图形简单、坚强;在确保精度的前提下,充分考虑观测条件、测站稳固、交通方便等因素。

⑦特长、长隧道宜进行控制测量设计。应首先在地形图上选点,并估算其洞口投点的误差,选用合理图形。宜对特长、长隧道横向贯通中误差进行预计,对施工阶段所使用的仪器等级、测量方法给出建议。隧道内相向施工中线的贯通中误差应符合表10.9的规定。

隧道内相向施工中线的贯通中误差　　　　　表10.9

测量部位	两开挖洞口间长度(m)			高差中误差(mm)
	<3000	3000~6000	>6000	
	贯通中误差(mm)			
洞外	≤±45	≤±60	≤±90	≤±25
洞内	≤±60	≤±80	≤±120	≤±25
全部隧道	≤±75	≤±100	≤±150	≤±35

⑦当初测阶段布设路线平面控制测量的精度和控制点分布可以满足设计和施工需要时,应进行检测。检测成果在限差以内时,采用初测成果;当检测成果超出限差时,应复测并重新计算。

(5)隧道高程控制测量主要包括如下内容。

①对于长、特长隧道,当路线高程控制测量的等级、精度和控制点分布不能满足设计需要时,应在定测阶段前布设隧道专用高程控制测量网。

②隧道专用高程控制测量的等级和技术要求,应根据隧道长度和水准路线长度,按《规范》相关要求确定。隧道高程控制测量宜采用独立网。

③在隧道洞口附近(包括辅助坑道口)应各设置2个及以上水准点。

④当路线高程控制测量的等级、精度和控制点分布满足《规范》要求时,应对初测施测高程控制网进行检测。其高差不符值在规定限差以内时,采用初测成果;超出限差时必须进行复测,并重新计算。

(6)隧道轴线与洞外连接线的衔接,应以隧道控制测量为准,对路线控制重新进行平差计算。

(7)隧道地形图测量主要包括如下内容。

①应对初测地形图进行现场核对,地形图的范围应能满足地质调绘和其他设计需要;地形、地物发生变化或地形图范围不足时,应进行修测和补测。

②按最终确定的洞口位置测绘洞口地形图,比例尺为1:500,其范围一般为前、后、左、右各宽60~100m;当有引桥、改沟(防护)等工程处理措施时,应根据设计需要扩大测绘范围。

(8)应根据设计需要对通风、照明、供电、通信、信号、标志、运营管理设施、环保、弃渣场地等进行相应的工程调查。

10. 路线交叉勘测与调查

(1)根据初步设计的审批意见对交叉的总体布设方案进行认真分析研究,对初测所搜集的资料进行现场核查,并进一步补充调查。

(2)对路线交叉附近的测量控制点进行现场核查。如测量控制点损坏、丢失或距设计线位过近,应补设或重设,并进行联测;当地形、地物等有变化或地形图范围不能满足设计要求时,应修测或补测地形图。

(3)互通式立体交叉勘测与调查主要包括如下内容。

①相交公路勘测采用与路线同等的技术要求,勘测长度应满足设计要求,同时应对以下内容进行核查和补充:

相交公路路面结构、各层厚度、路面现有状况、病害类型与程度、公路养护周期及提高等级的计划;核查相交公路交通组成与交通量;互通式立体交叉处的自然地理位置、经济开发、地区规划与要求;互通式立体交叉范围内的工程地质、水文地质条件、建筑物和管线的拆迁、防护、排水、改移工程及照明、绿化、环保、占地等调查。

②对相交公路的路面宽度、路线中线位置、路线纵断面等进行详细测量,测量长度应满足设计需要。

③互通式立体交叉的匝道和连接线,应在实地放桩,中桩间距直线段应不大于20m,曲线段应不大于10m,并按路线测量的要求进行中桩水准测星和横断面测量。

(4)分离式立体交叉勘测与调查主要包括如下内容。

①应核查相交公路提高等级的计划及交叉处的地区发展规划,路面结构及各层厚度,地形、地物、排水等情况。

②主线上跨相交公路,当不改建相交公路时,可只测量交叉点的位置、交叉角度、交叉点高程、路线中线位置、路线纵断面;当需改建相交公路时,相交公路的路线勘测应按相应级公路进行勘测与调查,测量长度应满足设计要求。

③分离式立体交叉范围内需设置排水设施或改移水渠时,应确定改移位置,测量纵、横断面;当地形图不能满足设计要求时,应修测或补测地形图。

(5)通道与人行天桥勘测与调查主要包括如下内容。

①核查落实乡村道路的用途及发展规划,总体研究通道及人行天桥的布局、设置位置和形式。

②与主线公路交叉的乡村道路间距较密或路线在丘陵或山地通过的路段,应调查乡村道路合并与移位或修建通道、天桥的可能性。

③进行相交道路中线、水准、横断面和交叉角度等测量,相交道路测量长度应满足设计要求;当相交道路下穿主线时,应调查排水条件和确定工程防护措施。

(6)公路与铁路立体交叉勘测与调查主要包括如下内容。

①应测量铁路每股道的桩号、交叉角度,每股道的内外侧轨顶高程、纵坡,股道间的距离和铁路路基宽度。

②当公路下穿铁路时,应调查地下水位、排水条件及地质条件,拟定排水措施;当采用泵站抽水或开挖渠排水时,应进行有关的工程测量。

(7)平面交叉勘测与调查主要包括如下内容。

①根据定测路线与原有道路交叉的位置,实地测量交叉点桩号、交叉角度、相交路中

线,并进行水准测量和横断面测量,相交道路的测量长度应满足相交道路平、纵面设计的要求。对相交公路中桩间距,环式和加铺转角式交叉应小于10m,分道转弯式交叉按路线中线测量要求。

②对于公路与铁路平面交叉,应测量交叉处的桩号、交叉角度、铁路股道的内外侧轨顶高程、路基宽度及铁路路线纵坡坡度;调查并拟定铁路道口看守的位置,照明、通信、信号等设施线路接入的方式和位置。

(8)公路与管线交叉勘测与调查主要包括如下内容。

①调查测量各种相交管线的位置、交叉角度、桩号,管线种类、用途、结构形式、跨越或平行公路的长度、悬空高度或埋置深度和杆柱的倒伏长度。

②重要的管线,应测量其纵、横断面图,并与路线或导线联测,拟定必要的防护和加固措施。

(9)对于互通式立体交叉、分离式立体交叉、公路与公路及公路与铁路平面交叉、复杂管线交叉,均应测绘比例尺为1:500~1:2000的地形图。

(10)各种交叉的位置、形式、标准等方案,均应征求地方政府或主管部门的意见。

11. 沿线设施勘测与调查

(1)应对初测调查的内容进行核查和补充,管理设施、服务设施处的地形、地物如有变化,应修测或补测地形图。

(2)应实地核实沿线设施的总体布局、项目、形式、规模、用地及设置的位置。

(3)应对管理设施、服务设施的连接路线、加减速车道的中线进行实地放样,并进行纵、横断面测量。

(4)应对沿线安全设施设置的位置、类型、起讫桩号和长度进行调查。

12. 环境保护调查

(1)应核实按《规范》要求进行的勘测调查,并应按批准的"环境影响评价报告"和初步设计审批意见进一步补充有关内容,确保环保措施的落实,以及工程建设区的生态环境不因公路建设而受到影响。

(2)应对附近同类或相似的高填深挖工程的防护、路基路面所使用的材料、排水方式以及对周围生态环境产生的影响进行调查。

(3)对声屏障、油水分离池、蒸发池等应实地放桩,并测绘1:500~1:2000的平面图。对线外涵洞、水闸等亦应实地调查,并测量纵、横断面等。

(4)调查沿线需绿化地段起讫桩号及绿化种类、方法与内容,调查取土坑、弃土堆的位置、范围与面积,土地复垦工程及绿化面积。

(5)调查沿线动、植物品种(特别是一些稀有濒危物种),确定保持生态平衡的措施。

13. 临时工程勘测与调查

(1)应对初测阶段调查的有关临时工程勘测调查的内容进行核实,并进一步补充。

(2)对需要修建的施工便桥、便道应进行放样及纵、横断面测量,并进行相关内容的勘测调查。

(3)当需要架设公路临时电力、电信线路时,应调查相适应的规格种类,并实测其长度。

(4)进一步落实施工场地的位置,并签订相应的协议。

14. 工程经济调查

(1)沿线筑路材料调查主要包括如下内容。
①应对初步设计调查的料场逐一核查,并进一步补充调查。
②对所有调查的料场应进行比较,根据材料需要量,最后确定采用料场。
③对大型料场进行必要的勘探与试验。

(2)占地勘测与调查主要包括如下内容。
①沿线土地应测绘用地图,结合设计需要提供永久性占地和临时占地数量。用地图比例尺为1:1000~1:5000,图中应标出路线中线、桩号、各类土地(水田、旱地、菜园、鱼塘、果园等)的分界线,用地宽度,使用人或使用单位。
②调查各类土地常种作物和近三年平均产量,调查统计独立果树和价值较高树木的株数、直径、数量及产量。

(3)拆迁建筑物以及砍树、挖根、除草等的调查,主要包括如下内容。
①拆迁建筑物应调查其位置、范围尺寸、结构类型(房屋应注明层数)。
②需拆迁的建筑设施,如管道、电力和电信设施,应调查所属单位及位置和拆迁影响长度,调查线杆或塔架的类型、编号和数量以及管道架设高度或埋设的深度等。与重要管线、铁路、水利等工程及文物古迹等重要设施发生干扰引起的拆迁工程,应与其主管部门协商,落实处理方案和工程措施。
③调查沿线砍树、挖根、除草的路段长度,并结合工程设计的需要确定工程数量。

(4)对初测临时工程调查进行补充、核实。

(5)预算资料调查,应在初测调查的基础上进行补充调查和核实。

15. 内业工作

(1)应对下列各项外业资料进行检查、复核和签署,检查、复核内容包括测量方法的正确性、野外计算的正确性、记录的完整性等,检查各项勘测调查项目、内容及详细程度是否满足施工图设计的要求。
①控制点的标记。
②平面、高程控制测量野外记录手簿。
③地形图测量的记录数据。
④中桩放样记录手簿。
⑤中平测量记录手簿。
⑥横断面测量记录手簿。
⑦各专业勘测调查记录手簿。

(2)应对勘测成果进行内部自检和验收。对测绘资料进行限差检查并按规定进行计算,对测绘成果进行精度分析和评价。

(3)对于向有关部门搜集的资料,应检查、分析其是否齐全、可靠、适用、正确。

(4)对地形复杂地段、不良地质地段、大型桥隧、立体交叉地段等的勘测调查资料,必须进行现场核对。

(5)应按专业分类编绘(制)外业勘测成果图表,并编制勘测报告。

16. 资料提交

(1)定测应提交的基本资料如下。
①各种调查、勘测的原始记录、图纸及资料。
②各专业勘测调查的质量检查及分析评定资料。
③路线平、纵面设计及各种底图、底表。
④各专业主要计算、分析、论证资料。
⑤各专业主要设计布置图和设计底表。
⑥外业勘测说明书及有关协议和文件。
(2)外业完成后,应经过主管部门的检查验收,经认可后方能离开现场或开展设计工作。
(3)定测提交的图表和技术资料的基本要求按《公路勘测细则》(JTG/T C10—2007)相关规定执行。

三、现场定线外业作业方法

1. 定测队的组织

定测是分成若干作业组进行的,公路定测队一般由选线、量角、中桩、水准、横断、地形、桥涵、调查、内业9个作业组构成。当采用纸上定线时,选线与测角合并为一个组叫放线测角组。实地定线的详细测量叫一次定测,其各组人员仪器配备见表10.10及表10.11。

公路测设队人员配备参考表(单位:人) 表10.10

组 别	行政干部	技术人员	测 工	临 时 工	小 计
行政组	3~4			2	5~6
选线组		2	1	2~3	5~6
量角组		1	2	2	5
中桩组		2	2	4~5	8~9
水准组		2	2	2~4	6~8
横断组		1	1	2~4	4~6
地形组		1	1	2~3	4~5
桥涵组		2~3	1	2	5~6
调查组		1	1	2	4
内业组		2~3			2~3
合计	3~4	14~16	11	19~26	47~57

测设队各作业组主要仪器配备参考表 表10.11

仪具名称	单位	选线	量角	中桩	水准	横断	地形	桥涵	调查	内业	合计	备注
全站仪	台		1								1	
GPS RTK	套	1									1	
经纬仪	台			(1)		1	1				2	

续上表

仪具名称	单位	选线	量角	中桩	水准	横断	地形	桥涵	调查	内业	合计	备注
小平板仪	架						1	1			2	
望远镜	付	2									2	
水准仪	套				2	1	1	1			5	
花杆	根	4	2	4							10	
皮尺	盘	1	1	1		1	1	1	1		7	
钢卷尺	盘		1	1			1	1	1		5	50m
方向架	架					1					1	
钢卷尺	盘	1					1	1	2	1	6	20m
计算机	台		1	1						2	4	
地形图例	本						1			1	2	
绘图仪	套						1~2			1~2	2~4	
对讲机	对	1~2	1	1			1~2				4~6	

2. 选线组工作内容与要求

选线组是整个勘测外业的核心,其他作业组都是根据它所选定的路线开展测量工作,所以选线工作在整个公路勘测设计中起着主导作用,是最关键的一环。选线工作必须具备全局观点,从整个公路的要求出发,决不应单纯着眼于定线而忽略与线形密切相关的其他一系列因素。选线工作的好坏,不仅直接影响使用质量和工程技术经济的合理性,而且还影响日后施工、养护、运营经济和公路的改建与发展。所以选线工作通常是由经验丰富的技术人员承担,并指导全面工作。

选线组的工作职责,除直接担负定线工作外,还承担公路线形设计以及沿线桥涵与其他人工构造物等的布设与指导工作。

1)具体内容

(1)在全面勘查的基础上,结合当地自然条件,研究路线布局,合理地运用技术标准,选定路线方案。清除测量障碍,通过实测,将设计路线的中线位置在地面上定出来。

(2)定出路线的交点和转点,并现场选定平曲线半径。

(3)与桥涵组共同拟定沿线桥涵及其他人工构造物布设方案。

(4)与地质人员共同拟定通过不良地质、水文等地段路线处理措施。

(5)进行路线纵断面设计。

(6)外业结束前,对测设初步成果进行现场复查与核对,并及时作出修正与补充。

定线的最后成果是在实地上打桩插旗定出各交点的确切位置并逐点留条说明交点序号、粗测偏角值大小,以及初拟平曲线半径值或控制条件,为后续量角和中桩作业提供测量依据。

2)平曲线半径的选定

路线选定后,选线人还要根据路线交点实际情况,酌情选定平曲线半径。为提高公路使用质量,各级公路的平曲线应尽量采用较大的半径。条件许可时,选用大于或等于不设超高的最小半径。在一般情况下,宜选用大于或等于一般最小平曲线半径,只有受地形、地物或其他条件限制时,方可采用极限最小半径。

3. 量角组作业

选线组将路线的交点在地面上定出后,量角组就可以进行工作。其主要任务是:标定直线与修定点位;量角与转角计算;平曲线要素计算;钉设平曲线中点方向桩;导线磁方位角观测与复核;距离测量;路线主要桩位固定等。为确保路线质量加快测设进度,定线、量角应紧密配合相互协作,作为后续作业的量角组应善于体会选线意图,如发现问题应及时予以修正补充。根据工作需要,有时量角、中桩合并为中线组同时工作。现将量角组的工作内容与要求分述如下。

1)标定直线与修定点位

对于相互通视的交点,如果定线无误,就不存在点位修定问题,一般可以直接引用。但当交点间相距较远,或地形起伏较大,通过陡坡深沟时,为了便于中桩组穿杆定向,量角组应用经纬仪在其间酌情插设若干个导向桩,供中桩穿线使用。

对于中间有障碍、互不通视的交点,虽然交点间定线时已设立了控制直线方向的转点桩(ZD),但由于选线是用花杆目测穿直线,实际上未必严格在一条直线上,因此就需要用全站仪或经纬仪检查与标定直线或修定交点桩位。在一般情况下,常将后视交点和中间转点作为固定点(上述点位一旦变动,将直接影响后视点位转角,导致测量返工),置镜于转点 ZD,采用正、倒镜延伸直线,若两次延伸直线不相重合,则以取中的方法定向。检查前视交点位是否准确,如果有所偏离,且当按直线延伸修定桩位,亦符合定线意图时,则应采取直线相交方法精确地修正交点桩位;如果原定点位受地形地物制约固定、不宜变动,则应以前后视交点桩位为准,调整中间转点桩位,采用逐步渐近法即多次挪动经纬仪,使转点渐次逼近落于两点间直线上。此种情况可采取相似三角形比例法来标定转点桩位,大体步骤如图 10.1 所示。图 10.1 中,JD_4、JD_5 为确定的交点,ZD' 选线时设的转点,如不在前后交点连线上时,则置镜于 ZD',后视 JD_4,正倒镜延伸直线标出 JD'_5,用视距法测出转点与 JD_4、JD_5 间距离 l_4、l_5,并直接量出间距 d,根据相似三角形原理按下式即可算出转点应偏移的横向距离 S:

$$S = \frac{l_4}{l_4 + l_5} \times d$$

转点移位后,仍需置镜再次复核是否在一条直线上,如有问题可重复进行调整,直至符合要求为止,然后打桩固定 ZD 桩位。

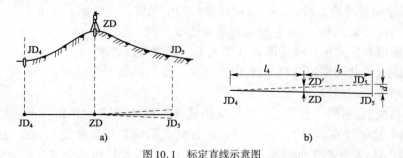

图 10.1 标定直线示意图

2)量角与转角计算

中线量角一般规定测交点右角,由右角计算转角。所谓右角是指路线前进方向右侧的夹角,一般用全测回法测量,即正、倒镜各测一次,测角读数到 s;精度要求两次测量结果不超过允许值,否则须重新测量。

右角大小可按右角 = 后视读数 – 前视读数计算。

当后视读数小于前视读数时,应将后视读数加上 360°。

所谓转角系指后视导线的延长线与前视导线的水平夹角,它是计算曲线要素与敷设曲线的重要依据。按路线前进方向,转角又有左转角与右转角之分,转角 α 与右角 β 有如下关系:

$$\left.\begin{array}{l}\alpha_{右}=180°-\beta \\ \alpha_{左}=\beta-180°\end{array}\right\} \tag{10.1}$$

3)平曲线要素计算

根据实测转角值和选线组所定半径,即可计算平曲线要素。在未计算前,应首先核对实测角值与选线量出的转角有无出入,如出入较大,且半径又是依据转角关系结合地形条件定出来的,则应考虑选线意图,重新选定半径值或与选线组取得联系共同商定。

4)曲线中桩方向桩的钉设

为了便于中桩组敷设平曲线中点桩,量角组在量角的同时,需将中点方向桩(亦即分角线桩)钉设出来。分角桩离交点距离应尽量大于曲线外距,以利于定向插点。

5)磁方位角观测与计算方位角核对

观测磁方位角的目的是校核量角组测角的精度和展绘平面导线图时检查展线的精度。路线测量规定,每天作业开始与结束时须观测磁方位角至少各一次,以便与计算方位角核对。误差不得超过 3°;若超过规定,必须查明发生误差的原因,并及时予以纠正。

磁方位角是以磁子午线北端起,顺时针方向转动到拟测导线之间所形成的夹角,通常以 N_α 表示,磁方位角的大小为 0°~360°。

磁方位角通常用罗盘仪观测,观测方法详见《土木工程测量》。

6)距离测量

测距的目的,是用全站仪或红外线测距仪测出相邻交点间的直线距离,以便提交给中桩组,供给实际丈量校核。如公路等级较低且无全站仪或红外线测距仪,可利用经纬仪进行视距测量。

视距测量具体方法和步骤详见《土木工程测量》。当交点间距离较远时,为了保证观测精度,可在中间加点采取分段测距的方法测量。

7)路线控制桩桩位固定

测量标志分为路线控制桩和标志桩、控制测量桩三类。路线控制桩是指路线起讫点桩、公里桩、曲线要素桩、交点桩、转点桩、断链桩等;标志桩是指路线中线桩和控制桩的指示桩;控制测量桩主要用于控制测量的 GPS 点、三角点、导线点、水准点,以及特大型桥隧控制桩等。

对三类测量标志桩的具体要求如下。

(1)路线控制桩。

①路线控制桩顶面宜与地面齐平,并加设指示桩。路线控制桩的木质方桩顶面应钉小钉,表示点位。

②路线控制桩位于岩石或建筑物上时,可用油漆标记。柔性路面地段可用钢筋打入路面,且与路面平齐。

③路线控制桩应具有较高的稳定性,不得随意搁置于地表。

(2)标志桩。

①标志桩打入地下的长度应大于 15cm。当标志桩作为指示桩时,应钉设在被指示的标志附近。

②标志桩位于岩石或建筑物上时,可用油漆标记。柔性路面地段可用铁钉打入路面,且与路面平齐。

③标志桩应具有一定的稳定性,不得随意搁置于地表。

(3)路线控制桩、标志桩宜采用油漆或记号笔书写桩号、标注中心位置;当路线控制桩作为控制测量桩使用时,中心记号应细小、清晰且牢固。

桩志书写应满足如下要求:

①路线控制桩、标志桩位于岩石、建筑物或路面上时,应将其表面清理干净,在点位的旁边书写桩号。

②控制测量桩、路线控制桩和标志桩应按起讫点方向顺序连续编号。中线桩的背面宜按 0~9 循环编号。

③分离式路基测量,其左、右侧路线桩号前应冠以左、右字母符号,并应以前进方向右侧路线为全程连续计算桩号。

④有比较方案时,按比较方案的顺序,桩号前应冠以 A、B……字样。

⑤路线控制桩应在附近的建筑物、电线杆、大树、岩石等固定物上标明指示方向及距离,并填写固定桩志表,亦可采用堆土、石或混凝土包桩方式予以保护。

⑥公路测量符号宜采用汉语拼音,有特殊要求时可采用英文字母。

(4)为便于施工时恢复定线及施工放样,对于中线控制桩如路线起讫点桩、交点桩、转点桩、大中桥位桩以及隧道起讫点桩等重要桩点,均须妥善固定和保护,防止丢失和破坏。为此宜主动与当地政府联系协商保护桩标志措施,并积极向当地群众宣传保护测量桩标志的重要性,协助共同维护好桩标志,必要时聘请专人负责维护。

为控制桩位,除采取固定措施外,还应设护桩(亦称"拴桩")。选择护桩位置时,应考虑不致为日后施工或车辆行人所毁损。在护桩或在做控制的地物上用红油漆画出标记和方向箭头,写明所控制的固定标志名称、编号以及距桩标志的距离,并绘出示意草图在手簿上,供日后编制"路线固定一览表"使用。

4. 中桩组作业

中桩组的主要任务是根据选线所定交点及留条记载数据,进行实地丈量打桩、敷设中线。中桩组作业内容多、工作量大、人员多,必须切实做好组织工作,才能提高测设质量、加快工作进度。

中桩组工作内容主要包括:直线丈量和中线钉桩,计算和敷设曲线,以及编制"直线、曲线及转角一览表"等。

1)中桩组人员组成和分工

(1)前点 1 人,负责找点,在前点插花杆,校核量角组留的字条,并携带一定数量的木桩供打桩使用。

(2)前尺手和后尺手各 1 人,负责穿直线、拉尺、丈量距离,并在桩的点位上测钎或留下标记,以便寻找(长直线或等级高的公路用经纬仪穿直线)。

(3)卡链 1 人,负责在需要的地方加桩。

(4)记录计算 1~2 人,负责记录,计算曲线要素、桩号、加桩,编排中桩序号,并通知写桩人,进行链距与视距校核。

(5)写桩 1 人,根据计算结果在木桩上写桩名、桩号。

(6)钉桩与背桩1人,将写好的木桩准确地钉在指定的位置上。

2)中线丈量

中线丈量是指丈量路线的里程数,并在丈量的同时钉设里程桩。丈量里程是以路线起点为零点,沿公路中线逐桩丈量,累加计算里程数。

直线丈量前应先定出交点间直线方向,一般情况下用花杆穿线即可;当直线较长,且地势起伏较大时,为保证质量最好用经纬仪穿线。丈量工具视公路等级而定,一般公路用钢尺丈量。丈量时,前后尺手要用力拉尺,将尺链抬平;如地面起伏较大时,应以垂球对点分段丈量。当路线受障碍物影响,不能直接量距时,可根据具体条件,用间接丈量法通过测量与计算,求出其间距离。

3)中桩与桩距

中线钉桩与中线丈量同时进行。中线钉的主要桩志有路线起点和终点桩、公里桩、百米桩、平曲线基本桩(即起点、中点、终点桩)、转点桩(桩位由量角组钉设,中桩组只在桩旁加钉标明里程的标志桩)、大中桥位桩以及隧道起点和终点桩等。此外,还应按如下要求设置加桩:

(1)在平面线路段,应由曲线起点推算,按5m、10m或20m的倍数设整桩号敷设曲线。

(2)交点、转点、曲线基本桩及特殊的加桩桩号,均计算至cm,一般加桩尽量设在整米处。

路线中线敷设可采用极坐标法、GPS RTK法、链距法、偏角法、支距法等方法进行。高速公路、一级公路、二级公路宜采用极坐标法、GPS RTK法,直线段可采用链距法,但链距长度不应超过200m。

4)桩标志

中桩所用桩子一般多为木质桩橛,其尺寸对于路线起讫点桩、公里桩及大、中桥位桩一般为$5cm \times 5cm \times 30cm$,其他桩标志为$2cm \times 5cm \times 25cm$。

所有中桩均应写明桩号,公里桩、百米桩、桥位桩并应写出公里数,交点,转点及曲线基本桩还应标出桩名,桩名一般用汉语拼音字母缩写代号表示。

5)断链处理

在测量过程中,因局部改线或事后发现量距计算错误,或在分段测量中由于假定起始里程而造成全线或全段里程不连续,以致影响路线实际长度时,统称为"断链"。所谓断链处理,是为了避免牵动全线桩号,允许中间出现断链(桩号不连续),仅将发生错误的桩号按实测结果进行现场返工更正(改用新桩号),然后就近与下一段正确的桩号联测,以断链桩具体说明新老桩号对比关系,这样就可以大大地缩小返工范围,使以后的各桩号里程不致因局部出现问题而变动。

断链有"长链"与"短链"之分。当原路线校号里程长于地面实际里程时叫"短链",反之叫"长链"。断链桩一般宜设在直线段的10m整数倍桩上,并在桩上注明新老里程关系及长(或短)链长度。如图10.2所示为一改线路段,原设JD_{12}取消,改由交点JD_{11}径接JD_{13},这样将使路线相应缩短。今以老K3+110桩号为断链桩,改线后测至该桩为K3+105.21,即短链4.79m,反映在断链桩上应写明"K3+105.21 = K3+110(短链4.79m)"。一般习惯写法是等号前面的桩号为来向里程(即新桩号),等号后面的桩号为去向里程(即老桩号)。

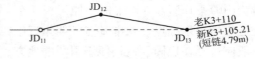

图10.2 长短链示意图

所有断链均应填写在"总里程及断链桩号表"上,根据断链记录按下式即可算出路线总里程:

$$\text{路线总里程} = \text{末桩里程} + \sum \text{长链} - \sum \text{短链} \tag{10.2}$$

断链的出现,将导致桩号里程与路线实际长度的不一致,必须通过换算才能得出确切距离。为此,在展绘平面导线、土石方计算间距以及纵断面绘制与设计时,都必须注意有无断链情况,如果存在断链,则应考虑距离修正。

6)曲线的敷设

(1)圆曲线的敷设。

在地形变化不大的地区,当圆曲线的长度小于40m时,一般设三个主点桩(即ZY、QZ、YZ),即可反映曲线在实地的位置与形状;如果曲线较长或地形变化较大,仅三个主点桩已不能全面反映曲线情况和控制路线两侧的地形地物时,就需要设置曲线加桩;若百米桩、公里桩正好在曲线范围内,还应敷设这些加桩。

圆曲线的详细测设方法很多,常用的有切线支距法、偏角法等,具体测设方法详见《土木工程测量》。

(2)缓和曲线的敷设。

《规范》规定,当平曲线半径小于不设超高最小半径时,应设置缓和曲线,四级公路的缓和曲线可用超高缓和段代替。

①切线支距法。

这种方法与圆曲线测设用的切线支距法基本相同,是以切线方向为x轴,以缓和曲线的起止点(即ZH、HZ点)为坐标原点,通过原点的法线为y轴,按照直角坐标关系分别测设缓和曲线和圆曲线。

②偏角法。

用偏角法测设带缓和曲线的圆曲线,通常做法是将缓和曲线和圆曲线分别进行测设。即先以ZH或HZ点作为坐标原点建立极坐标系来测定缓和曲线上任意点的位置,再以HY或YH点作为坐标原点建立极坐标系来测定圆曲线上任意点的位置。

5. 水平组作业

水平组的任务是在公路沿线设置满足测设与施工所需要的水准基点,通过对中线进行水准测量,测出中桩地面高低起伏变化的情况,为纵断设计提供地面高程资料。

水准组根据地形复杂程度、工作进度要求及人员、仪具配备,可构成一组(即水平组)或两组(即基平与中平两个小组)进行测量工作,每小组成员各3~4人。基平组的任务主要是设立水准点并测其高程;中平组亦称正平组,主要进行中线水准测量,即根据已设置的水准点测量路线上每个中桩的地面高程。

1)基平测量

应根据需要,设置永久性或临时性水准点。在路线起讫点、大中桥桥位两岸、隧道进出口处、山岭垭口及其他大型人工构造物附近,应设置永久性水准点。一般情况下,水准点的间距为山岭重丘区0.5~1km,平原微丘区1~2km。另外,在大中桥桥位两岸、隧道进出口处等附近应增设水准点。水准基点既要靠近中线,又要考虑不被日后施工爆破或行车等所破坏,故一般应选择在稳固、醒目、便于引测的地方。如附近无可利用的固定物,也可埋以20cm×20cm×100cm的混凝土桩,桩顶高出地面20~30cm,其上预埋钢筋,钢筋顶端刻以十字,以便立尺。水准点应按顺序编号,用红油漆标明BM编号、测量单位及年月等。为便于将来寻找水准点,可在测量记录簿上绘出位置草图及路线的大致方位、距离等。

进行基平测量时,首先应将起始水准点与附近国家水准点进行联测,以获得绝对高程,如无条件也可采用假定高程。

基平测量一般采用一组仪器,在两水准点间往返观测各一次。也可用两组仪器各做一次单程观测进行附合。测量精度一般规定,高等级公路,两水准基点间往返(或两次单程)容许闭合差为平原区 $\pm 20\sqrt{L}$ (mm), 山岭区 $\pm 6\sqrt{n}$ (mm); 低等级公路,两水准基点间往返(或两次单程)容许闭合差为平原区 $\pm 30\sqrt{L}$ (mm), 山岭区 $\pm 9\sqrt{n}$ (mm), 其中 L 为单程水准路线长度,以 km 计; n 代表测站数。如实测高程在容许闭合差范围内,则取其平均值为两水准基点的高差,否则须重测,直到闭合为止。

为了保证测量精度,测量仪器需要经常检查与校正,置镜时要稳固,测量过程中注意使前后视距离大致相等,长度以 75~100m 为宜;为避免地面折光影响,最低视线读数宜不低于 30cm;立尺时转点要选在坚固的地点上,如用塔尺,最好不使用第三节,并注意有否跳尺,要利用尺上水准泡使立尺保持竖直,也可前后摆尺,读其最小值。基平测量读数应精确至 mm, 为避免工作差错,观测、记录、计算要严肃认真,加强核对,记录要清晰,发现记错应划掉重写,不准用橡皮涂擦。

2) 中平测量

中平测量一般采用单程法,以相邻两水准基点为一测段,从前一水准基点引测,并对测段范围所有路线中桩逐一测量其地面高程,然后附合到下一水准基点。如果与基平符合,即可据以计算测段全部中桩地面高程,否则应重测。中平要求符合基平精度为 $\pm 50\sqrt{L}$ mm, 中桩地面高程复核误差不得超过 ± 10 cm。中平测量过程中考虑转点尺有传递高程关系,故在测量中应先测前、后转点,后测量转点间的中桩,对于转点尺应读至 mm, 其他中桩则读至 cm。

3) 水准测量闭合差调整

水准测量采用假定标高,由于其起止点水准基点未经精密水准测量,不知其确切高差,因此也就谈不上闭合差调整问题。基平测量是由引测某一高级水准点(如国家水准点)开始,沿路线测定其间水准基点,最后附合到另一高级水准点,由于高级水准点的高程是已知的,所以它们之间的实际高差满足:

$$h_{理} = H_{终} - H_{始}$$

但由于测量误差关系,实测的高差 $h_{测}$ 不一定与 $h_{理}$ 一致,因而产生高差闭合差,即:

$$f_h = h_{测} - h_{理} = h_{测} - (H_{终} - H_{始})$$

若高差闭合差在容许范围内,则可根据路线上各水准基点间距离,按比例将误差按反符号分配到各段中,据以调整各水准基点高程。各段调整值的大小按下式分配:

$$\Delta h_i = \frac{f_h}{\sum S} \cdot S_i \tag{10.3}$$

式中: $\sum S$——各段距离的总和;

S_i——相邻水准基点间距离。

对于附合水准路线,各段调整值的总和应该等于总闭合差,调整值要求计算到 mm。对于闭合水准路线,其闭合差总和应等于零。

6. 横断面作业组

横断面组的任务就是测量各中桩垂直于路中线方向的地面起伏情况,并绘制横断面图,为路基设计、计算土石方数量及施工放样提供依据。

横断面测量是一项工作量较大的工作,应根据测量精度要求,结合地形和使用的工具选择适当的方法,以保证质量与提高工效。横断面测量工作包括三个内容,即横断面方向的测定、横断面测量与横断面图的绘制。

1)横断面方向的测定

(1)直线段横断面方向的测定。

直线段横断面方向常用十字架(又称方向架)来测定,即将十字架立于中桩测点处,用十字架的 $Y-Y$ 轴对准路线方向,则相互垂直的 $X-X$ 轴方向即为所要测定的横断面方向。

(2)圆曲线横断面方向的测定。

曲线段的横断面方向为指向圆心的方向,亦即垂直于切线的法线方向。

(3)缓和曲线横断面方向的测定。

缓和曲线上任意点的横断面方向是通过该点指向曲率圆心的方向,即该点曲率圆切线的法线方向。

2)横断面测量

(1)测量方法。

横断面测量是以路中线地面高程为直角坐标零点,分别向左、右两侧施测,测出地势各变化点距中桩间的水平距离和高差,据以在米厘格纸上,按一定比例点出各测点位置,并用直线把相邻测点连接起来,绘成连续的地面折线,即横断面图。

①标杆皮尺法。

标杆皮尺法测横断比较简单,它利用标杆和皮尺从路中线分别向左、右两侧依次量出各地面变化点之间的水平距离和高差。

②经纬仪(或全站仪)法。

横断面测量可以把经纬仪置于中桩点,利用视距法测定变坡点与中桩地面点之间的水平距离和高差,同理,全站仪也可以进行类似测量。这种方法方便、快捷,适用于起伏较大的山坡地形或台阶地。

③水准仪皮尺法。

还可以利用水准仪测各横向变坡点与中桩地面点之间的高差,用皮尺量它们之间的水平距离,以此完成横断面测量。这种方法高差测量较为精确,适用于平坦地形。

(2)施测宽度与横向补点。

横断施测宽度应满足路基设计与绘制路线地形图的需要,一般要求中线左右两侧各测出 20m 宽,但在陡山坡或出现高填深挖路段,应根据实际地形结合可能的设计填挖数值、路基宽度、边坡坡率、边沟尺寸等,酌情加宽施测范围。为此,横断面组应加强与选线组的联系,及时了解前方各段选线和设计意图,做到事先心中有数,以便恰当掌握测绘宽度,避免因宽度不能满足设计要求而造成返工重测。

横断面施测点位,除地形变化点外,遇到各种地物(如房屋、水渠、水井、旧路、人工构造物、沿河水位和耕地等)及山坡土石分界处,均应补点量测并标明其位置与高差。

(3)横断面测量精度要求。

一般情况下的横断面测量精度要求见表 10.7。

3)横断面图的绘制

横断面一般均采用现场绘制,即在现场边测边就地点绘成图,也可把测量数据记录下来,回到室内进行点绘。但应注意,切勿把左右方向弄颠倒。横断测量记录一般均自中桩分别向左、右两侧,由近及远逐点按分数形式记录,其中分子表示相邻点间高差,"+"为升高,"-"为降低,分母表示相邻点间的水平距离,见表 10.12。

横 断 测 量 记 录　　　　　　　　　　表 10.12

观测:　　　　　记录:　　　　　仪器:　　　　　年　　月　　日　　第_____页

左侧高差/距离(m)	中桩桩号	右侧高差/距离(m)	示意图

横断面图通常绘在米厘格纸上,图幅一般采用 350mm×500mm,绘图顺序一般是从图纸左下方起自下而上,由左向右,依次按桩号绘制,并将桩号标明于所在横断面下方。为便于设计"戴帽子",中桩零位宜取在米厘格子整数粗线条处;相邻断面间并预留一定间距,避免地面线或路基设计线相互重叠。横断面图常采用 1:200 比例尺,当有特殊需要时可采用 1:100 比例尺。为了说明地面上的地物情况,可用简明的文字标注在横断地面线上,供设计时参考。

7. 地形组作业

1) 工作内容与要求

平面地形图是设计文件中主要图纸之一,地形组的任务就是根据工程需要,按一定的比例尺测绘出带状的路线地形图和局部范围的专用地形图,供工程设计使用。

(1) 路线地形图。

路线地形图是以公路中线或导线为控制,沿路线两侧一定范围而测绘的带状等高线地形图。它表达路线的布设情况,并反映出路中线与两侧地形、地物的关系,起着表达设计意图和指导施工的作用;利用它还可以做纸上移线或定线;在施工组织设计中,可作为临时构造物和施工场地布置的依据。

路线地形图的测绘比例、施测宽度和等高线间距,一般规定如下。

平原微丘区:比例尺为 1:5000,等高线间距 5m,测绘宽度路中线两例在图上各不少于 3cm(实测两侧各 150m)。

山岭重丘区:比例尺为 1:2000,等高线间距 2m,测绘宽度路中线两侧在图上不少于 5cm(两侧各 100m)。

对于有特殊要求的地形图,可根据工程需要酌情放大测绘比例尺,其等高线间距等可按测量相应规定办理。

路线地形图应绘有指北针、测量控制导线、里程桩、路线水准点、国家测绘部门的控制点和水准点、道路、管线、村庄、城镇、园林、坟地、各种建筑设施、堤坝、港口码头、车站、地面植被情况、地质情况（如滑坡、崩塌、断层、泥沼等）以及行政区界、重要地界等。以上各种地物、地貌，均应以国家测绘总局颁发的《地形图图式》中所规定的符号表示，必要时应附以简要文字说明。

(2) 专用地形图。

专用地形图是为某些特殊工程（如大中型桥梁、隧道、渡口、改河工程、不良地质防治路段、大型防护工程以及交叉口等）的工程设计、平面布置及工程数量（土石方）计算而测绘的局部地形图，其比例尺一般为 1:500 ~ 1:2000。为保证测绘精度，专用地形图一般应单独建立与路线有联系的测量控制网（如三角网或导线网）。有关控制测量、碎部测量和测绘精度要求等可根据工程需要，参照测量一般规定或有关勘测规程要求办理。

2) 地形图的测绘

地形测量的程序，一般是先在测区建立由平面控制和高程控制组成的控制网，然后根据控制点再进行碎部测量。公路工程的地形测量除专用地形图须单独建立与路线联测的三角网或闭合导线网进行控制外，对于路线地形图一般多以路中线作为控制，不另设控制网，所以在量角组、中桩组和水准组的成果出来后就可以展绘导线进行路线地形图测量。

(1) 导线展绘。

根据量角、中桩记录核对无误且整理好的"直线、曲线与转角一览表"，利用其中各交点的转角及其间的距离、各弯道的曲线要素和主点桩的桩号等即可展绘导线。其程序是先展绘导线，然后给弯道曲线并标注百米桩及公里桩，其中作为碎部测量的测站或控制点还应标明高程，便于测绘地形时引测使用。

导线展绘是一项细致而重要的工作，导线展绘的精确与否直接影响测量成果，因此必须认真对待。展绘前要对导线进行认真的核算与调整，展绘后要进行细致的检查，以防出现差错。常用展绘导线的方法有两种，即偏角法和坐标格网法。导线展绘一律从左到右，桩号由小到大。

①偏角法。

a. 极坐标法。

此法是用半圆仪和直尺，根据量角和中桩记录，从路线起始边开始，逐点量出对应转角，并定出下一导线的方向，然后按展绘比例在该导线上截取至下一交点的链距，即可定出下一交点位置，依次逐点展绘出以后的导线。

b. 正切法

正切法展图程序基本上和极坐标法类似，所不同的是正切法是按转角的正切函数值展绘导线方向，为了展绘与计算方便通常截取邻边边长 = 10cm，则对边 $EF = 10 \times \tan\alpha$（$\alpha$ 为转角）。用正切函数展角较半圆仪量角精确，如欲求得更精确的结果，可将延长线 BE 再按倍数放大。

正切法展绘导线方法简便，避免了繁杂的计算工作，但精度较低，且易产生累积误差，故适用于精度要求不高的导线图。

②坐标格网法。

坐标格网法展绘导线的精度较高，无累积误差，适用于精度要求高的导线展图。其方法是先计算出各导线点的经、纬坐标值，然后点绘在事先精制的坐标方格纸上，将各导线点依次相连，即得导线图。关于坐标计算及坐标方格网的绘制，具体可参见《土木工程测量》，无论用坐标网格法还是偏角法展绘的导线,绘好后都需用量角器、比例尺再核对转角与距离,检查有无错误;对于边长,要注意其间有无断链情况,实际距离是否经过修正;对于导线方向,除可逐边检查转角外亦可通过导线的计算方位角来检查,如果不符,即说明导线方向有错误,应检查原因并予修正重新展绘。

(2)地形测绘。

①测站选择地形测图是以导线图上的控制点作为测站进行的,一般说来导线图上的各控制点均可作碎部测量的测站,但不一定都是好的测站,要有所选择。为了保证测图的精度,一般要确定测站距碎部测点的最大距离,对于比例尺分别为1:5000和1:2000的地图,分别不宜超过200m和150m。如果控制点不能满足测图需要,可作支导线或用平板仪图解法,加密一些控制点作为测站,具体可参见《土木工程测量》。

②测点选定。

测点就是碎部测量需测定的地形地物点。在地形测量中,测点的选定极为重要,选点不适当,不仅会出现漏点、废点,且对地形图真实反映实际地形地物情况产生直接影响。因此在测量中必须选择能正确反映地形变化特征的和地物界线的关键性点作为测点。测点密度一般要求两相邻测点在图上的间距原则上不超过2cm,在平坦地段测点数量可适当减少,地形复杂地段则需适当加密。跑尺时应注意选取下列特征点作为测点:

a. 山峰、谷底、垭口以及山脊线、山谷线和山坡倾斜变化处;

b. 山坡与平地分界线,山脚、山坡方向转折点;

c. 河滩、河底、河岸、水流线、湖泊水塘的平面转折点;

d. 铁路、道路、水渠、堤坝、桥梁等带状或线状地物,只沿中心线测其曲、直线形,并丈量宽度得出界线;

e. 水井、坟墓、电杆、纪念碑及水准标点等典型地物的中心点;

f. 房屋群的范围界线,单独房屋的边线(一般测三点);

g. 树林、果园、各类农田和荒地的范围界线;

h. 高路堤、深路堑的坡顶坡脚和路基中心;

i. 地质、水文要求的其他特征点,如不良地质范围,洪水位泛滥线等;

j. 省、县等行政区界及重要地界。

为了提高测图质量与工效,跑尺者除应掌握测点特征外,还应有计划有条不紊地进行跑点,防止漏点和不必要的往返跑路。此外,在测量过程中,跑尺者与观测者及时取得联系也是很重要的。为此,在工作开始前要明确各跑者的哨音、旗语及表达各种地形地物的信号,并建立必要的呼应机制,若有通信设备将会更加方便。

③测量方法。

地形图上的地形与地物点均通过碎部测量来测定,即从选定的测站对测点进行方向、距离与高差的测量,以确定测点与测站的空间相对位置。

地形测量方法较多,常见的有小平板仪测图法、大平板仪测图法、经纬仪测绘法、经纬仪测记法、经纬仪与小平板仪配合测图法、横断面测图法等。各种方法都有其优缺点和适用范围。一般说来,小平板仪法仪器简单轻便,测绘由一人担任,技术容易掌握,但精度较差,通常适用于平坦地区小面积测图;对于地形较复杂的大面积测图则用大平板仪较为方便,且效率也高,但缺点是仪器笨重,技术复杂;经纬仪测绘法与经纬仪侧记法,都是间接测图方法,额外增加了读角、记录、量角定位等多道工序,测绘手续烦琐、费时;经纬仪配合小平板仪测图法直接方便,两种仪器分工协作,配合协调,各自发挥其功能,边测边绘边核对,工作紧凑效率高,目前在公路工程测量中一般多用此法。

④等高线勾绘。

当已将足够的地形特征点展测在图纸上后,即可开始勾绘等高线。对于同一地面坡度的相邻两点,可用直线内插法勾绘出整米高程等高线;如地面坡度不均匀,则应根据实际地形情况将等高线勾绘得有疏密之分。

在实际工作中,一般是根据地形特征点就地先勾绘出几条主要等高线,然后再对照实地轻轻标出地形特征线,如山脊线、山谷线、坡度变化线等。地形特征线是地形轮廓的骨干,其线形越精确,越能反映出实际地形变化。地形勾绘应尽可能在野外就地实施,如实地不能全部绘出,亦应粗绘草图,供室内精绘时参考,绘成后再到实地核对。

关于地形勾绘技巧问题,应在熟悉等高线特征及其表达形式的基础上,结合实际地形,恰如其分地进行勾绘。

⑤地形图的拼接与整饰。

每幅图测完以后,要与相邻的图幅进行拼接,使之连续起来。由于测量和绘图误差,相邻图幅拼接处的地形地物线未必衔接吻合,一般规定地物位置偏差在图上不得超过2mm,同一等高线的平面位置偏差不得超过1/2等高线。如果误差在容许范围内,则可取其平均或参照实际情况进行修正;若超过允许限度,则应查明原因,予以补测或重测。

图幅拼接完毕后,即可进行地形图整饰,其内容主要包括对图面已经核对落实的地形地物等进行清绘,并按规定的图例和格式进行符号与文字的标注,最后擦掉一切不必要的线条和点位,并分幅绘上图框图标和角标,注明测量日期、比例尺、地形图名称等。

8. 桥涵组

桥涵组的主要任务是调查与收集沿线桥涵水文与地形地质资料,配合路线总体布设,进行实地勘涵,提出桥涵和其他排水构造物的技术要求,研究决定桥涵位置、结构形式、孔径大小以及上下游防护处理等。桥涵组的主要工作内容有桥涵水文调查、桥涵位置选定与测量、桥涵形式选择、桥涵地质调查,以及原有桥涵改建调查等。

1) 桥涵水文资料调查

桥涵水文资料调查的目的,在于提供为确定设计流量和孔径所必需的资料,具体调查内容应根据采用的水文计算方法来确定。公路小桥涵常采用的水文计算方法有形态调查法、径流形成法和直接类比法;对于跨径 1.5m 以下的小涵洞,可不进行水文孔径计算,通过实地勘查,用目估法直接确定孔径。

2) 桥涵位置选定与测量

小桥涵位置原则上应服从路线走向,其位置通常是由选线组按最佳路线条件已大体确定下来,但桥涵如何具体布设,则由桥涵组根据实际地形、地质与水文条件等综合考虑,如桥涵的中心位置正交或斜交、桥涵上下游河沟的处理、结构形式与孔径的选定等,都需要桥涵组通过实地调查结合选线意图、可能的纵横断面设计及排海要求等,在现场作出合理安排与初步方案设想,据以进行桥(涵)址测量。

(1) 桥址测量。

①沿中线及上下游进行路线的纵断面测绘。

在桥位选定后,可在桥头两岸离岸边 10~20m 处各钉一个中线桥位桩,然后沿上述桥位桩施测桥址中线纵断面。平原区河沟仅当沟形较弯曲或桥位斜交时，方需在桥上下游侧墙及锥形护坡坡脚处增测1~2条平行线路的纵断面；山区河沟一般需增测2~3条平行纵断面。平行纵断面需测到两岸以上，其起测点的位置和高程要和中线桥位桩或路线中桩取得联系。

有了桥址中线和上下游平行纵断面图后，即可在图上布置桥孔，决定桥中心桩号和桥的高度，检查侧墙和锥形护坡的基础有无悬空和深埋现象，以便在套用标准图时能按实际地形进行适当修正。

②河床比降图的测绘。

桥址附近的河床比降图可显示出其上下游沟底纵剖面有无陡坡、跌水及淤积、冲刷等现象，便于考虑是否需要设缓流设备，河床应否开挖和河床如何加固等。另外在孔径水力计算中求河沟的天然水深亦需河床比降数值。

河床比降施测范围如下：平原区河沟桥址上游一般测200m，下游测100m；丘陵区和山岭区河沟，上游测100m，下游测50m；但如上下游附近有跌水、陡坡者应适当延长，把跌水、陡坡部分一并测出。

③桥址地形图的测绘。

小桥涵一般无须测绘地形图，当出现桥址上下游河沟弯曲、地形起伏、流向紊乱等，或需在纸上研究桥位布置、改移河道和设置导流工程或复杂的弯桥和斜桥时，则应实测桥址等高线地形图。测图范围应以能满足设计需要为准，测图比例一般采用1:200~1:500，当测绘范围较大时可用1:1000。等高线间距一般用1m，地形平坦地区可用0.5m。

(2) 涵址测量。

①涵位中心纵断面测量。

当涵位及其与路线的交角选定后，应自涵位中桩沿涵洞中线90°方向分别向上、下游施测纵断面。施测长度一般各为15~20m，但遇有改沟、筑坝或设缓流设备等附属工程时应适当延长。对每一测点的地貌特征应予记录，注明是沟底还是沟边，以便决定涵底标高和比降。

②涵底河沟横断面测量。

在涵位中桩及上下游进出口翼墙处，各测一个垂直于涵位中线的横断面（平原区较顺直的河沟可只测涵位中桩一个横断面，山区河沟，当沟形十分曲折、地形起伏较大时，须在上下游纵断面起伏较大处适当增测几个横断面），借以了解涵位附近的地形全貌，便于检查涵址及其与路线的交角是否合适，涵身与翼墙基础有无悬空现象，以便更合理地布设翼墙及洞口加固与缓流设备等。

施测范围为自涵位中线分别向两岸测至岸边以外5~10m，并应将测点的地貌特征记录下来标注在横断面图上。

③涵址平面示意图勾绘。

为了便于内业设计时了解涵址附近的地形地貌现象，当地形较复杂、河沟较弯曲、涵位与路线斜交、上下游河沟需改道或与其他构筑物有干扰等情况时，有必要勾绘出涵址平面示意图。

3) 桥涵地质调查

桥涵地质调查目的在于摸清桥路基底工程地质及水文地质情况，为正确选定桥涵及附属构造物的基础类型和尺寸、埋置深度等提供有关资料。调查内容包括基础地质土壤类别与特征，有无不良地质情况，土壤冻结深度及水文地质对桥涵基础与施工有无影响等。

方法以调查为主、挖探为辅。当地质条件比较简单，通过天然露头调查、访问当地群众、对附近原有桥涵调查或向有关地质部门取得当地区域地质资料,足以判明桥涵基底情况时,一般不进行专门勘探工作。仅当通过上述手段,不足以查明地质情况或根据设计有特殊需要时,方布置必要的挖探或辅以锥探。

探坑的布设位置、数量和深度应根据实际地质条件和设计需要而定。小桥涵一般布设1~2个探坑,分别设在沟底中心或两侧台基(或上下游墙基)附近。挖探深度一般应不少于预定基底标高以下1~2m。如条件许可,最好在挖探的同时分层选取代表性土样送做试验,以资鉴别。

9. 调查组作业

调查组是公路勘测工作中重要组成部分,其任务就是通过对公路所经地区自然条件和技术经济情况等进行调查研究,为公路选线和内业设计收集原始资料,用以指导测设与编制设计文件。

1)工程地质调查

工程地质调查是公路勘测不可缺少的一项工作,通过详细的调查、观测和必要的勘探和试验,进一步掌握与评价路线通过地带的工程地质和水文地质情况,为正确选定路线位置,合理地进行路基、路面、隧道、小桥涵和其他构造物的设计提供充分准确的工程地质依据。

(1)调查公路沿线范围的地貌单元和地貌特征、地质构造和岩性、土层的成因类型和土的性质、水文地质和地面径流、植被以及不良地质现象等情况,以便编写公路地质说明及提出供路线、路基、路面、桥涵及其他构造物设计时参考的有关意见。

(2)在地质复杂和工程艰巨地段,有重点地对路线起控制作用的某些路段,如沿溪线的陡峻谷坡、坡脚地貌及堆积层、越岭垭口、展线山坡、隧道及大河桥位等,进行深入的工程地质调查,以判明有无不良地质现象,并会同选线人员共同研究路线的具体布设,或提出处治意见,以保证路线质量、减少路基病害。

(3)调查路中线两侧一定范围内的覆盖层与基岩在路线平面立面的确切分布界线及其变化情况,分段测绘代表性工程地质横断面,标明土、石工程分类的界限,综合调查资料确定土、石分界与划分开挖难易等级,为计算路基土、石方数量与编制工程概(预)算提供依据。

(4)调查分析自然山坡或路基边坡的稳定状况,根据地质构造、岩性、风化程度、裂隙发育程度及软弱结构层的走向、倾向、倾角与路线的关系以及地面径流和地下水活动对边坡稳定的影响等,提出路堑边坡的推荐坡率或防护措施。

(5)沿溪路线应注意调查研究河流的形态、水文条件、河岸的地貌和地质特征、河岸历年变迁情况,判明岸壁受冲刷情况和稳定程度等,进而提出要否设置防护工程,以及防护类型、长度和基础的埋置深度等意见。

(6)调查拟设挡土墙等支挡结构物地段和拟设小桥涵位置处的工程地质和水文地质条件,判别其基础的稳定性,测定基底下各层土壤的物理力学性质,以提供承载力等设计数据。

(7)根据调查的路基土壤、地下水位和路基排水条件,结合路基填挖情况和路面设计规范规定,综合分析与划分各路段的路基土分类和水文地带类型,按所在道路气候分区,提出土基回弹模量建议值供路面设计参考选用。

(8)路线通过特殊或不良地质地区,如黄土、沙漠、盐泽土、沼泽以及滑坡、崩塌、岩堆、岩溶、泥石流等不良地质地区,一般均需进行综合性的工程地质调查与观测,查明其活动范围、形成条件、发育程度分布特征和变化规律,及其对路线和路基工程的影响等。

2) 筑路材料调查

(1) 调查目的和内容。

在公路建设中,需要大量的筑路材料来修建路面、桥涵、挡土墙以及其他构造物,筑路材料质量的好坏和运距的远近,直接影响工程质量和造价。筑路材料调查的主要任务,就是根据工程设计和施工的需要,本着经济、适用和就地取材的原则,对沿线筑路材料的分布情况进行广泛的调查访问,以探询数量足够、质量适用、开采方便、运输便捷的筑路材料产地,为施工提供合乎要求而可靠的材料来源。

筑路材料按其来源可分为两大类,即外购材料和自采材料。

① 外购材料:主要包括三大材料(钢材、水泥、木材)及其他材料,如炸药、雷管、沥青等。这类材料的调查主要是向市场了解单价、供货单位、运输方法等,以供设计编制工程极(预)算。

② 自采材料:主要是指当地自采的块石、片石、碎石、砾石、砂、黏土等天然材料以及石灰、炉渣等当地材料。对自采材料的调查,一方面是为工程施工提供材料充足的产地,另一方面为编制预算提供材料价格的依据。

通过实地勘查与资料整理,一般应得到以下成果:

a. 编制沿线筑路材料一览表,表中注明料场的位置、材料的名称、规格和储量等;

b. 绘制自采材料示意图,明确各个料场的供应范围;

c. 确定材料的开采和运输方法,计算材料单价;

d. 编制筑路材料试验分析一览表;

e. 编制筑路材料说明书。

(2) 调查方法和步骤。

① 访问当地群众。

当地群众和地方部门最熟悉地方材料分布情况,因此,每到一地应向当地有关单位和沿线群众进行深入、细致地了解、访问,主要包括下列几方面情况:

a. 当地筑路用料的来源及使用情况;

b. 旧有采石场地点和岩石种类、质量;

c. 石灰及有关工业废料产地等。

② 野外调查。

在访问群众的基础上,为了进一步落实料源,必须到实地去勘查。在调查中要根据岩层分布的地质规律来找寻料场,因为各类石料、砂、砾和土都是岩石地质作用的产物,它的分布有一定规律,如在花岗岩、砂岩和石灰岩分布地区几乎到处都可以找到良好的建筑石料;而在页岩、千枚岩、云母片岩分布地区则很难找到良好的石料;在低洼的地下水丰富的沉积地带极易发现黏性较高的黏土层,而砂砾石则往往分布在山区河谷的冲积地带和古河床的冲积层中。

野外调查应尽量利用天然露头以及已有的人工开挖坑槽和旧路来进行,以减小勘探工作量。如天然露头不足以判明情况,应另行布置勘探。勘探的主要方法有坑探、槽探、钻探和导洞四种,通常以坑探为主。

砂石材料一般用肉眼鉴别,如认为质量有问题,应选取有代表性的样品,根据材料用途要求进行试验。通过野外调查,对材料名称、质量和规格、料场的位置、岩石的产状和分布范围、覆盖层厚度、有无夹层以及水文地质条件等进行描述,以便据此考虑料场的选用及开采是否合理等。

(3)料场的选择。

野外调查中对于料场的选择,应从使用要求、开采条件、运输条件等几个主要方面进行综合考虑,进而决定料场的取舍。

①使用要求。

料场的选择,首先着眼的是料场材料是否适用。其技术性质相规格是否符合工程技术要求,这个前提解决后才进一步考虑蕴藏量与开采等问题。公路上各种工程构造物,由于其工作条件不同,所以对材料质量和规格也有不同的要求,如作为铺筑路面的碎石材料,以质地均一的石灰岩、花岗岩较好;砾石材料以不夹杂片、岩性成分大体一致且具有次棱角状的天然级配砾石为好;用作建筑物的石科,一般应选用高强、致密、耐风化、易加工、有一定厚度的足岗岩、闪长岩、石灰岩和砂岩为好。

②开采条件。

所谓开采条件,一般是指料场开采的难易、开采的效率和开采的成本等。影响料场开采的因素是多方面的,如岩层的产状条件和水文地质条件、料场的地形地势,工作面的大小、覆盖层的厚度、废土弃置场地的远近以及开采季节的长短等。其中,岩层的产状条件与水文地质条件是影响材料开采的主要条件,如岩层具有板体状或棱柱状节理的岩浆岩,对石料的开采与加工最为有利,可提供不同用途的石料;地下水是影响料场开采条件的重要因素之一,特别是地面以下的开采,如砂、砾、卵石或石灰岩科场,常常会由于涌水给开采工作带来很大困难,致使材料成本增加。

③运输条件。

在筑路材料的开采过程中,运输工作占有重要地位,采石场废料的弃置、材料开采的集中与加工及材料成品的对外供应,都要通过运输来实现,因此做好运输工作是保证正常开采与供应所不可少的重要环节之一。运输一般分为内部运输与外部运输两部分,前者属企业开采总体规划统一考虑范围,而后者一般则由公路建设单位负责统筹考虑,主要内容包括根据可能提供的运输工具,结合地形情况,合理地布设运料支线。运料支线一般应尽量利用已有道路,以节约工程投资,减少占地和施工工程量。所以对料场运输条件的评价,主要应结合通车性能、运料距离以及筑路的难易度、工程量、造价、占地等因素综合评定。

(4)蕴藏量计算。

蕴藏量计算的目的,是充分估计料场可能的开采量及其可能供应工程需要的程度,因此应根据实际供求关系确定计算精度。而蕴藏量丰富时,简单地估算即可。

3)其他调查

当路线方案确定后,即应根据测设初步成果,沿着路线所经地区进行图纸核对,检查设计是否妥当,并调查工程占地、拆迁等情况,为内业设计收集原始资料。

(1)测设成果现场复核。

为保证设计质量,对于外业测量及内业成果必须进行实地复图。首先核对路线地形图及纵、横断面图与实际情况有无出入,然后根据纵面拉坡、横断面"戴帽子",进一步检查纵断面设计高程是否合适、路基横断面处理有无问题,如有问题即可就地调整更正,使平、纵、横关系更好地协调起来。

(2)占地调查。

工程占用土地应逐段按土地类别(如旱地、水田、菜园、果园、经济林等)分别统计占地数量及土地所属单位,并应向当地有关部门询问有关补偿规定,如土地征用价格及临时占地的青苗补偿标准等。

(3)拆迁调查。

拆迁调查包括因工程影响而必须拆迁的各类房屋、水井、坟墓及其他建筑物等,调查内容主要有被拆迁的建筑物名称、结构类型与等级、所在位置(路线里程桩号)、拆迁数量、所属单位、补偿标准等。

(4)迁移电信、电力设备调查。

调查需要迁移的电信、电力设备数量、编号及所在位置,会同电信电力部门现场核查,协商迁移与补偿办法,并联系架设工地临时电信、电力设备等有关事宜。

(5)工程配合调查。

公路跨越铁路或水力设施等发生干扰时,应会同有关单位实地研究、协商解决办法,共同拟定施工配合方案及工程费用摊付办法。

(6)概、预算资料调查。

①向建设投资部门调查落实施工组织形式,以便正确使用有关定额和费用标准。

②向工程所在地区调查工资计算方法和有关工资现行标准。

③向地方物质和商业部门调查当地材料、外购材料以及零星材料的规格、价格、运距、运输方式、供应数量及材料包装情况等。

④向当地交通运输部门调查施工期间地方可能提供的运输方式和车辆数量、运输路线和里程、各种运输工具的运价、装卸费、回空费以及物资类别等级规定等。

⑤其他费用调查。

其他费用在概、预算中占有相当大的比例,应根据工程地区、施工组织形式等具体情况进行调查,内容包括施工队伍调迁费,冬季、雨季施工期限,伙食运费补贴,职工取暖补贴,特殊费用等。

10. 内业组

外业期间的内业组工作是一项比较关键性的工作,内业组在整个外业工作中起着核心组织的作用,是沟通各个作业组工作联系的桥梁,它担负着各作业组的资料检查和汇总、外业工作的协调与平衡、有关测设图表的绘制、路线方案的设计以及测绘仪器和技术资料的整理与保管等工作。内业组的具体工作内容如下:

(1)内业组应主动向选线人员了解方案情况,掌握各路段的定线意图和布设情况以及对测设工作的意见和要求,摸清底细,据以检查实测结果与原意图有无出入,并便于更好地指导内业设计。

(2)内业组应协助队长对作业组的勘测质量进行检查,逐日复核各作业组当天交回的野外记录和原始资料,检查容许误差。发现有错误、漏测和不完善情况,及时通知有关外业组迅速纠正或补测。

上述外业测量资料,经内业组复核无误后,均应加以整理,按设计文件规定图表格式和内容填写齐全,存查备用。

(3)外业期间的作业计划,一般是要托内业组负责各作业组分工协同开展工作,并根据各组实际出勤与工作进展情况,按期填报计划统计报表,掌握测设进度与作业完成情况。当作业中出现矛盾时,应及时同测设负责人磋商,协助做好各组协调工作,保证外业工作的正常开展。

(4)纵断面图的点绘与纵坡设计,要求内业组在外业期间基本完成,然后再到现场进行核实,看原定路线是否恰当,纵坡是松还是紧,平、纵、横配合如何,拉坡有无问题,如有问题也可早发现早纠正,避免贻误全局。所以纵断面的点绘,要求随测随绘,一般应在中平资料提出后,最迟不超过次日点绘成图。

(5)纵断面设计问题,实际上选线人员在现场已结合平面、横断线形做过较详细的考虑,通常都是由选线人员拉坡设计,或将设计意图告知内业组,由内业组代定。为做好纵断设计,内业组应主动向桥涵、地质组分别了解沿线桥涵布设,水文与工程地质情况,征询他们对纵坡设计的建议和要求,如桥涵标高控制要求,各段路基高程与填挖值建议等,为纵断面设计收集必要的资料以供设计参考。当设计结果与预期要求有矛盾时,应及时同有关组协商,共同研究解决办法。

(6)外业期间的内业设计工作,除重点解决线形设计外,还应完成以下的内业设计:
①路线平面底图。
②路线纵断面设计底图。
③特殊与一般路基横断面设计底图。
④桥涵方案布设略图。
⑤挡土墙及其他人工构造物略图。
⑥重要交叉路口设计方案略图。
⑦路面分段及结构类型。
⑧路基横断面戴帽子。
⑨路基设计表及土石方数量计算。
其中⑧⑨两项是在外业期间有条件的情况下,应尽量完成的工作。

(7)外业每次搬家转移前,应进行外业复图,主要内容包括:核对外业测量与实地情况是否相符,收集的资料是否齐全、有无漏错,检查路线、桥涵以及其他设计方案是否切实可行,如有问题可就地进行修改或补充调查,与此同时并进行拆迁占地等调查。

(8)内业组应做好仪具、测绘用品、外业记录簿、设计文件图表、技术资料、标准图、图书及计划报表等领借、保管及管理工作。

11. 勘测记录

(1)原始数据和记事项目应现场记录,字迹应清楚、整齐,不得涂改、擦改和转抄。外业手簿应进行编号,并不得撕页。

(2)当记录发生错误时,应按下述方法进行处理。
①角度记录中的分位、距离和水准记录中的分米位的读记错误可在实地更改,但角度测量同一方向的盘左和盘右、距离测量的往返值、水准测量的基辅值和前后读数值不能同时更改相关数字;
②角度记录中的秒位、距离和水准记录中的厘米及厘米以下位数不得涂改,必须重测;
③对允许改正的内容,应用横道线整齐划去错误的记录,在其上方重新记录正确的数值,并在备注栏中注明原因。

(3)记录簿中所规定的项目应记录齐全,说明及草图应现场完成,做到精练、准确。

(4)测量结束后,应及时整理、检查计算是否正确,成果是否符合各项限差及技术要求,经复核无误并签署后,方能交付使用。

(5)测量完毕后,各种记录簿应编目、整理,并由测量、复核及主管人员签署,按规定归档、保存。

(6)公路勘测的各种记录,应采用专用记录簿,记录簿必须编排页码,严禁撕页。采用电子设备记录时,打印输出的内容应具有可查性。格式和内容可参照相关规定执行。

12. 道路勘测验收及校审

1)检查及验收的依据

道路勘测外业各阶段完成后,为确保勘测的质量和精度,应进行全过程的检查及最终验收。检查和验收的依据是:

(1)任务委托单位提供的勘测任务书、合同书或相关文件;

(2)《公路勘测规范》(JTG C10—2007)及国家的有关法律、法规;

(3)勘测大纲技术设计文件和勘察设计事先指导书。

2)校审程序

(1)勘测原始记录作业员自检;

(2)勘测原始记录互检(复核);

(3)作业员将勘测记录连同计算书交作业组长;

(4)作业组长将检查意见填入校核单,返回作业员一次改正;

(5)作业员一次修改后,报送作业组长确认修改情况;

(6)作业组长签署后送分院(室)验收;

(7)分院(室)组织验收,将验收意见填入审核单,并将验收意见返回作业员二次修改;

(8)作业员二次修改后,交分院长(室主任或授权具有相应水平的人)核对修改后签署意见验收;

(9)院验收意见填入校核单并退回分院(室),分院(室)组织修改;

(10)院审查人(主任工程师)核对修改并签署,最后对提出的正式测量报告进行校核并进行质量评定,填写校审单。

3)检查验收的主要内容

(1)工程使用的各种仪器、设备的技术性能指标应满足项目勘测需要的检查;各种测量仪器应按规定周期进行检校,并有检验报告的检查;

(2)任务书要求项目应完成工作量与实际完成工作量的对照检查,包括调查的项目、测量路线长度和工点数等;

(3)勘测的作业方法、作业程序和作业要求应符合有关规范和勘测大纲要求的检查;

(4)原始资料记录、内容的正确性、完整性及其精度应符合规定要求的检查;

(5)计算方法、计算过程的正确性,计算成果的精度应满足规定要求的检查;

(6)作业成果资料应满足合同任务书深度的检查。

四、施工图设计的目的与任务

1. 目的与要求

(1)两阶段(或三阶段)施工图设计阶段应根据初步设计(或技术设计)批复意见、测设合同,进一步对所审定的修建原则、设计方案、技术决定加以具体和深化,最终确定各项工程数量,提出文字说明和适应施工需要的图表资料以及施工组织计划,并编制施工图预算。

(2)一阶段施工图设计应根据可行性研究报告批复意见、测设合同的要求,拟定修建原则,确定设计方案和工程数量,提出文字说明和图表资料以及施工组织计划,编制施工图预算,满足审批的要求,适应施工的需要。

2. 施工图设计任务

(1)确定路线具体位置。

(2)确定路基标准横断面和高填深挖路基、特殊路基横断面,绘制路基超高、加宽设计图;计算土石方数量并进行调配;确定路基取土、弃土的位置,绘制取土坑、弃土场设计图。

(3)确定路基路面排水系统和支挡、防护工程的结构类型及尺寸,绘制相应布置图和结构设计图。

(4)确定高填深挖、陡坡路堤及特殊路基设计的结构形式及尺寸,并绘制设计图。

(5)确定各路段的路面结构类型、路面混合料类型,并绘制路面结构图。

(6)确定特大、大、中桥的位置、孔数及孔径、结构类型及各部尺寸,绘制结构设计图。

(7)确定小桥、涵洞、漫水桥及道水路面等的位置、孔数及孔径、结构类型及各部尺寸,绘制布置图。有特殊设计的,应绘制特殊设计详图。

(8)确定隧道及其附属设施的形式及尺寸,绘制布置图和设计详图。

(9)确定路线交叉形式、结构类型及各部尺寸,绘制布置图和设计详图。

(10)确定交通工程及沿线设施的各项工程的位置、类型及各部尺寸,绘制布置图和设计详图。

(11)确定改(扩)建工程施工期间的交通组织设计详图。

(12)确定环境保护与景观工程的位置、类型及数量,绘制布置图和设计详图。

(13)确定改路、改渠(河)等其他工程的位置、结构形式及尺寸,绘制相应的布置图和设计详图。

(14)落实沿线筑路材料的质量、储藏量、供应量及运距,绘制筑路材料运输示意图。

(15)确定征用土地、拆迁建筑物及电力、电信等设施设备的数量。

(16)计算各项工程数量。

(17)提出施工组织计划。

(18)提出人工数量及主要材料、机具、设备的规格及数量。

(19)编制施工图预算。

知识点4 公路设计文件的组成和内容

为了规范公路勘测设计,交通运输部根据公路勘测设计特点,制定了《公路基本建设工程设计文件编制办法》,对设计文件编制中有关详细设计说明、施工图表、施工组织设计和工程预算等提出了规定与要求。设计文件报上级审批后交付施工单位作为指导工程施工的依据。

一、初步设计的组成与内容

1. 初步设计文件的组成

初步设计文件由十二篇设计文件和附件组成,它们分别是:
第一篇   总体设计

第二篇　路线
第三篇　路基、路面
第四篇　桥梁、涵洞
第五篇　隧道
第六篇　路线交叉
第七篇　交通工程及沿线设施
第八篇　环境保护与景观设计
第九篇　其他工程
第十篇　筑路材料
第十一篇　施工方案
第十二篇　设计概算
附件　基础资料

2. 内容

具体见《公路工程基本建设项目设计文件编制办法》。

二、施工图的组成与内容

1. 施工图设计文件的组成

施工图设计文件由下列十二篇和附件组成：
第一篇　总体设计
第二篇　路线
第三篇　路基、路面
第四篇　桥梁、涵洞
第五篇　隧道
第六篇　路线交叉
第七篇　交通工程及沿线设施
第八篇　环境保护与景观设计
第九篇　其他工程
第十篇　筑路材料
第十一篇　施工组织计划
第十二篇　施工图预算
附件　基础资料

一阶段施工图设计文件的组成和内容与两阶段（或三阶段）施工图设计文件基本相同，但总说明及分篇说明应参照《公路工程基本建设项目设计文件编制办法》有关初步设计说明书的内容编写，并补充必要的比较方案图表资料。报送审批的设计文件可不报结构设计图和设计详图。

2. 内容

具体见《公路工程基本建设项目设计文件编制办法》。

习 题

10.1 公路勘测设计阶段的基本要求有哪些？
10.2 我国的公路勘测设计阶段是如何划分的？
10.3 什么是道路初测？道路初测的目的是什么？
10.4 什么是道路定测？道路定测的目的是什么？
10.5 公路定测时，作业组是如何划分的？
10.6 公路定测时内业工作内容主要有哪些？
10.7 量角组的工作内容主要有哪些？
10.8 公路初步设计的组成有哪些？
10.9 公路施工图设计的组成有哪些？

单元 11 路线 CAD

本单元摘要：本单元主要介绍道路计算机辅助设计(CAD)及其发展概况,数字地面模型(DTM)的应用情况;路线计算机辅助设计的任务和系统功能设计以及路线平面、纵断面、横断面设计;路线三维可视化设计等内容。

传统的设计方法都是设计者凭经验选择设计参数,借助各种图表、手册和经验数据来进行各种设计的。设计人员长期从事烦琐、重复性的计算和绘图工作,其工作量有时可占整个设计过程的80%以上,这种状况限制了设计人员进行精益求精的多方案比选。为了改变这种状况,自20世纪60年代起,人们开始研究一项旨在利用计算机帮助人们完成设计过程的新技术——计算机辅助设计(简称CAD),经过20多年的发展,CAD技术已从原来的电子领域逐步扩展到机械和土木工程等新领域,日益成为现代设计的重要手段之一。本单元针对国内外道路CAD开发应用情况,介绍道路工程CAD系统的基本组成、目标及计算机辅助制图方法,对数字地形模型应用于道路路线CAD的具体方法以及道路选线设计自动化的发展趋势也作了概略介绍。

知识点1 路线 CAD 工作平台

CAD是英文Computer Aided Design的缩写。1973年,当CAD的发展还处于它的初期阶段时,国际信息处理联合会就给了CAD一个广义的、至今仍使人感到耐人寻味的定义:"CAD是将人和机器混编在题解专业组中的一种技术,该技术使人和机器的最好特性得到有机联系"。人具有逻辑推理、综合判断、图形识别、学习、联想、思维、情绪、兴趣等能力及特点;计算机则以运算速度快、精确度高、不疲劳、存储量大、不易忘记、不易出差错,以及能迅速地显示数据、曲线和图形见长。所谓最好特性的"联系"就是通过"人机交互技术",让人和计算机之间自然方便地进行信息交流,相互取长补短,使人和机器的特性得到充分发挥,从而提高设计能力,缩短设计周期,改善设计质量,降低设计成本。

路线CAD是一个完整的人机混合系统,它要完成工程设计方案的选择、设计的分析与计算、施工图的设计与绘制、设计文件的编制与打印等任务。所以路线CAD系统的实际内容应包括工程设计方案的构思和形成、方案的比较和选择、工程计算与优化,以及设计图纸、表格及说明的自动输出等一系列工作。这些功能的实现主要依靠地形数据处理和计算机绘图两大技术平台。

一、计算机绘图技术

1. 计算机绘图的概念

计算机绘图是由数控绘图机按计算机产生和发送的一系列图形控制信息绘出图形的一门技术。这里所谓图形控制信息通常就是指绘图机能够接受并执行的某种专用绘图指令,掌握了这种绘图指令后,我们就能编制各种设计图的绘制程序。在运行该程序的过程中,利用主机与绘图机的串行通信接口,通过各种高级程序语言的数据通信语句,不断向绘图机发送绘图命令,从而完成整个设计图的绘制。

2. 计算机绘图基本方式

1)编制专用绘图程序绘图

计算机绘图一般需解决两个问题。首先,必须用数学模型描述所绘的图形,其次,必须将数学模型转换为绘图机能接受的绘图信息。前者称为图形的数学处理,后者称为绘图程序编制或绘图软件设计。

图形可以说就是点的集合,而点的实际位置则可以用点相对于某一坐标系的坐标来表示。例如横断面地面线各折点的位置就是用相对于中桩为原点的坐标来表示的,这种坐标系称为用户坐标系。为了将图形上所有的点都在绘图机有效幅面内绘出,就需要在用户坐标系和图形坐标之间进行缩放、平移的线性变换,将用户坐标转换为图形坐标。求算用户坐标并将其转换为图形坐标,是图形数学处理的主要内容。

以图形坐标为控制,用绘图语言的各种绘图命令(如两点连线、根据圆心位置和半径大小画圆、在某一位置标注文字说明等)写出整个绘图过程,这就是绘图程序编制。

采用预先编制绘图程序绘图,适用于内容、格式统一的作图对象(例如绘制路线纵断面设计图),但这种方式用户不能对绘图过程加以实时干预,也无法对绘出的图形进行修改,要修改图形,必须修改程序,人机交互绘图功能差。

2)利用交互式绘图软件 AutoCAD 绘图

AutoCAD 是一个应用广泛的绘图软件包,它提供了一组用于构成图形的实体,即图形元素,如直线、圆和弧等。它具有较方便的输入功能和灵活方便的编辑功能,可以对已存在的图形进行擦去、移动、镜像、拷贝、缩放和插入等变换。该软件目前广泛地应用于各种 CAD 系统中。AutoCAD 很适合各种道路构造物设计图的绘制,例如挡墙、涵洞图的绘制。然而,这种方式尽管较手工制图方便,但毕竟是在屏幕上一点一线地完成整幅图形绘制的,绘图效率仍然较低。

3)建立 AutoCAD 命令组文件绘图

大部分道路设计图如路线纵、横断面图、涵洞设计图等,在内容格式上不是完全一致,但也并非毫无规律,若将上述两种绘图方式结合起来,相互取长补短,则可很好地解决道路设计图的图形绘制与图形编辑问题。

用 AutoCAD 作图,实际上就是由 AutoCAD 执行一系列用户输入的 AutoCAD 绘图命令。将这一系列绘图命令以文件的形式存放在磁盘上,就形成了 AutoCAD 命令组文件,或称 AutoCAD 脚本文件,文件扩展名为".SCR"。

SCR 文件为普通的文本文件,可由一般的文本编辑程序建立,也可用各种高级程序语言的文件处理语句,在程序执行过程中自动建立。道路 CAD 系统通常是将专用绘图程序中直接驱动绘图机绘图的某种绘图语言的绘图命令,转换为 AutoCAD 相应的绘图命令,并用文件输出语句输出到 SCR 文件中。建立好 SCR 命令组文件后,可以利用 AutoCAD 的命令组功能,将其转换为 AutoCAD 图形文件(扩展名为".DWG"),然后通过 AutoCAD 在绘图机上绘出图形。

利用 SCR 文件绘图,无须掌握太多 AutoCAD 二次开发知识,只要具备一定的高级程序设计语言编程能力,就能快速便捷地在 AutoCAD 图形环境下自动生成所需图形。

另外,利用当前日益强大方便的二次开发工具,如传统的 AutoLISP 语言和流行的 VB、VC 等面向对象的程序语言,在 AutoCAD 平台基础上进行二次开发,建立专用的道路 CAD 图形系统,也是处理道路设计图编辑绘制的常用方法。

二、数字地形模型的基本概念与处理技术

1. 基本概念

数字地形模型习惯简称 DTM(Digital Terrain Model),它是依据地表面上一些地形点的三维大地坐标(x,y,z)的集合以及高程内插方法,而建立起来的数字化地形模型。所谓数字化就是说地形模型不是用实物而是用一组数据来构建的;所谓内插就是通过构成 DTM 的一组数据来求算地面上任意一个给定了平面坐标(X,Y)的地形点的高程(Z)的数学方法。DTM 对人而言是一个看不见、摸不着的非视觉模型,它的存储介质是磁盘或磁带,但对计算机却是一个易于接受、易于处理的模型,可以认为 DTM 就是给计算机使用的等高线地形图。有了 DTM,只要确定了平面位置,计算机就能迅速地通过内插获取路线纵横断面高程,进行纵横断面的有关设计计算,求得土石方工程数量,进一步还可以按一定的方法对路线平面位置和纵面设计方案作出调整,实现工程的优化设计和自动化设计。

2. 工程应用

经试验研究,采用 1/15000 或 1/20000 的航片,取点密度每 $100m^2$ 中 25~30 个点,建立的 DTM 可用于路线方案比选;若有更大比例尺的航片,进一步加密地形点,则 DTM 的精度还可提高。

随着解析摄影测量及数字化摄影测量的发展,DTM 的数据采集变得迅速而经济,DTM 在公路选线设计中的应用研究亦受到重视,国外一些经济发达国家已将 DTM 应用于实际的设计工作。

在英国,DTM 已在公路设计的初步设计阶段和施工图设计阶段中应用。初步设计阶段的摄影比例尺为 1:10000,通常根据土石方工程量最小这个条件,对平面和纵面设计进行各种方案比较,选出最适合的地形带;在施工图设计阶段,对初步设计阶段选出的地形带做新的航空摄影,摄影比例尺为 1:3000。然后,建立新的 DTM,完成最后的定线设计。英国最初的 DTM 形式是方格网式的,为了更精确地表示不规则地形和道路、铁路这样的地物,以后又发展了一种称为 MOSS(Modeling System)的新模型构成系统,该系统是一个存储、处理和显示地理信息或坐标的计算机系统,它存储许多条线上的点来构成 DTM,这些线主要是等高线和地形线。根据这种概念,公路本身将作为许多线来处理,构成一个独立的数学模型。通过公路路线和地形这两种数学模型的相互比较,就能计算出土石方工程量和边桩位置,而不再需普通的横断面。

DTM是实现路线设计自动化的基础,它为路线设计系统提供地形数据来源,可以有效地解决路线设计系统数据处理高速度与数据获取低效率之间的矛盾,可以说DTM就是自动化选线设计的基本地形资料。

3. DTM的构成形式

DTM的构成形式是根据所取地形点在平面上的相互位置关系来划分的,常见的有以下几种形式。

1) 断面集合式DTM

地形点在平面上构成一条条直线,这些直线常常就是公路的横断面地面线,DTM就是由若干条横断面地面线上的点构成的。这种DTM又称鱼骨式DTM,它须在路线平面线位确定后才能建立,所以不适宜大面积道路选线。

2) 离散点式DTM

地形点在平面上的分布没有规律,这些点常常是对地形大势有控制作用的地形特征点,如垭口、山头、地性线上的点。这样构成的DTM存储量小,能很好地重建原地表面,但选点要求一定的经验,不利于自动选点。

3) 等高线式DTM

地形点取自一系列等高线上的点,这常常是对现有地形图用数字化仪或扫描仪跟踪等高线而建立的。这样建立的DTM与等高线地形图精度相当,但处理所用的数学方法比较复杂。

4) 矩形格网式DTM

地形点在平面上呈规则的格网状,如图11.1所示。

对这种有规律的地形点分布,只要知道了格网左下角的坐标(X_0,Y_0),就能由格网边长dl推求其余格网点的坐标,这样只需记录格网点的高程就可以了。同时,数据存储量大为减少。这类DTM又称"数字高程模型"(Digital Elevation Model,简称DEM)。由于取点有规律,这种DTM很便于数据采样的自动化,同时对工程设计应用中的内插计算也很方便。

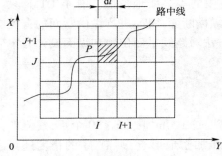

图11.1 矩形格网式DTM

4. DTM地面点数据采集

地面点三维大地坐标X、Y、Z是构成DTM的依据,目前地面点数据采集有以下几种方式:

(1) 野外实测;

(2) 对现有地形图进行数字化;

(3) 摄影测量。

第一种方式要进行野外作业,数据采样效率低;第二种方式的地形图来源有限;第三种方式是最有前途的一种方式,它是用航空摄影测量或地面立体摄影测量技术取得路线经过区的摄影像对,借助某种摄影测量仪器,对由立体像对恢复的光学立体模型进行测量,从而获得地形数据。摄影测量技术采集数据的效率和自动化程度很高,是DTM能够实用化的技术基础。现在发展起来的采样方法有桩点法、断面扫描法、渐进取样法等,所用地摄影测量仪器有精密立体测图仪、数控测图仪、解析测图仪等。就数据采集的效率、精度和灵活性而言,首推解析测图仪。近年来,计算机计算速度、存储容量不断提高,以图像处理、影像灰度相关分析为基础的全数字化测图技术开始向实用化方向发展,这种摆脱了传统的依靠人眼立体视觉进行量测的新技术,必将进一步推动 DTM 的实用化和商品化进程。

5. DTM 的高程内插方法

DTM 是将地面上无数的地形点压缩后,选取一些有代表性的离散点来反映地形起伏的,实际应用中必须用插值方法重建原地表面,以便获得地表面上任一点的高程值。DTM 高程内插方法归纳起来可分为三种。

1）移动面法

对每一参考点定义一个内插表面,这个面的方位甚至形状都是逐点变化的,据此称为移动面。内插表面可用下列方程的一项或多项代数地定义。

$$Z = a_0 + a_1 X + a_2 Y + a_3 X^2 + a_4 XY + a_5 Y^2 \tag{11.1}$$

式中,各项系数由待求点周围的已知点求得。

2）分块函数法

将内插区域分成方形或矩形单元,在每一单元用低次多项式表示地形表面,要求总的表面连续并尽可能平滑。这类方法包括三角格网的线型内插、矩形格网的双线型内插和三次样条函数内插。

3）面求和法

假设不规则地表面可由若干简单的面例如双曲面、三次曲面等相叠加而逼近到任意精度。高程值由若干内插面的内插值叠加获得。

知识点 2　路线 CAD 系统

一、路线 CAD 系统的功能需求

（1）野外勘查、测量资料的处理。将野外测设资料及各种原始结构设计参数输入计算机,建立各种数据文件或工程数据库,利用航测地形资料自动生成数字地形模型等。

（2）路线几何设计及计算。

①平面设计及计算。在平面地形图上定出路线交点坐标、圆曲线半径、缓和曲线参数。自动求算路线各条导线的方位角及偏角、路线上任意桩号的大地坐标、平曲线要素等。

②纵、横断面设计计算及土石方计算与调配。包括自动生成初始设计纵断面、纵断面优化,横断面形式拟定,横断面的修改、超高、加宽、横净距的计算、视距检验,土石方计算与优化调配。

（3）工程设计文件的自动编制与输出。包括设计图自动绘制与显示,各种设计表格的自动编制与打印输出。

二、基于 DTM 的路线设计的基本方法

DTM 用于道路路线设计在我国已逐渐成熟,在工程实践中应用广泛。为增进读者对该项技术的了解,下面简单介绍 DTM 选线设计的基本方法和步骤。

1）绘制等高线地形图

DTM 是一个人眼看不见的非视觉模型,因而首先应使用 DTM 绘制出人们习惯使用的等

高线地形图,这步工作通常由自动绘图系统据专门的等高线绘制程序来完成。

2)拟定路线平面位置

鉴于道路选线的复杂性,该项工作主要还是由人来进行的。设计人员在绘出的等高线地形图上,同常规纸上定线一样,选定路线交点位置,设置平曲线,最后根据地形图上的公里格网线量出各个交点的大地坐标(X_i,Y_i),并确定各平曲线半径R_i、缓和曲线长度L_{si}。

3)建立路中线及横断面方向线的参数方程

路线坐标系与 DTM 坐标系统相同,通常采用高斯投影的大地坐标系,路线方程即在大地坐标系中确定。

以路线里程桩号为参数,路中线方程可表示为:

$$X = f_1(l)$$
$$Y = f_2(l)$$

路线平面可分解为直线、圆、缓和曲线三种计算单元,各单元的参数方程可分别定义。有了路中线方程后,求出路中线上各点的法线方程,即可得到横断面方向线参数方程。

4)路线纵、横断面地面高程内插

由上面的路线方程可求得路中线上各中桩点及其横断面地面线上各点的平面大地坐标(X,Y),再由下述 DTM 高程内插方法即可求得路线各点的地面高程值Z,从而可由绘图机自动绘出路线纵断面地面线和横断面地面线。

如图 11.2 所示,路线上中桩点P的大地坐标(X,Y)已经求出,根据(X,Y)可以判断点P所在格网,然后计算点P所在网格左下角的行、列号数(i,j):

$$\left.\begin{aligned} i &= \text{INT}[(Y-Y_0)/dl] \\ j &= \text{INT}[(X-X_0)/dl] \end{aligned}\right\} \quad (11.2)$$

式中:INT——取整函数;
(X_0,Y_0)——格网左下角的大地坐标;
dl——格网间距。

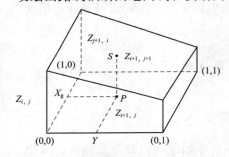

图 11.2 路线纵、横断面地面高程内插示意图

有了行列号(i,j)后,就可以把点P所在网格提出来单独加以讨论。如图 11.2 所示,点P所在网格的四个格网点的高程分别为$Z_{i,j}$,$Z_{i+1,j}$,$Z_{i+1,j+1}$,$Z_{i,j+1}$。我们建立以网格左下角为原点的坐标系,并设格网间距为 1,则四个格网点的平面坐标分别为$(0,0)$、$(0,1)$、$(1,1)$、$(1,0)$。将网格对应的曲面(即地表面)拟合为一个双曲抛物面,曲面函数为:

$$Z = a_1 + a_2 X_g + a_3 Y_g + a_4 X_g Y_g$$

将四个已知的格网点坐标代入上式,则可求得待定系数:

$$a_1 = Z_{i,j}$$
$$a_2 = Z_{i,j+1} - Z_{i,j}$$
$$a_3 = Z_{i+1,j} - Z_{i,j}$$
$$a_4 = Z_{i+1,j+1} - Z_{i,j+1} - Z_{i+1,j} + Z_{i,j}$$

点P在建立的归一化坐标系中的坐标即为:

$$X_g = (X - X_0 - j \times dl)/dl$$
$$X_g = (Y - Y_0 - i \times dl)/dl$$

将 X_g、Y_g 代入曲面函数式即可求出点 P 的高程值 Z。由于所定义的曲面函数，其 Z 值在平行于坐标轴的两个方向上为线性的，故这种内插称为双线性多项式内插，该法只需四个格网点的高程信息，计算简单，内插速度快，是 DTM 选线设计常用的内插方法。

5）纵、横断面设计计算

求得路线各点的地面高程后，即可由绘图机自动绘出路线纵断面地面线和横断面地面线，下一步的纵、横断面设计工作既可按常规方法由设计者完成，也可在向计算机输入必要的工程地质信息和其他约束条件后，由计算机按一定的优化算法自动生成设计纵断面，进行横断面"戴帽"作业，而整个过程中的计算工作则完全由计算机完成。

6）设计成果评价与设计方案优化

计算机向设计人员提供路线平、纵、横设计图、路线透视图、工程量、工程造价等目标函数值，由设计人员最后决定设计方案的可行性。若方案欠佳，则调整纵面设计甚至修改平面设计后重新计算；反之，则采用设计方案。

这步工作最能发挥 DTM 的作用。对常规设计而言，路线平面位置的每一次变动，都要求重新进行纵、横断面测量以获得新的地面高程，这实际上是很难办到的；采用 DTM，只需重新计算路线平面大地坐标，然后通过 DTM 高程内插得到新的高程值，而这个过程可由计算机轻而易举地反复循环进行。有了 DTM，路线平面优化就有了实际应用的可能性。

7）编制工程设计文件

由计算机输出路线平、纵、横设计图、路线线形透视图或路线全景透视图、计算表格和有关说明文件。

三、路线设计绘图功能的实现

在计算机绘图中，对人来说主要的工作是如何求算图形中各点的图形坐标。只要求出了各点的图形坐标，就可以用基本的绘图指令，以规定的线型，按绝对笔位或相对笔位将这些点连接起来，从而构成图形。下面我们就来分析路线设计图的基本组成及其绘制方法。

1. 路线平面图绘制

1）路线平面图的构成

路线平面图可分成五个组成部分：

（1）公路中线；

（2）带状地形图；

（3）曲线表；

（4）注记、符号；

（5）图框、图标及角标。

2）路线平面图的绘制步骤

（1）第一部分公路中线：由直线、圆曲线、缓和曲线构成。只要求出各曲线的主点坐标，即 ZH、HY、QZ、YH、HZ 点的坐标，将这些点连接起来即可。当然由于点取得较少，这样画出的曲线部分是不够光滑的，对这个问题可以通过加密曲线的办法来解决。用切线支距法求算平曲线上任意点的 x、y 支距的方法，利用坐标的平移、旋转和缩放，可以求得路中线上各点的统一的图形坐标。这样，路中线是不难绘出的。

（2）第二部分带状地形图：由若干等高线和地物符号构成，要由计算机绘制地形图，必须先据野外实测或航测地形资料建立数字地形模型,然后再用等高线程序绘出地形图。

(3)第三部分曲线表:主要是注明平曲线各曲线要素,表格可通过画若干根水平线和竖直线形成,然后用文本标注指令将各项平曲线要素标注在表格的相应位置上。

(4)第四部分包括交点编号、百米标、公里标、水准点符号、指北针等。字符可用文本指令标注在相应位置上,各种符号则可以调用预先编好的绘制各种专用符号的子程序绘出。

(5)第五部分都是由直线组成的,并且每张平面图都是不变的。我们可将其绘制过程编成子程序,以后重复调用即可。

2. 路线纵断面绘制

1)路线纵断面的构成

路线纵断面由以下几部分组成:

(1)纵断面地面线和设计线;

(2)高程坐标轴和里程坐标轴;

(3)竖曲线要素标注;

(4)图框、图标和各项说明栏目。

2)路线纵断面的绘制步骤

(1)第一部分是纵断面的主体。纵断面地面线和设计线各点的坐标是用里程桩号、地面高程或设计高程来表示的,这可以通过调用纵断面地面线资料数据文件和设计高程成果资料数据文件得到,将得到的用户坐标通过前面讲述的线性变换转换为图形坐标后,就可绘出地面线和设计线。

(2)第二部分曲线要素标注包括绘制竖曲线符号和标注竖曲线要素值。可以由变坡点桩号、竖曲线起止点桩号、竖曲线的凹凸确定竖曲线符号在图上的位置、形状及尺寸,然后将竖曲线要素值标注在竖曲线符号的相应位置上。

(3)第二、四部分由直线构成,用划线语句很容易完成。画出坐标轴、图框、图标及栏目线后,再将汉字、数字标注在栏目的相应位置即可。

在绘第一部分纵断面地面线和设计线时,如果高差太大,则纵断面的某一部分将超出图框范围,这时可采取改变高程起始坐标的方法将超出部分移入图框范围内,当然在高程坐标改变的地方要绘出新的高程坐标轴。

3. 横断面图绘制

1)横断面的构成

横断面由以下几个部分组成:

(1)横断面地面线和路基断面设计线;

(2)护肩、挡墙、砌石、护脚等支挡构造物;

(3)桩号、填挖面积、填挖高、超高、加宽等注记。

2)横断面的绘制步骤

(1)第一部分地面线和设计线都是由一些点连成的折线。地面线各折点坐标可由横断面地面线资料数据文件获取。设计线各折点坐标(即两侧路基边缘点、边坡线与地面线交点、边沟各点)用求两条直线交点坐标的方法亦不难算出。实际上在求算横断面填挖面积时已经将其求出并存入横断面设计线资料数据文件,绘图时调用该数据文件即可。

(2)第二部分为特殊断面各种构造物的绘制。有些可按实际形状和尺寸绘制,有的则用统一的符号示意即可。

(3)第三部分调用相应的数据文件获取具体的数值后,用文本指令标注在横断面上适当位置即可。

四、系统硬件配置

(1)主机。主机是控制指挥整个系统并执行实际运算、逻辑分析的装置,是系统的中心。现在多数 CAD 系统选用的主机都是主频 1G 以上的 PC 机。

(2)输入装置。最常见的输入装置就是计算机键盘,它可以将各种原始数据和用户操作命令输入系统。为了能够输入图形,系统还配置了实现图数转换的图形数字化仪,目前主要用作输入横断面地面线,即将横断面地面线图上地面线各个折点坐标直接输入计算机内存,建立横断面地面线资料数据文件。

(3)输出装置。输出装置包括打印机、绘图机、显示器三部分。打印机可以按工程设计文件的规定将计算成果数据以人们习惯使用的表格式样打印出来,如打印路基设计表、土石方表等。绘图机是最终输出各种设计图纸的装置,如绘制公路纵断面图,道路透视图等。显示器大多采用 SVGA 的高分辨光栅扫描彩色图形显示器,用于显示图形和文本。

(4)人机对话装置。人机对话装置是设计者与计算机会话的媒介,其完善程度是衡量 CAD 系统水平的重要标志之一。人机对话装置有键盘、鼠标、数字化图形输入板或触摸屏等指示设备。

(5)外存储器。外存储器用来存放大量的原始数据和成果数据,各种应用程序也保存在外存储器中。经常使用的存储介质是软磁盘、硬盘和光盘,目前便携式闪存盘和移动硬盘也开始作为系统外存使用。

五、系统软件配置

(1)面向用户的:包括语言加工系统(即各种源程序设计语言及其编译程序、解释程序、汇编程序)、应用软件包、数据库以及各种工具软件。

(2)面向计算机的:包括诊断修复系统、输入输出控制系统、操作系统等。

(3)图形核心系统:它是一种通用的辅助绘图软件,可提供一组实体如直线、圆、曲线、文字等,用来构成图形,同时可按需要对图形进行修改,而无须重新编制程序。目前最流行的图形核心系统是 AutoCAD 辅助绘图软件包。

六、路线 CAD 系统路线设计流程

目前国内较为成熟的公路 CAD 软件已经具备了数字地面模型(DTM)功能模块,能够实现在路线平面方案确定后,从 DTM 上自动获取路线纵横断面地面高程等功能。系统首先进行路线平面线位设计与修改,确定道路平面线位后,应用 DTM 插值得到纵横断地面线数据资料,并自动绘制纵断面地面线,进行纵断面设计线位的计算与修改,进一步确定超高和加宽等路基断面参数。在此基础上进行横断面设计与绘图,以及土石方数量计算。当发现土石方数量过大、横断面与实际地面的组合不够恰当、填挖方边坡较高或者受不良地质条件制约需要优化时,则可整体或局部调整平面线位,循环进行路线的优化设计,直至得到最优路线方案。系统设计流程如图 11.3 所示。

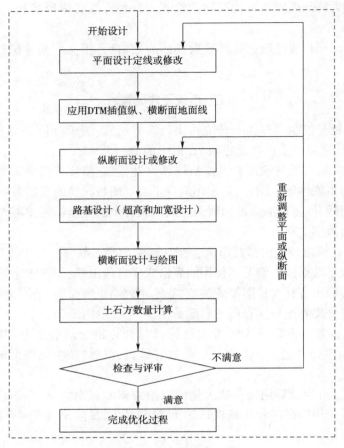

图 11.3　目前的优化设计流程

七、实用道路 CAD 系统简述

早期的道路 CAD 着重于路线设计及优化,如英国的 HOPS 程序、德国的 EPOS 程序、美国的 GCARS 程序及 OPTLOC 程序、法国的 APOLLO 程序、国内同济大学的 DL-2、DL-3 程序、重庆交通学院和重庆公路研究所研编的 OPT-SLD-2 程序、交通运输部主持编制的 VOS 程序等。随着 20 世纪 80 年代初 PC 机的出现,CAD 技术开始全面应用于道路工程设计领域,近十多年来,经过在实际运用中的不断改进,现在国内外都研制开发有不少较为完善的道路 CAD 系统。以下对道路 CAD 的实际运用情况及其发展动态作简单介绍。

1. 高等级公路路线综合优化和 CAD 系统

该系统研制为国家"七五"重点科技攻关项目,系统采用航空摄影测量技术或带有自动记录器的电子仪器进行地形数据采集,然后直接传输进计算机生成数字地形模型,人机交互地进行路线平、纵、横设计优化及人工构造物的设计,进行工程造价分析,完成图和表的屏幕编辑,最终输出整个设计文件。

工程实践表明,路线 CAD 系统能够覆盖路线内业设计工作量的 60%～70%,提高设计效率 3～5 倍,提高绘图效率 20 倍以上,节约工程造价 2%～3%,采用路线平面和纵面的优化技术能节约土石方工程量 5%～10%。

2. ESPADD 公路、桥梁、建筑专家系统

这是一个可用于道路工程自动设计的应用软件包。该软件包是由美国 Louisberge 国际工程公司经过 20 年的努力开发出的 CAD 系统,包括以下专业程序:

(1)土石方调配程序;
(2)计算道路用地程序;
(3)等高线绘制程序;
(4)公路透视图绘制程序;
(5)多孔涵洞设计及绘图程序;
(6)简支梁桥设计程序;
(7)连续梁桥、框架桥、斜拉桥设计计算程序;
(8)预应力计算和自动布筋程序;
(9)桥梁上部结构和下部结构绘图程序。

3. 公路路线计算机辅助设计系统综述

国内公路路线 CAD 系统较为成熟,较早的有同济大学的 GLCBSJ、GLJSSJ 程序系统,西安公路学院的 GLLLXSGSJ 程序系统,交通运输部主持编制的 RDS1 程序系统以及当前国内应用广泛的纬地道路设计系统。随着 PC 机的广泛应用,有关院校、设计院及研究单位或相互借鉴,或协同攻关,或独立研制,都在 PC 机上进行了路线 CAD 系统的若干研究开发工作,道路 CAD 开发园地呈现出一片欣欣向荣的景象。总的来说,各个 CAD 系统在系统组成结构、系统功能目标上大同小异,都可以完成路线平、纵、横设计计算,土石方计算和调配,纵、横断面图、路线透视图绘制,各种设计表格的自动打印输出等一般任务;而在线形优化、人机界面、图形编辑修改、工程数据库应用等方面,则显示出各自一些特色。目前路线 CAD 系统在路线设计方案自动生成、路线平面图绘制、土石方的合理调配、纵断面优化设计的实际应用等方面,还需进行若干研究开发和推广工作。

今后,路线 CAD 系统将进一步向公路动态仿真、立交枢纽三维透视、线形模糊评价、平面线形优化、自动化选线设计专家系统的方向发展,并在人机交互技术、人机界面等方面做进一步的深化、完善工作。

知识点 3 路线三维可视化设计

一、路线三维可视化设计系统

在公路设计中,特别是山区公路,路线方案大范围的同深度比选是必须的、经常的,因为方案比选影响整个项目的成败。而实际中因为数据获得困难、方案设计过程烦琐、设计周期紧等因素,往往许多项目的方案比选深度不够,可能使许多更好的、更为经济合理的、有价值的方案漏选。在大的路线方案确定以后,局部的线位和方案的优化显得尤为重要,因为往往路线的稍稍移动或修改,就可能引起填挖方和工程量巨大变化。通过人工甚至常规路线 CAD 系统的方法进行方案比选优化,将线位设置在最经济合理的位置和标高上,需要经过多次反复循环设计,工作效率低下。

为解决公路设计中上述瓶颈问题,路线三维可视化设计系统在数字地面模型应用技术的基础上增加了公路平、纵、横和三维模型之间实时关联互动的公路三维关联优化设计功能,"三维互动设计"以高速数字地面模型(DTM)引擎为核心,利用计算软件和网络技术实现了平、纵、横及三维模型之间的实时关联互动化设计。当设计人员在拖动平面路线位置时,可自动实现纵断面、横断面和三维模型的实时刷新,使得设计者马上可以直观地观察到横断面和三维模型的变化情况,从而判断路线修改对路线平、纵、横等各个方面的影响,对于复杂地形条件下的路线修改优化工作可以起到事半功倍的作用。三维互动设计实现了真正意义上的公路平、纵、横和三维模型的可视化、关联式优化设计,解决了公路路线优化的难题,提高了路线优化设计的效率和精度,进一步加强了公路建设中的路线方案总体设计,贯彻了交通运输部关于加强地形选线、地地质选线等理念。

二、路线三维可视化设计系统组成

路线三维可视化设计技术主要由以下功能模块组成。

(1)高速DTM引擎。三维关联优化设计技术是以高速DTM内核引擎为基础的,保证在平、纵面动态调整的同时,实时地剖切插值,获得任意坐标位置准确的地面高程信息。该功能模块支持公路所特有的海量带状DTM数据,同时具备自动分段、快速提取等功能。

(2)多线程网络数据协同交换中心。该功能是三维关联优化技术各功能模块的数据交换中心,所有功能模块均要与数据交换中心实时通信,通过数据中心交换发送各功能指令和数据。它是以网络协同技术支撑的,正是这一点使各功能模块之间可以各自独立运行(可以分别在不同的计算机终端上运行),又成为一个有机整体,完成三维优化设计功能;数据中心的协同运行功能,解决了本技术在处理超大数据量对计算机的配置的高端要求,首先使各功能模块的运行各自独立,互不影响(如不会因为三维模型数据量大刷新速度降低而影响平纵面优化功能的执行),其次使该技术可以在一般配置的计算机上正常运行。

(3)平面动态定线与优化模块。该功能模块继承原纬地路线平面动态定线设计的功能,主要完成用户平面定线和动态调整,同时把调线的信息实时发送给数据中心,从而与其他功能模块协同工作。

(4)纵断面动态拉坡与竖曲线设计模块。该功能主要完成路线纵断面拉坡设计、动态调整优化和竖曲线设计功能,同时与数据中心进行通信,以达到协同设计的功能。

(5)路基设计模块。该功能响应每次从数据中心发送来的项目平纵面刷新信息,实时进行逐桩断面的路基设计计算,为横断面设计和刷新提供数据支撑。

(6)横断面设计与修改模块。该功能响应从数据中心发送来的项目平纵面和路基设计的刷新信息,自动计算并绘制指定优化区间的逐桩横断面设计图和数据。

(7)土石方计算模块。响应从数据中心发送来的项目刷新信息,自动计算逐桩断面和整个优化区间的土石方数量,并将信息发送回数据中心。

(8)三维虚拟仿真分析与评价模块。该功能通过DTM地面模型与卫星或航空正射影像图的准确叠加和对公路三维模型的实时贴图与渲染,营造出已有道路与新建成公路后一个逼真的虚拟显示环境;通过响应从数据中心发送来的刷新信息,自动刷新生成公路路基、桥梁、隧道等的实体三维模型。该功能不仅支持用户在任意角度位置的缩放浏览,使用户可以直观地观察公路几何设计的三维成果(如填挖方情况)等;更为重要的是通过建立的公路行车(或驾驶)、行走、飞行等模型,进行虚拟仿真分析,从而得到一系列的相关参数数据,从而对公路几何设计成果、公路与周围环境的协调性、行车安全等进行综合评价,为项目方案比选优化、景观设计、交通安全审计提供科学依据。

三、路线三维可视化设计系统各功能模块的协同关系

路线三维可视化设计系统各主要功能模块之间以网络协同技术和 Windows 多线程运行技术为基础,以平、纵、横和三维虚拟仿真等四大专业功能为重点,以数据交换中心软件为核心协同工作,共同实现路线三维关联优化设计功能。

路线三维可视化设计系统运行框架详如图 11.4 所示,路线三维可视化设计系统界面如图 11.5 所示。

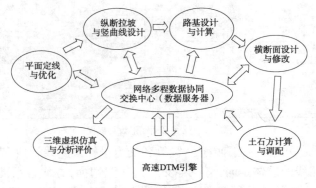

图 11.4　路线三维可视化设计系统运行框架图

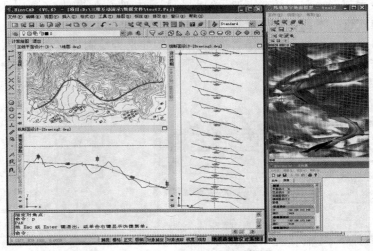

图 11.5　路线三维可视化设计系统界面

路线三维可视化设计系统在集成多线程网络数据协同交换、DTM 数据处理和计算机成图与显示等多项信息技术的基础上,实现了在屏幕上联动调整平面、纵断面线形,并根据纵横断面实时状态对地形数据进行剖切显示,实时动态浏览横断面以及横断面与原始地面的填挖切割等情况,已成为当今路线 CAD 系统的主流发展趋势。

知识点 4　设 计 案 例

一、路线平面设计实例

路线平面线形设计是道路线形设计的开端,也是道路纵断面、横断面及土石方计算等设计

工作的基础,主要工作包括导线交点的确定、平曲线设计、桩号参数标注以及调整修改等。路线 CAD 系统主线平面设计界面如图 11.6 所示。

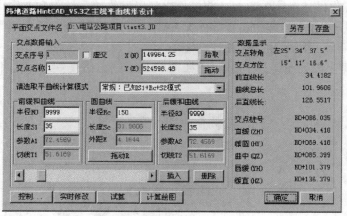

图 11.6 路线平面线形设计界面

系统可读取平面交点文件并自动编号,计算各交点坐标及路线转角,表示各交点的相对和绝对位置关系,显示路线的总体走向,可在各交点间任意切换,方便各平曲线设计调整。系统能够提供常规计算模式和常用的反算模式,例如输入半径、前缓长和后缓长计算各曲线要素以及主点与整桩号等数据。对于某些需要反算半径和缓和曲线长度的交点,用户可以根据需要选择一种反算模式进行平面曲线的反算,如图 11.7 所示。

系统可以对路线平面线形标注信息进行控制,例如是否绘制导线和设计线,确定桩号标注的内容、形式、密度、位置、大小等,选择是否在平面图中绘出直线、圆曲线的半径参数以及缓和曲线参数等,如图 11.8 所示。

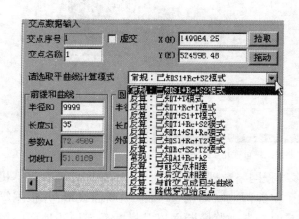

图 11.7 平曲线计算对话框

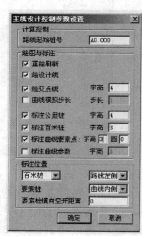

图 11.8 主线设计控制参数设置

系统实时修改功能用于在平面计算绘图后,对交点进行沿前边、沿后边或自由拖动的修改操作,可连续对多个交点进行修改操作。如图 11.9 所示即在对平面交点进行实时拖动的修改。当执行该命令并选择平面交点进行拖动修改时,在屏幕左上角弹出一个平面参数显示框,框中显示当前鼠标位置的交点坐标、交点桩号、曲线要素以及前后直线长度等参数。在拖动交点的过程中,随着鼠标的移动,显示框中的参数随之发生改变,设计者可随时参考显示框中的参数来确定新的交点位置。结束修改时可点击鼠标右键返回主对话框。

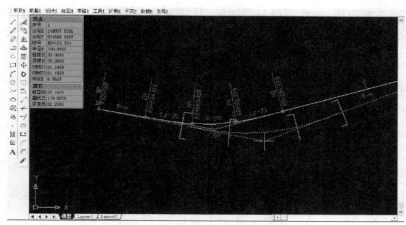

图 11.9　系统实时修改功能界面

二、路线纵断面设计实例

道路设计系统在自动绘制拉坡图的基础上,支持动态交互式拉坡与竖曲线设计。用户可实时修改变坡点的位置、标高、竖曲线半径、切线长、外距等参数;对大、中型桥梁等主要纵坡,受控处系统可自动提示控制标高和相关信息。

纵断面拉坡设计主对话框如图 11.10 所示。

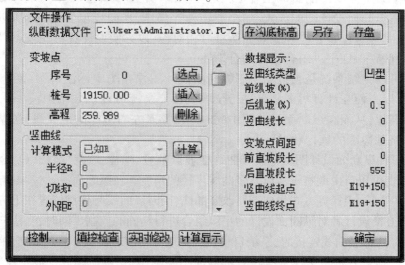

图 11.10　纵断面设计对话框

此对话框启动后,如果项目中存在纵断面设计数据文件,系统将自动读入并进行计算,显示相关信息。系统可对变坡点及竖曲线等数据文件进行读取、修改、保存等操作,便于设计成果的存储和利用。

系统可利用存储的纵断面地面线、设计线以及变坡点等数据文件,在当前屏幕图形中自动绘出全线的纵断面地面线、里程桩号和平曲线变化,同时屏幕图形下方也会对应显示一栏平曲线变化图,为设计者直接在屏幕上进行拉坡设计提供参考,如图 11.11 所示。

在纵断面设计过程中,系统利用动态数据框显示变坡点、竖曲线、坡度、坡长的数据变化。当改动变坡点位置的时候,框中数据也随之变动,动态显示设计者所需的设计参数数据。纵断面设计界面中显示网格线,设计者可设置网格的竖向高程间距和横向桩号间距,以便在纵断面设计过程中看到中桩填挖高度和距离,从而快速确定坡度,提高纵断面设计的工作效率。

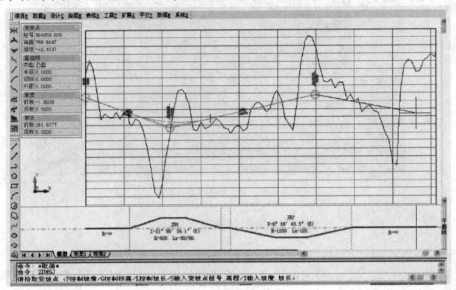

图 11.11 纵断面设计界面

设计界面下方平曲线图的窗口位置是固定不动的,并且可以将背景、字体、线形设置成不同的颜色。伴随纵断面设计图的放大、缩小和移动等操作,平曲线也会随之在横向进行拉伸、缩短和移动,使其桩号位置始终和纵断面图桩号相对应,以方便设计者对变坡点以及纵坡段的位置进行合理判断,保证平纵组合设计的合理性。

设计系统可以控制系统是否自动绘制纵断面设计图并在图中标注桥梁、涵洞构造物的位置和控制标高,以方便在计算机屏幕上进行拉坡设计。系统可以从数字地模中采集路面左右侧边缘的地面高程,从而在纵断面设计图中同时绘出路基左右边缘的地面线,在纵断面设计过程中实时反映路基边缘的填挖状况。

设计系统可在纵断面设计图上标注竖曲线变坡点桩号、高程、坡度、坡长以及竖曲线的起止点位置等信息,也可以自由调整桩号以及竖曲线半径的精度。在纵断面设计过程中,可通过实时拖动竖曲线的切线长、半径等方式生成或修改竖曲线,同时竖曲线起止点位置在下方平面示意图上对应显示,可方便设计者对纵断面设计的平纵组合进行精确的控制。同时,当用户拖动竖曲线起止点位置与前(后)竖曲线连接时,系统自动识别并按照与前后衔接方式反算竖曲线半径等。

系统可以根据输入桩号范围连续进行纵断面图绘制,主要包括读取变坡点及竖曲线,进行纵断面计算,绘制设计线;读取纵断面地面线数据文件,绘制地面线;读取超高过渡文件,绘制超高渐变图;读取平面线形数据文件,绘制平曲线;将位于绘图范围内的地面线文件中的一系列桩号及其地面标高、设计标高标注于图中;将设计参数控制文件中所列出的桥梁、分离立交、天桥、涵洞、通道包括水准点等数据标注于纵断面图中。系统还可控制图纸横轴下方绘图栏目中诸多元素的取舍和排放次序,如地质概况、里程桩号、设计高程、地面高程、直曲线、超高过渡、纵坡、竖曲线等。

系统可以自动分页绘制纵断面设计图。当所有设置均调整好以后,系统根据用户的设置,自动分页批量输出所有纵断面图,如图 11.12 所示。系统将自动确定标尺高度,当地形起伏较大时,系统会自动进行断高处理。

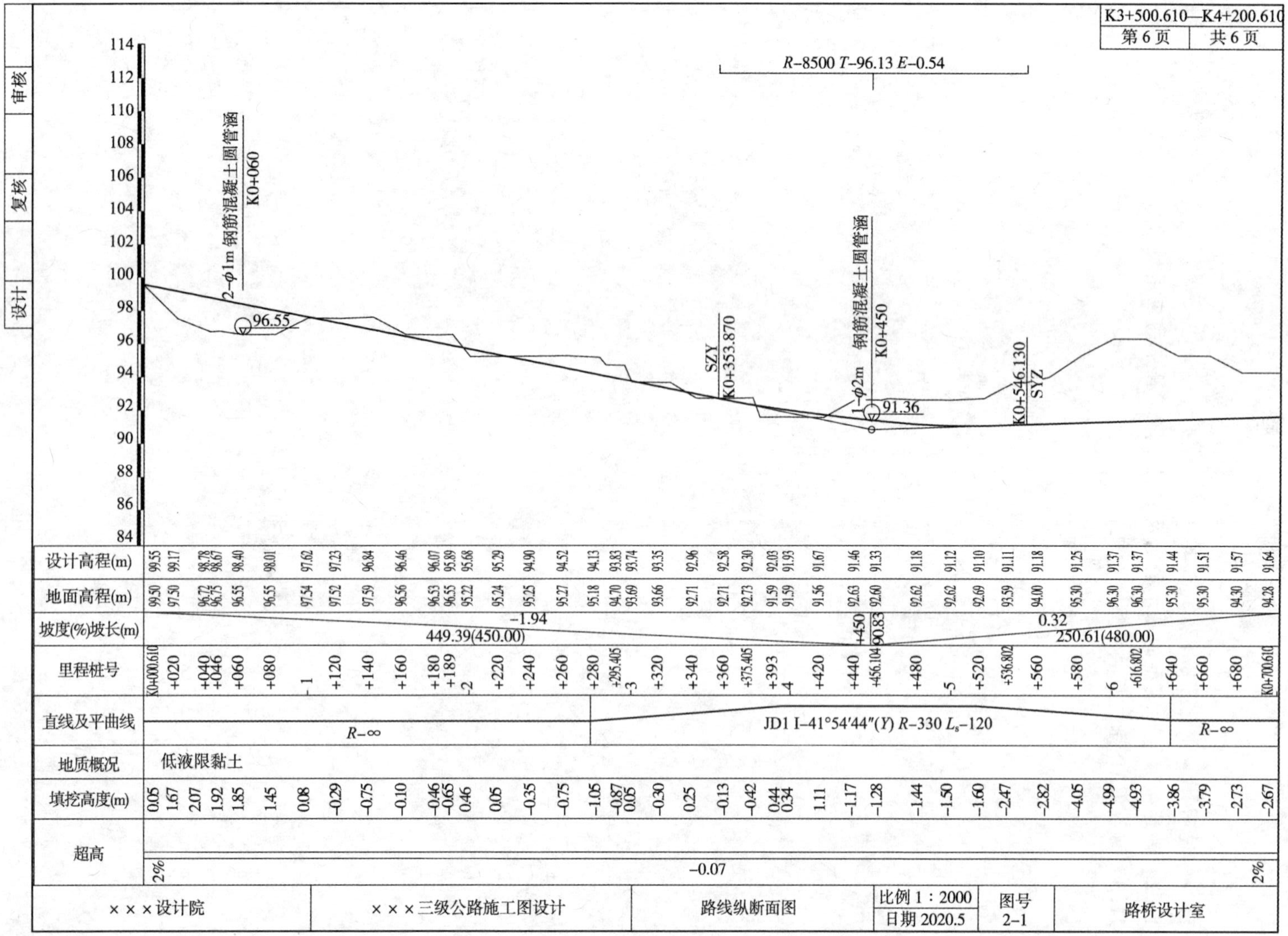

图 11.12 纵断面设计图纸

习 题

11.1 说明计算机绘图基本方式及其特点。

11.2 简述数字地形模型的基本概念及其在公路工程中的应用现状。

11.3 路线 CAD 系统应具备哪些功能?

参考文献

[1] 中华人民共和国交通运输部.公路路线设计规范:JTG D20—2017[S].北京:人民交通出版社股份有限公司,2017.
[2] 中华人民共和国交通运输部.公路工程技术标准:JTG B01—2014[S].北京:人民交通出版社股份有限公司,2014.
[3] 中华人民共和国住房和城乡建设部.城市道路路线设计规范:CJJ 193—2012[S].北京:中国建筑工业出版社,2012.
[4] 中华人民共和国住房和城乡建设部.城市道路工程技术规范:GB 51286—2018[S].北京:中国建筑工业出版社,2016.
[5] 许金良.道路勘测设计[M].5版.北京:人民交通出版社股份有限公司,2018.
[6] 赵永平,唐勇.道路勘测设计[M].2版.北京:高等教育出版社,2013.
[7] 胡朋,叶亚丽.道路工程[M].北京:人民交通出版社股份有限公司,2018.
[8] 张金水.道路勘测设计[M].2版.上海:同济大学出版社,2009.
[9] 杨少伟.道路勘测设计[M].2版.北京:人民交通出版社,2004.
[10] 孙家驷.道路勘测设计[M].3版.北京:人民交通出版社,2012.
[11] 尤晓玮.现代道路勘测设计[M].2版.北京:清华大学出版社,北京交通大学出版社,2009.
[12] 李杰.城市道路设计[M].北京:高等教育出版社,2007.
[13] 裴玉龙.道路勘测设计[M].哈尔滨:哈尔滨工业大学出版社,2005.
[14] 郭腾峰,刘建蓓,张明波.智能布线设计技术在公路改扩建工程中的应用[J].公路.2008(7):300-303.
[15] 中华人民共和国交通运输部.公路排水设计规范:JTG/T D33—2012[S].北京:人民交通出版社,2013.
[16] 中华人民共和国住房和城乡建设部.城市道路交叉口规划规范:GB 50647—2011[S].北京:中国计划出版社,2012.